Felix Thießen

Schuldrecht BT II

Besondere Vertragstypen

Hemmer/Wüst/Tyroller

Juristisches Repetitorium hemmer

Vorbereitung auf das erste Staatsexamen

Kursorte im Überblick

Augsburg
Wüst
Mergentheimer Str. 44
97082 Würzburg
Tel.: (0931) 79 78 230
Fax: (0931) 79 78 234
Mail: augsburg@hemmer.de

Bayreuth
Daxhammer/d´Alquen
Parkweg 7
97944 Boxberg
Tel.: (07930) 99 23 38
Fax: (07930) 99 22 51
Mail: bayreuth@hemmer.de

Berlin-Dahlem
Gast
Schumannstraße 18
10117 Berlin
Tel.: (030) 240 45 738
Fax: (030) 240 47 671
Mail: mitte@hemmer-berlin.de

Berlin-Mitte
Gast
Schumannstraße 18
10117 Berlin
Tel.: (030) 240 45 738
Fax: (030) 240 47 671
Mail: mitte@hemmer-berlin.de

Bielefeld
Lück
Salzstr. 14/15
48143 Münster
Tel.: (0251) 67 49 89 70
Fax.: (0251) 67 49 89 71
Mail: bielefeld@hemmer.de

Bochum
Schlömer/Sperl
Salzstr. 14/15
48143 Münster
Tel.: (0251) 67 49 89 70
Fax.: (0251) 67 49 89 71
Mail: bochum@hemmer.de

Bonn
Ronneberg/Clobes/Geron
Meckenheimer Allee 148
53115 Bonn
Tel.: (0228) 91 14 125
Fax: (0228) 91 14 141
Mail: bonn@hemmer.de

Bremen
Kulke/Hermann
Mergentheimer Str. 44
97082 Würzburg
Tel.: (0931) 79 78 257
Fax: (0931) 79 78 240
Mail: bremen@hemmer.de

Dresden
Stock
Zweinaundorfer Str. 2
04318 Leipzig
Tel.: (0341) 6 88 44 90
Fax: (0341) 6 88 44 96
Mail: dresden@hemmer.de

Düsseldorf
Ronneberg/Clobes/Geron
Meckenheimer Allee 148
53115 Bonn
Tel.: (0228) 91 14 125
Fax: (0228) 91 14 141
Mail: duesseldorf@hemmer.de

Erlangen
Grieger/Tyroller
Mergentheimer Str. 44
97082 Würzburg
Tel.: (0931) 79 78 230
Fax: (0931) 79 78 234
Mail: erlangen@hemmer.de

Frankfurt/M.
Geron
Dreifaltigkeitsweg 49
53489 Sinzig
Tel.: (02642) 61 44
Fax: (02642) 61 44
Mail: frankfurt.main@hemmer.de

Frankfurt/O.
Gast
Schumannstraße 18
10117 Berlin
Tel.: (030) 240 45 738
Fax: (030) 240 47 671
Mail: mitte@hemmer-berlin.de

Freiburg
Behler/Rausch
Rohrbacher Str. 3
69115 Heidelberg
Tel.: (06221) 65 33 66
Fax: (06221) 65 33 30
Mail: freiburg@hemmer.de

Gießen
Sperl
Parkweg 7
97944 Boxberg
Tel.: (07930) 99 23 38
Fax: (07930) 99 22 51
Mail: giessen@hemmer.de

Göttingen
Schlömer/Sperl
Kirchhofgärten 22
74635 Kupferzell
Tel.: (07944) 94 11 05
Fax: (07944) 94 11 08
Mail: goettingen@hemmer.de

Greifswald
Joh. Lück
c/o HLS Rechtsanwälte
Knieperstraße 20 / Alter Markt
18439 Stralsund
Tel.: (03831) 26 27 17
Fax: (03831) 26 27 28
Mail: greifswald@hemmer.de

Halle
Luke
Rödelstr. 13
04229 Leipzig
Tel.: (0341) 49 25 54 70
Fax: (0341) 49 25 54 71
Mail: halle@hemmer.de

Hamburg
Schlömer/Sperl
Steinhöft 5-7
20459 Hamburg
Tel.: (040) 317 669 17
Fax: (040) 317 669 20
Mail: hamburg@hemmer.de

Hannover
Daxhammer/Sperl
Matzenhecke 23
97204 Höchberg
Tel.: (0931) 400 337
Fax: (0931) 404 3109
Mail: hannover@hemmer.de

Heidelberg
Behler/Rausch
Rohrbacher Str. 3
69115 Heidelberg
Tel.: (06221) 65 33 66
Fax: (06221) 65 33 30
Mail: heidelberg@hemmer.de

Jena
Richard Weber
c/o Kanzlei Luke
Rödelstr. 13
04229 Leipzig
Mail: jena@hemmer.de

Kiel
Schlömer/Sperl
Kirchhofgärten 22
74635 Kupferzell
Tel.: (07944) 94 11 05
Fax: (07944) 94 11 08
Mail: kiel@hemmer.de

Köln
Ronneberg/Clobes/Geron
Meckenheimer Allee 148
53115 Bonn
Tel.: (0228) 91 14 125
Fax: (0228) 91 14 141
Mail: koeln@hemmer.de

Konstanz
Guldin/Kaiser
Hindenburgstr. 15
78467 Konstanz
Tel.: (07531) 69 63 63
Fax: (07531) 69 63 64
Mail: konstanz@hemmer.de

Leipzig
Luke
Rödelstr. 13
04229 Leipzig
Tel.: (0341) 49 25 54 70
Fax: (0341) 49 25 54 71
Mail: leipzig@hemmer.de

Mainz
Geron
Dreifaltigkeitsweg 49
53489 Sinzig
Tel.: (02642) 61 44
Fax: (02642) 61 44
Mail: mainz@hemmer.de

Mannheim
Behler/Rausch
Rohrbacher Str. 3
69115 Heidelberg
Tel.: (06221) 65 33 66
Fax: (06221) 65 33 30
Mail: mannheim@hemmer.de

Marburg
Sperl
Parkweg 7
97944 Boxberg
Tel.: (07930) 99 23 38
Fax: (07930) 99 22 51
Mail: marburg@hemmer.de

München
Wüst
Mergentheimer Str. 44
97082 Würzburg
Tel.: (0931) 79 78 230
Fax: (0931) 79 78 234
Mail: muenchen@hemmer.de

Münster
Schlömer/Sperl
Salzstr. 14/15
48143 Münster
Tel.: (0251) 67 49 89 70
Fax.: (0251) 67 49 89 71
Mail: muenster@hemmer.de

Osnabrück
Fethke
Dankwartstraße 46
23966 Wismar
Tel.: (0541) 18 55 21 79
Fax.: ---
Mail: osnabrueck@hemmer.de

Passau
Köhn/Rath
Mergentheimer Str. 44
97082 Würzburg
Tel.: (0931) 79 78 230
Fax: (0931) 79 78 234
Mail: passau@hemmer.de

Potsdam
Gast
Schumannstraße 18
10117 Berlin
Tel.: (030) 240 45 738
Fax: (030) 240 47 671
Mail: mitte@hemmer-berlin.de

Regensburg
Daxhammer/d´Alquen
Parkweg 7
97944 Boxberg
Tel.: (07930) 99 23 38
Fax: (07930) 99 22 51
Mail: regensburg@hemmer.de

Rostock
Joh. Lück
c/o HLS Rechtsanwälte
Knieperstraße 20 / Alter Markt
18439 Stralsund
Tel.: (03831) 26 27 17
Fax: (03831) 26 27 28
Mail: rostock@hemmer.de

Saarbrücken
Bold/Hein/Issa
Preslesstraße 2
66987 Thaleischweiler-Fröschen
Tel.: (06334) 98 42 83
Fax: (06334) 98 42 83
Mail: saarbruecken@hemmer.de

Trier
Geron
Dreifaltigkeitsweg 49
53489 Sinzig
Tel.: (02642) 61 44
Fax: (02642) 61 44
Mail: trier@hemmer.de

Tübingen
Guldin/Kaiser
Hindenburgstr. 15
78465 Konstanz
Tel.: (07531) 69 63 63
Fax: (07531) 69 63 64
Mail: tuebingen@hemmer.de

Würzburg - ZENTRALE -
Mergentheimer Str. 44
97082 Würzburg
Tel.: (0931) 79 78 230
Fax: (0931) 79 78 234
Mail: wuerzburg@hemmer.de

ASSESSORKURSORTE IM ÜBERBLICK

BAYERN
WÜRZBURG/MÜNCHEN/NÜRNBERG/ REGENSBURG/POSTVERSAND

RA I. Gold
Mergentheimer Str. 44
97082 Würzburg
Tel.: (0931) 79 78 2-50
Fax: (0931) 79 78 2-51
Mail: assessor@hemmer.de

BADEN-WÜRTTEMBERG
KONSTANZ/TÜBINGEN/ POSTVERSAND

Rae F. Guldin/B. Kaiser
Hindenburgstr. 15
78467 Konstanz
Tel.: (07531) 69 63 63
Fax: (07531) 69 63 64
Mail: konstanz@hemmer.de

STUTTGART

Rae R. Rödl / A. Baier
Mergentheimerstr. 44
97082 Würzburg
Tel. 0931-7978230
Fax. 0931-7978234
Mail: stuttgart@hemmer.de

BERLIN/POTSDAM/BRANDENBURG
BERLIN

RA L. Gast
Schumannstr. 18
10117 Berlin
Tel.: (030) 24 04 57 38
Fax: (030) 24 04 76 71
Mail: mitte@hemmer-berlin.de

BREMEN/HAMBURG
HAMBURG/POSTVERSAND

Rae M. Sperl/Clobes/Dr.Schlömer
Kirchhofgärten 22
74635 Kupferzell
Tel.: (07944) 94 11 05
Fax: (07944) 94 11 08
Mail: assessor-nord@hemmer.de

HESSEN
FRANKFURT

RA A. Geron
Dreifaltigkeitsweg 49
53489 Sinzig
Tel.: (02642) 61 44
Fax: (02642) 61 44
Mail: frankfurt.main@hemmer.de

MECKLENBURG-VORPOMMERN
POSTVERSAND

Ludger Burke/Johannes Lück
Buchbinderstr. 17
18055 Rostock
Tel.: (0381) 37 77 40 0
Fax: (0381) 37 77 40 1
Mail: rostock@hemmer.de

RHEINLAND-PFALZ
POSTVERSAND

RA A. Geron
Dreifaltigkeitsweg 49
53489 Sinzig
Tel.: (02642) 61 44
Fax: (02642) 61 44
Mail: trier@hemmer.de

NIEDERSACHSEN
HANNOVER

RAe M. Sperl/Dr. Schlömer
Steinhöft 5 - 7
20459 Hamburg
Tel.: (040) 317 669 17
Fax: (040) 317 669 20
Mail: assessor-nord@hemmer.de

HANNOVER POSTVERSAND

RAe M. Sperl/Clobes/Dr. Schlömer
Kirchhofgärten 22
74635 Kupferzell
Tel.: (07944) 94 11 05
Fax: (07944) 94 11 08
Mail: assessor-nord@hemmer.de

NORDRHEIN-WESTFALEN
KÖLN/BONN/DORTMUND/DÜSSELDORF/ POSTVERSAND

Dr. A. Ronneberg
Meckenheimer Allee 148
53113 Bonn
Tel.: (0228) 91 14 125
Fax: (0228) 91 14 141
Mail: koeln@hemmer.de

SCHLESWIG-HOLSTEIN
POSTVERSAND

RAe M. Sperl/Clobes/Dr. Schlömer
Kirchhofgärten 22
74635 Kupferzell
Tel.: (07944) 94 11 05
Fax: (07944) 94 11 08
Mail: assessor-nord@hemmer.de

THÜRINGEN
POSTVERSAND

RA Stock, RA Hunger & Kollegen
Zweinaundorfer Str. 2
04318 Leipzig
Tel.: (0341) 6 88 44 90 oder -93
Fax: (0341) 6 88 44 96
Mail: dresden@hemmer.de

SACHSEN
DRESDEN/LEIPZIG/POSTVERSAND

RA Stock, RA Hunger & Kollegen
Zweinaundorfer Str. 2
04318 Leipzig
Tel.: (0341) 6 88 44 90 oder -93
Fax: (0341) 6 88 44 96
Mail: dresden@hemmer.de

SACHSEN-ANHALT
POSTVERSAND

RA Stock, RA Hunger & Kollegen
Zweinaundorfer Str. 2
04318 Leipzig
Tel.: (0341) 6 88 44 90 oder -93
Fax: (0341) 6 88 44 96
Mail: dresden@hemmer.de

VORWORT

Schuldrecht BT II mit der **hemmer-Methode**

Wer in vier Jahren sein Studium abschließen will, kann sich einen Irrtum in Bezug auf Stoffauswahl und -aneignung nicht leisten. Hoffen Sie nicht auf leichte Rezepte und den einfachen Rechtsprechungsfall. Hüten Sie sich vor Übervereinfachung beim Lernen. Stellen Sie deswegen frühzeitig die Weichen richtig.

Die Schuldrechtsreform hat das wichtigste Prüfungsgebiet der juristischen Staatsexamina komplett neu strukturiert. Im Band **Schuldrecht AT** stellen wir Ihnen das neue Leistungsstörungsrecht in gewohnter hemmer-Methode klausurtypisch aufbereitet dar. Im Band **Schuldrecht BT I** werden die Änderungen im Kauf- und Werkvertragsrecht dargestellt. Der Band **Schuldrecht BT II** ergänzt diesen Band um die Besonderheiten anderer Vertragstypen.

Die **hemmer-Methode** vermittelt Ihnen die **erste richtige Einordnung** und das **Problembewusstsein**, welches Sie brauchen, um an einer Klausur bzw. dem Ersteller nicht vorbeizuschreiben. Häufig ist dem Studenten nicht klar, warum er schlechte Klausuren schreibt. Wir geben Ihnen **gezielte Tipps**! Vertrauen Sie auf unsere **Expertenkniffe**.

Durch die ständige Diskussion mit unseren Kursteilnehmern ist uns als erfahrenen Repetitoren klar geworden, welche **Probleme** der Student hat, sein **Wissen anzuwenden**. Wir haben aber auch von unseren Kursteilnehmern profitiert und von ihnen erfahren, welche **Argumentationsketten** in der Prüfung zum Erfolg geführt haben.

Die **hemmer-Methode** gibt **jahrelange Erfahrung** weiter, erspart Ihnen viele schmerzliche Irrtümer, setzt richtungsweisende Maßstäbe und begleitet Sie als **Gebrauchsanweisung** in Ihrer Ausbildung:

1. Grundwissen:

Die **Grundwissenskripten** sind für den Studenten in den ersten Semestern gedacht. In den Theoriebänden Grundwissen werden leicht verständlich und kurz die wichtigsten Rechtsinstitute vorgestellt und das notwendige Grundwissen vermittelt. Die Skripten werden durch den jeweiligen Band unserer **Reihe „Die wichtigsten Fälle“** ergänzt.

2. Basics:

Das Grundwerk für Studium und Examen. Es schafft schnell **Einordnungswissen** und mittels der hemmer-Methode richtiges Problembewusstsein für Klausur und Hausarbeit. Wichtig ist, **wann und wie** Wissen in der Klausur angewendet wird.

3. Skriptenreihe:

Vertiefendes Prüfungswissen: Über 1.000 Klausuren wurden auf ihre „essentials" abgeklopft. Anwendungsorientiert werden die für die Prüfung nötigen Zusammenhänge umfassend aufgezeigt und wiederkehrende Argumentationsketten eingeübt.

Gleichzeitig wird durch die **hemmer-Methode** auf **anspruchsvollem Niveau** vermittelt, nach welchen Kriterien Prüfungsfälle beurteilt werden. Mit dem Verstehen wächst die Zustimmung zu Ihrem Studium. Spaß und Motivation beim Lernen entstehen erst durch Verständnis.

Lernen Sie, durch Verstehen am juristischen Sprachspiel teilzunehmen. Wir schaffen den „background“, mit dem Sie die innere Struktur von Klausur und Hausarbeit erkennen: **„Problem erkannt, Gefahr gebannt“**. Profitieren Sie von unserem **strategischen Wissen**. Wir werden Sie mit unserem know-how auf das Anforderungsprofil einstimmen, das Sie in Klausur und Hausarbeit erwartet. Die Theoriebände Grundwissen, die Basics, die Skriptenreihe und der Hauptkurs sind als **modernes, offenes und flexibles Lernsystem** aufeinander abgestimmt und ergänzen sich ideal. Die **studentenfreundliche Preisgestaltung** ermöglicht den **Erwerb als Gesamtwerk**.

4. Hauptkurs:

Schulung am examenstypischen Fall mit der Assoziationsmethode. Trainieren Sie unter professioneller Anleitung, was Sie im Examen erwartet und wie Sie bestmöglich mit dem Examensfall umgehen.

Nur wer die Dramaturgie eines Falles verstanden hat, ist in Klausur und Hausarbeit auf der sicheren Seite! Häufig hören wir von unseren Kursteilnehmern: **„Erst jetzt hat Jura richtig Spaß gemacht“**.

Die Ergebnisse unserer Kursteilnehmer geben uns Recht. Maßstab ist der Erfolg. Die Examensergebnisse zeigen, dass unsere Kursteilnehmer überdurchschnittlich abschneiden.

Die Examensergebnisse unserer Kursteilnehmer können auch Ansporn für Sie sein, intelligent zu lernen: Wer nur auf vier Punkte lernt, landet leicht bei drei.
Lassen Sie sich aber nicht von diesen Supernoten verschrecken, sehen Sie dieses Niveau als Ansporn für Ihre Ausbildung.

Wir hoffen, als Repetitoren mit unserem Gesamtangebot bei der Konkretisierung des Rechts mitzuwirken und wünschen Ihnen **viel Spaß beim Durcharbeiten** unserer Skripten.

Wir würden uns freuen, mit Ihnen als Hauptkursteilnehmer mit der **hemmer-Methode** gemeinsam Verständnis an der Juristerei zu trainieren. Nur wer erlernt, was ihn im Examen erwartet, lernt richtig!

So leicht ist es, uns kennenzulernen: Probehören ist jederzeit in den jeweiligen Kursorten möglich.

Karl-Edmund Hemmer & Achim Wüst

Schuldrecht BT II

Besondere Vertragstypen

Hemmer/Wüst/Tyroller

Hemmer/Wüst Verlagsgesellschaft

Hemmer/Wüst/Tyroller, Schuldrecht BT II, Besondere Vertragstypen

ISBN 978-3-86193-772-2

11. Auflage 2018

gedruckt auf chlorfrei gebleichtem Papier
von Schleunungdruck GmbH, Marktheidenfeld

Kommentare

Baumbach/Hopt	Kommentar zum HGB
Erman	Kommentar zum BGB Band 1: §§ 1 - 853 BGB
Jauernig	Kommentar zum BGB
Münchener Kommentar	Kommentar zum BGB
Palandt	Kommentar zum BGB

Lehrbücher

Brox/Walker	Besonderes Schuldrecht
Medicus	Bürgerliches Recht
Reinicke/Tiedtke	Kaufrecht

Weitere Literatur siehe Fußnoten

§ 1 MIETE

A) Inhalt, System und Zustandekommen

Systematik des Mietrechts

Beim Abschluss eines Mietvertrages einigen sich die Parteien darüber, dass eine Partei (Vermieter) der anderen eine Sache zum Gebrauch überlässt und die andere Partei (Mieter) dafür ein Entgelt zahlt. 1

Im Gesetz finden sich allgemeine Vorschriften für Mietverhältnisse (§§ 535 - 548 BGB), besondere Vorschriften für Mietverhältnisse über Wohnraum (§§ 549 - 577a BGB) und Mietverhältnisse über andere Sachen (§§ 578 - 580a BGB), Pacht (§§ 581 - 584b BGB) und Landpacht (§§ 585 - 597 BGB).

hemmer-Methode: Versuchen Sie schon an dieser Stelle, die Systematik von allgemeinen und besonderen Regeln im Mietrecht zu erfassen. Lesen Sie sich dazu die Überschriften zu den §§ 535 ff. BGB durch. Beachten Sie dabei, dass die einzelnen Paragraphen neuerdings amtliche Überschriften haben, die auch zur Auslegung herangezogen werden können.
Das Skript erläutert die allgemeinen und besonderen Vorschriften des Mietrechts nicht getrennt, sondern jeweils in Kombination. So wird bei Ihnen von Anfang an Verständnis für die Systematik geschaffen, auf die es im unbekannten Examensfall entscheidend ankommt!

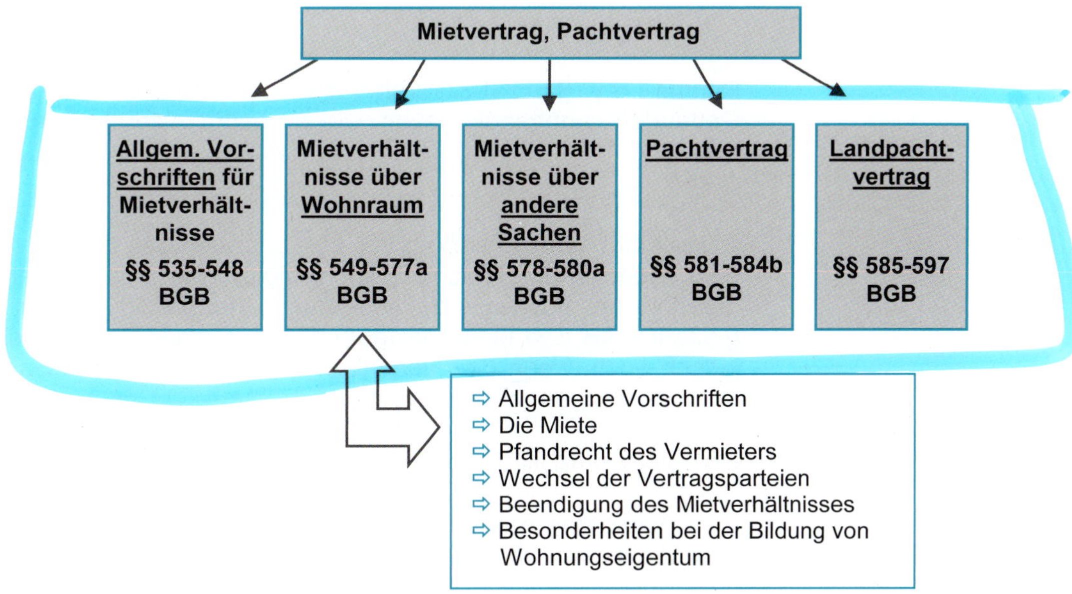

Die Systematik des Mietrechts ganz einfach:

1. In den **§§ 535 bis 548 BGB** ist der **Allgemeine Teil** des Mietrechts geregelt. Diese Vorschriften kommen für alle Mietverhältnisse zur Anwendung.

2. In den **§§ 549 bis 577a BGB** sind die Besonderheiten des **Wohnraummietvertrages** geregelt.

3. In den **§§ 578 ff. BGB sind Besonderheiten** bei Mietverträgen über **andere Gegenstände als Wohnraum** geregelt. Bei der Grundstücks-/Geschäftsraummiete verweist § 578 BGB teilweise auf die Vorschriften zur Wohnraummiete, aber eben nur **teilweise**.

hemmer-Methode: Beachten Sie, dass auf das Schriftformerfordernis des § 568 I BGB für Kündigungen gerade nicht verwiesen wird. Die Kündigung eines (z.B.) Geschäftsraummietvertrages ist formlos gültig. In den meisten Mietverträgen wird freilich die Schriftform für die Kündigung vereinbart. Dies ist in Formularverträgen nicht mehr zulässig, da nach dem seit 01.10.2016 geltenden § 309 Nr. 13 BGB für solche Erklärungen nur noch Textform vorgeschrieben werden darf.[1]

Zustandekommen

Der Mietvertrag ist als Vertrag über eine entgeltliche Gebrauchsüberlassung ein gegenseitiger Schuldvertrag i.S.d. §§ 320 ff. BGB. Er kommt gemäß §§ 145 ff. BGB zustande. 2

Mietgegenstand: nur Sachen

Mietgegenstand gemäß § 535 I S. 1 BGB sind nur Sachen im Sinne von § 90 BGB. Rechte können hingegen nur verpachtet werden.[2]

Die Mietsache kann beweglich oder unbeweglich sein. Durch einen Mietvertrag können auch mehrere Sachen oder nur Teile von Sachen vermietet werden.[3]

Bsp.: *Hauswand, Fenster*

Def.: Grundstück

Grundstücke i.S.v. § 578 I BGB sind räumlich abgegrenzte Teile der Erdoberfläche.[4] Grundstücksmiete ist gegeben bei Vermietung von unbebauten Grundstücken und bei der Vermietung von Teilen eines Grundstücks oder eines Gebäudes, sofern diese Teile nicht Räume sind.

Bsp.: *Fläche am Campingplatz; Teile von Außenwänden zum Anbringen von Gegenständen*

Def.: Räume

Räume i.S.v. § 578 II BGB sind alle Gebäude und Innenräume von Gebäuden unabhängig davon, wie sie genutzt werden.[5] Ausgenommen sind natürlich Wohnräume, da hierfür die §§ 549 bis 577a BGB gelten.

Entgelt

Entgelt ist beim Mietvertrag der Mietzins, den das Gesetz nun jetzt dem allgemeinen Sprachgebrauch folgend die „Miete" nennt. Über deren Höhe müssen sich die Parteien notwendig geeinigt haben, § 535 II BGB. Die Miete besteht i.d.R. aus einer Geldleistung, kann jedoch auch, wenn dies vereinbart wurde, in Form von Sach- oder Dienstleistungen erbracht werden. 3

Mietvertrag grds. formfrei

Der Mietvertrag ist grundsätzlich formfrei.[6] 4

Ausnahme: §§ 550, 578 BGB

Eine Ausnahme besteht jedoch gemäß § 550 BGB für Mietverträge über Wohnraum, die für länger als ein Jahr geschlossen werden.

hemmer-Methode: Beachten Sie, dass bei der Wohnraummiete grds. ein Befristungsverbot gilt, wenn nicht die Voraussetzungen des § 575 BGB vorliegen!

§ 550 BGB gilt nicht, wenn der Vertrag für unbestimmte Zeit geschlossen wird und zwar auch dann nicht, wenn die Parteien davon ausgehen, dass das Mietverhältnis länger als ein Jahr andauern wird.

1 Vgl. dazu **Tyroller, Der neue § 309 Nr. 13 BGB, Life&Law 12/2016, 889 ff.**

2 Dazu unten Rn. 106 ff.

3 Palandt, § 535 BGB, Rn. 1.

4 Palandt, Übbl. 1 Vorb. § 873 BGB.

5 Palandt, Vorb. § 535 BGB, Rn. 91.

6 Palandt, Vorb. § 535 BGB, Rn. 48.

§ 550 BGB soll dagegen gelten, wenn ein Vertrag auf unbestimmte Zeit geschlossen und dabei eine Kündigungsfrist von einem Jahr vereinbart wird.[7]

Das Schriftformerfordernis gilt auch dann, wenn bei einem unbefristeten Mietvertrag in zulässiger Weise das Recht zur ordentlichen Kündigung für eine längere Zeit als ein Jahr ausgeschlossen wurde.[8]

hemmer-Methode: Auch bei einem für längere Zeit als ein Jahr geschlossenen Mietvertrag bedarf die nachträgliche Vereinbarung der Herabsetzung der Miete nicht der Schriftform, wenn der Vermieter sie jederzeit mit Wirkung für die Zukunft widerrufen darf.[9]

Zweck des § 550 BGB

Die Formvorschrift dient in erster Linie dem Zweck, dass sich ein späterer Erwerber, der gemäß § 566 BGB (ggfs. i.V.m. § 578 BGB) automatisch als Vermieter in das Mietverhältnis eintritt, leicht einen Überblick über die auf ihn übergehenden Rechte und Pflichten verschaffen kann.[10] 5

Darüber hinaus dient die Schriftform des § 550 BGB aber auch dazu, die Beweisbarkeit langfristiger Abreden zwischen den ursprünglichen Vertragsparteien sicherzustellen und diese vor der unbedachten Eingehung langfristiger Bindungen zu schützen.

Diesem Sinn entspricht es auch, dass für die Einhaltung der Form keine feste Verbindung zwischen den einzelnen Blättern des Vertrages notwendig ist. Es genügt vielmehr, dass sich die Einheit der Urkunde aus fortlaufender Paginierung, Nummerierung, einheitlicher Gestaltung, inhaltlichem Zusammenhang des Textes oder vergleichbaren Merkmalen zweifelsfrei ergibt. Wird auf Anlagen verwiesen, muss zur Wahrung der Urkundseinheit die Zusammengehörigkeit dieser Schriftstücke in geeigneter Weise kenntlich gemacht werden (anders aber, wenn die essentialia negotii im Vertrag selbst schon geregelt sind und den Anlagen kein rechtsgeschäftlicher Erklärungswert zukommt).[11]

hemmer-Methode: Die Regelung in einem Mietvertrag, dass das Mietverhältnis mit der Übergabe der Mietsache beginnt, ist hinreichend bestimmbar und genügt deshalb dem Schriftformerfordernis des § 550 BGB.[12]

Vertragsschluss muss nicht in der Form des § 126 II BGB erfolgen

Entspricht der Vertragsschluss nicht den Anforderungen des § 126 II BGB, ist aber eine von beiden Parteien unterzeichnete Mietvertragsurkunde vorhanden, die inhaltlich vollständig die Bedingungen eines später mündlich oder konkludent abgeschlossenen Mietvertrags enthält, ist die Schriftform nach § 550 S. 1 BGB gewahrt.[13]

Es genügt, dass Vertragsurkunde existiert, die den Voraussetzungen des § 126 BGB (äußerlich) genügt

Ein Mietvertrag genügt danach auch dann der Schriftform des § 550 BGB, wenn er inhaltsgleich mit den in der „äußeren Form“ des § 126 BGB niedergelegten Vertragsbedingungen abgeschlossen worden ist. Für die Wahrung der Schriftform des § 550 BGB kommt es nicht darauf an, ob der Vertrag in der Schriftform des § 126 BGB zustandegekommen ist, sondern nur, ob ein solcher Vertrag mit dieser Form existiert.

---

7 Brox, Besonderes Schuldrecht, Rn. 158; Palandt, § 550 BGB, Rn. 7; vgl. auch BGH, NJW 1998, 62.

8 Palandt, § 550 BGB, Rn. 7 und Rn. 3.

9 Vgl. BGH, NJW 2005, 1861 f. = **juris**byhemmer.

10 Palandt, § 550 BGB, Rn. 1; Brox, Besonderes Schuldrecht, Rn. 158, mit Verweis auf Prot. II 149 ff., 154.

11 BGH, NJW 1998, 58, 58 ff.; vgl. auch die Folgeentscheidungen des BGH: BGH, NJW 1999, 1104 (ausführlich dargestellt in Life&Law 1999, 350 ff.) und BGH, NJW 1999, 3257 (ausführlich dargestellt in Life&Law 2000, 1 ff.): **alle Entscheidungen** = **juris**byhemmer. **Unser Service-Angebot an Sie: kostenlos hemmer-club-Mitglied werden (www.hemmer-club.de) und Entscheidungen der Life&Law lesen und downloaden.**

12 BGH, Life&Law 2006, 384 ff. = NJW 2006, 139 f. = **juris**byhemmer.

13 BGH, Life&Law 11/2015, 809 = NJW 2015, 2648 ff. = **juris**byhemmer.

Zugang original unterzeichneter Vertragsurkunde ist nicht nötig

In Erleichterung zu § 126 BGB kommt es dabei nicht darauf an, ob die im Original unterzeichneten Erklärungen dem anderen Vertragspartner auch in dieser Form zugehen.[14]

hemmer-Methode: Lernen Sie nicht auswendig, sondern versuchen Sie, sich das Gelernte mit dem Gesetz zu erklären. Das Erfordernis des Zugangs der im Original unterschriebenen Erklärungen ergibt sich im Umkehrschluss aus § 127 BGB.
Nach § 127 I BGB kommt bei einer vertraglich vereinbarten Schriftform grds. die Vorschrift des § 126 BGB zur Anwendung. Jedoch genügt zur Wahrung der gewillkürten Schriftform gem. § 127 II BGB die telekommunikative Übermittlung (mittels Fax).
Wenn diese Erleichterung nur für die vertraglich vereinbarte Schriftform des § 127 BGB (oder für die Textform, § 126b BGB) gilt, dann folgt hieraus im Umkehrschluss, dass bei der gesetzlichen Schriftform das unterschriebene Schriftstück eben mit der Originalunterschrift zugehen muss und ein Fax gerade nicht ausreicht!
Im Examen bekommen Sie die für eine gute Note nötigen Punkte nicht für das richtige Ergebnis, sondern für die Begründung Ihres Ergebnisses!

Es schadet daher nicht, dass das Original beim jeweiligen Unterzeichner verbleibt und dem anderen Teil lediglich eine Kopie geschickt bzw. das Original gefaxt wird. In beiden Fällen hat der Empfänger nur eine kopierte Unterschrift auf dem Vertragstext erhalten. Dies schadet bei der Existenz zweier gleichlautender unterschriebener Vertragsurkunden nicht.

Bei Nichtbeachtung der Form nur Unwirksamkeit der Mietzeitabrede

Ein Verstoß gegen die in § 550 BGB geregelte Schriftform führt in Ausnahme zu § 139 BGB zwar nicht zur Unwirksamkeit des gesamten Vertrages, sondern hat nur die Unwirksamkeit der Mietzeitabrede zur Folge, § 550 S. 1 BGB.

Der Vertrag gilt dann für unbestimmte Zeit. Gem. § 550 S. 2 BGB ist die Kündigung allerdings frühestens zum Ablauf eines Jahres nach Überlassung der Mietsache zulässig.

hemmer-Methode: Im Arbeitsrecht ist die Rechtslage nahezu identisch. Gem. § 14 IV TzBfG bedarf die Befristung des Arbeitsvertrages der Schriftform. Wurde die Schriftform nicht beachtet, so ist die Befristung gem. § 125 S. 1 BGB formnichtig und der Arbeitsvertrag gilt entgegen § 139 BGB als auf unbestimmte Zeit geschlossen.

Der Vertrag ist daher ordentlich kündbar. Selbst wenn der Mietvertrag zuvor jahrelang anstandslos durchgeführt worden ist, verstößt die ordentliche Kündigung, die wegen der Nichteinhaltung der Schriftform des § 550 BGB möglich ist, nicht gegen Treu und Glauben.[15]

Schriftformvereinbarung durch Parteien

Die Parteien können selbstverständlich eine konstitutive Schriftform vereinbaren. Bei Verstößen gegen die gewillkürte Schriftform gilt dann § 125 S. 2 BGB. 6

Gemäß § 125 S. 2 BGB ist eine Vereinbarung, bei der die gewillkürte Schriftform nicht eingehalten wird, im Zweifel nichtig.

Eine derartige Schriftformvereinbarung kann nach ganz h.M. jedoch ohne Einhaltung der Schriftform, u.U. sogar konkludent aufgehoben werden, da sich die Parteien aufgrund der Privatautonomie nicht der Freiheit berauben können, später Verträge ohne Einhaltung einer bestimmten Form zu schließen. Aus diesem Grunde wird man viele solcher Abreden im Ergebnis doch für wirksam erachten können.[16]

---

14 BGH, Life&Law 08/2018, 510 ff. = NJW 2018, 1540 ff. = jurisbyhemmer.

15 BGH, NJW 2004, 1103 f. = jurisbyhemmer.

16 Vgl. dazu Medicus/Petersen, BR, Rn. 187a.

Bsp.: V und M haben vereinbart, dass alles, was Änderungen des Mietvertrages anbelangt, schriftlich festgehalten werden soll.

Nach einigen Monaten vereinbaren sie mündlich eine Mietminderung.

Diese Abrede ist wirksam, da davon auszugehen ist, dass die Parteien die Schriftformklausel (konkludent) aufgehoben haben. Nach Rechtsprechung des BGH soll es dabei nicht einmal schaden, wenn die Parteien in diesem Moment gar nicht an die Klausel gedacht haben![17]

Gemäß § 578 I, II BGB gilt § 550 BGB auch für Mietverhältnisse über Grundstücke und Räume.

hemmer-Methode: Die Bedeutung des § 550 BGB für Wohnraummietverhältnisse ist relativ gering, da gemäß § 575 BGB befristete Mietverträge über Wohnraum (sog. Zeitmietverträge) nur unter strengen Voraussetzungen zulässig sind.

Beispielsfall

Bsp.:[18] *Wie ist folgender Fall zu lösen?* 7

„Sehr geehrter Herr Ast,

nachdem wir bis heute von Ihnen keinen neuen, geänderten Mietvertrag erhalten haben, erlauben wir uns, den mündlich geschlossenen Mietvertrag mit fünfjähriger Laufzeit schriftlich zu bestätigen.

…….

(es folgt der Vertragstext)

Mit freundlichen Grüßen

Ralf Richardi

Unterhalb dieser (Original)Unterschrift des Vermieters befindet sich der unstreitig in dessen Gegenwart vom Mieter handschriftlich gefertigte und original unterschriebene Zusatz

„Akzeptiert mit Gegenzeichnung

Anton Ast, 26.3.2018“

Ist der Mietvertrag ordentlich kündbar?

Lösung: Der Vertrag wäre nur dann ordentlich kündbar, wenn er auf unbestimmte Zeit geschlossen worden wäre, da bei wirksam befristeten Verträgen eine vorzeitige Beendigung nur durch außerordentliche Kündigung möglich ist.

Die Befristung eines Mietvertrages von mehr als ein Jahr bedarf aber für ihre Wirksamkeit der Schriftform des § 550 S. 1 BGB; anderenfalls gilt der Vertrag als auf unbestimmte Zeit geschlossen, § 550 S. 2 BGB.

Der Wahrung der Schriftform könnte entgegenstehen, dass die Nachtragsvereinbarung in einem Schreiben des Vermieters an den Mieter niedergelegt ist, auf das der Mieter - unterhalb der Unterschrift des Vermieters - eine mit seiner Unterschrift versehene Einverständniserklärung gesetzt hat.

Unterschreibt nämlich der Vermieter den Vertragsentwurf und sendet er ihn dem Mieter zur Unterschrift zu, handelt es sich in diesem Stadium lediglich um ein Vertragsangebot. Die Unterschrift des Mieters stellt dann die Annahmeerklärung dar, und zwar unabhängig davon, ob sie mit einem die Annahme bekräftigenden Zusatz (hier: „akzeptiert mit Gegenzeichnung“) versehen ist oder nicht, weil auch die bloße Unterschrift den gleichen Erklärungsinhalt hat.

17 BGH, NJW 1965, 293; JZ 1967, 287 f.; BGHZ 49, 364 ff.: **alle Entscheidungen** = **juris**byhemmer.

18 Vgl. BGH, Life&Law 2004, 796 ff. = NJW 2004, 2962 ff. = **juris**byhemmer.

Befindet sich diese Unterschrift aber wie üblich rechts neben oder gar unter der Unterschrift des Vermieters, deckt dessen Unterschrift aufgrund ihrer räumlichen Anordnung nur sein eigenes Angebot und nicht zugleich die in der Unterschrift des Mieters zu sehende Annahmeerklärung, und zwar um so weniger, als sich zumeist aus der beigefügten Datumsangabe ergeben wird, dass es sich bei der Unterschrift des Mieters um eine später abgegebene Erklärung handelt.

***Reichsgericht**: Schriftform nicht gewahrt*

Aus diesem Grund hat das Reichsgericht die Form als nicht gewahrt angesehen.

***BGH**: Aufgabe der Reichsgerichtsrechtsprechung*

Da diese Auffassung des Reichsgerichts aber jedenfalls für § 550 BGB nicht überzeugend ist, hat der BGH in Abkehr von RGZ 105, 60 [62] zu Recht die Wahrung der Schriftform und damit die Wirksamkeit der Befristung bejaht.

Zwar reicht ein Briefwechsel, etwa die Übersendung eines Angebots und die Rücksendung einer Annahmeerklärung, zur Wahrung der Schriftform im Sinne des § 550 S. 1 BGB nicht aus, weil sich die Willensübereinstimmung der Parteien dann nicht aus einer, sondern erst aus der Zusammenfassung zweier Urkunden ergibt[19]. Hier befinden sich aber die Unterschriften beider Parteien auf ein- und derselben Urkunde.

Der von § 550 BGB in erster Linie bezweckte Schutz eines späteren Grundstückserwerbers (§ 566 BGB!) rechtfertigt diese strenge Auffassung nicht.

Für die in § 550 BGB vorgeschriebene Schriftform genügt es, wenn ein späterer Grundstückserwerber aus einer einheitlichen Urkunde ersehen kann, in welche langfristigen Vereinbarungen er nach §§ 578 I, 566 BGB gegebenenfalls eintritt, nämlich dann, wenn diese im Zeitpunkt der Umschreibung des Grundstücks (noch) bestanden. Es ist aber nicht ersichtlich, dass er dies einer Urkunde, die sowohl das unterschriebene Angebot der einen als auch die darunter befindliche unterschriebene (uneingeschränkte) Annahmeerklärung der anderen Partei enthält, weniger zuverlässig entnehmen könnte als einem von beiden Parteien am Ende des Textes unterzeichneten Vertrag.[20]

Zusammenfassend ist daher festzuhalten, dass die Unterschriften der Parteien hier die in der Urkunde niedergelegten Abreden decken, die vereinbart sind, sei es durch wechselseitige Unterzeichnung der Urkunde, sei es durch vorausgegangene mündliche Einigung. Der vom Mieter seiner Unterschrift vorangestellte Zusatz „akzeptiert mit Gegenzeichnung“ ist insoweit unschädlich, weil er nichts anderes bedeutet als das, was auch seine bloße Unterschrift ohne jeden Zusatz bedeutet hätte.

Ergebnis: Aufgrund der wirksamen Befristung ist der Mietvertrag nicht ordentlich kündbar, vgl. § 542 II BGB.

hemmer-Methode: Der BGH hat sich zu Recht von der Rechtsprechung des Reichsgerichts abgewandt, da die strikte Befolgung dieser zur Folge hätte, dass eine unübersehbare Zahl schriftlicher Mietverträge der Form nicht genügen würde.

__Weiterer Beispielsfall__[21]: B mietete durch schriftlichen Mietvertrag Gewerberäume von K. In dem Vertragsformular ist als Vermieter „die Erbengemeinschaft XY vertreten durch K” aufgeführt. Das Mietverhältnis war bis 31.05.2019 befristet. 7a

Die K kündigte am 16.12.2017 das Mietverhältnis zum 30.06.2018.

Besteht zwischen der „Erbengemeinschaft XY“ und B ein wirksamer Mietvertrag?

19 Vgl. BGH, NJW 2001, 221 [223] = jurisbyhemmer.

20 Vgl. auch Eckert, NZM 2001, 409 [410].

21 Vgl. dazu BGH, Life&Law 2003, 82 ff. ⇨ download unter www.lifeandlaw.de/Entscheidungen.

1. Ein wirksamer Mietvertrag über Gewerberäume gemäß § 535 BGB könnte durch Vertragsschluss zwischen B und der Erbengemeinschaft XY, vertreten durch K geschlossen worden sein. Fraglich ist dabei jedoch, ob die Erbengemeinschaft als solche überhaupt Vertragspartei sein kann. Dazu müsste sie Rechtsfähigkeit besitzen.

a) Eine Erbengemeinschaft ist wie die GbR eine Gesamthandsgemeinschaft; eine Gesamthandsgemeinschaft besitzt aber grundsätzlich keine eigene Rechtspersönlichkeit und ist deswegen auch grundsätzlich nicht rechtsfähig. Denn bei der Gesamthandsgemeinschaft handelt es nicht um ein eigenständiges Rechtssubjekt, sondern um eine gesamthänderisch verbundene Personenmehrheit mit einem gesamthänderisch gebundenen Sondervermögen.

aa) Vereinzelt wird zwar die Ansicht vertreten, dass der Erbengemeinschaft die Rechtsfähigkeit unter Aberkennung der Rechtssubjektsqualität zuzuerkennen sei bzw. dass ihr eine Teilrechtsfähigkeit oder eine Vollrechtsfähigkeit zukomme. Eine weitere Auffassung sieht nur die unternehmenstragende Erbengemeinschaft als rechtsfähig an.

bb) Richtig ist indes der Standpunkt der Rechtsprechung und der überwiegenden Meinung in der Literatur, nämlich dass die Erbengemeinschaft als solche nicht rechtsfähig ist. Dies ergibt sich daraus, dass es sich bei der Erbengemeinschaft nicht um ein eigenständiges Rechtssubjekt handelt, sondern um eine gesamthänderisch verbundene Personenmehrheit, deren Sondervermögen der Nachlass ist.

cc) Aus der Anerkennung der Rechtsfähigkeit der GbR gibt sich für die Erbengemeinschaft keine andere Rechtsstellung. Die Rechtsfähigkeit und damit auch die Parteifähigkeit jeglicher Gesamthand, etwa in der Form einer Innengesellschaft oder der Erbengemeinschaft, ist damit nicht anerkannt worden.

Die Rechtsstellung der Erbengemeinschaft ist auch nicht mit der BGB-Gesellschaft vergleichbar. In beiden Fällen ist zwar ein gesamthänderisch gebundenes Sondervermögen vorhanden. Die Erbengemeinschaft ist jedoch dadurch gekennzeichnet, dass sie anders als die BGB-Gesellschaft nicht rechtsgeschäftlich, sondern gesetzlich begründet wird. Sie ist zudem keine werbende Gemeinschaft, da sie – im Gegensatz zur BGB-Gesellschaft – nicht auf Dauer angelegt, sondern auf Auseinandersetzung gerichtet ist. Weiterhin ist die Handlungsorganisation bei der Personengesellschaft und der Erbengemeinschaft unterschiedlich ausgeprägt.

Im Bereich des Gesellschaftsrechts regelt ein Gesellschaftsvertrag i.V.m. den gesetzlichen Bestimmungen die Rechte und Pflichten der auf Dauer angelegten Außengesellschaft, insbesondere Geschäftsführung und Vertretung. Demgegenüber besitzt die auf Auseinandersetzung angelegte Erbengemeinschaft keine Elemente, die ihre Handlungsorganisation prägen. Dies betrifft vor allem das Fehlen eines auf Dauer angelegten Handlungszweckes und der darauf gerichteten Personenverbindung.

b) Aus dem Wesen der Erbengemeinschaft folgt somit, dass sie als solche nicht selbst Vertragspartei war, sondern dass der Mietvertrag nur mit den Miterben zu Stande kommen konnte.

2. Eine Auslegung gemäß §§ 133, 157 BGB kommt jedoch dazu, dass die Vertragsparteien den Begriff „Erbengemeinschaft“ als Kurzbezeichnung für die Erben als handelnde Rechtssubjekte verstanden hatten.

Die Vertragsparteien waren sich jedenfalls darüber einig, dass der Vertrag mit den Mitgliedern der Erbengemeinschaft geschlossen werden sollte, unbeschadet der Frage, ob und welche Gedanken sich B über die Rechtsfähigkeit der Erbengemeinschaft gemacht hat. Dies ergibt sich daraus, dass ein Mietvertrag mit der Erbengemeinschaft als Rechtssubjekt nicht zu Stande kommen konnte. Daher konnte sich die Einigung hinsichtlich der Vertragsparteien nur auf die Miterben erstrecken, die Mitglieder der Erbengemeinschaft waren. Diese waren auch bestimmbar, weil sie durch Ermittlungen – etwa durch Anfragen bei dem Nachlassgericht – ausfindig gemacht werden konnten.

Der Mietvertrag kam zwischen B und den Miterben zu Stande.

3. Das Mietverhältnis könnte durch ordentliche Kündigung der K vom 16.12.2017 gemäß §§ 550, 580a II BGB zum 30.06.2018 beendet worden sein.

a) Fraglich ist zunächst, ob eine ordentliche Kündigung mit Frist des § 580a II BGB überhaupt möglich war, da der Mietvertrag nach dem Willen der Vertragsparteien bis zum 31.05.2019 befristet sein sollte. Mietverträge, die auf Zeit abgeschlossen werden, sind jedoch nicht ordentlich kündbar, § 542 II BGB.

b) Etwas anderes würde dann gelten, wenn gar kein befristeter Vertrag zu Stande kam. Gemäß §§ 578 I, 550 BGB gilt ein Mietvertrag, der für längere Zeit als ein Jahr abgeschlossen wird, für unbestimmte Zeit abgeschlossen, wenn er nicht in schriftlicher Form geschlossen wird.

Die Folge des Formfehlers ist im Mietrecht nicht Nichtigkeit, sondern Wirksamkeit des Vertrages, aber als unbefristeter; dies eröffnet die Möglichkeit zur ordentlichen Kündigung.

Ein Mietvertrag genügt dann der Schriftform, wenn sich alle wesentlichen Vertragsbedingungen, insbesondere der Mietgegenstand, die Miete sowie die Dauer und die Parteien des Mietverhältnisses aus der Urkunde ergeben[22].

aa) Hierbei sind auch die Vertragsparteien genau zu bezeichnen, da der Beweisfunktion, der das Schriftformerfordernis u.a. dient, nur dann genügt ist, wenn die genaue Bezeichnung des Vermieters aus der Vertragsurkunde ersichtlich ist. Dies gilt insbesondere dann, wenn auf einer Vertragsseite eine Personenmehrheit beteiligt ist. Für einen Grundstückserwerber, dessen Informationsbedürfnis die in § 550 BGB vorgeschriebene Schriftform vorrangig dient, ist es zudem von wesentlicher Bedeutung, wer als Vermieter den Mietvertrag abgeschlossen hat, da er nur dann nach § 566 BGB in das Mietverhältnis eintritt, wenn der Vermieter und der Grundstückseigentümer identisch sind.

bb) Diesen Anforderungen genügt die bei Vertragsschluss gefertigte Vertragsurkunde jedoch nicht. Darin ist als Vermieterin lediglich die Erbengemeinschaft XY aufgeführt. Diese war nicht Vertragspartei, da der Mietvertrag mit den einzelnen Erben zu Stande gekommen ist, s.o. Aus der Vertragsurkunde ist damit für einen potentiellen Erwerber des Mietobjektes nicht zu ersehen, wer Vertragspartei des Mietvertrages geworden ist, da die Erben nicht namentlich genannt waren.

cc) Nach der Rechtsprechung dürfen zwar auch außerhalb der Urkunde liegende Umstände zur Auslegung herangezogen werden, ob der wesentliche Vertragsinhalt beurkundet ist. Dies betrifft etwa die Ermittlung der genauen Lage der Mieträume. Jedoch wird auch in diesen Fällen gefordert, dass sich aus der Vertragsurkunde selbst die hinreichende Bezeichnung der Größe und Lage der Mieträume im Gebäude ergeben muss.

In Anwendung dieser Grundsätze ist es daher erforderlich, dass die Vertragsparteien aus der Urkunde bestimmbar sind. Anhaltspunkte, die eine solche Bestimmbarkeit der Vertragsparteien zulassen, sind indes aus der Urkunde nicht ersichtlich.

Die fehlende Bestimmbarkeit ergibt sich schon daraus, dass aus der Urkunde nicht hervorgeht, ob mit der „Erbengemeinschaft XY" die Erben nach einem Erblasser XY oder Erben mit dem Namen XY gemeint waren. Auf Grund dieser unpräzisen Bezeichnung ist für einen Erwerber des Mietobjektes aus der Vertragsurkunde nicht zu ersehen, wer der Erblasser und damit der frühere Grundstückseigentümer ist. Aus der Vertragsurkunde ist auch nicht die Anschrift des Erblassers bzw. der Erben ersichtlich. Für einen Erwerber besteht damit keine Möglichkeit, anhand der Vertragsurkunde die Erben zu ermitteln.

22 Vgl. BGH, NJW 2000, 354 [356] = **juris**byhemmer.

dd) Für die Einhaltung der Schriftform ist aus Beweis – und Klarstellungsgründen auch erforderlich, dass sämtliche Vertragsparteien die Vertragsurkunde unterzeichnen, § 126 BGB. Unterzeichnet ein Vertreter – wie hier – den Mietvertrag, muss das Vertretungsverhältnis in der Urkunde durch einen das Vertretungsverhältnis anzeigenden Zusatz hinreichend deutlich zum Ausdruck kommen[23]. Ob darüber hinaus weitere Anforderungen – etwa die Angabe der Art und des Grundes des Vertretungsverhältnisses – in der Vertragsurkunde erfüllt sein müssen, kann dahinstehen, da das Schriftformerfordernis des § 550 BGB bereits wegen der ungenauen Bezeichnung der Vertragsparteien nicht gewahrt war.

Es bleibt festzuhalten, dass die Bezeichnung „die Erbengemeinschaft XY vertreten durch K" das Zustandekommen eines Mietvertrages an sich nicht hindert. Jedoch erfüllt sie nicht die Anforderungen des § 550 BGB.

Ergebnis: Daher ist ein unbefristeter Vertrag geschlossen worden, der ordentlich kündbar war.

Bei Vertretung muss sich die Art der Vertretung zweifelsfrei aus der Urkunde ergeben

Zur Einhaltung der Schriftform des § 550 BGB ist **beim Handeln eines Vertreters erforderlich, dass** dieser einen seine **Vertretung kennzeichnenden Zusatz** beifügt. Die Art der Vertretung muss sich zweifelsfrei aus der Urkunde ergeben. *7b*

Bsp.:[24] *Die vermietende GbR besteht aus den Gesellschaftern A, B, C und D. Einzelvertretungsberechtigt sind die Gesellschafter A und B. In der Vertragsurkunde ist die Vermieterin bezeichnet als „Erwerbergemeinschaft Haus Elvira", vertreten durch die Herren A und B. Den Mietvertrag unterschrieb der Gesellschafter A, allerdings auch nur mit „A", ohne einen auf ein Vertretungsverhältnis hinweisenden Zusatz.*

Wenn für eine Partei ein Vertreter handelt, muss dies durch einen die Vertretung anzeigenden Zusatz hinreichend deutlich zum Ausdruck kommen. Ein potentieller Erwerber des Grundstücks muss erkennen können, ob die Vertragsurkunde alle erforderlichen Unterschriften trägt. Die Vertragsurkunde wurde für die Vermieterin lediglich von A unterschrieben. Es wurde kein die Vertretungsmacht erläuternder Zusatz beigefügt.

Fraglich ist, ob die Ausführungen in der Vertragsurkunde, die BGB-Gesellschaft werde durch die Herren A und B vertreten, als ein das Vertretungsverhältnis kennzeichnender Zusatz ausreicht.

Dies hat der BGH verneint: Der Urkunde ist nicht zu entnehmen, ob die Vertreter Einzelvertretungsmacht oder Gesamtvertretungsmacht haben sollten. Für die Einhaltung der Schriftform kann insoweit nicht zusätzlich auf den Gesellschaftsvertrag abgestellt werden. Es kommt alleine auf die Vertragsurkunde an. Aus dem Wortlaut, die Gesellschaft werden durch A *und* B vertreten, ergibt sich eher eine Gesamtvertretungsmacht.

Ist die Mietvertragsurkunde im Falle einer Personenmehrheit nicht von allen Vermietern oder Mietern unterzeichnet, müssen die vorhandenen Unterschriften deutlich zum Ausdruck bringen, ob sie auch in Vertretung der nicht unterzeichnenden Vertragsparteien hinzugefügt wurden.[25]

Es wären daher für die Schriftform die Unterschriften beider Gesamtvertreter erforderlich. Die Unterschrift des A genügt nur, wenn er zugleich B vertreten hätte. Die Vertretung des B wurde aber in der Vertragsurkunde nicht deutlich gemacht. Nach dem Text der Vertragsurkunde ist jedenfalls nicht auszuschließen, dass vorgesehen war, dass auch B für die Gesellschaft unterschreiben sollte und seine Unterschrift noch fehle. Der Urkunde ist daher nicht zu entnehmen, dass sie alle erforderlichen Unterschriften enthält.

hemmer-Methode: Wird hingegen die Vertretung deutlich gemacht, so ist die Schriftform gewahrt. So hat es der BGH zur Wahrung der Schriftform eines Mietvertrages mit einer AG bzw. GmbH als alleiniger Mieterin oder Vermieterin genügen lassen, dass die Unterschrift in der für die GmbH vorgesehenen Unterschriftszeile mit dem Zusatz „i.V." von einem Dritten stammt.

23 Vgl. OLG Rostock, NJW-RR 2001, 514 [515] = **juris**byhemmer.

24 Vgl. BGH, Life&Law 2003, 746 ff. = NJW 2003, 3053 = **juris**byhemmer; ebenso das BAG zur Schriftform der Kündigung gem. § 623 BGB; vgl. BAG, NZA 2005, 865 f. = **juris**byhemmer.

25 BGH, Life&Law 10/2008, 665 ff. = NJW 2008, 2178 f. und 2181 f. = **juris**byhemmer.

Ob dieser hierzu bevollmächtigt war oder als vollmachtloser Vertreter unterzeichnet hat, ist eine Frage des Zustandekommens des Vertrages, nicht der Wahrung seiner Form.[26]

Mithin wurde die Schriftform des § 550 BGB nicht gewahrt. Der Vertrag ist daher auf unbestimmte Zeit geschlossen. Eine ordentliche Kündigung ist möglich.

hemmer-Methode: Wird ein Mietvertrag im Namen einer BGB-Gesellschaft abgeschlossen, deren Zusammensetzung bei Vertragsschluss noch nicht namentlich feststeht und ist die Zusammensetzung im Zeitpunkt der Entstehung der Gesellschaft bestimmbar, genügt dies dem Schriftformerfordernis des § 550 BGB.[27]

Nach Ansicht des BGH gilt das Schriftformerfordernis auch für eine Vereinbarung über den Wechsel der Vertragsparteien, da die Angabe der Mietvertragsparteien zu den wesentlichen Vertragsbedingungen zählt, die von dem Schriftformerfordernis des § 550 S. 1 BGB erfasst werden. 7c

Nach allgemeiner Meinung ist die Vertragsübernahme keine Kombination von Abtretung und Schuldübernahme, sondern ein einheitliches Rechtsgeschäft. Sie bedarf der Zustimmung aller Beteiligten.[28]

hemmer-Methode: Beachten Sie, dass die Einhaltung der Schriftform für die Wirksamkeit des Vertragseintritts keine Rolle spielt. Die Schriftform wird nur relevant für die Frage, ob das Mietverhältnis als befristetes Mietverhältnis übergeht.

Die Vertragsübernahme kann als dreiseitiger Vertrag oder aber auch durch Vertrag zwischen zwei Beteiligten geschlossen werden, der durch den dritten Beteiligten genehmigt wird. Dabei kann nach dem Prinzip der Vertragsfreiheit der Eintritt des neuen Mieters in den Vertrag auch dadurch erfolgen, dass der Neumieter einen Vertrag zwischen Vermieter und Altmieter genehmigt.[29]

Die vertragliche Auswechslung eines Mieters in einem Mietvertrag, der wegen seiner Laufzeit der Schriftform des § 550 S. 1 BGB bedarf, erfordert ebenfalls die Einhaltung der Schriftform, wenn die Laufzeit erhalten bleiben soll.

Dies kann sich auch durch einen unterschriebenen Nachtrag zum Mietvertrag ergeben, der die vertragliche Stellung des neuen Mieters im Zusammenhang mit dem zwischen dem vorherigen Mieter und dem Vermieter geschlossenen Mietvertrag ergibt.[30]

hemmer-Methode: Das Schriftformerfordernis des § 550 S. 1 BGB gilt aber nicht für den gesetzlichen Vertragseintritt z.B. nach § 1922 BGB bzw. nach § 566 BGB.

Bei Vertragsübernahme ist Zustimmung zum Vertragseintritt formfrei

Die Schriftform eines langfristigen Mietvertrages ist bei einer Vertragsübernahme aber gewahrt, wenn der Vermieter mit dem Altmieter schriftlich vereinbart, dass der Neumieter in den Vertrag eintritt und dieser der Vertragsübernahme formlos zustimmt.

26 BGH, Life&Law 2010, 143 ff. = NZG 2010, 105 ff. = **juris**byhemmer (zur AG) bzw. BGH, Life&Law 2008, 15 ff. = NJW 2007, 3346 ff. (zur GmbH) = **juris**byhemmer.

27 Vgl. BGH, Life&Law 06/2006, 384 ff. = NJW 2006, 140 f. = **juris**byhemmer.

28 Vgl. BGHZ 96, 302 [308] = **juris**byhemmer; BGHZ 154, 171 [175] = **juris**byhemmer.

29 Vgl. BGHZ 72, 394 [396] = **juris**byhemmer; 96, 302 [309] = **juris**byhemmer.

30 BGH, Life&Law 03/2016, 152 ff. = NJW 2016, 311 ff. = **juris**byhemmer; BGH, MDR 2013, 394 = **juris**byhemmer.

Der Umstand, dass die Zustimmung des Dritten nicht schriftlich erfolgte, steht der Einhaltung der Schriftform nicht entgegen. Der Schriftform genügt auch ein Mietvertrag, der vorsieht, dass er erst nach Zustimmung eines Dritten wirksam werden soll.

Dessen Zustimmung muss nicht in dieselbe Urkunde aufgenommen oder gar von beiden Parteien noch einmal unterschrieben werden, da sie gem. § 182 II BGB formfrei ist und nicht der Form des Hauptgeschäfts bedarf.

hemmer-Methode: Lesen Sie diese examensrelevante Entscheidung des BGH in NJW-RR 2005, 958 f. nach!

Nachtragsvereinbarungen

Treffen die Mietvertragsparteien nachträglich eine Vereinbarung, mit der wesentliche Vertragsbestandteile geändert werden sollen, muss diese zur Erhaltung der Schriftform des § 550 S. 1 BGB **hinreichend deutlich auf den ursprünglichen Vertrag Bezug nehmen**, die geänderten Regelungen aufführen und erkennen lassen, dass es im Übrigen bei den Bestimmungen des ursprünglichen Vertrages verbleiben soll.[31] 7d

Auch minimale Mieterhöhung muss schriftlich vereinbart werden

Nach Ansicht des BGH bedarf auch die nachträgliche Vereinbarung einer geringfügig höheren Monatsmiete (im Fall ging es um 20,- €, was einer Erhöhung um 1,5% entsprach) der Schriftform. Eine lediglich mündliche Vereinbarung führt dazu, dass die ursprüngliche Schriftform des Mietvertrags nicht mehr gewahrt ist und dieser nach Ablauf des Sperrjahres (vgl. § 550 S. 2 BGB) ordentlich kündbar ist.[32]

Eine dauerhafte Änderung der Miethöhe ist nämlich immer **immer vertragswesentlich** und daher stets nach § 550 BGB schriftlich zu vereinbaren. Bei der Miete handelt es sich per se um einen vertragswesentlichen Punkt, der für den von § 550 BGB geschützten potenziellen Grundstückserwerber von besonderem Interesse ist.

Dies gilt umso mehr, als sich Änderungen unmittelbar auf die Möglichkeit des Vermieters zur fristlosen Kündigung wegen Zahlungsverzugs auswirken.

So kann sich etwa die Nichtzahlung selbst eines vergleichsweise geringfügigen Erhöhungsbetrags bei einem langfristigen Mietvertrag nicht nur aufsummieren und gegebenenfalls zu einem für eine Kündigung nach § 543 II S. 1 Nr. 3b BGB ausreichenden Rückstand führen. Vielmehr kann der Verzug mit auch nur einem solchen Erhöhungsbetrag im Zusammenspiel mit anderweitigen Zahlungsrückständen des Mieters dazu führen, dass ein wichtiger Grund i.S.d. § 543 II S. 1 Nr. 3 BGB zu bejahen ist. Mithin kann jede Mietänderung unabhängig von ihrer relativen oder absoluten Höhe „das Fass zum Überlaufen bringen" und auch sonst kündigungsrelevant sein.

Nicht rechtzeitige Annahme unschädlich

Ist ein formgerechter Mietvertrag mangels rechtzeitiger Annahme zunächst nicht abgeschlossen worden, so kommt durch eine insoweit formgerechte Nachtragsvereinbarung, die auf die ursprüngliche Urkunde Bezug nimmt, ein insgesamt formwirksamer Mietvertrag zustande.[33] 7e

Verlängerung der Annahmefrist ist formlos möglich

Die Verlängerung der Frist zur Annahme der auf den Abschluss eines langfristigen Mietvertrages gerichteten Erklärung bedarf nicht der Schriftform des § 550 BGB.[34] 7f

31 BGH, NJW 2004, 2962, 2963 = jurisbyhemmer.

32 BGH, Life&Law 03/2016, 152 ff. = NJW 2016, 311 ff. = jurisbyhemmer.

33 BGH, Life&Law 2009, 737 ff. = NJW 2009, 2195 ff. = jurisbyhemmer; geprüft im Bayerischen Ersten Staatsexamen 2012/II, Klausur 1.

34 BGH, NJW 2010, 1518 ff. = jurisbyhemmer.

Dauer des Mietverhältnisses muss bestimmbar sein

Regelungen zur Dauer der Mietzeit wahren nach ständiger Rechtsprechung des BGH dann die Schriftform, wenn sich Beginn und Ende der Mietzeit **im Zeitpunkt des Vertragsschlusses in** hinreichend **bestimmbarer Weise** aus der Vertragsurkunde ergeben.[35] Unerheblich ist dabei, ob zwischen den Parteien im weiteren Verlauf Streit über den festgelegten Zeitpunkt des Vertragsbeginns entsteht. 7g

Für die Bestimmbarkeit des Mietbeginns genügt eine abstrakte Beschreibung, die es ermöglicht, den Mietbeginn zu ermitteln.[36]

Haben sich die Vertragsparteien im Mietvertrag darauf geeinigt, dass das Mietverhältnis „mit der Übergabe/Übernahme der Mietsache" beginnen sollte, steht aufgrund dieser Beschreibung der Beginn des Mietverhältnisses nach erfolgter Übergabe eindeutig fest.[37]

hemmer-Methode: Das Datum des Mietbeginns muss sich aus dem Mietvertrag selbst nicht ergeben. Wäre nämlich das Datum des Mietbeginns bei Vertragsabschluss bereits bekannt, so wäre bereits das Merkmal der „Bestimmtheit" erfüllt.

Schriftformheilungsklausel

Die Berufung auf die Nichteinhaltung der Schriftform kann im Einzelfall treuwidrig sein (§ 242 BGB), wenn die Vertragsparteien zur Nachholung der Schriftform verpflichtet sind. 7h

Berufung auf fehlende Schriftform treuwidrig (§ 242 BGB)

Nach ständiger Rechtsprechung des BGH kann eine Mitwirkungspflicht der Vertragsparteien am Zustandekommen eines der Schriftform entsprechenden Mietvertrags bestehen. Das kann etwa der Fall sein, wenn in einem Vorvertrag vereinbart worden ist, ein langfristiges Mietverhältnis zu begründen.[38] Möglich ist es etwa auch, dass sich Vertragsparteien im Hinblick auf nachträglich zustande gekommene Vereinbarungen verpflichten, insofern dafür zu sorgen, dass die Schriftform gewahrt und damit die langfristige Bindung an den Mietvertrag sichergestellt wird.[39]

Ob sich eine solche Verpflichtung aus einer sog. **„Schriftformheilungsklausel"**, in welcher sich die Vertragsparteien von vornherein verpflichten, *„alle Handlungen vorzunehmen und Erklärungen abzugeben, die erforderlich sind, um dem gesetzlichen Schriftformerfordernis Genüge zu tun, und den Mietvertrag nicht unter Berufung auf die Nichteinhaltung der gesetzlichen Schriftform vorzeitig zu kündigen",* ergeben kann, ist umstritten.

Früher wurde davon ausgegangen, Schriftformheilungsklauseln seien wirksam mit der Folge, dass die auf den Formmangel gestützte Kündigung treuwidrig sei, solange nicht erfolglos versucht worden sei, die andere Partei zu einer Heilung des Mangels zu veranlassen.[40]

Schriftformklausel bindet nicht den Grundstückserwerber

Nach Ansicht des BGH gilt dies aber nicht für den Grundstückserwerber, der gem. § 566 BGB kraft Gesetzes mit dem Eigentumserwerb in den Mietvertrag eintritt.[41]

---

35 BGH, NJW 2010, 1518 = **juris**byhemmer.

36 BGH, NJW 2009, 2195 = **juris**byhemmer.

37 BGH, Life&Law 12/2013, 873 ff. = NJW 2013, 3361 ff. = **juris**byhemmer.

38 BGH, NJW 2007, 1817 = **juris**byhemmer.

39 BGH, NJW 2005, 2225, 2227 = **juris**byhemmer.

40 OLG Naumburg, NJW 2012, 3587, 3588 = **juris**byhemmer; OLG Düsseldorf, NZM 2005, 147 f. = **juris**byhemmer; OLG Köln, OLGR 2005, 697, 698 = **juris**byhemmer; OLG Hamm, NZM 2013, 760, 763 ff. = **juris**byhemmer; KG, NJW-RR 2007, 805, 806 = **juris**byhemmer; Lindner-Figura, NZM 2007, 705, 713; Kreikenbohm/Niederstetter, NJW 2009, 406 ff.

41 **BGH, Life&Law 05/2014, 330 ff.** = NJW 2014, 1087 ff. = **juris**byhemmer.

§ 550 BGB will nach ständiger Rechtsprechung des BGH in erster Linie sicherstellen, dass ein späterer Grundstückserwerber, der kraft Gesetzes auf Seiten des Vermieters in ein auf mehr als ein Jahr abgeschlossenes Mietverhältnis eintritt, dessen Bedingungen aus dem schriftlichen Mietvertrag ersehen kann.

Ein Grundstückserwerber verhält sich deshalb nicht nach § 242 BGB treuwidrig, wenn er von der in diesem Fall vorgesehenen gesetzlichen Möglichkeit Gebrauch macht. Das gilt unabhängig davon, ob dem Erwerber im Einzelfall die Umstände, die vor seinem Eintreten in den Mietvertrag zu der Formunwirksamkeit geführt haben, bekannt waren. Denn wenn der Erwerber aufgrund des Schutzzwecks des § 550 BGB durch eine Heilungsklausel nicht gebunden ist, kann auch eine Kenntnis des Formmangels nicht dazu führen, dass er an dessen Heilung mitwirken müsste.

Schriftformheilungsklausel aber auch in allen anderen Fällen unwirksam

Mit Urteil vom 27.09.2017 hat der BGH Schriftformheilungsklauseln nun generell für unwirksam erklärt.[42]

(1) Bei der Vorschrift des § 550 BGB handelt es sich nach allgemeiner Ansicht um zwingendes Recht.

Sie will nach ständiger Rechtsprechung des BGH nicht nur sicherstellen, dass ein späterer Grundstückserwerber, der kraft Gesetzes auf Seiten des Vermieters in ein auf mehr als ein Jahr abgeschlossenes Mietverhältnis eintritt, dessen Bedingungen aus dem schriftlichen Mietvertrag ersehen kann. Vielmehr dient sie ebenfalls dazu, die Beweisbarkeit langfristiger Abreden auch zwischen den ursprünglichen Vertragsparteien zu gewährleisten und diese vor der unbedachten Eingehung langfristiger Bindungen zu schützen.[43]

(2) Mit Blick auf diesen Schutzzweck sind **Schriftformheilungsklauseln mit** dem nicht abdingbaren **§ 550 BGB unvereinbar**.

Denn sie hätten zur Folge, dass die Vertragsparteien an eine nicht schriftliche Vereinbarung für die volle Vertragslaufzeit gebunden wären, der mit der Vorschrift jedenfalls auch beabsichtigte Übereilungsschutz ausgehöhlt und die wichtige Warnfunktion der Bestimmung weitgehend leerlaufen würde.

Dem lässt sich nicht mit Erfolg entgegenhalten, derartige Klauseln verhülfen dem Grundsatz pacta sunt servanda erst zur Geltung, weil sie die vereinbarte Langfristigkeit des Mietverhältnisses auch bei Schriftformfehlern bewahrten. Mit § 550 BGB hat der Gesetzgeber die Vertragsfreiheit bewusst dahingehend eingeschränkt, dass langfristige mietvertragliche Bindungen der Schriftform bedürfen. Fehlt es an dieser, besteht als gesetzliche Folge auch kein langfristiges Mietverhältnis, das es zu bewahren gelte.

Durch Schriftformheilungsklauseln wird nicht lediglich das rechtliche Ergebnis hergestellt, das bestünde, wäre von vornherein die gesetzliche Schriftform gewahrt gewesen. Vielmehr soll mit ihnen die in § 550 BGB enthaltene bewusste gesetzgeberische Entscheidung in unzulässiger Weise umgangen werden.

(3) Mit einer Schriftformheilungsklausel wird zudem weder gegenüber den Vertragsschließenden noch gegenüber Rechtsnachfolgern die Warnfunktion erfüllt.

42 **BGH, Life&Law 02/2018, 75 ff.** = **juris**byhemmer.

43 BGH, NJW 2015, 2648 ff. = **juris**byhemmer; BGH, NJW 2014, 1087 ff. = **juris**byhemmer; BGH, NJW 2008, 2178 ff. = **juris**byhemmer.

Denn die Warnfunktion zielt nicht darauf ab, auf die Schriftformbedürftigkeit - die den Vertragsparteien jedenfalls angesichts der Heilungsklausel bewusst sein muss - hinzuweisen, sondern dem unbedachten Eingehen langfristiger Vertragsbindungen vorzubeugen bzw. dem potentiellen Erwerber vor Augen zu führen, in welche langfristig wirkenden vertraglichen Rechte und Pflichten er eintreten wird.

Inwieweit sich eine Schriftformheilungsklausel letztlich zum Nachteil einer Vertragspartei auswirkt, ist keiner abstrakt generellen Beurteilung zugänglich und angesichts des zwingenden Charakters von § 550 BGB auch ohne Bedeutung.

Ergebnis: Die Schriftformheilungsklausel ist daher wegen der Unvereinbarkeit mit § 550 BGB generell unwirksam. Daher kann aus einer solchen Klausel keine Pflicht hergeleitet werden, an der Nachholung der Schriftform mitzuwirken. Aus diesem Grund kann die Berufung auf die Nichteinhaltung der Schriftform auch nicht treuwidrig sein (§ 242 BGB).

B) Hauptpflichten beim Mietvertrag

I. Hauptpflichten des Vermieters

Pflicht zur Gebrauchsgewährung

Gemäß § 535 I S. 1 BGB hat der Vermieter die Pflicht, dem Mieter den Gebrauch der Mietsache während der Mietzeit zu gewähren. 8

Über- und Belassen der Mietsache

Er muss die Sache dem Mieter also überlassen und während der gesamten Mietzeit belassen.

Erhaltung der Mietsache

Weiterhin muss sich gem. § 535 I S. 2 BGB die überlassene Sache außerdem in einem Zustand befinden, der den vertraglich vereinbarten Gebrauch ermöglicht. Auch dies gilt für die gesamte Mietzeit, also auch für die „belassene Sache", nicht nur für den Zeitpunkt der Überlassung.

1. Überlassung der Mietsache während der Mietzeit, § 535 BGB

Die Pflicht zur Gebrauchsgewährung ist Hauptleistungspflicht, da sie für die Miete als Vertragstyp unerlässlich ist.[44] Sie steht außerdem im Gegenseitigkeitsverhältnis, da der Vermieter die Sache überlässt, um die Miete zu erhalten. 9

hemmer-Methode: Die Unterscheidung zwischen synallagmatischer Hauptleistungspflicht und nicht synallagmatischer Pflicht hat sich durch die Schuldrechtsreform weitgehend erübrigt. Das Synallagma ist zwar noch wichtig für die Anwendbarkeit der §§ 320 ff. BGB, insbesondere für die Möglichkeit eines Rücktritts vom Vertrag gem. §§ 323, 324, 326 V BGB.
Nicht erforderlich ist aber, dass die verletzte Pflicht, deretwegen zurückgetreten wird, auch im Synallagma steht.
Einzige Ausnahme ist § 326 V BGB, der gerade Ausfluss der Verknüpfung von Leistung und Gegenleistung ist. Unmöglich werden muss hier also die Pflicht, für die die Gegenleistung versprochen wurde, und dies ist nun mal die synallagmatische Hauptleistungspflicht.

Der Vermieter ist danach verpflichtet, alles zu tun, um dem Mieter den vertragsmäßigen Gebrauch während der gesamten Mietzeit zu ermöglichen.

44 Palandt, § 535 BGB, Rn. 14.

hemmer-Methode: Die wohl wichtigste Pflicht des Vermieters neben der Instandhaltung ist die Verpflichtung, Gewerbetreibende und Freiberufler vor Konkurrenz zu schützen. So ist es dem Vermieter u.U. versagt, Räume an einen Konkurrenten eines Mieters zu vermieten, da hierdurch der vertragsgemäße Gebrauch seitens des ersten Mieters beeinträchtigt werden würde.[45]

Gebrauchsüberlassung ist i.d.R. Besitzverschaffung

Gebrauchsüberlassung bedeutet i.d.R. Besitzverschaffung. Dabei wird es sich meistens um Einräumung des unmittelbaren Alleinbesitzes handeln. Der Mieter ist dann Besitzmittler des Vermieters im Sinne des § 868 BGB. 10

Es kann aber auch mittelbarer Besitz oder Mitbesitz ausreichend sein. Der Vermieter muss dem Mieter nur das einräumen, was dieser zur Ausübung des vertragsmäßigen Gebrauchs benötigt.

So kann auch ausnahmsweise schon das Zugänglichmachen ausreichend sein, wenn der Mieter zur Ausübung des vertragsmäßigen Gebrauchs keinen Besitz benötigt.

> ***Bsp.:*** *Bei Vermietung eines Hauses oder eines Zimmers ist Besitzverschaffung u.a. durch Schlüsselübergabe notwendig.*
>
> *Bei der Vermietung einer Wohnung gehören zu dem nach der Verkehrsanschauung bestimmenden Begriff des „Wohnens“ nur solche berufliche Tätigkeiten des Mieters, die in einer nicht nach außen in Erscheinung tretenden Weise ausgeübt werden. Geschäftliche Aktivitäten des Mieters, die der Mieter in ausschließlich zu Wohnzwecken vermieteten Räumen ausübt und die nach außen in Erscheinung treten, muss der Vermieter nicht ohne vorherige Vereinbarung dulden.*[46]
>
> *Beim Vermieten einer Werbefläche reicht es dagegen aus, dass der Mieter Zugang zu derselben hat.*

Gestattung der Tierhaltung gehört zur Gebrauchsgewährungspflicht des Vermieters nach § 535 I BGB

Ob abgesehen von Kleintieren die Haltung von Haustieren, namentlich von Hunden und Katzen, in Mietwohnungen zum vertragsgemäßen Gebrauch i.S.d. § 535 I BGB gehört, ist strittig.

Nach e.A. ist das zu bejahen.[47] Nach a.A. ist die Haltung von Haustieren nur mit der Erlaubnis des Vermieters zulässig, auf die kein Anspruch besteht, deren Versagung aber im Ausnahmefall treuwidrig (§ 242 BGB) sein kann.[48]

Nach der **vermittelnden Ansicht des BGH** ist die Frage der Zulässigkeit der Tierhaltung im Einzelfall unter Abwägung der beiderseitigen Interessen zu entscheiden. Die Beantwortung der Frage, ob die Haltung von Haustieren zum vertragsgemäßen Gebrauch im Sinne von § 535 I BGB gehört, erfordert eine umfassende Abwägung der Interessen des Vermieters und des Mieters sowie der weiteren Beteiligten. Diese **Abwägung** lässt sich nicht allgemein, sondern nur im Einzelfall vornehmen, weil die dabei zu berücksichtigenden Umstände so individuell und vielgestaltig sind, dass sich **jede schematische Lösung verbietet**.

45 Vgl. hierzu BGHZ 70, 79, 80 ff. = **juris**byhemmer; Palandt, § 535 BGB, Rn. 27, 86 m.w.N.

46 Eine Verpflichtung des Vermieters, eine vertragswidrige Nutzung der Mieträume zu gestatten, kommt nur dann in Betracht, wenn von der beabsichtigten Tätigkeit - was der Mieter darzulegen und zu beweisen hat - keine weitergehenden Einwirkungen auf die Mietsache oder Mitmieter ausgehen als bei einer üblichen Wohnnutzung, vgl. dazu BGH, Life&Law 07/2013, 541 f. = **juris**byhemmer.

47 Schmidt-Futterer, Mietrecht, § 535 BGB, Rn. 498 ff.

48 LG Köln, Life&Law 04/2011, 293.

Zu berücksichtigen sind insbesondere Art, Größe, Verhalten und Anzahl der Tiere, Art, Größe, Zustand und Lage der Wohnung sowie des Hauses, in dem sich die Wohnung befindet, Anzahl, persönliche Verhältnisse, namentlich Alter, und berechtigte Interessen der Mitbewohner und Nachbarn, Anzahl und Art anderer Tiere im Haus, bisherige Handhabung durch den Vermieter sowie besondere Bedürfnisse des Mieters.[49]

Generelles Verbot der Hundehaltung im Formularvertrag ist unwirksam

Eine Allgemeine Geschäftsbedingung in einem Mietvertrag über Wohnräume, die den Mieter verpflichtet, „keine Hunde und Katzen zu halten“, ist daher wegen unangemessener Benachteiligung des Mieters unwirksam.[50]

2. Instandhalten der Mietsache, § 535 I S. 2 BGB

Instandhaltungspflicht

Nach § 535 I S. 2 BGB hat der Vermieter dafür Sorge zu tragen, dass sich die Sache während der gesamten Vertragsdauer in einem Zustand befindet, der den vertragsmäßigen Gebrauch ermöglicht. Diese Instandhaltungspflicht ist ebenfalls Hauptleistungspflicht.[51] 11

Der Vermieter hat also dafür Sorge zu tragen, dass sich die Sache während der gesamten Vertragsdauer im vertragsmäßigen Zustand befindet. Diese Instandhaltungspflicht ist ebenfalls eine synallagmatische Hauptleistungspflicht, die dem Mieter bei Nichterfüllung die Einrede des nichterfüllten Vertrages ermöglicht, § 320 I BGB.

Keine Pflicht zur Generalinspektion ohne besonderen Anlass

Der Vermieter ist aber nicht verpflichtet, ohne besonderen Anlass eine regelmäßige Generalinspektion der Elektroleitungen und Elektrogeräte in den Wohnungen seiner Mieter vorzunehmen.

Eine andere Ansicht liefe im Ergebnis unzulässigerweise auf eine Art „Quasi-Garantiehaftung“ auch für nachträgliche Mängel hinaus.

Mängelbeseitigungspflicht

Aus der Instandhaltungspflicht folgt, dass der Vermieter zur rechts- und sachmangelfreien Leistung verpflichtet ist, da die Sache sonst nicht zum Gebrauch geeignet ist. Der Vermieter muss daher alle Mängel der Mietsache beseitigen, die den vertragsmäßigen Gebrauch einschränken.

Dazu gehört auch die Beseitigung von gewöhnlichen Abnutzungen, die der Mieter gemäß § 538 BGB nicht zu vertreten hat. Etwas anderes gilt aber dann, wenn die Pflicht zur Durchführung der Schönheitsreparaturen wirksam auf den Mieter abgewälzt wurde (vgl. Rn. 13 ff.).

hemmer-Methode: § 536 I S. 3 BGB gilt nicht für die Instandhaltungspflicht des Vermieters gemäß § 535 I S. 2 BGB![52] Der Vermieter muss also auch unerhebliche Minderungen der Gebrauchstauglichkeit beseitigen.

Unverjährbarkeit des Anspruchs

Der Anspruch des Mieters auf Mangelbeseitigung ist nach Ansicht des BGH während der Mietzeit unverjährbar.[53]

Bei der Hauptleistungspflicht des Vermieters aus § 535 I S. 2 BGB handelt es sich um eine in die Zukunft gerichtete Dauerverpflichtung, die während der Dauer des Mietverhältnisses ständig neu entsteht.

49 BGH, Life&Law 03/2008, 214 = NJW 2008, 218 ff. = jurisbyhemmer.

50 BGH, Life&Law 07/2013, 488 ff. = NJW 2013, 1526 ff. = jurisbyhemmer.

51 Palandt, § 535 BGB, Rn. 30 ff.

52 Palandt, § 535 BGB, Rn. 36.

53 BGH, Life&Law 06/2010, 359 ff. = NJW 2010, 1292 ff. = jurisbyhemmer.

Würde man die Verjährbarkeit des Mangelbeseitigungsanspruchs im laufenden Mietverhältnis bejahen, so würde dies also im Wertungswiderspruch zur fortbestehenden Mietminderung im Hinblick auf Mängel stehen. Es leuchtet nicht ein, dass die Miete aufgrund eines Mangels gemindert ist, deren Behebung der Vermieter durch Erhebung der Verjährungseinrede verweigern können soll.

a) Umfang der Instandhaltungspflicht

Keine Pflicht zur Neuherstellung

Die Erhaltungspflicht umfasst nicht die Pflicht zur Neuherstellung, wenn die Mietsache untergeht.[54] Der Vermieter wird dann gem. § 275 II BGB frei. 12

hemmer-Methode: Für die Mietzahlungsverpflichtung gilt dann § 326 I S. 1 HS 1 BGB.

Bei teilweiser Zerstörung der Sache ist der Vermieter nur zur Wiederherstellung verpflichtet, wenn sie während der Mietzeit möglich ist und die Opfergrenze dabei nicht überschritten wird, § 242 BGB.[55]

Aus der Instandhaltungspflicht folgt, dass der Vermieter zur rechts- und sachmangelfreien Leistung verpflichtet ist, da die Sache sonst nicht zum Gebrauch geeignet ist.

hemmer-Methode: Im Mietrecht ist es unstreitig, dass zur Leistungspflicht des Vermieters die Über- und Belassung einer mangelfreien Mietsache gehört. Die Rechtsfolgen der §§ 536, 536a BGB sind also Folgen der Nichterfüllung und nicht solche einer neben der Leistungspflicht existierenden Gewährleistungspflicht.[56] Zum deshalb schwierigen Verhältnis zwischen §§ 536, 536a BGB und §§ 320 ff. BGB vgl. Rn. 22 ff.

b) Abdingbarkeit der Instandhaltungspflicht

Instandhaltungspflicht abdingbar

Die Instandhaltungspflicht des Vermieters ist abdingbar. Die Parteien können also vereinbaren, dass der Mieter ganz oder in einem gewissen Umfang selbst Instandhaltungsmaßnahmen treffen muss. 13

c) Sonderproblem: Die sog. „Schönheitsreparaturen“

Insbes. Schönheitsreparaturen

Bei der Vermietung von Häusern und Wohnraum werden die sog. Schönheitsreparaturen regelmäßig dem Mieter aufgebürdet. Er muss demnach das, was durch den vertragsmäßigen Gebrauch abgenutzt oder beschädigt wurde, selbst ersetzen und instand halten.[57] 13a

aa) Begriff

Begriff

Bei den **Schönheitsreparaturen** handelt es sich um Maßnahmen, welche die **Spuren des vertragsgemäßen Gebrauchs** beseitigen, für die der Mieter nach § 538 BGB nicht haftet. Unter Schönheitsreparaturen werden in erster Linie Malerarbeiten verstanden, die **„mit etwas Farbe und Gips“** erledigt werden können. 13b

54 Larenz, II/1, § 48 II.

55 Palandt, § 535 BGB, Rn. 37, mit Verweisung auf BGH, NJW 1959, 2300.

56 Larenz, II/1, § 48 III.

57 Palandt, § 535 BGB, Rn. 32, 41.

§ 28 IV S. 3 Zweite BerVO

Nach § 28 IV S. 3 der Zweiten Berechnungsverordnung umfassen die Schönheitsreparaturen nur das Tapezieren, Anstreichen oder Kalken der Wände und Decken, das Streichen der Fußböden, Heizkörper einschließlich Heizrohre, der Innentüren sowie der Fenster und Außentüren von innen.

Grds. Pflicht des Vermieters, § 535 I S. 2 BGB

Die Vornahme der Schönheitsreparaturen muss grundsätzlich durch den Vermieter erfolgen. Sie gehört zur Instandhaltungspflicht des Vermieters gem. § 535 I S. 2 BGB.

bb) Überwälzung auf Mieter zulässig und üblich

Abwälzung auf Mieter zulässig

Gleichwohl wird die Vornahme der Schönheitsreparaturen in der Regel auf den Mieter abgewälzt. Diese Vereinbarung ist grundsätzlich wirksam, wenn sie durch eine Individualvereinbarung getroffen wird.[58] 13c

grds. auch in AGBen

Auch die Aufbürdung der Instandhaltungspflicht durch einen Formularvertrag, insbesondere einen Einheitsmietvertrag, ist nach der Rechtsprechung zulässig.[59]

Aber auch hinsichtlich der Art und Weise der Überwälzung auf den Mieter gibt es Grundsätze, die anerkannt sind. So hat der Vermieter die Wahl, ob er dem Mieter die Ausführung in Natur überträgt oder ob er ihn an den Kosten der Vornahme beteiligt. In der Praxis erfolgt sehr oft eine Kombinationsregelung.

Danach werden bestimmte Fristen zur Vornahme der Schönheitsreparaturen vereinbart (was ebenfalls dem Grunde nach zulässig ist) und für den Fall einer früheren Beendigung des Mietverhältnisses entsprechend der Dauer der Mietzeit eine prozentuale Kostenbeteiligung festgelegt.

Die Zulässigkeit der Übertragung auf den Mieter hängt auch nicht davon ab, ob die Wohnung in renoviertem Zustand übergeben wird. Auch bei einer unrenovierten Wohnung kann die Verpflichtung zur Vornahme von Schönheitsreparaturen auf den Mieter übertragen werden.[60]

hemmer-Methode: Die Zulässigkeit dieser Abwälzung ergibt sich aus folgender Überlegung: Müsste der Vermieter die Schönheitsreparaturen selbst ausführen, ließe er dies i.d.R. durch ein Renovierungsunternehmen durchführen. Der Vermieter wäre gezwungen, diese Kosten auf die Miete aufzuschlagen, um noch wirtschaftlich vermieten zu können. Daher haben Mieter letztlich ein originäres Eigeninteresse daran, die Schönheitsreparaturen selbst vornehmen zu dürfen. Auf diese Weise ist es möglich, die zu zahlende Miete geringer zu halten. Die Mieter werden also nicht rechtlos gestellt. Es liegt demnach keine Abweichung vom Grundgedanken der gesetzlichen Regelung des § 535 BGB vor. Zudem hat der Vermieter ein schutzwürdiges Interesse am sorgsamen Umgang mit der Mietwohnung. Muss der Mieter die Schönheitsreparaturen selbst vornehmen, behandelt er die Wohnung zwangsläufig sorgsamer als er dies tun würde, wenn der Vermieter die Schönheitsreparaturen durchführen müsste.

58 Vgl. BGH, NJW-RR 1986, S. 433 ff.; zu den Rechten des Vermieters, wenn der Mieter die Schönheitsreparaturen nicht durchführt, Rn. 65 f.

59 BGHZ 92, 363, 367 = jurisbyhemmer; 101, 253, 261 = jurisbyhemmer.

60 BGHZ 101, 253 = jurisbyhemmer.

Keine Pflicht, aber Recht des Mieters, die Schönheitsreparaturen auszuführen?

Eine interessante Auslegungsfrage hat den BGH in seinem Urteil vom 03.12.2014 beschäftigt.[61] Die Klausel hatte folgenden Wortlaut:

> ***1.*** *Die Kosten der Schönheitsreparaturen innerhalb der Wohnung werden von V getragen.*
>
> ***2.*** *Umfang und Ausführung der Schönheitsreparaturen erfolgen im Rahmen der hierfür nach den in § 28 IV der 2. Berechnungsverordnung vorgesehenen Kostenansätze. Diese sind in der monatlichen Miete bereits berücksichtigt.*
>
> ***3.*** *Sofern M die Schönheitsreparaturen selbst ausführt oder durch entsprechende Fachfirmen ausführen lässt, werden ihm auf Antrag die anteiligen Beträge, wie sie sich nach der obigen Verordnung errechnen, ausgezahlt, sofern die Ausführung sach- und fachgerecht erfolgt ist."*

Nach Ansicht des BGH haben die Parteien mit dieser Klausel zwar tatsächlich **nicht die Pflicht des Mieters**, die Schönheitsreparaturen durchzuführen, geregelt.

Die Auslegung ergibt **jedoch** - jedenfalls in Anwendung der Unklarheitenregel gemäß § 305c II BGB -, dass der Mieter **berechtigt** war, die **Schönheitsreparaturen selbst auszuführen und** anschließend die **Auszahlung** der „angesparten" Beträge **zu verlangen**. Ein Zustimmungserfordernis oder einen Vorbehalt des Vermieters, der Selbstvornahme der Schönheitsreparaturvornahme durch den Mieter zu widersprechen, sieht die Klausel dagegen nicht vor.

cc) Rechtsfolgen bei Nichtvornahme der Schönheitsreparaturen

Rechte des Vermieters bei Nichtvornahme der Schönheitsreparaturen

Nimmt der Mieter die Schönheitsreparaturen nicht vor, obwohl er dazu (wirksam) verpflichtet wurde, hat der Vermieter zunächst einen Erfüllungsanspruch gegen den Mieter. 13d

Die Fälligkeit der Verpflichtung ist in der Regel bereits im Mietvertrag selbst geregelt. Der Erfüllungsanspruch besteht dann auch bereits während des laufenden Vertragsverhältnisses und wird nicht erst mit Beendigung fällig.

hemmer-Methode: Hat der Mieter von Wohnraum im Mietvertrag die Verpflichtung zur Durchführung der Schönheitsreparaturen übernommen, so wird der entsprechende Anspruch des Vermieters - sofern kein Fristenplan vereinbart ist - fällig, sobald aus der Sicht eines objektiven Betrachters Renovierungsbedarf besteht; darauf, ob bereits die Substanz der Wohnung gefährdet ist, kommt es nicht an.
Gerät der Mieter während eines bestehenden Mietverhältnisses mit der Durchführung der Schönheitsreparaturen in Verzug, kann der Vermieter von ihm einen Vorschuss in Höhe der voraussichtlichen Renovierungskosten verlangen.

Sofern der Mieter die Ausführung nicht vornimmt, hat der Vermieter die Möglichkeit, dem Mieter eine Frist zu setzen und bei fruchtlosem Ablauf Schadensersatz statt der Leistung gem. §§ 280 I, III, 281 BGB zu verlangen.

hemmer-Methode: Eine Fristsetzung kann entbehrlich sein gem. § 281 II BGB; dies gilt insbesondere dann, wenn der Mieter auszieht, ohne die Schönheitsreparaturen vorgenommen zu haben.

Wegen § 281 IV BGB bleibt der Erfüllungsanspruch aber auch nach Auszug zunächst bestehen, bis der Vermieter Schadensersatz statt der Leistung verlangt hat. Nimmt der Vermieter nun die Schönheitsreparaturen selbst vor, fällt auch der entgangene Mietgewinn unter den ersatzfähigen Schaden, § 252 BGB.

61 BGH, Life&Law 03/2015, 151 ff. = jurisbyhemmer.

Wird die Wohnung (sogleich) an einen Nachmieter weitervermietet und nimmt dieser die Schönheitsreparaturen vor, wird dem Mieter die Ausführung unmöglich.

Der Vermieter kann dann gem. §§ 280 I, III, 283 BGB Schadensersatz verlangen, wobei häufig § 287 S. 2 BGB einschlägig sein wird.

hemmer-Methode: Vgl. dazu ausführlicher nochmals die Rn. 48 bis 50.

dd) Grenzen zulässiger Vertragsklauseln

hemmer-Methode: Lesen Sie hierzu ausführlich D´ALQUEN, *„Von zulässigen und unzulässigen Klauseln: Schönheitsreparaturen"* in Life&Law 2005, 494 ff.!

Umfang der Schönheitsreparaturen hat Grenzen

Nach § 28 IV S. 3 der Zweiten Berechnungsverordnung, auf den für das Verständnis des Begriffs „Schönheitsreparaturen" zurückgegriffen werden kann, werden hierunter **das Tapezieren, Anstreichen oder Kalken der Wände und Decken, das Streichen der Fußböden, Heizkörper einschließlich Heizrohre, der Innentüren sowie der Fenster und Außentüren von innen** verstanden. 13e

Übernahme einer unrenovierten Wohnung

Die formularvertragliche Überwälzung der Verpflichtung zur Vornahme laufender Schönheitsreparaturen einer dem Mieter **unrenoviert oder renovierungsbedürftig überlassenen Wohnung** hält nach neuer Rechtsprechung des BGH der Inhaltskontrolle am Maßstab des § 307 I S. 1, II Nr. 1 BGB nicht stand, sofern der Vermieter dem Mieter keinen angemessenen Ausgleich gewährt.[62]

Unrenoviert oder renovierungsbedürftig ist eine Wohnung nicht erst dann, wenn sie übermäßig stark abgenutzt oder völlig abgewohnt ist. Maßgeblich ist, ob die dem Mieter überlassene Wohnung Gebrauchsspuren aus einem vorvertraglichen Zeitraum aufweist, wobei solche Gebrauchsspuren außer Acht bleiben, die so unerheblich sind, dass sie bei lebensnaher Betrachtung nicht ins Gewicht fallen. Es kommt letztlich darauf an, ob die überlassenen Mieträume den Gesamteindruck einer renovierten Wohnung vermitteln.

Angesichts der Vielgestaltigkeit der Erscheinungsformen unterliegt die Beurteilung, ob eine Wohnung dem Mieter unrenoviert oder renovierungsbedürftig überlassen worden ist, einer in erster Linie dem Tatrichter vorbehaltenen Gesamtschau unter umfassender Würdigung aller für die Beurteilung des Einzelfalles maßgeblichen Umstände.

Beruft der Mieter sich auf die Unwirksamkeit der Renovierungsklausel, obliegt es ihm, darzulegen und im Bestreitensfall zu beweisen, dass die Wohnung bei Mietbeginn unrenoviert oder renovierungsbedürftig war. Die Darlegungs- und Beweislast für die Gewährung einer angemessenen Ausgleichsleistung trifft den Vermieter.

Malerarbeiten, aber nur von innen!

Soweit es um **Türen und Fenster** gehe, gehört zu den Schönheitsreparaturen im Sinne der Zweiten Berechnungsverordnung **nur das Streichen der Innentüren** sowie der **Fenster und Außentüren von innen**, nicht aber der Außenanstrich von Türen und Fenstern.

62 BGH, Life&Law 08/2015, 567 ff. = NJW 2015, 1594 ff. unter Aufgabe von BGHZ 101, 253 ff. = jurisbyhemmer.

Eine Formularklausel im Mietvertrag ist daher als unangemessene Benachteiligung des Mieters gemäß § 307 BGB unwirksam, wenn sie dem Mieter als Schönheitsreparaturen auch den **Außen**anstrich der Fenster sowie der Wohnungseingangstür und der Balkontür auferlegt.[63]

Freie Farbwahl während der Dauer des Mietverhältnisses

Eine formularmäßige Klausel, die den Mieter dazu verpflichtet, die auf ihn abgewälzten Schönheitsreparaturen in „neutralen, hellen, deckenden Farben und Tapeten auszuführen“, ist wegen unangemessener Benachteiligung des Mieters nach § 307 BGB unwirksam, wenn sie nicht auf den Zustand der Wohnung im Zeitpunkt der Rückgabe der Mietsache beschränkt ist, sondern auch für Schönheitsreparaturen gilt, die der Mieter im Laufe des Mietverhältnisses vorzunehmen hat.

Die Farbvorgabe „weiß“ für einen Anstrich von Türen, Fenstern und Decken beim Auszug benachteiligt den Mieter unangemessen i.S.d. § 307 I BGB.

Ein kostenbewusster Mieter kann sich angesichts einer solchen Klausel nämlich schon während des laufenden Mietverhältnisses daran gehindert sehen, seine Wohnung in anderen dezenten Farbtönen zu streichen.[64]

„Weiß-Klausel“ bei Auszug

Inzwischen hat die Rechtsprechung auch die „Weiß-Klausel“ für den Fall des Auszugs des Mieters gekippt.[65]

Die Farbvorgabe „Weiß“ für einen Anstrich von Türen, Fenstern und Decken beim Auszug benachteiligt den Mieter unangemessen i.S.d. § 307 I BGB. Ein kostenbewusster Mieter kann sich angesichts einer solchen Klausel nämlich schon während des laufenden Mietverhältnisses daran gehindert sehen, seine Wohnung in anderen dezenten Farbtönen zu streichen.

Der Vermieter hat zwar ein berechtigtes Interesse, die Wohnung in einem Dekorationszustand zurückzuerhalten, der dem Geschmack eines größeren Interessentenkreises entspricht und eine rasche Weitervermietung ermöglicht.[66]

Dieses Interesse erfordert es aber nicht, den Mieter für den Zeitpunkt des Auszugs zwingend auf einen weißen Anstrich festzulegen, weil auch eine Dekoration in anderen dezenten Farbtönen eine Weitervermietung nicht erschwert.

Für den Mieter hingegen ist ein gewisser Spielraum bei der farblichen Gestaltung auch für den Rückgabezeitpunkt von nicht unerheblichem Interesse, weil er sich dann aus wirtschaftlichen Erwägungen dafür entscheiden kann, schon während der Mietzeit eine Dekoration innerhalb der für den Rückgabezeitpunkt vorgeschriebenen Bandbreite farblicher Gestaltung vorzunehmen, um nicht beim Auszug nur wegen der farblichen Gestaltung eine sonst noch nicht erforderliche Renovierung vornehmen zu müssen.

Aus diesem Grund stellt auch die Einengung der Farbwahl auf nur eine einzige Farbe („Weiß“) im Zeitpunkt der Rückgabe eine unangemessene Benachteiligung des Mieters dar. Die Klausel ist damit unwirksam, § 307 I BGB.

---

63 BGH, Life&Law 04/2009, 280; vgl. auch BGH, NJW-RR 2012, 907 f. = **juris**byhemmer.

64 BGH, Life&Law 04/2011, 233, 235 = NJW 2011, 514 = **juris**byhemmer, sowie BGH, Life&Law 02/2010, 136 f. = NJW 2009, 3716 f. = **juris**byhemmer.

65 LG Kassel, Urteil vom 07.10.2010, 1 S 67/10, NJW 2010, 3666 f. = **juris**byhemmer; AG Berlin-Schöneberg, Urteil vom 16.04.2010, 17b C 206/09, NJW 2010, 3666 f. = **juris**byhemmer; BGH, Hinweisbeschluss vom 14.12.2010, VIII ZR 198/10, NJW 2011, 514 = **juris**byhemmer.

66 BGH, Life&Law 02/2014, 85 ff. = NJW 2014, 143 ff. = **juris**byhemmer.

Fachhandwerkerklausel unzulässig

Nach h.M. benachteiligen „Fachhandwerkerklauseln" in Formularmietverträgen über Wohnraum einen Mieter unangemessen und sind deshalb unwirksam, wenn sie dem Mieter die Möglichkeit der kostensparenden Eigenleistung nehmen. Wird deshalb dem Mieter die Möglichkeit einer Vornahme der Schönheitsreparaturen in Eigenleistung genommen, verliert die Überwälzung dieser Arbeiten ihre innere Rechtfertigung.

Das gilt umso mehr, als Schönheitsreparaturen ihrer Natur nach nicht zwingend die Ausführung durch eine Fachfirma bedingen und deshalb auch ein Vermieter nicht verpflichtet wäre, im Rahmen seiner Instandhaltungspflichten die Schönheitsreparaturen durch Vergabe an Dritte ausführen zu lassen, sondern nur ein bestimmtes Arbeitsergebnis, nämlich eine fachgerechte Ausführung in mittlerer Art und Güte (§ 243 I BGB), schuldet.[67]

hemmer-Methode: Eine in Formularmietverträgen über Wohnraum enthaltene Klausel, wonach es dem Mieter obliegt, die Schönheitsreparaturen *„ausführen zu lassen"*, benachteiligt den Mieter unangemessen und ist deshalb unwirksam, wenn sie bei kundenfeindlichster Auslegung dem Mieter dadurch die Möglichkeit der kostensparenden Eigenleistung nimmt, dass sie als Fachhandwerkerklausel verstanden werden kann.

Reinigungsarbeiten bei Böden

Nach § 28 IV S. 3 der Zweiten Berechnungsverordnung gehört zu den Schönheitsreparaturen auch das Streichen von Böden.

Die Vorschrift geht dabei von den kaum noch vorhandenen gestrichenen Holzdielenböden aus. Da die **Schönheitsreparaturen** danach aber auch den **Bodenbelag in einen ansehnlichen Zustand versetzen** sollen, muss der redliche Mieter davon ausgehen, dass er an Stelle des Streichens die Maßnahme ergreifen muss, die für den vorhandenen Boden zu einer Auffrischung der Oberfläche führt.

Nach herrschender Ansicht in der Literatur soll daher auch ohne ausdrückliche Vereinbarung **an** die **Stelle des nicht mehr zeitgemäßen Streichens** der Fußböden **bei** vom Vermieter verlegtem **Teppichboden dessen Reinigung** treten.[68]

Der **BGH schließt sich dieser Ansicht** nun erstmals **ausdrücklich an**. Bei den Schönheitsreparaturen handelt es sich nicht um Reparaturen im eigentlichen Sinn, sondern um Maßnahmen zur Erhaltung eines ansprechenden äußeren Erscheinungsbildes der Mieträume durch Beseitigung der Spuren des vertragsgemäßen Gebrauchs. Bei **Teppichböden** hat daher eine **gründliche Reinigung** (sog. „Grundreinigung") zu erfolgen. Dies entspricht der Verschönerung der Oberfläche des Holzdielenbodens durch Streichen.[69]

Allerdings kann dem Mieter die Renovierungspflicht nicht nach Ermessen des Vermieters übertragen werden, sondern bedarf einer klaren zeitlichen Begrenzung, etwa durch einen Fristenplan.

Wie dieser Fristenplan auszusehen hat, wurde vom BGH mittlerweile ganz klar entschieden.

Vereinbarte Fristen für die Vornahme von Schönheitsreparaturen

Unstrittig ist, dass das Vorsehen von Fristen für die Vornahme von Schönheitsreparaturen zulässig ist.

---

67 BGH, Life&Law 10/2010, 647 ff. = MDR 2010, 916 ff. = jurisbyhemmer.

68 Schmidt-Futterer, Mietrecht, 9. Auflage § 538 BGB, Rn. 7; Blank/Börstinghaus, Miete, 3. Auflage, § 535 BGB, Rn. 356, Rn. 220; Erman, 12. Auflage, § 535 BGB, Rn. 94; MüKo, BGB, 4. Auflage, § 535 BGB, Rn. 115.

69 BGH, Life&aw 04/2009, 281 = NJW, 2009, 510 ff. = jurisbyhemmer.

In der Kautelarpraxis üblich sind Klauseln, nach denen die Schönheitsreparaturen bei Küche, Bad und Dusche alle drei Jahre, bei Wohn- und Schlafräumen, Fluren, Dielen und Toiletten alle fünf Jahre und bei anderen Nebenräumen alle sieben Jahre vorzunehmen sind.

Diese Fristen sind jedenfalls ein Anhaltspunkt, selbst wenn keine konkreten Fristen vereinbart wurden.

Regelfristen sind zulässig

Eine Überwälzung nach Bedarf bzw. nach Regelfristen ist unzweifelhaft zulässig.[70]

hemmer-Methode: Folgendermaßen formulierte Klauseln sind unbedenklich: „... in der Regel alle fünf Jahre..." oder „regelmäßig ..."[71] bzw. „... bei gewöhnlicher Nutzung ..." oder „... im Allgemeinen ...".

***Problem**: „Starre" Fristen sind unzulässig?*

Allerdings sind nach nun gefestigter Rechtsprechung des BGH sog. starre Fristenpläne in Formularmietverträgen (= AGBen) gem. § 307 I, II Nr. 1 BGB unwirksam.[72]

Die Klausel ist so auszulegen, dass der Mieter verpflichtet ist, innerhalb verbindlicher Fristen Maßnahmen vorzunehmen.

Ein verständiger Mieter muss danach davon ausgehen, die Renovierungsarbeiten auch dann vorzunehmen (...mindestens aber...), wenn die gemieteten Räume nach ihrem tatsächlichen Erscheinungsbild noch nicht renovierungsbedürftig sind. Ein solcher „starrer" Fristenplan verstößt gegen Treu und Glauben.

Der Vermieter darf zwar eine Fristenregelung treffen, muss das Überschreiten dieser Fristen aber gestatten, wenn der Wohnraum sich nach Ablauf der Fristen eben noch nicht in einem renovierungsbedürftigen Zustand befindet. Umgekehrt kann aber auch eine frühere Vornahme vereinbart werden, wenn der Wohnraum (vor Ablauf der Fristen) schon in besonders starkem Maße abgenutzt ist.

Die Abwälzung auf den Mieter darf aber nicht dazu führen, dass dieser einer höheren Instandhaltungspflicht unterliegt, als der Vermieter ihr unterläge, wenn er selbst die Schönheitsreparaturen auszuführen hätte.

Demnach ist eine Regelung dann unzulässig, wenn sie den Mieter mit Renovierungspflichten belastet, die über den tatsächlichen Renovierungsbedarf hinausgehen. Dies ist von dem Schutzgedanken, der den Vermieter berechtigt die Vornahme der Schönheitsreparaturen auf den Mieter abzuwälzen (s.o.), nicht gedeckt.

An einem Renovierungsbedarf bei Erreichen der genannten Fristen kann es beispielsweise fehlen, wenn die Wohnung wenig genutzt wird, etwa bei Nutzung als Zweitwohnung am Arbeitsplatz oder bei Verwendung besonders langlebiger Farben und Tapeten.

Starre Quotenabgeltungsklauseln sind ebenfalls unzulässig

Unzulässig und nach § 307 I S. 1, II BGB unwirksam ist auch eine sog. Quotenabgeltungsklausel, in der der Mieter im Fall der Beendigung des Mietverhältnisses vor Ablauf der starren Fristen zu einer zeitanteiligen Kostenbeteiligung verpflichtet wird.

70 Vgl. BGH, NJW 2005, 3416 = **juris**byhemmer.

71 BGH, NJW-RR 2012, 907 f. = **juris**byhemmer.

72 Vgl. BGH, Life&Law 2004, 807 ff. = NJW 2004, 2586 ff.; BGH, NJW 2006, 1728 f.; BGH, NJW 2006, 2113 f.; BGH, Life&Law 2006, 521 ff. = NJW 2006, 2115 f.: **alle Entscheidungen** = **juris**byhemmer.

Eine Verpflichtung des Mieters, bei Beendigung des Mietverhältnisses einen allein vom Zeitablauf abhängigen Anteil der Kosten für noch nicht fällige Schönheitsreparaturen **nach feststehenden Prozentsätzen** zu zahlen, benachteiligt den Mieter unangemessen. Der Mieter ist nämlich auch dann zur Zahlung verpflichtet, wenn ein diesem Kostenanteil entsprechender Renovierungsbedarf auf Grund des tatsächlichen Erscheinungsbildes der Wohnung noch nicht gegeben ist (Abgeltungsklausel mit starrer Abgeltungsquote).

Nach neuer Rechtsprechung sind flexible Quotenabgeltungsklauseln ebenfalls unzulässig

Mit Urteil vom 18.03.2015 hat der BGH nun entschieden, dass **auch flexible Quotenabgeltungsklauseln** unzulässig sind.[73]

Auch flexible Quotenabgeltungsklauseln halten einer Inhaltskontrolle nach § 307 I S. 1 BGB nicht stand. Sie benachteiligen den Mieter unangemessen, weil sie dem Mieter bei Vertragsschluss keine realistische Einschätzung der auf ihn zukommenden Kostenbelastung ermöglichen.

Für den durchschnittlich verständigen Mieter ist nämlich bei dem für die Beurteilung maßgeblichen Zeitpunkt des Vertragsschlusses[74] nicht erkennbar, welcher tatsächliche Abnutzungsgrad der Wohnung bei Beendigung des Mietverhältnisses, dessen Zeitpunkt bei Vertragsschluss noch nicht feststeht, unter Zugrundelegung seines (möglicherweise Veränderungen unterworfenen) individuellen Nutzungsverhaltens erreicht sein wird.

Aber nicht nur der tatsächliche Zustand der Wohnung bei Vertragsende ist für den Mieter bei Vertragsschluss nicht einschätzbar. Um eine Kostenquote ermitteln zu können, ist darüber hinaus die empirische Prognose notwendig, zu welchem Zeitpunkt bei unterstellter gleicher Nutzungsart und gleicher Nutzungsintensität voraussichtlich Renovierungsbedarf eintreten wird.

Quotenabgeltungsklauseln verlangen vom Mieter daher bei Vertragsschluss, seine bei Beendigung des Mietverhältnisses bestehende Zahlungspflicht aufgrund eines in der Zukunft liegenden, auf mehreren Variablen beruhenden hypothetischen und damit fiktiven Sachverhalts einzuschätzen. Derartige Bestimmungen benachteiligen den Mieter nach § 307 I S. 1 BGB unangemessen und sind unwirksam.

Die Aufteilung in zwei Klauseln ist auch unzulässig

Eine mietvertragliche Regelung, durch die die Verpflichtung zur Durchführung von Schönheitsreparaturen auf den Mieter abgewälzt wird, ist auch dann wegen unangemessener Benachteiligung des Mieters unwirksam, wenn die Verpflichtung als solche und die für ihre Erfüllung maßgebenden starren Fristen zwar in zwei verschiedenen Klauseln enthalten sind, zwischen diesen Klauseln aus der Sicht eine verständigen Mieters jedoch ein innerer Zusammenhang besteht, so dass sie als einheitliche Regelung erscheinen.[75]

***Bsp.:** Wie wäre die Zulässigkeit folgender Klausel zu beurteilen?* 13f

„§ 1 Die Schönheitsreparaturen sind spätestens nach Ablauf folgender Zeiträume auszuführen: in Küchen, Bädern: alle drei Jahre, in Wohn- und Schlafräumen alle fünf Jahre, in anderen Nebenräumen alle sieben Jahre.

---

73 BGH, Life&Law 08/2015, 567 ff. = NJW 2015, 1871 ff. unter Aufgabe von BGH, NJW 2007, 3632 ff. = **juris**byhemmer.

74 BGHZ 200, 362 = **juris**byhemmer; BGHZ 165, 12, 21 f.; = **juris**byhemmer.

75 Vgl. dazu BGH, NJW 2004, 3775 ff. = **juris**byhemmer.

§ 2 Lässt in besonderen Ausnahmefällen der Zustand der Wohnung eine Verlängerung der Fristen zu oder erfordert der Grad der Abnutzung eine Verkürzung, so ist der Vermieter auf Antrag verpflichtet, im anderen Fall aber berechtigt, nach billigem Ermessen die Fristen des Planes bezüglich der Durchführung einzelner Schönheitsreparaturen zu verlängern oder zu verkürzen."

Im vorliegenden Fall wurde die Wohnung in unrenoviertem Zustand überlassen. Der Mieter und das Berufungsgericht haben argumentiert, aus dem Wort „spätestens" in § 1 des Vertrages ergebe sich, dass der Mieter verpflichtet sei, bei Vorliegen eines entsprechenden Renovierungsbedarfes zu renovieren.

Bestehe dieser Bedarf schon vor Ablauf der genannten Fristen, ergebe sich u.U. schon zu Beginn des Mietverhältnisses eine Renovierungspflicht für den Mieter. Der Vermieter könnte den Mieter so schon zu Beginn des Vertrages in Anspruch nehmen. Dies stelle eine unzulässige Benachteiligung des Mieters dar. Die Klausel sei unwirksam.

Der BGH sieht dies anders. Nach seiner Auffassung ist die Klausel in jeder Hinsicht wirksam.[76]

Zunächst handelt es sich nicht um einen unzulässigen starren Fristenplan. Denn § 2 des Vertrages lässt für den Mieter erkennbar Ausnahmen von der starren Verpflichtung zu, wenn sich der Wohnraum nach Ablauf der Fristen noch nicht in einem renovierungsbedürftigen Zustand befindet. Dass die Entscheidung zur Fristverlängerung nach billigem Ermessen des Vermieters erfolgt, steht dem nicht entgegen. Anders als bei „freiem Ermessen", kann der Vermieter keine willkürliche Entscheidung treffen.[77]

Ein Regel-Fristenplan ist aber auch bei Überlassung einer unrenovierten Wohnung zulässig, wenn die Fristen für die Vornahme der Schönheitsreparaturen erst ab Beginn des Mietverhältnisses zu laufen beginnen. Dann nämlich ist der Mieter nicht früher zur Vornahme der Schönheitsreparaturen verpflichtet, als bei Überlassung einer renovierten Wohnung.

hemmer-Methode: Damit kann als wesentliche Aussage Folgendes festgehalten werden:
Nach neuerer und schon gefestigter Rechtsprechung des BGH ist eine formularmäßige Bestimmung, die den Mieter mit Renovierungsarbeiten belastet, die über den tatsächlichen Renovierungsbedarf hinausgehen, mit dem Grundgedanken der gesetzlichen Regelung nicht vereinbar und verstößt daher gegen § 307 II Nr. 1 BGB.

Zur Zulässigkeit einer Klausel, nach der der Mieter ohne Rücksicht auf die seit Mietbeginn oder der letzen Renovierung verstrichenen Fristen eine vollständige Endrenovierung der Wohnung vorzunehmen hat, lösen Sie bitte abschließend folgenden Fall:

Bsp.[78]**:** *Ein Mietvertrag enthält folgende Formularklauseln:*

„§ 8 Instandhaltung der Mieträume/Anzeigepflicht und Haftung des Mieters: Der Mieter hat insbesondere die Verpflichtung, auf seine Kosten alle Schönheitsreparaturen (Innenanstrich – auch Heizkörper und Rohre – sowie Tapezierung) in den Mieträumen fachmännisch auszuführen, bei Küchen mindestens in einem Abstand von zwei Jahren, bei Dielen und Bädern mindestens von drei Jahren, bei Wohnräumen mindestens von vier Jahren und bei Schlafräumen mindestens von sechs Jahren.

---

76 Vgl. BGH, NJW 2005, 425 ff. = **juris**byhemmer; BGH. NJW 2005, 1188 f. = **juris**byhemmer.

77 Hinweis für Praktiker: All dies hört sich in der Theorie schlüssig an. Aber diese Abgrenzung ist in der Praxis wenig hilfreich. Wer entscheidet denn letztlich, ob nach Ablauf der gesetzten Fristen die Wohnung renovierungsbedürftig ist? In Zukunft werden daher wohl die Streitigkeiten ob der vermeintlichen Klarheit der Rechtsprechung nicht geringer werden. Sie werden nur auf anderer Ebene geführt werden. Das macht dann u.U. die Einholung von Sachverständigengutachten erforderlich, die dann klären müssen, ob sich die Wohnung in einem der Dauer des Vertrages entsprechenden Zustand befindet oder nicht.

78 BGH, Life&Law 2003, 681 = NJW 2003, 2234 ff. = **juris**byhemmer; dieser Fall war Gegenstand der 1. Klausur des Ersten Bayerischen Staatsexamens im Termin 2004 / I; vgl. dazu auch den Aufsatz von Pfeilschifter in WM 2003, 543 ff.

Der Bodenbelag ist bei Auszug in einen ordnungsgemäßen und einwandfreien Zustand zu versetzen. Parkettboden ist bei einem Auszug nach mehr als vierjähriger Mietdauer abzuschleifen und zu versiegeln.

§ 12 Beendigung der Mietzeit: Die Mieträume sind bei Auszug sauber und ohne Rücksicht auf den für Schönheitsreparaturen in § 8 Ziff. 2 vereinbarten Zeitablauf in fachmännisch renoviertem Zustand zurückzugeben.

Ist diese Vereinbarung wirksam?

Gem. § 535 I S. 2 BGB ist grds. der *Vermieter* verpflichtet, die Mietsache während der Mietzeit in gebrauchsfähigem Zustand zu erhalten, mithin auch die erforderlichen Renovierungsarbeiten durchzuführen.

Die Parteien des Mietvertrages können aber vereinbaren, dass der Mieter die Ausführung von Reparaturen oder Renovierung in einem bestimmten Umfang übernimmt. Dies ist sogar allgemein üblich und verstößt nach der h.M. und der ständigen Rechtsprechung des BGH auch bei formularmäßiger Übernahme in AGBen nicht gem. § 307 BGB, und zwar selbst dann nicht, wenn der Vermieter bei Vertragsschluss eine unrenovierte, renovierungsbedürftige Wohnung übergibt und die Renovierung durch den Vermieter vertraglich ausgeschlossen ist.

1. Fraglich ist zunächst, ob die vom Kläger in § 12 verwendete Klausel, wonach die Beklagte die Mietsache bei Beendigung der Mietzeit ohne Rücksicht auf die zuvor durchgeführten Schönheitsreparaturen in renoviertem Zustand zurück zu geben hat, wirksam ist.

Nach der Rechtsprechung des BGH ist eine Regelung in einem vom Vermieter verwendeten Formularmietvertrag, die den Mieter verpflichtet, die Mieträume bei Beendigung des Mietverhältnisses unabhängig vom Zeitpunkt der Vornahme der letzten Schönheitsreparaturen renoviert zu übergeben, wegen unangemessener Benachteiligung des Mieters nach § 307 BGB unwirksam.

Zwar kann eine solche Klausel, die bei isolierter Betrachtungsweise den Mieter unangemessen benachteiligt und deshalb unwirksam sei, sich bei einer Gesamtbetrachtung der Vereinbarung über die Renovierungspflichten gleichwohl als wirksam erweisen.

Dies aber grds. nur dann, wenn hinreichend klargestellt wird, dass der Mieter die ihm auferlegte Endrenovierung nur dann vornehmen musste, wenn die Fristen seit der Ausführung der letzten Schönheitsreparaturen bei Vertragsende bereits abgelaufen waren.[79]

Die vom Kläger in § 12 verwendete Klausel verstößt daher gegen § 307 BGB und ist nichtig.

2. Weiter ist zu klären, ob die vom Kläger in § 8 verwendete Klausel, wonach die Beklagte in regelmäßigen Abständen bestimmte Schönheitsreparaturen durchzuführen hat, den Anforderungen des § 307 BGB standhält.

Nach der Rechtsprechung des BGH[80] können auch jeweils für sich unbedenkliche Klauseln einen Summierungseffekt haben und in ihrer Gesamtwirkung zu einer unangemessenen Benachteiligung des Vertragspartners des Verwenders führen. Im vorliegenden Fall bedeutet dies Folgendes:

Zwar sind die Regelungen der §§ 8 und 12 des Vertrages in voneinander getrennten Paragraphen und mit unterschiedlichen Überschriften niedergelegt. Sie müssen jedoch, weil sie sich insgesamt mit der Renovierungspflicht des Mieters befassen, ihrer gemeinsamen Bestimmung gemäß als zusammengehörig betrachtet werden.

79 Vgl. auch BGHZ 101, 253 [265] = **juris**byhemmer.

80 Vgl. z.B. in NJW 1993, 532 = **juris**byhemmer.

Dieser inhaltliche Zusammenhang wird zudem durch die Klauseln selbst hergestellt. § 12 verweist auf die turnusmäßige Renovierungspflicht des § 8. Dieser wiederum enthält eine Anordnung über die Pflichten des Mieters bei Auszug in Bezug auf die Instandsetzung des Bodenbelags, insbesondere des Parkettbodens.

Fraglich ist aber, ob diese Grundsätze nur dann eingreifen können, wenn gegen beide Klauseln, für sich gesehen, nichts einzuwenden sei und sie nur in ihrer Gesamtwirkung zu einer unangemessenen Benachteiligung des Mieters führen.

Dem kann nach Ansicht des BGH für den gegebenen Fall nicht gefolgt werden. Anders als inhaltlich selbstständige, nur in einem äußeren sprachlichen Zusammenhang stehende Regelungen, sind die genannten Klauseln wegen ihrer inneren Zusammengehörigkeit auch nicht teilbar.

Im Übrigen kann sich eine unangemessene Benachteiligung einer Vertragspartei – und damit eine Unwirksamkeit der Gesamtregelung – aus dem Zusammenwirken zweier Klauseln auch dann ergeben, wenn eine dieser Klauseln schon für sich gesehen unwirksam ist.[81]

Denn der Verwender einer aus zwei Teilen bestehenden Klausel, deren einer Teil nur Bestand haben kann, wenn der andere Teil unwirksam ist, kann sich wegen des Gebotes der Transparenz vorformulierter Vertragsbedingungen nicht zu seinen Gunsten auf die Unwirksamkeit des anderen Klauselteils berufen.

Nach alledem ist auch die vom Kläger in § 8 verwendete Klausel unwirksam.

Die Rechtsprechung zur Unwirksamkeit wegen des „Summierungseffekts“ gilt nun auch bei der Geschäftsraummiete

hemmer-Methode: Diese Rechtsprechung hat der BGH nun auch auf die Geschäftsraummiete ausgedehnt. Wie im Wohnraummietrecht führt auch in Formularmietverträgen über Geschäftsräume die Kombination einer Endrenovierungsklausel mit einer solchen über turnusmäßig vorzunehmende Schönheitsreparaturen wegen des dabei auftretenden Summierungseffekts zur Unwirksamkeit beider Klauseln.[82]

ee) Rechtsfolgen bei unzulässigen Klauseln

Ersatzlose Unwirksamkeit der Klausel

Ist die Übertragung der Schönheitsreparaturen wegen starrer Fristen oder zu großen Umfangs unzulässig, so ist die gesamte Klausel mangels Teilbarkeit unwirksam. 13g

Die Pflicht zur Vornahme von Schönheitsreparaturen ist, soweit sie dem Mieter im Mietvertrag auferlegt ist, eine einheitliche, nicht in Einzelmaßnahmen aufspaltbare Rechtspflicht. Dies hat zur Folge, dass die Unwirksamkeit der einen Einzelaspekt dieser einheitlichen Pflicht betreffenden Bestimmung in der gebotenen Gesamtschau der Regelung zur Unwirksamkeit der gesamten Vornahmeklausel führt.[83]

Verbot der geltungserhaltenden Reduktion

Konkretisierungen der Schönheitsreparaturverpflichtung hinsichtlich ihres gegenständlichen und zeitlichen Umfangs sowie ihrer Ausführungsart sind inhaltlich derart eng mit der Verpflichtung selbst verknüpft, dass diese bei einer Beschränkung der Unwirksamkeit auf die unzulässige Ausführungsmodalität inhaltlich umgestaltet und mit einem anderen Inhalt aufrechterhalten würde. Eine solche inhaltliche Umgestaltung der Vornahmepflicht widerspräche dem **Verbot der geltungserhaltenden Reduktion** unangemessener formularvertraglicher Regelungen.[84]

---

81 BGHZ 127, 245 [253 f.] = jurisbyhemmer.

82 BGH, NJW 2005, 2006 ff. = jurisbyhemmer.

83 BGH, NJW 2010, 674 ff. = jurisbyhemmer.

84 BGH, Life&Law 08/2015, 567 ff. = NJW 2015, 1874 ff. = jurisbyhemmer; BGH, NJW 2007, 1743 ff. = jurisbyhemmer.

Es handelt sich mithin um einen bloßen (aus Sicht des Mieters belanglosen) Hinweis des Vermieters auf seine interne Kalkulation. Im Hinblick auf spätere Mieterhöhungen gehört der Zuschlag zur Ausgangsmiete, die mit der ortsüblichen Vergleichsmiete zu vergleichen ist.

Transparenzgebot des § 307 I S. 2 BGB wurde beachtet

3. Der Zuschlag Schönheitsreparaturen unterliegt als **Preishauptabrede** daher wegen § 307 III S. 2 BGB nur der Transparenzkontrolle nach § 307 I S. 2 BGB. Nur dann, wenn die Preisbestimmung klar und unmissverständlich ist, kann sie vor § 307 I S. 2 BGB bestehen.

Vorliegend ist der „Zuschlag Schönheitsreparatur" klar und verständlich formuliert. Der Zuschlag ist der Höhe nach mit 72,- € beziffert. Außerdem wird dem M erklärt, wie sich der Zuschlag berechnet. Dem M wird daher klar vor Augen geführt, dass es sich bei dem Zuschlag um eine Vergütung handelt, die sich nach der vermieteten Wohnfläche von 90 m² berechnet und pro m² derzeit ein Preis von 0,80 € verlangt wird.

Die Klausel ist daher inhaltlich klar und verständlich formuliert.

hemmer-Methode: Es ist davon auszugehen, dass aufgrund dieses Urteils Vermieter ihre Vertragsgestaltung ändern werden, da sie dadurch eine größere Sicherheit haben als bei einer stets zweifelhaften Schönheitsreparaturenklausel.

d) Kostenbeteiligung an Kleinreparaturen

Kostenbeteiligung an Kleinreparaturen

In diesen Zusammenhang gehört auch die Frage, in welchem Umfang der Mieter auch dann an den Kosten einer Kleinreparatur beteiligt werden kann, wenn ihn kein Verschulden an der Notwendigkeit der Reparatur trifft. 13j

Nach der Rspr.[89] ist die Vereinbarung einer solchen Kostentragungspflicht in Formularverträgen nur zulässig, sofern sie sich auf Gegenstände beschränkt, die dem häufigen Zugriff des Mieters ausgesetzt sind und deren Reparaturkosten 50,- € nicht überschreiten.

Weiterhin muss ein jährlicher Höchstbetrag für die Kostenbeteiligung festgelegt werden, der 150,- € bzw. höchstens acht Prozent der Jahresmiete nicht überschreiten darf.

II. Hauptpflichten des Mieters

1. Zahlung der Miete, § 535 II BGB

Mietzahlung

Hauptpflicht des Mieters ist die Entrichtung der vereinbarten Miete, § 535 II BGB. Sie ist ebenso wie die Gebrauchsüberlassung wesentlich für den Vertragstyp „Miete", da sonst ein Leihverhältnis vorläge. Sie ist demnach Hauptleistungspflicht. 14

Die Mietzahlung steht im Gegenseitigkeitsverhältnis zur Gebrauchsüberlassung, -gewährung und Erhaltung der Mietsache.

§ 556b I BGB: Mieter bei Wohnraummiete vorleistungspflichtig

Der Mieter ist dabei vorleistungspflichtig. Nach § 556 b I BGB ist die Miete zu Beginn der einzelnen Zeitabschnitte zu entrichten.

§ 579 I BGB: Vermieter bei Grundstücksmiete vorleistungspflichtig

Anders ist dies gem. § 579 I BGB bei der Grundstücksmiete, bei welcher die Miete am Ende des jeweiligen Zeitabschnitts, für den sie zu zahlen ist, zu entrichten ist.

§ 579 II BGB: Mieter bei Geschäftsraummiete vorleistungspflichtig

Bei der Miete von Räumen gilt dagegen gem. § 579 II BGB wieder § 556b BGB.

89 BGH, WM 1989, 1028, 1030 f. = **juris**byhemmer; Palandt, § 535 BGB, Rn. 44 f.

Exkurs: Zulässigkeit von Mieterhöhungen

In den §§ 557 ff. BGB sind die Voraussetzungen geregelt, bei deren Vorliegen während des Bestehens eines Wohnraummietvertrags die Miete erhöht werden kann. *14a*

a) Einvernehmliche Mieterhöhungen, § 557 I BGB

Einvernehmliche Mieterhöhung, § 557 I BGB

Mieter und Vermieter können jederzeit **im gegenseitigen Einvernehmen** eine Erhöhung der Miete vereinbaren, § 557 BGB. Diesen Vertrag über eine Mieterhöhung können die Parteien auch rückwirkend abschließen. *14b*

b) Indexmiete und Staffelmiete

Künftige Änderungen der Miethöhe können die Vertragsparteien gem. § 557 II BGB entweder als **Staffelmiete nach § 557a BGB** oder als **Indexmiete nach § 557b BGB** vereinbaren.

aa) Staffelmiete, § 557a BGB

Staffelmiete, § 557a BGB

Zukünftige Mieterhöhungen können gem. § 557a I BGB im Mietvertrag bereits bei Vertragsabschluss genau festgelegt werden. *14c*

Die Wirksamkeit einer sog. „Staffelmiete“ setzt gem. § 557 I BGB voraus, dass diese Vereinbarung schriftlich getroffen wird und dabei die jeweilige Miete oder die jeweilige Erhöhung in einem Geldbetrag auszuweisen ist.

hemmer-Methode: Es genügt daher nicht, die Mieterhöhung in Prozentsätzen auszudrücken!

Die Miete muss gem. § 557 II BGB jeweils für einen Zeitraum von mindestens einem Jahr unverändert bleiben. Eine Vereinbarung, die eine Mieterhöhung in kürzeren Zeitabschnitten vorsieht, ist unwirksam. Längere Zeitabschnitte sind dagegen möglich.

Bei Staffelmiete kann Recht zur ordentlichen Kündigung für maximal vier Jahre ausgeschlossen werden, § 557a III BGB

Ein Staffelmietvertrag ist sowohl bei befristeten als auch bei unbefristeten Verträgen möglich. Wird ein Staffelmietvertrag auf bestimmte Zeit abgeschlossen, kann das ordentliche Kündigungsrecht des Mieters höchstens für die Dauer von vier Jahren ausgeschlossen werden, und zwar auch in einem Formularvertrag i.S.d. § 305 I BGB, vgl. § 557a III BGB. Während der Laufzeit der Staffelmiete ist eine Anpassung an die ortsübliche Vergleichsmiete oder eine Mieterhöhung wegen Modernisierung (§§ 559 bis 559b BGB) ausgeschlossen.

Vereinbarungen zum Nachteil des Mieters sind unwirksam, § 557a IV BGB.

Keine Kappungsgrenze

Durch die Staffelmietvereinbarung kann die Miethöhe auch über die ortsübliche Vergleichsmiete ansteigen. Eine sog. „Kappungsgrenze“ gibt es nicht. Die Miethöhe wird hier lediglich durch das Wucherverbot nach oben begrenzt.

bb) Indexmiete, § 557b BGB

Ein Vermieter kann gem. § 557b BGB eine Mieterhöhung auch an eine Erhöhung des **Lebenshaltungskostenindex** koppeln. Die Miete steigt oder ermäßigt sich dann automatisch entsprechend der Indexwerte. *14d*

Verbraucherpreisindex

Als Index kann **ausschließlich** auf den vom statistischen Bundesamt ermittelten Preisindex für die Lebenshaltung aller privater Haushalte in Deutschland Bezug genommen werden **(= Verbraucherpreisindex)**.

Der Vermieter kann die Miete **ausschließlich** bei einer Steigerung des Index erhöhen. Jede andere Mieterhöhung – z.B. eine Anpassung der Miete an die Vergleichsmieten gem. § 558 BGB – ist ausgeschlossen (§ 557b II S. 3 BGB).

hemmer-Methode: Der Mieter kann bei einer Senkung des Preisindex vom Vermieter auch eine entsprechende Absenkung der Miete verlangen. Dieses Recht kann vertraglich nicht ausgeschlossen werden (§ 557b V BGB).
Ebenso wenig kann wirksam vereinbart werden, dass die Miete nicht unter einen bestimmten Betrag absinken darf.

Die Miete muss mindestens ein Jahr unverändert bleiben (§ 557 II S. 1 BGB). Nur wenn wegen Modernisierungen die Miete zulässig nach § 557b II S. 2 BGB erhöht wird, muss insoweit die Jahresfrist nicht eingehalten werden.

Erhöhungsverlangen in Textform, §§ 557b III S. 1, 126b BGB

Die Mieterhöhung muss dem Mieter in Textform (§ 126b BGB) mitgeteilt werden. Dabei muss der Vermieter alle seiner Berechnung zugrundeliegenden Daten angeben, insbesondere die Indexwerte. Zahlbar ist die neue Miete mit Beginn des übernächsten Monats nach Zugang der Erklärung, vgl. § 557b III BGB.

(1) Besonderheiten bei Wohnraum in Gebieten mit angespanntem Wohnungsmarkt

Mietpreisbremse für Wohnraum mit angespanntem Wohnungsmarkt

Für einen Vertrag über Wohnraum in einem Gebiet mit angespanntem Wohnungsmarkt, für das bei Vertragsschluss und Mietbeginn eine Verordnung gem. § 556b II BGB gilt (sog. **„Mietpreisbremse"**), sind die §§ 556d bis 556g BGB[90] nur auf die Ausgangsmiete anzuwenden, vgl. § 557b IV BGB. *14e*

hemmer-Methode: Eine Übersicht, für welche Städte von der „Mietpreisbremse" Gebrauch gemacht wurde, finden Sie unter www.mietpreisbremse.bund.de/WebS/MPB/DE/Home/home node.html.

(2) Besonderheiten bei der Gewerberaummiete

Preisklauselgesetz (PrKlG) bei Gewerberaummiete beachten!

Für Gewerberäume gilt das **Preisklauselgesetz (PrKlG)**. Danach sind Preisklauseln zunächst generell verboten. *14f*

Nach § 3 I Nr. 1e PrKlG ist eine Preisklausel nur dann zulässig, wenn der Vermieter mindestens für die Dauer von zehn Jahren auf das Recht zur ordentlichen Kündigung verzichtet oder der Mieter das Recht hat, die Vertragsdauer auf mindestens zehn Jahre zu verlängern.

Nach § 3 III PrKlG ist die Preisklausel aber nur zulässig, wenn der geschuldete Betrag von der künftigen Einzel- oder Durchschnittsentwicklung von Preisen oder Werten für Güter oder Leistungen abhängig gemacht wird, **die der Mieter in seinem Betrieb erzeugt, veräußert oder erbringt**, oder wenn der geschuldete Betrag von der künftigen Einzel- oder Durchschnittsentwicklung von Preisen oder Werten von Grundstücken abhängig sein soll und das Schuldverhältnis auf die land- oder forstwirtschaftliche Nutzung beschränkt ist.

90 Vgl. hierzu Tyroller, **Life&Law 07/2015, 528 ff.**

hemmer-Methode: Hieraus folgt, dass das grundsätzliche Verbot der Preisklausel und die Ausnahme nach § 3 I Nr. 1e PrKlG auf die Wohnraummiete keine Anwendung findet.

c) Einseitige Mieterhöhungen im Mietrecht, § 557 III BGB i.V.m. §§ 558 bis 560 BGB

Das Mietrecht gestattet es dem Vermieter aber auch, einseitig eine Mieterhöhung vorzunehmen. 14g

§ 557 III BGB i.V.m. §§ 558 bis 560 BGB

Nach § 557 III BGB sind einseitige Mieterhöhungen allerdings nur nach Maßgabe der §§ 558 bis 560 BGB zulässig, soweit nicht eine Erhöhung durch Vereinbarung ausgeschlossen ist oder sich der Ausschluss aus den Umständen ergibt. Trifft keiner der Fälle zu, kann die im Vertrag vereinbarte Miete **nicht** erhöht werden.

aa) Erhöhung bis zur ortsüblichen Vergleichsmiete, §§ 558 ff. BGB

Formale Voraussetzungen

Nach § 558 I S. 1 BGB kann der Vermieter die Zustimmung zu einer Erhöhung der Miete bis zur ortsüblichen Vergleichsmiete verlangen, wenn die Miete in dem Zeitpunkt, zu dem die Erhöhung eintreten soll, seit fünfzehn Monaten unverändert ist. 14h

Mieterhöhungen auf die ortsübliche Vergleichsmiete kann der Vermieter aber nicht einseitig „anordnen“, es gilt das Zustimmungsverfahren. Danach wird die Mieterhöhung nur wirksam, wenn der Mieter zustimmt oder wenn ihn das Gericht zur Zustimmung verurteilt (vgl. § 558b BGB).

Zur Überprüfung der Mieterhöhung hat der Mieter ausreichend Zeit. Er kann in dem Monat, in dem er die Mieterhöhung erhält, und in den beiden darauf folgenden Monaten abklären, zum Beispiel mit Hilfe des örtlichen Mietervereins, ob er zustimmt oder nicht. Erst danach kann der Vermieter auf Zustimmung klagen, vgl. § 558 II BGB.

Textform, §§ 558a I, 126b BGB

Der Mieter muss zustimmen, wenn die Mieterhöhung gem. § 558a BGB (lesen!) formal in Ordnung ist. In seiner Mieterhöhungserklärung, die der Textform des § 126b BGB genügen muss (§ 558a I BGB), kann der Vermieter sich entweder auf einen Mietspiegel oder eine Auskunft aus einer Mietdatei berufen oder auf ein Sachverständigengutachten oder auf drei Vergleichswohnungen, in denen heute schon so viel gezahlt werden muss, wie er mit seiner Erhöhung jetzt fordert (§ 558a II BGB).

Ortsübliche Vergleichsmiete ist Obergrenze

Der Vermieter darf nicht mehr als die **ortsübliche Vergleichsmiete** fordern (§ 558 II BGB). Die ortsübliche Vergleichsmiete wird gebildet aus den üblichen Entgelten, die in der Gemeinde oder einer vergleichbaren Gemeinde für Wohnraum vergleichbarer Art, Größe, Ausstattung, Beschaffenheit und Lage einschließlich der energetischen Ausstattung und Beschaffenheit **in den letzten vier Jahren vereinbart oder geändert worden sind**.

Bestandsmieten dürfen nur insoweit berücksichtigt werden, als sie in den letzten vier Jahren vor dem Zustimmungsverlangen geändert worden sind. Dazu kommen die Mietverträge, die in den letzten vier Jahren abgeschlossen und bei welchen noch keine Änderungen vorgenommen wurden.

Unter die Vergleichsmieten, die in den letzten vier Jahren vereinbart oder geändert worden sind, fallen somit Neuabschlüsse, einvernehmliche Mieterhöhungen i.S.d. § 557 I BGB und Mieterhöhungen nach §§ 558, 559 BGB.

hemmer-Methode: Maßgeblich für den nach dieser Bestimmung vorzunehmenden Abgleich der begehrten Mieterhöhung mit der ortsüblichen Vergleichsmiete ist allein die tatsächliche Größe der vermieteten Wohnung.
Auch wenn sich später herausstellt, dass die tatsächliche Wohnfläche größer ist, kommt es für die Kappungsgrenze des § 558 III BGB auf die vereinbarte Ausgangsmiete an.[91]

Jahressperrfrist, § 558b I S. 2 BGB

Außerdem muss der Vermieter die Jahressperrfrist einhalten. Jahressperrfrist heißt, dass seit der letzten Mieterhöhung auf die ortsübliche Vergleichsmiete mindestens zwölf Monate vergangen sind (§ 558 I S. 2 BGB).

„Kappungsgrenze" des § 558 III BGB ist zu beachten

Außerdem muss der Vermieter die sog. **Kappungsgrenze** beachten. Kappungsgrenze bedeutet, dass der Vermieter relativ niedrige Mieten nicht auf einmal auf die ortsübliche Vergleichsmiete anheben darf. Die Miete darf hier in drei Jahren höchstens um 20 % steigen, § 558 III S. 1 BGB (zu den Ausnahmen hiervon lesen Sie § 558 IV BGB). Für Städte mit Wohnraumknappheit können die Bundesländer die Kappungsgrenze auf 15 Prozent absenken, § 558 III S. 2 BGB.

Eine Mieterhöhung auf die ortsübliche Vergleichsmiete ist ausgeschlossen, wenn ein Staffel- oder Indexmietvertrag abgeschlossen oder eine Festmiete vereinbart wurde.

bb) Erhöhung der Miete bei Maßnahmen der Modernisierung, §§ 559 ff. BGB

Mieterhöhung bei Modernisierung i.S.d. § 555b Nr. 1, 3 bis 6 BGB

Unabhängig von Mieterhöhungen auf die ortsübliche Vergleichsmiete kann der Vermieter die Miete erhöhen, wenn er Modernisierungen i.S.d. § 555b Nr. 1, 3, 4, 5 oder 6 BGB durchgeführt hat. 14i

hemmer-Methode: Nicht möglich sind Mieterhöhungen für energetische Sanierungen, die keinen Bezug zur Mietsache haben, bei denen also die Einsparung nicht beim Mieter ankommt. Dies folgt aus der Nichtnennung des § 555b Nr. 2 BGB in § 559 I BGB.

11%-Grenze, § 559 I BGB

Die jährliche Miete darf um 11 % der für die Wohnung aufgewendeten Kosten erhöht werden, § 559 I BGB. Kosten, die für Maßnahmen zur Instandhaltung oder Instandsetzung der Mietsache erforderlich sind (sog. Erhaltungsmaßnahmen gem. § 555a BGB), gehören gem. § 559 II BGB nicht zu den umlagefähigen Modernisierungskosten.

Fallen Erhaltungsmaßnahmen und Modernisierungsmaßnahmen (wie so häufig) zusammen, so sind die Modernisierungsanteile zu ermitteln; notfalls durch richterliche Schätzung, § 287 ZPO.

Nach § 559 IV BGB ist die Mieterhöhung ausgeschlossen, soweit sie auch unter Berücksichtigung der voraussichtlichen künftigen Betriebskosten für den Mieter eine Härte bedeuten würde.

Exkurs Ende

91 Vgl. BGH, **Life&Law 03/2016, 159 ff.** = **juris**byhemmer.

2. Durchführung der Schönheitsreparaturen

Auch bei Übernahme sind Schönheitsreparaturen Hauptleistungspflicht

Hat der Mieter wirksam die Verpflichtung zur Vornahme von Schönheitsreparaturen übernommen (vgl. dazu ausführlich Rn. 13a bis 13j), ist dies für ihn Hauptleistungspflicht. Denn der Charakter der Pflicht wird nicht dadurch geändert, dass sie von der anderen Vertragspartei übernommen wird.[92] 15

hemmer-Methode: Nach Ansicht des BGH handelt es sich um eine synallagmatische Hauptpflicht, da der Mieter mehr Miete bezahlen müsste, wenn er diese Pflicht nicht hätte. Der Vermieter würde die Kosten der Schönheitsreparaturen sonst durch die Mieteinnahmen abdecken.

C) Rechte der Parteien bei Nichterfüllung der Hauptpflichten

I. Rechte des Mieters

Erfüllt der Vermieter seine Pflicht zur Überlassung und Belassung der mangelfreien Mietsache nicht, kommen folgende Rechte für den Mieter in Betracht: 16

⇨ Erfüllung, § 535 BGB,

⇨ *Mängelrechte, §§ 536, 536a BGB,*

⇨ Kündigungsrecht, § 543 BGB.

Kumulativ, nicht nur alternativ

Diese Rechte kann er alle nebeneinander geltend machen. Auch wenn er das Mietverhältnis (mit ex-nunc-Wirkung) kündigt, bestehen die §§ 536, 536a BGB für die Vergangenheit noch fort.

1. Erfüllungsanspruch

Erfüllt der Vermieter die oben aufgeführten Pflichten nicht, hat der Mieter zunächst seinen ursprünglichen Erfüllungsanspruch. Dieser ergibt sich aus § 535 I S. 1, 2 BGB.[93] 17

Erfüllungsanspruch umfasst Anspruch auf Überlassung, Belassung und Instandhaltung

Er umfasst damit den Anspruch auf Überlassung, Belassung und Instandhaltung der Mietsache. Der Erfüllungsanspruch beinhaltet also auch einen Anspruch auf Nachbesserung hinsichtlich etwaiger Mängel.[94]

Der Mieter kann dem Vermieter außerdem die Einrede des § 320 BGB entgegenhalten. § 320 BGB wird auch nicht durch § 536 BGB verdrängt.[95]

Wird eine vorhandene Einbauküche auf Wunsch des Mieters durch dessen eigene Küche ersetzt und die vorhandene Küche im Keller eingelagert, so erlischt die Gebrauchsüberlassungspflicht des Vermieters. Wird die im Keller eingelagerte Küche dann durch Diebstahl entwendet, liegt kein Mangel der Mietwohnung vor.[96]

Den Erfüllungsanspruch auf Beseitigung und Nachbesserung verliert der Mieter gemäß § 275 I BGB, wenn die Sache zerstört wird.

92 Larenz, II/1, § 48 II; Rn. 229; BGH, NJW 1977, 36 ff. = **juris**byhemmer; 1980, 2347 ff.; JZ 1985, 428, 429 = **juris**byhemmer.

93 Palandt, § 536 BGB, Rn. 1, vgl. oben Rn. 12 ff.

94 Brox, Besonderes Schuldrecht, Rn. 166.

95 Palandt, § 536 BGB, Rn. 6; BGHZ 84, 42; BGH, NJW 1982, 874 = **juris**byhemmer; vgl. auch Rn. 33.

96 BGH, Life&Law 07/2016, 446 ff. = **juris**byhemmer.

2. Mängelrechte des Mieters bei Vorliegen eines Sach- oder Rechtsmangels

Überlässt der Vermieter eine mangelhafte Sache, kann der Mieter neben dem Erfüllungsanspruch die Rechte aus §§ 536, 536a BGB geltend machen. 18

Er kann sich danach auf die Minderung der Miete berufen oder Schadensersatz verlangen. Zu beachten ist dabei, dass die Minderung – anders als im Kaufrecht (dort jetzt ein Gestaltungsrecht, §§ 437 Nr. 2, 441 BGB[97]) – kraft Gesetzes eintritt.[98]

§§ 536, 536a BGB gelten wegen § 536 III BGB für Sach- und Rechtsmängel

Zu beachten ist, dass §§ 536, 536a BGB nach § 536 III BGB für Sach- und Rechtsmängel gleichermaßen gelten.[99]

a) Anwendbarkeit der §§ 536, 536a BGB

Bei §§ 536, 536a BGB ergeben sich Probleme hinsichtlich der Anwendbarkeit neben den allgemeinen Vorschriften. 19

aa) Verhältnis zu den §§ 119 ff. BGB

Bei §§ 119 I, 123 BGB kein Problem

Die §§ 119 I, 123 BGB sind neben §§ 536 ff. BGB anwendbar, da insoweit kein Konkurrenzverhältnis besteht.[100] 20

Wirkung: § 142 I BGB
⇨ keine Übertragung der Lehre vom fehlerhaften Arbeits- bzw. Gesellschaftsvertrag

Fraglich ist allerdings, welche Rechtsfolgen eine Anfechtung hat. Nach einer Ansicht soll sich die Nichtigkeit entgegen § 142 I BGB allein auf die Zukunft erstrecken (ex-nunc), weil die Rückabwicklung nach Bereicherungsrecht bei in Vollzug gesetzten Dauerschuldverhältnissen nicht interessengerecht sei.

Die herrschende Auffassung geht auch bei der Anfechtung in Vollzug gesetzter Mietverträge wegen arglistiger Täuschung von der in § 142 I BGB geregelten rückwirkenden Vernichtung des Rechtsgeschäfts aus.[101]

Die Schwierigkeiten, die sich bei der Rückabwicklung vollzogener Dauerschuldverhältnisse aufgrund des Zeitablaufs und der Anzahl der rückabzuwickelnden Leistungen ergeben, rechtfertigen keine Ausnahme von der gesetzlichen Regelung. Die gleichen Schwierigkeiten bestehen bei Mietverträgen, die gemäß § 105 BGB oder §§ 134, 138 BGB nichtig sind, ohne dass dort an einer bereicherungsrechtlichen Rückabwicklungsmöglichkeit gezweifelt wird.[102]

Besonderheiten, die bei in Vollzug gesetzten Arbeits- und Gesellschaftsverträgen dazu geführt haben, dass von der Rückwirkung abgegangen wurde, liegen bei der Miete nicht vor.

Weder besteht - wie beim Arbeitsverhältnis - eine besonders intensive Leistungsbeziehung mit starkem Persönlichkeitsbezug und mit Eingliederung in eine soziale Organisation, noch ist - wie beim Gesellschaftsverhältnis - ein erhöhtes Verkehrsschutzbedürfnis für Gläubiger vorhanden, die durch eine rückwirkende Anfechtung ihr Haftungssubjekt verlieren würden.

---

97 Hemmer/Wüst, Schuldrecht BT I, Rn. 205 ff.

98 Vgl. hierzu Rn. 26, 37.

99 Vgl. Life&Law 2001, 813 [814].

100 Palandt, § 536 BGB, Rn. 12.

101 BGH, Life&Law 2009, 1 ff. = ZGS 2008, 474 ff. = **juris**byhemmer; RGZ 86, 334; RGZ 102, 225 (226); RGZ 157, 173 (174); KG, MDR 1967, 404; KG, NZM 2002, 21 = **juris**byhemmer; Erman, 12. Auflage, vor § 536 BGB, Rn. 20; Fischer, NZM 2005, 567 (571); Emmerich, NZM 1998, 692 (694 f.).

102 Hille, WuM 1984, 292; Fischer, NZM 2005, 567 (570).

Vielmehr handelt es sich bei dem Mietvertrag - anders als beim Arbeits- oder Gesellschaftsvertrag - um ein einfach strukturiertes synallagmatisches Austauschverhältnis, bei dem die Rückabwicklung keine besonderen Schwierigkeiten aufwirft.

Schließlich lassen sich bei der Geschäftsraummiete in der Regel auch keine sozialen Belange feststellen, die ggf. einen erhöhten Bestandsschutz in Vollzug gesetzter Mietverträge und deshalb eine Einschränkung der Wirkung der Anfechtung auf den Zeitpunkt des Zugangs der Anfechtungserklärung erforderlich machen könnten.

hemmer-Methode: In dem vom BGH entschiedenen Fall lag eine Geschäftsraummiete vor. Der BGH hat in dieser Entscheidung betont, dass die Rückwirkung der Anfechtung und die Anwendung des Bereicherungsrechts *jedenfalls bei der Geschäftsraummiete* anzunehmen seien, da hier keine vergleichbare soziale Schutzwürdigkeit wie im Arbeitsrecht bestehe. Damit lässt sich der BGH ein Hintertürchen offen, dies bei der Wohnraummiete („soziales Mietrecht") evtl. anders zu entscheiden.

Fraglich bei § 119 II BGB

Fraglich ist jedoch, ob § 119 II BGB ausgeschlossen ist, wenn die verkehrswesentliche Eigenschaft zugleich einen Mangel der Sache darstellt.

Nach Ansicht der älteren Rechtsprechung ist § 119 II BGB anders als im Kaufrecht anwendbar, da es kein Rücktrittsrecht bei Mängeln und damit keine Sondervorschrift gegenüber § 119 II BGB gebe.[103]

§ 119 II BGB (-) wg. Kündigungsvorschriften

Dagegen sprechen jedoch die Vorschriften über die Kündigung, §§ 543, 569 BGB. Sie legen fest, unter welchen Voraussetzungen sich der Mieter vom Vertrag lösen kann und regeln auch die Rückabwicklung des Vertrages. Insbesondere soll beim Irrtum über Merkmale, die das Kündigungsrecht begründen (§ 543 II S. 1 Nr. 1 BGB), keine Rückabwicklung über das Bereicherungsrecht erfolgen, sondern grds. nur ein Kündigungsrecht bestehen.

Insofern stellen §§ 543 II S. 1 Nr. 1, 569 BGB Sondervorschriften gegenüber § 119 II BGB dar, wenn die Eigenschaft zugleich einen Sachmangel darstellt, da anderenfalls die strengen Voraussetzungen des § 543 II S. 1 Nr. 1 BGB ausgehöhlt würden.

§ 119 II BGB ist deshalb nicht anwendbar, wenn die Eigenschaft zugleich einen Sachmangel darstellt.[104]

bb) Verhältnis zu § 311a II BGB

Nach Überlassung §§ 536 ff. BGB

<u>**Nach**</u> der Überlassung gelten grundsätzlich §§ 536, 536a BGB. 21

<u>**Vor**</u> Gebrauchsüberlassung gilt § 311a II BGB als Anspruchsgrundlage auf Schadensersatz statt der Leistung im Fall anfänglich unmöglicher Überlassung des Mietobjekts.[105]

Der Anwendungsbereich der §§ 536, 536a BGB ist nämlich nach dem ausdrücklichen Wortlaut vor der Übergabe noch nicht eröffnet.[106]

103 RGZ 157, 173.

104 A.A. Palandt, § 536 BGB, Rn. 12.

105 Zu diesem Anspruch siehe ausführlich Hemmer/Wüst, Schuldrecht I, Rn 286 ff.

106 Palandt, § 119 BGB, Rn. 28 a.E.; a.A. Palandt, § 536 BGB, Rn. 7.

hemmer-Methode: Etwas anderes gilt lediglich, wenn dem Vermieter die Überlassung aufgrund eines Rechtsmangels unmöglich ist. In diesem Fall ergibt sich der Schadensersatzanspruch aus §§ 536a I, 536 III BGB und nicht aus § 311a II BGB, da § 536 III BGB sonst leer laufen würde.[107] Daran hat sich durch die Modernisierung des Schuldrechts nichts geändert.[108]

⇨ grds. Vertretenmüssen vorausgesetzt, § 311a II BGB

Für den Anspruch auf Schadensersatz statt der Leistung gem. § 311a II BGB kommt es darauf an, ob der Vermieter seine Unkenntnis zu vertreten hat (§ 311a II S. 2 Alt. 2 BGB).

Dies wird, wie sich aus der Negativformulierung („gilt nicht") ergibt, kraft Gesetzes (widerleglich) vermutet.

Da hierfür § 276 I BGB gilt, müsste im Falle der Übernahme einer Garantie kein Verschulden i.S.v. Vorsatz oder Fahrlässigkeit vorliegen.

⇨ nach e.A. trotzdem Garantiehaftung

Für die Annahme eines solchen Garantiewillens bedarf es jedoch ganz konkreter Anhaltspunkte.[109] Einen solchen Fall könnte man mit der Tatsache begründen, dass der Mietvertrag für diejenigen Fälle, in denen eine anfängliche Leistungsstörung vorliegt, die Überlassung der Mietsache aber gleichwohl erfolgte, in § 536a I Alt. 1 BGB eine gesetzliche Garantiehaftung vorsieht.

Daraus könnte man folgern, dass im Abschluss des Mietvertrages als solchem bereits regelmäßig eine konkludente Garantieerklärung des Vermieters dahingehend liege, dass er das Nichtvorhandensein anfänglicher Gebrauchshindernisse zusichere.

hemmer-Methode: Zu einer Garantiehaftung in diesem Sinne hat sich AHRENS in ZGS 2003, Heft 4, 134 [136 f.] „bekannt". Es wäre ein absoluter Widerspruch, wenn der Mieter vor der Überlassung der Mietsache lediglich einen vom Vertretenmüssen abhängigen Anspruch gem. § 311a II BGB habe, während er nach Übergabe gem. § 536a I Var. 1 BGB einen Schadensersatzanspruch aus Garantie habe. Zur Vermeidung von Widersprüchen müsste man auf den Formalismus verfallen, den Mieter zu einer Abnahme des Mietobjekts zu veranlassen.

⇨ nach a.A. keine Garantiehaftung

Gegen einen solchen Garantiewillen spricht aber, dass vielen Vermietern die Existenz der gesetzlichen Garantiehaftung gar nicht bekannt sein wird, sodass die Annahme eines solchen Willens eher Fiktion als Realität sein dürfte.

⇨ Streit oft unerheblich, da Widerlegung des Vertretenmüssens dem Vermieter wohl nur schwer gelingt

Letztlich kommt es darauf aber nicht an, wenn die Vermutung des Vertretenmüssens (§ 311a II S. 2 BGB) ohnehin nicht widerlegt ist.

hemmer-Methode: Tendenziell bestehen relativ weitreichende vorvertragliche Pflichten des Schuldners, sich über seine Leistungsfähigkeit zu vergewissern.[110] Man wird daher schon davon ausgehen müssen, dass es zu den Sorgfaltspflichten eines *jeden Vermieters* gehört, sich vor Vermietung einer Sache über die Zulässigkeit der Nutzung kundig zu machen. Denn diese Umstände stammen aus der Risikosphäre des Vermieters, sodass es unbillig erscheint, wenn er sich der Haftung für anfängliche Unmöglichkeit auch bei bloßer Untätigkeit entziehen könnte.[111]

107 BGH, NJW 1996, 714 m.w.N. = jurisbyhemmer; Palandt, § 536 BGB, Rn. 11 und Rn. 30.; Palandt, § 536a BGB, Rn. 3; MüKo, § 536 BGB, Rn. 24; Staudinger, § 536 BGB, Rn. 45. Hinweis: Eine Entscheidung in der Abgrenzung kann dahinstehen, da § 311a II BGB zum selben Ergebnis führen würde.

108 Vgl. Emmerich in NJW 2002, 362 f.; Unberath in ZMR 2004, 309; Leenen/Fleischhauer in JuS 2005, 709.

109 Palandt, § 311a BGB, Rn. 9.

110 Vgl. Lorenz/Riehm, Lehrbuch zum neuen Schuldrecht, Rn. 333.

111 Für Fälle unverschuldeter anfänglicher Unmöglichkeit ist umstritten, ob eine analoge Anwendung von § 122 BGB möglich ist (ablehnend etwa Palandt, § 311a BGB, Rn 14 und Huber/Faust 7. Kap., Rn 38 gegen Canaris, JZ 2001, 499 [507]; hierzu auch Hemmer/Wüst, Schuldrecht I, Rn 292 f.).

cc) Verhältnis zu § 320 BGB

§ 320 BGB neben §§ 536 ff. BGB möglich

Der Mieter hat nach der h.M. den Erfüllungsanspruch auch neben den Mängelrechten. Daraus folgt, dass der Mieter der Mietforderung des Vermieters seinen Anspruch auf Mangelbeseitigung entgegenhalten kann. Dieser Anspruch des Mieters führt zu einem Zurückbehaltungsrecht hinsichtlich der Mietzahlungen nach § 320 BGB, welches neben den Rechten aus §§ 536, 536a BGB geltend gemacht werden kann.[112] 22

Wegen eines Mangels kann der Mieter sein Zurückbehaltungsrecht aber erst an den Mieten geltend machen, die fällig werden, nachdem dem Vermieter der Mangel angezeigt wurde.

Intention des Zurückbehaltungsrechts gem. § 320 BGB ist es nämlich, auf den Vertragspartner Druck auszuüben, wenn dieser bei einem gegenseitigen Vertrag seinen synallagmatischen Leistungsanspruch geltend macht, ohne die von ihm zu erbringende Leistung zumindest anzubieten. Diese Funktion kann jedoch nicht erreicht werden, wenn dem Vermieter nicht einmal bekannt ist, dass die Zahlung nur deshalb unterbleibt, weil die Mietsache einen Mangel hat und erst bei dessen Beseitigung wieder gezahlt werden wird. Er hätte keine Möglichkeit, das Zurückbehaltungsrecht durch Beseitigung des Mangels abzuwenden, um seinen Zahlungsanspruch durchsetzbar zu machen, wenn § 320 I BGB auch in einem solchen Fall gelten würde.[113]

hemmer-Methode: Die Gewährung eines Zurückbehaltungsrechts für diesen Fall würde bedeuten, dass der Mieter durch ein vertragswidriges Verhalten, nämlich die unterlassene Anzeige des Mangels, eine Kündigung wegen Zahlungsverzugs vereiteln bzw. zumindest hinauszögern könnte. Der Mieter ist für diesen Fall auch deshalb nicht schutzwürdig, weil ihm das Zurückbehaltungsrecht für zukünftige Mietforderungen zusteht, sobald er dem Vermieter den Mangel mitteilt.

> ***Bsp.:*** *Der Mieter kann die Miete nach Übergabe der Sache so lange zurückbehalten, bis der Vermieter den Mangel beseitigt hat. Allerdings kann hier u.U. die Wertung des § 536b BGB zu berücksichtigen sein.*[114]

dd) Verhältnis zu § 326 BGB bzw. §§ 280 I, III, 283 BGB

Grds.: vor Gebrauchsüberlassung § 326 BGB bzw. §§ 283, 280 I BGB

Vor Gebrauchsüberlassung gelten die § 326 BGB bzw. §§ 280 I, III, 283 BGB, da der Anwendungsbereich der §§ 536, 536a BGB nach dem ausdrücklichen Wortlaut noch nicht eröffnet ist.[115] 23

Nach Überlassung §§ 536 ff. BGB

Nach der Überlassung gelten grundsätzlich §§ 536, 536a BGB.

Ausnahme bei völliger Zerstörung

Ist die Sache völlig zerstört, so kann nicht mehr von einem bloßen Mangel gesprochen werden, es liegt vielmehr Unmöglichkeit vor, weshalb dann die § 326 BGB bzw. §§ 280 I, III, 283 BGB gelten.

Und bei Unzumutbarkeit der Mängelbeseitigung

Die allgemeinen Vorschriften gelten ebenfalls, wenn die Beseitigung des Mangels dem Vermieter nicht zumutbar ist, weil der für die Mangelbeseitigung erforderliche Aufwand unverhältnismäßig ist.[116]

---

112 BGHZ 84, 42, 45 f. = **juris**byhemmer; Palandt, § 536 BGB, Rn. 6.

113 BGH, Life&Law 2011, 303 ff. = ZGS 2011, 95 f. = **juris**byhemmer.

114 BGH, NJW 1989, 3222, 3224 = **juris**byhemmer.

115 Palandt, § 536 BGB, Rn. 6.

116 BGH, NJW-RR 1991, 204, 205 = **juris**byhemmer; Palandt, § 536 BGB, Rn. 7.

Beruht die Nichterfüllung auf einer anderen Ursache als einem Sachmangel, dann liegt Nichterfüllung und keine Schlechterfüllung vor, weshalb ebenfalls die allgemeinen Vorschriften Anwendung finden.[117]

hemmer-Methode: Ist der Mieter allein oder weit überwiegend für die Unmöglichkeit der Erfüllung verantwortlich, so behält der Vermieter den Anspruch auf die Gegenleistung, § 326 II S. 1 Alt. 1 BGB.[118]

__Achtung__: Vom Mieter verschuldeter Mangel begründet analog § 326 II S. 1 Alt. 1 BGB grds. keine Mängelrechte

Nach ständiger Rechtsprechung des BGH entfällt die Pflicht zur Wiederherstellung des vertragsgemäßen Zustands jedoch, soweit der Mieter den Mangel der Mietsache zu vertreten hat.[119] 23a

Der Verlust der Mängelrechte bei schuldhafter Mangelverursachung durch den Mieter folgt im Übrigen auch aus dem Rechtsgedanken des § 326 II S. 1 Alt. 1 BGB.[120]

Wenn schon bei schuldhafter Zerstörung des Mietobjekts durch den Mieter dieser bis zur ordnungsgemäßen Beendigung des Mietverhältnisses die Miete weiterhin voll bezahlen muss (§ 326 II S. 1 Alt. 1 BGB), dann kann es nicht sein, dass der Mieter bei schuldhafter Verursachung eines Mangels lediglich eine geminderte Miete zahlen muss (§ 536 I BGB) und einen Mangelbeseitigungsanspruch hat.

Die Vorschrift des § 326 II S. 1 BGB ist daher im Wege eines „Erst-Recht-Schlusses“ (a maiore ad minus) analog anzuwenden.

In diesem Fall steht dem Vermieter bei einer Beschädigung der Mietsache vielmehr selbst ein Anspruch auf Schadensersatz gegen den Mieter nach §§ 535, 280 I, 241 II BGB zu. Dieser ist - nach Wahl des Vermieters - entweder auf Wiederherstellung des vorherigen Zustands durch den Mieter gem. § 249 I BGB oder auf Geldersatz zwecks Wiederherstellung des vorherigen Zustands gem. § 249 II BGB gerichtet.[121]

Anders aber bei vom Mieter bezahlten Versicherungsschutz

Hat der Vermieter aber eine Wohngebäudeversicherung abgeschlossen, deren Kosten vom Mieter getragen werden, und verursacht der Mieter leicht fahrlässig einen von dieser Versicherung umfassten Wohnungsbrand, so gilt das Vorgenannte nicht.

In diesem Fall trifft den Vermieter in der Regel die mietvertragliche Pflicht, wegen des Brandschadens nicht den Mieter, sondern die Versicherung in Anspruch zu nehmen.

Zudem hat der Vermieter in einem solchen Fall aufgrund seiner Pflicht zur Erhaltung der Mietsache in einem zum vertragsgemäßen Gebrauch geeigneten Zustand (§ 535 I S. 2 BGB) den Brandschaden grundsätzlich auch dann zu beseitigen, wenn er von einer Inanspruchnahme der Wohngebäudeversicherung absieht.

hemmer-Methode: Lesen Sie hierzu BGH, Life&Law 02/2015, 73 ff.

ee) Verhältnis zu § 323 BGB bzw. §§ 280 I, III, 281 BGB

Fehlende Gebrauchstauglichkeit

Wird dem Mieter der Gebrauch nicht eingeräumt, obwohl dies möglich wäre, so gelten §§ 280 I, III, 281 BGB bzw. § 323 BGB. 24

117 Palandt, § 536 BGB, Rn. 7.

118 Palandt, § 536 BGB, Rn. 6.

119 BGH, NJW 1998, 594 = jurisbyhemmer.

120 Palandt, § 536 BGB, Rn. 37.

121 Vgl. Schmidt-Futterer/Eisenschmid, Mietrecht, 11. Auflage, § 535 BGB, Rn. 93; Palandt, § 535 BGB, Rn. 58.

Bei fehlender Gebrauchstauglichkeit (behebbarer Mangel vor Übergabe des Mietobjekts) ist zu unterscheiden, ob Schadensersatz oder Rücktritt gewählt wird:

Vor Übergabe § 323 BGB und § 543 BGB, nach Übergabe nur § 543 BGB

Ist Rücktritt bzw. Kündigung gewollt, bestehen die Rechte aus § 323 BGB und § 543 BGB (für Wohnraum i.V.m. § 569 BGB) vor Übergabe nebeneinander. Nach der Übergabe gilt nur noch § 543 BGB. Außerdem kann der Mieter auch bei Rücktritt Schadensersatz verlangen, § 325 BGB.[122]

ff) Verhältnis zu § 311 II, III BGB i.V.m. § 280 I BGB

§ 311 II, III BGB i.V.m. § 280 I BGB grundsätzlich (-), wenn vorvertragl. Verschulden zu Sachmangel geführt hat

Seit 01.01.2002 ist die c.i.c. in §§ 280 I, 311 II, III BGB geregelt. Eine inhaltliche Änderung ging damit nicht einher.[123] Wie im Kaufrecht sind die § 311 II, III BGB i.V.m. § 280 I BGB anwendbar, wenn sich das vorvertragliche Verschulden nicht auf einen Sachmangel bezieht. 25

> **Bsp.:** *Bei Besichtigung der Wohnung vor Vertragsschluss fällt der Mieter die Treppe hinunter, weil das Geländer gebrochen ist.*

hemmer-Methode: Fraglich ist, ob der Vermieter auf Schadensersatz aus §§ 280 I, 311 II BGB haftet, wenn bei Vertragsschluss eine zu geringe Vorauszahlungspauschale bzgl. der Nebenkosten vereinbart wird.
Allein der Umstand, dass die vom gewerblichen Vermieter verlangte Betriebskostenvorauszahlung die später entstandenen Kosten deutlich unterschreiten, führt nach Ansicht des BGH aber noch nicht zur Annahme einer Verletzung der Aufklärungspflicht.
Eine solche ist nur bei Vorliegen besonderer Umstände zu bejahen, die einen Vertrauenstatbestand beim Mieter begründen, dass die genannte Summe auch der tatsächlich geschuldeten entspricht.[124]

Komplizierter ist die Situation dagegen, wenn sich das vorvertragliche Verschulden auf einen Sachmangel bezieht. Hier ist letztlich zu differenzieren:

Bei arglistigem Verschweigen (+)

Ist die Sache dem Mieter übergeben worden, so sind § 311 II, III BGB i.V.m. § 280 I BGB grds. nicht mehr anwendbar.[125] Dies gilt nach h.M. aber dann nicht, wenn der Vermieter den Mangel arglistig verschwiegen hat, da er dann nicht schutzwürdig ist.[126]

Dies kann für den Mieter insbesondere dann interessant sein, wenn das negative Interesse ausnahmsweise einmal höher ist als das positive.

hemmer-Methode: Machen Sie sich an dieser Stelle nochmals den Unterschied zwischen dem Schadensersatz wegen Nichterfüllung bzw. Schadensersatz statt der Leistung (§§ 280 III, 281 bis 283 BGB) und dem Ersatz des Vertrauensschadens (§ 280 I BGB) deutlich. Während der Schadensersatz statt der Leistung den Gläubiger so stellen soll, wie er bei ordnungsgemäßer Erfüllung stünde (= positives Interesse), soll er beim Ersatz des Vertrauensschadens so stehen, wie er ohne das schuldhafte Verhalten stünde (= negatives Interesse).[127]

122 Hemmer/Wüst, Schuldrecht BT I Rn. 580.

123 Palandt, § 536 BGB, Rn. 14.

124 BGH, NJW 2004, 1102 f. = jurisbyhemmer; BGH, NJW 2004, 2674 f. = jurisbyhemmer.

125 Palandt, § 536 BGB, Rn. 14.

126 BGH, NJW 1997, 2813, 2814 = jurisbyhemmer.

127 Mattheus, JuS 2002, 209 ff.

Mit der Einführung des § 284 BGB ist es unter den dort genannten Umständen dem Gläubiger nunmehr möglich, Schadensersatz statt der Leistung oder Ersatz vergeblicher Aufwendungen zu verlangen. Insoweit könnte die Anwendung von § 311 II, III BGB i.V.m. § 280 I BGB bei Ersatz von vergeblichen Aufwendungen an Bedeutung verlieren.[128] Problematisch ist dabei aber, dass § 284 BGB nur anstelle des Schadensersatzes statt der Leistung eingreift.

b) Minderung kraft Gesetzes, § 536 BGB

Kraft Gesetzes!

Nach § 536 I BGB wird die Miete kraft Gesetzes reduziert (gemindert), wenn die Sache mit einem Mangel behaftet ist, der die Tauglichkeit der Mietsache zum vertragsmäßigen Gebrauch herabsetzt oder einschränkt. 26

hemmer-Methode: Anders als im Kaufrecht ist die Minderung im Mietrecht also kein Gestaltungsrecht (§§ 437 Nr. 2, 441 BGB). Hat der Mieter die volle Miete entrichtet, obwohl dieser kraft Gesetzes gemindert war, steht ihm ein Anspruch gegen den Vermieter aus § 812 I S. 1 Alt. 1 BGB zu.

aa) Voraussetzungen

- ⇨ Vorliegen eines Mietvertrages 27
- ⇨ erheblicher Mangel (§ 536 I S. 1 u. 3 BGB) oder Fehlen einer zugesicherten Eigenschaft (§ 536 II, I S. 1 BGB)
- ⇨ zur Zeit der Überlassung der Mietsache (§ 536 I S. 1 Alt. 1 BGB) oder später während der Mietzeit (§ 536 I S. 1 Alt. 2 BGB)
- ⇨ kein Anspruchsausschluss

(1) Mangel oder Fehlen einer zugesicherten Eigenschaft

Def.: Mangel

Unter einem Mangel im Sinne von § 536 I S. 1 BGB ist die für den Mieter nachteilige Abweichung des tatsächlichen Zustandes der Mietsache von dem vertraglich geschuldeten Zustand zu verstehen.[129] 28

Zu dem vertraglich vereinbarten Zustand der Mietsache gehören über deren physische Beschaffenheit hinaus auch die tatsächlichen Zustände und rechtlichen Verhältnisse, die mit der Mietsache zusammenhängen und ihre Gebrauchstauglichkeit beeinträchtigen.

Unmittelbare Beeinträchtigung der Gebrauchstauglichkeit erforderlich

Zu diesen sog. „Beziehungen der Mietsache zu ihrer Umwelt" gehören auch Störungen, die außerhalb der Mietsache liegen. Um eine Ausuferung des Fehlerbegriffs zu vermeiden, führen solche außerhalb der Mietsache selbst liegenden Umstände allerdings nur dann zu einem Mangel der Mietsache, wenn sie deren **Gebrauchstauglichkeit unmittelbar beeinträchtigen**.[130]

ähnlich wie KaufR

128 Zu den Voraussetzungen des § 284 BGB, Hemmer/Wüst, Schuldrecht I, Rn. 143 ff.

129 BGH, NJW 2006, 899, 900 = **juris**byhemmer; BGH, NJW 2000, 1714, 1715 = **juris**byhemmer.

130 BGH, Life&Law 2011, 775 ff. = NJW 2011, 3151 f. (zum Rauchverbot in Gaststätten); BGH, Life&Law 2009, 232 ff. = NJW 2009, 664, 665 (zur Behinderung des Zugangs zu einem Geschäftslokal und zur Einhaltung eines bestimmten Mietermix); BGH, NJW 2006, 899, 900 (zur Zusicherung einer Vollvermietung und bestimmten Mieterstruktur); BGH, NJW 2000, 1714, 1715 (zur enttäuschten Gewinnerwartung in einem Einkaufszentrum); BGH, WM 1992, 583, 585 (zu öffentlich-rechtlichen Hindernissen); BGH, NJW 1981, 2405 (zur enttäuschten Gewinnerwartung bei geringer Kundenfrequenz); BGH, NJW 1971, 424, 425 (zur Hochwassergefährdung des Mietobjekts): **alle Entscheidungen** = **juris**byhemmer; RGZ 95, 175 (zur Zusicherung der Brauereifreiheit einer Gaststätte); im Kaufrecht vertritt die h.M., der sich nun der BGH angeschlossen hat (vgl. BGH, Life&Law 03/2011, 152 ff., = ZIP 2011, 33 ff. = **juris**byhemmer, sowie BGH, Life&Law 04/2013, 241 ff. = NJW 2013, 1671 ff. = **juris**byhemmer), hingegen einen weiten Mangelbegriff. Im Kaufrecht sollen daher auch mittelbare Beziehungen der Sache zur Umwelt zur Beschaffenheit des Kaufgegenstandes gehören.

Maßgebend für die Beantwortung der Frage, ob eine unmittelbare Beeinträchtigung der Mietsache vorliegt, ist danach in erster Linie der von den Parteien vereinbarte vertragsgemäße Gebrauch.[131] Aus dem zur Erfüllung des vertragsgemäßen Gebrauchs erforderlichen Zustand der Mietsache ergibt sich deren geschuldeter Zustand.

Verstoß des Vermieters gegen vertraglich vereinbartes Konkurrenzschutzgebot

Nach einer neueren Entscheidung des BGH stellt ein Verstoß des Vermieters gegen ein vertraglich vereinbartes Konkurrenzschutzgebot einen Sachmangel der vertragsgegenständlichen Mietsache dar.

Die Verletzung eines ausdrücklich vereinbarten Konkurrenzschutzes stellt eine **Störung** dar, die zwar **außerhalb der Mietsache** liegt, aber die **Tauglichkeit der Mietsache** zum vertragsgemäßen Gebrauch **unmittelbar beeinträchtigen** kann.

Durch die ausdrückliche Vereinbarung der Verpflichtung wird der geschuldete vertragsgemäße Gebrauch dahin konkretisiert, dass dem Mieter der von bestimmter Konkurrenz ungestörte Gebrauch der Mieträume eingeräumt wird. In diesem ausdrücklich vereinbarten vertragsgemäßen Gebrauch wird der Mieter durch die vertragswidrige Konkurrenz unmittelbar beeinträchtigt.[132]

Erhebliche Beeinträchtigung erforderlich (§ 536 I S. 3 BGB) ⇨ nicht nötig bei Eigenschaftszusicherung, vgl. § 536 II BGB

Außerdem muss durch den Mangel der vertragsmäßige Gebrauch **erheblich** (§ 536 I S. 3 BGB) beeinträchtigt sein, es sei denn, der Vermieter hat eine konkrete Eigenschaft zugesichert. In diesem Fall stellen auch unwesentliche Beeinträchtigungen einen Mangel dar, da § 536 II BGB gerade nicht auf die Einschränkung des § 536 I S. 3 BGB verweist.

hemmer-Methode: Hier liegt ein Widerspruch zum „reformierten" Kauf- und Werkvertragsrecht: Gemäß § 441 I S. 2 BGB bzw. § 638 I S. 2 BGB kommt es dort für die Minderung gerade nicht auf die Erheblichkeit der Pflichtverletzung an, da § 323 V S. 2 BGB keine Anwendung findet. Dies bedeutet, dass auch bei nur unerheblichen Mängeln eine Minderung zulässig ist.

Mängel sind danach zunächst alle negativen Abweichungen, die der Substanz der Mietsache anhaften.

> ***Beispiele für Mängel:*** *kaputte Fenster in der Mietwohnung; unzureichend vermauerte Wandöffnung, die den Einbruch in ein vermietetes Ladenlokal erleichtert; defekter Reifen beim gemieteten Fahrrad; mangelnde Funktionsfähigkeit der Mietsache; Größe der Wohnung geringer als vereinbart.*
>
> ***Keine Mängel:*** *Kein Mangel hingegen liegt vor, wenn in der Präambel eines Mietvertrages über eine Teilfläche in einem Einkaufszentrum von einer bestimmten Mieterstruktur die Rede ist, die vom Vermieter dann nicht realisiert werden kann.*[133]
>
> *Eine vorübergehende erhöhte Verkehrslärmbelastung aufgrund von Straßenbauarbeiten stellt unabhängig von ihrer zeitlichen Dauer jedenfalls dann, wenn sie sich innerhalb der in Innenstadtlagen üblichen Grenzen hält, keinen zur Minderung berechtigenden Mangel der vermieteten Wohnung dar.*[134]

Problem*: Mängel bei Mietwohnung*

Für die Beurteilung der Frage, ob eine Mietwohnung Mängel aufweist, ist in erster Linie die von den Mietvertragsparteien vereinbarte Beschaffenheit der Wohnung, nicht die Einhaltung bestimmter technischer Normen maßgebend. *28a*

131 BGH, NJW 1981, 2405 ff. = jurisbyhemmer.

132 BGH, Life&Law 01/2013, 14 ff. = MDR 2012, 1396 ff. = jurisbyhemmer.

133 Vgl. dazu BGH, Life&Law 2006, 229 ff. = NJW 2006, 899 ff. = jurisbyhemmer.

134 BGH, Life&Law 04/2013, 247 ff. = NJW 2013, 680 f. = jurisbyhemmer.

Geräuschimmissionen begründen Mangel nur dann, wenn Vermieter diese selbst abwehren könnte

Nachträglich erhöhte Geräuschimmissionen, die von einem Nachbargrundstück ausgehen, begründen bei Fehlen anderslautender Beschaffenheitsvereinbarungen grundsätzlich keinen gemäß § 536 I S. 1 BGB zur Mietminderung berechtigenden Mangel der Mietwohnung, wenn auch der Vermieter die Immissionen ohne eigene Abwehr- oder Entschädigungsmöglichkeit nach § 906 BGB als unwesentlich oder ortsüblich hinnehmen muss.

Zwar trifft einen Vermieter im Rahmen seiner Verpflichtung zur Erhaltung des vertragsgemäßen Zustands der Mietsache grundsätzlich auch die Pflicht, von Dritten ausgehende Störungen vom Mieter fernzuhalten und zu diesem Zweck gegen den Störer jedenfalls im Rahmen des rechtlich und tatsächlich Möglichen vorzugehen.

Hierbei wären aber zugleich die Gegebenheiten des nachbarrechtlichen Gemeinschaftsverhältnisses und die in § 906 BGB konkretisierten Duldungspflichten sowie die daraus abgeleiteten Abwehr- und Ausgleichsmöglichkeiten zu bedenken gewesen, die auch bei Immissionen einer - wie hier - hoheitlich betriebenen Anlage den Maßstab bilden.

***Problem**: Bei Kinderlärm ist § 22 Ia BImSchG zu beachten!*

Für Kinderlärm, der von Spielplätzen ausgeht, ist § 22 Ia BImSchG[146] zu beachten. § 22 Ia BImSchG wirkt nicht nur unmittelbar im Immissionsschutzrecht, sondern **strahlt auch auf** das **zivilrechtliche Nachbarrecht** und **auch** auf das sonstige Zivilrecht, insbesondere **das Mietrecht**, aus.

Kinderlärm, der von derartigen Einrichtungen ausgeht, ist in der Regel keine schädliche Umwelteinwirkung. Mit der Formulierung „im Regelfall“ ist sichergestellt, dass in besonders gelagerten Ausnahmefällen der Lärmschutz zugunsten von Anliegern gleichwohl höher gewichtet werden kann.

Diese **Vorschrift** wirkt nicht nur unmittelbar im Immissionsschutzrecht. Sie **strahlt auch auf** das **zivilrechtliche Nachbarrecht** aus. Hier kann z.B. der Eigentümer eines Grundstücks nach § 906 I S. 1 BGB verlangen, dass Geräusche nicht übermäßig auf sein Grundstück einwirken.

Die Privilegierung soll nun auch dahingehend eine Ausstrahlungswirkung haben, dass auch die Zivilgerichte in Zukunft davon auszugehen haben, dass von Kindereinrichtungen ausgehende Geräusche im Regelfall keine wesentliche Beeinträchtigung darstellen. Diese **Ausstrahlungswirkung betrifft auch** das sonstige Zivilrecht, insbes. **das Mietrecht**, sofern dieses jeweils für die Bewertung von Kinderlärm relevant ist.

hemmer-Methode: Einfacher ausgedrückt können Sie sich folgendes merken: Ist der Vermieter nach § 906 I S. 1 BGB zur Duldung einer unwesentlichen Geräuschimmission verpflichtet, so ist dies auch ein Mieter. § 536 I S. 3 BGB setzt nämlich das Vorliegen einer erheblichen Beeinträchtigung voraus. An einer solchen fehlt es aber beim Vorliegen einer Duldungspflicht nach § 906 I BGB.

Def.: zugesicherte Eigenschaft

Gemäß § 536 II BGB liegt ein Mangel der Mietsache auch vor, wenn eine zugesicherte Eigenschaft fehlt oder später wegfällt. 29

146 Bei Kinderspielplätzen handelt es sich um sog. „nicht genehmigungsbedürftige Anlagen“ i.S.d. § 22 I BImSchG. Diese müssen daher so betrieben werden, dass schädliche Umwelteinwirkungen verhindert werden bzw. unvermeidbare schädliche Umwelteinwirkungen auf ein Mindestmaß beschränkt werden (§ 22 I Nr. 1 und 2 BImSchG). Zu den „schädlichen Umwelteinwirkungen“ gehören auch „erhebliche Belästigungen“. Belästigungen werden dann als „erheblich" angesehen, wenn sie einen Grad erreichen, der den Nachbarn der Einrichtung nicht mehr zuzumuten ist.

Rechtsmangel (+) wenn vertragsmäßiger Gebrauch tatsächlich gestört ist

Im Falle eines Rechtsmangels sind die §§ 536 ff. BGB über § 536 III BGB entsprechend anwendbar. Dabei muss das Recht des Dritten dazu führen, dass dem Mieter der Gebrauch ganz oder zumindest teilweise entzogen wurde. Allein der Umstand, dass das Recht eines Dritten besteht, begründet noch keinen Rechtsmangel. Der Dritte muss sein Recht vielmehr auch geltend machen.[147] 30

Bspe:

⇨ *Das Sicherungseigentum eines Dritten ist i.d.R. unerheblich. Der Vermieter muss nicht Eigentümer der Sache sein.*[148]

⇨ *Wird die Sache allerdings zweimal vermietet, sodass einem Mieter durch das Besitzrecht des anderen der vertragsmäßige Gebrauch nicht gewährt werden kann, liegt ein Rechtsmangel i.S.d. § 536 III BGB vor. Dies gilt in erweiterter Auslegung des Wortlautes auch dann, wenn der Gebrauch von vornherein nicht gewährt wird.*[149]

(2) Maßgeblicher Zeitpunkt

Mangel kann auch nach Überlassung noch entstehen

Im Gegensatz zu §§ 434 ff. BGB ist es bei § 536 BGB unerheblich, ob der Mangel schon im Zeitpunkt der Überlassung vorlag oder erst später entsteht. Das ergibt sich daraus, dass der Vermieter die Mietsache während der gesamten Mietzeit in einem dem Vertrag entsprechenden Zustand halten muss, vgl. auch § 536c BGB. 31

Allerdings ist bzgl. des Anwendungsbereichs Folgendes zu beachten (vgl. dazu schon Rn. 21 und Rn. 23): 31a

Vor **Gebrauchsüberlassung** ist der Anwendungsbereich der §§ 536, 536a BGB nach dem ausdrücklichen Wortlaut (Übergabe) noch nicht eröffnet. Es gelten daher die Vorschriften des Allgemeinen Schuldrechts.

Erst ***nach*** **Gebrauchsüberlassung** sind die §§ 536 ff. BGB anwendbar.[150]

hemmer-Methode: Etwas anderes gilt lediglich, wenn dem Vermieter die Überlassung aufgrund eines Rechtsmangels unmöglich ist. In diesem Fall ergibt sich der Schadensersatzanspruch aus §§ 536a I, 536 III BGB und nicht aus § 311a II BGB, da § 536 III BGB sonst leer laufen würde (vgl. dazu schon Rn. 21).

(3) Kein Ausschluss gemäß § 536 I S. 3 BGB

Bei Fehler nicht nur unerhebliche Einschränkung der Gebrauchstauglichkeit

Der Fehler darf die Gebrauchstauglichkeit *nicht nur unerheblich* einschränken, § 536 I S. 3 BGB. Die Unerheblichkeit des Fehlers ist also ein Ausschlussgrund. 32

Weist eine gemietete Wohnung eine Wohnfläche auf, die mehr als zehn Prozent unter der im Mietvertrag angegebenen Fläche liegt, stellt dieser Umstand grundsätzlich einen erheblichen Mangel der Mietsache im Sinne des § 536 I S. 3 BGB dar, der den Mieter zur Minderung der Miete berechtigt.[151]

147 Palandt, § 536 BGB, Rn. 27.

148 Palandt, § 536 BGB, Rn. 27.

149 Palandt, § 536 BGB, Rn. 30.

150 Palandt, § 536 BGB, Rn. 6 ff.

151 BGH, Life&Law 2004, 515 ff. = NJW 2004, 1947 ff = **juris**byhemmer; BGH, Life&Law 2010, 202 = NJW 2010, 27 f.

Dies gilt auch dann, wenn im Mietvertrag die Wohnfläche nur mit einer „ca.-Angabe" versehen ist.[152]

hemmer-Methode: Diese Rechtsprechung wurde vom BGH auch auf die Geschäftsraummiete erweitert.[153] Die für die Wohnraummiete genannten Gründe gelten auch für das gewerbliche Mietrecht.
Bei der Anmietung von Geschäftsräumen spielen wirtschaftliche Gesichtspunkte eine entscheidende Rolle.
Der Gewerberaummieter, der Räume anmietet, um in ihnen Gewinn zu erzielen, wird, um konkurrenzfähig zu sein, mit besonderer Aufmerksamkeit darauf achten, dass er keine höhere als die ortsübliche Miete zahlt.
Da sich die Miete gerade bei Geschäftsräumen in der Regel nach der Betriebsfläche richtet, kommt deren Größe für den Nutzwert wesentliche Bedeutung zu. Deshalb sind die vom BGH für den Fall von Minderflächen bei der Vermietung von Wohnungen aufgestellten Grundsätze auch auf Geschäftsraummietverträge anzuwenden.[154]

Einer zusätzlichen Darlegung des Mieters, dass infolge der Flächendifferenz die Tauglichkeit der Wohnung zum vertragsgemäßen Gebrauch gemindert ist, bedarf es nicht.

Bei einem erheblichen Flächendefizit spricht bereits eine tatsächliche Vermutung für eine erhebliche Beeinträchtigung der Gebrauchstauglichkeit, die der Mieter nicht gesondert belegen müsse. Im Übrigen sei die vereinbarte Fläche ein wesentliches Merkmal für den Nutzwert der angemieteten Räume.

Bei zugesicherter Eigenschaft reicht unerhebliche Einschränkung

Bei Fehlen einer zugesicherten Eigenschaft ist zu beachten, dass § 536 II BGB nicht auf § 536 I S. 3 BGB verweist. Es reicht in diesem Fall also auch schon eine unerhebliche Beeinträchtigung des vertragsmäßigen Gebrauchs aus.

hemmer-Methode: Hier liegt ein Widerspruch zum „reformierten" Kauf- und Werkvertragsrecht:
Gemäß § 441 I S. 2 BGB bzw. § 638 I S. 2 BGB kommt es dort für die Minderung gerade nicht auf die Erheblichkeit der Pflichtverletzung an, da § 323 V S. 2 BGB keine Anwendung findet. Dies bedeutet, dass auch bei nur unerheblichen Mängeln eine Minderung zulässig ist.
Dieser Widerspruch ist dadurch entstanden, dass die Mietrechtsreform bereits zum 01.09.2001 in Kraft getreten ist und zu diesem Zeitpunkt noch nicht klar war, dass die Schuldrechtsreform zum 01.01.2002 in Kraft treten wird. Es ist nun Aufgabe des Gesetzgebers, die Schuldrechtsreform „zu Ende zu bringen" und solche Widersprüche zu beseitigen.

(4) Ausschluss für die Dauer von 3 Monaten bei energetischer Modernisierung, § 536 Ia i.V.m. § 555b Nr. 1 BGB

Mietrechtsänderungsgesetz (MietRÄndG) zum 01.05.2013 in Kraft getreten

Mit Wirkung zum 01.05.2013 ist das „Gesetz über die energetische Modernisierung von vermietetem Wohnraum und über die vereinfachte Durchsetzung von Räumungstiteln" (Mietrechtsänderungsgesetz; kurz: MietRÄndG) in Kraft getreten.[155] 32a

hemmer-Methode: Den Schwerpunkt der Reform bilden die Regelungen zur Duldungspflicht des Mieters bei energetischen Modernisierungsmaßnahmen des Vermieters. Für das Erste und Zweite Staatsexamen ist dabei insbesondere die temporäre Einschränkung des Minderungsrechts gem. § 536 Ia BGB von Bedeutung. Wichtig ist auch die Neuregelung zur vereinfachten Durchsetzung von Räumungsansprüchen im Rahmen der Zwangsvollstreckung.

152 BGH, NJW 2010, 1745 ff. = jurisbyhemmer.

153 Vgl. BGH, NJW 2005, 2152 f. = jurisbyhemmer.

154 So auch bereits OLG Düsseldorf, Grundeigentum 2005, S. 299; Schul/Wichert in ZMR 2002, 633 [638].

155 Vgl. dazu Tyroller, „Das Mietrechtsänderungsgesetz", Life&Law 06/2013, 456 ff.

§ 536 Ia BGB: Ausschluss der Minderung für drei Monate bei energetischer Modernisierung i.S.d. § 555b Nr. 1 BGB

Bei Durchführung einer **energetischen Modernisierung i.S.d. § 555b Nr. 1 BGB** (nur bei dieser!) ist gemäß § 536 Ia BGB eine Mietminderung durch den Mieter für die Dauer von drei Monaten ausgeschlossen, wenn die Tauglichkeit nach § 536 I S. 2 BGB gemindert ist. *32b*

Wird die Tauglichkeit zum vertragsgemäßen Gebrauch nach § 536 I S. 2 BGB völlig aufgehoben, weil die Wohnung während der Baumaßnahme unbewohnbar ist, so ist der Mieter nach wie vor von der Zahlung der Miete befreit. Ziel ist die Erleichterung energetischer Modernisierungen. Durch die Befristung des Minderungsausschlusses auf drei Monate soll der Vermieter angehalten werden, die Baumaßnahme zügig abzuwickeln.

hemmer-Methode: Schadensersatz- oder Aufwendungsersatzansprüche des Mieters bleiben von der Regelung unberührt.

Def. energetische Modernisierung

Eine energetische Modernisierung i.S.d. § 555b Nr. 1 BGB liegt vor, wenn durch bauliche Veränderungen in Bezug auf die Mietsache (z.B. Wärmedämmung des Gebäudes, Einbau einer effizienten Heizungsanlage) Endenergie nachhaltig eingespart wird. *32c*

Endenergie meint die an der Gebäudegrenze übergebene Energiemenge. Nachhaltig ist die Energieeinsparung, wenn sie dauerhaft ist. Ein bestimmter Einsparumfang ist damit nicht gemeint und somit nicht Voraussetzung für die Erfüllung des Kriteriums der Nachhaltigkeit.

Energieersparnis muss „beim Mieter ankommen“

Durch die Formulierung „in Bezug auf die Mietsache“ wird klargestellt, dass die Einsparung „beim Mieter ankommen“ muss.

§ 555b Nr. 2 Nr. 2 BGB erfasst hingegen Maßnahmen, die der Einsparung nicht erneuerbarer Primärenergie dienen, bei denen die Einsparung aber nicht in Bezug auf die Mietsache erfolgt. Nr. 1 und Nr. 2 schließen sich also gegenseitig aus.

> ***Bsp.:*** *V lässt auf dem Dach eines Mietshauses eine Photovoltaikanlage montieren. Der erzeugte Strom dient nicht der Versorgung der Mietsache, sondern wird von V gegen Vergütung in das allgemeine Stromnetz eingespeist.*

„Sound“: Bei § 555b Nr. 1 BGB kommt die Einsparung also beim Mieter an, bei 555b Nr. 2 BGB hingegen nicht.

Treffen energetische Modernisierungen i.S.d. § 555b Nr. 1 BGB mit anderen Instandsetzungsmaßnahmen i.S.d. § 555b Nr. 2 bis 7 BGB zusammen, so ist das Minderungsrecht nur anteilig ausgeschlossen, soweit die Mängel auf die energetische Modernisierung zurückzuführen sind.

Eine Aufteilung dürfte in der Praxis schwierig werden, da Baulärm/-staub nicht eindeutig einer bestimmten Baumaßnahme zugewiesen werden können. Gerichte werden daher nach § 287 ZPO schätzen müssen, inwieweit die Gebrauchstauglichkeit nur durch die energetische Modernisierung gemindert ist.[156]

(5) Kein Ausschluss gemäß § 536b BGB

Ausschluss gemäß § 536b BGB

§ 536b BGB ist eine äußerst komplexe Vorschrift, die verschiedene Ausschlusstatbestände enthält. *33*

156 Vgl. hierzu auch Flatow, Mietrechtsänderungsgesetz 2013, NJW 2013, 1185 (1187).

Danach findet eine Mietminderung nicht statt, wenn

⇨ der Mieter bei Abschluss des Vertrages den Mangel positiv kennt, § 536b S. 1 BGB. Als Mangel i.S.v. § 536b BGB sind gemäß dem Wortlaut Sach- und Rechtsmangel sowie zugesicherte Eigenschaft (!) zu verstehen,[157]

⇨ der Mieter bei Abschluss des Vertrages den Mangel grob fahrlässig nicht kennt und keine Arglist von Seiten des Vermieters vorliegt, § 536b S. 2 BGB,

⇨ der Mieter bei Übergabe den Mangel positiv kennt und sich seine Rechte nicht vorbehält, § 536b S. 3 BGB. Dies gilt auch bei Arglist des Vermieters.[158]

Sind die §§ 536 ff. BGB durch § 536b BGB ausgeschlossen, so kann sich der Mieter i.d.R. gegenüber dem Anspruch des Vermieters auf Zahlung der Miete auf § 320 BGB berufen.

Der dem Mieter zustehende synallagmatische Anspruch ist der auf Herstellung des vertragsmäßigen Zustandes der Mietsache.[159] Auch das Recht aus § 543 I, II S. 1 BGB bleibt dem Mieter erhalten.

hemmer-Methode: Machen Sie sich die letzte Alternative noch einmal deutlich: Die Miete ist zwar nicht gemindert, dennoch kann der Mieter die Zahlung solange verweigern, bis der Vermieter die Sache wieder in den vertragsmäßigen Zustand versetzt hat.

Probleme bei vorbehaltlosem Weiterzahlen in Kenntnis des Mangels

Nach bisheriger Rechtsprechung galt § 536b BGB entsprechend, wenn der Mieter die Miete in Kenntnis des Mangels über längere Zeit (nach der Rechtsprechung war das der Fall ab sechs Monaten) ungekürzt und ohne Vorbehalt zahlte.

Der Mieter verlor dann für Vergangenheit wie Zukunft (!) seine Gewährleistungsansprüche.[160]

Neues Recht: differenzierte Lösung

Nach §§ 536b, 536c BGB kann eine solche analoge Anwendung nicht mehr begründet werden.[161]

Vielmehr wird eine differenzierte Lösung getroffen:

⇨ Unterlässt der Mieter eine Anzeige gänzlich, sind gem. § 536c II S. 2 BGB die Mängelrechte ausgeschlossen.

⇨ Zeigt er den Mangel später an, leistet die Miete aber dennoch vorbehaltlos weiter, so kann er sie wegen § 814 BGB nicht zurückverlangen. Für die Zukunft behält er aber im Unterschied zur bisherigen Rechtsprechung seine Ansprüche.

⇨ Ein Verlust von Gewährleistungsansprüchen kommt allenfalls in Ausnahmefällen gem. § 242 BGB in Betracht, wenn z.B. der Mieter jahrelang in Kenntnis des Mangels die Miete weiterzahlt.

Problem: Vorbehaltlose Ausübung einer Verlängerungsoption in Kenntnis des Mangels

Auch die vorbehaltlose Ausübung einer Verlängerungsoption durch den Mieter in Kenntnis der Mangelhaftigkeit der Mietsache führt weder in direkter noch in analoger Anwendung des § 536b BGB dazu, dass der Mieter für die Zukunft mit seinen Rechten aus §§ 536, 536a BGB ausgeschlossen ist.

157 Zum erweiterten Anwendungsbereich des § 536 BGB vgl. Palandt, § 536b BGB, Rn. 6.

158 Palandt, § 536b BGB, Rn. 7.

159 Vgl. zu § 539 BGB a.F. zuletzt BGH, NJW 1997, 2674 = **juris**byhemmer.

160 BGH, NJW 1997, 2674 = **juris**byhemmer.

161 Zu diesem etwas exotischen Problem: Life&Law 2001, 814; Sternel, ZMR 2002, 2 m.w.N. sowie nun auch die ausdrückliche Entscheidung des BGH in Life&Law 2003, 675 ff.

Eine Option, die einer oder beiden Parteien das Recht einräumt, das bestehende Mietverhältnis durch einseitige Erklärung um eine bestimmte Zeit zu verlängern, ist ein schon im Ausgangsvertrag eingeräumtes Gestaltungsrecht. Durch ihre Ausübung kommt kein neuer Vertrag zustande. Vielmehr wirkt sie unmittelbar auf das bestehende Mietverhältnis ein, indem sie mit ihrer Gestaltungswirkung lediglich die ursprünglich vereinbarte Vertragslaufzeit ändert und ihr einen neuen Zeitabschnitt hinzufügt.

Fraglich ist, ob zumindest eine analoge Anwendung des § 536b BGB in Betracht kommt.

Der BGH lehnt dies ab. Die vorbehaltlose Optionsausübung des Mieters während des laufenden Mietverhältnisses ist von der Situation des Vertragsschlusses bzw. Vertragsbeginns jedoch verschieden. Die Grundentscheidung für das Mietverhältnis und den konkreten Zustand der Mietsache als vertragsgemäß ist gefallen, die mietvertraglichen Rechte und Pflichten sind festgelegt und das Dauerschuldverhältnis von Mieter und Vermieter besteht (oft seit längerer Zeit).

Der Mieter setzt sich daher nicht dem Vorwurf des widersprüchlichen Verhaltens aus dergestalt, dass er eine mangelhafte Sache von vorneherein als vertragsgerecht akzeptiert, hiervon abweichend aber zu einem späteren Zeitpunkt die Rechte aus §§ 536 und 536a BGB geltend machen will.[162]

Vielmehr hat es insoweit bei den allgemeinen vertragsrechtlichen Grundsätzen und insbesondere bei den Anwendungsfällen des § 242 BGB sein Bewenden.

(6) Kein Ausschluss durch Verletzung des § 536c BGB

Keine Gewährleistung, wenn Mieter Anzeige unterlässt

Unterlässt der Mieter es, einen festgestellten Mangel dem Vermieter anzuzeigen, so ist er zum einen nach § 536c II S. 1 BGB zum Ersatz des hieraus resultierenden Schadens verpflichtet, zum anderen verliert er auch gem. § 536c II S. 2 BGB seine mit dem Mangel in Zusammenhang stehenden Rechte. 34

Der Nichtanzeige steht es gleich, wenn er die Anzeige nicht rechtzeitig unternimmt.[163]

Der Vermieter muss allerdings darlegen, dass er aufgrund des Unterlassens des Mieters nicht (oder nicht rechtzeitig) in der Lage war, Abhilfe zu schaffen, obwohl dies ursprünglich möglich gewesen wäre.[164]

Ausnahme, wenn Abhilfe unmöglich

§ 536c BGB führt demnach nicht zum Rechtsverlust des Mieters, wenn Abhilfe sowieso nicht möglich war.

(7) Kein Ausschluss durch eigenes Verschulden des Mieters

§ 536 BGB setzt nicht voraus, dass der Vermieter den Fehler verschuldet haben muss. Da er mit der Sache regelmäßig nicht oder nur selten in Berührung kommt, wäre dies für den Mieter auch äußerst ungünstig. 35

162 BGH, Life&Law 02/2015, 81 ff. = jurisbyhemmer.

163 Palandt, § 536c BGB, Rn. 7.

164 Palandt, § 536c BGB, Rn. 7.

Keine Mängelrechte bei Verschulden des Mieters

Wird die Sache allerdings durch das Verschulden des Mieters beschädigt, verliert dieser seine Rechte aus §§ 536, 536a BGB.

In diesem Fall steht dem Vermieter bei einer Beschädigung der Mietsache vielmehr selbst ein Anspruch auf Schadensersatz gegen den Mieter nach §§ 535, 280 I, 241 II BGB zu. Dieser ist - nach Wahl des Vermieters - entweder auf Wiederherstellung des vorherigen Zustandes durch den Mieter gem. § 249 I BGB oder auf Geldersatz zwecks Wiederherstellung des vorherigen Zustandes gem. § 249 II BGB gerichtet.[165]

Der Verlust der Mängelrechte bei schuldhafter Mangelverursachung durch den Mieter folgt im Übrigen auch aus dem Rechtsgedanken des § 326 II S. 1 Alt. 1 BGB.[166]

Wenn schon bei schuldhafter Zerstörung des Mietobjekts durch den Mieter dieser bis zur ordnungsgemäßen Beendigung des Mietverhältnisses die Miete weiterhin voll bezahlen muss (§ 326 II S. 1 Alt. 1 BGB), dann kann es nicht sein, dass der Mieter bei schuldhafter Verursachung eines Mangels lediglich eine geminderte Miete zahlen muss (§ 536 I BGB) und einen Mangelbeseitigungsanspruch hat. Die Vorschrift des § 326 II S. 1 BGB ist daher im Wege eines „erst-recht-Schlusses" (a maiore ad minus) analog anzuwenden.

hemmer-Methode: Hat der Vermieter eine Wohngebäudeversicherung abgeschlossen, deren Kosten vom Mieter getragen werden, und verursacht der Mieter leicht fahrlässig einen von dieser Versicherung umfassten Wohnungsbrand, so trifft den Vermieter in der Regel die mietvertragliche Pflicht, wegen des Brandschadens nicht den Mieter, sondern die Versicherung in Anspruch zu nehmen. Zudem hat der Vermieter in einem solchen Fall aufgrund seiner Pflicht zur Erhaltung der Mietsache in einem zum vertragsgemäßen Gebrauch geeigneten Zustand (§ 535 I S. 2 BGB) den Brandschaden grundsätzlich auch dann zu beseitigen, wenn er von einer Inanspruchnahme der Wohngebäudeversicherung absieht.
Lesen Sie dazu BGH, Life&Law 02/2015, 73 ff.!

(8) Kein vertraglicher Ausschluss

Keine Mängelrechte bei zulässigem vertragl. Ausschluss

Gemäß § 536 IV BGB kann das Recht auf Minderung nicht vertraglich ausgeschlossen werden, wenn eine Wohnraummiete vorliegt. 36

Im Übrigen gilt § 536d BGB. Der Ausschluss greift ein, soweit nicht der Vermieter den Mangel arglistig verschwiegen hat.

bb) Rechtsfolgen

Mietminderung tritt kraft Gesetzes ein

Im Falle des § 536 BGB tritt die Minderung kraft Gesetzes ein. Es ist nicht erforderlich, dass sich die Vertragsparteien über die Minderung einigen bzw. der Mieter ein Gestaltungsrecht ausübt. 37

Wirkt sich in einem Gewerberaummietvertrag ein Mangel nur periodisch erheblich auf die Gebrauchstauglichkeit der Mietsache aus, ist der Mietzins auch nur in diesem Zeitraum kraft Gesetzes herabgesetzt.[167]

§ 320 daneben anwendbar

165 Vgl. Schmidt-Futterer/Eisenschmid, Mietrecht, 11. Auflage, § 535 BGB, Rn. 93; Palandt, § 535, Rn. 58.
166 Palandt, § 536 BGB, Rn. 37
167 BGH, Life&Law 2011, 230 ff. = MDR 2011, 149 ff. = **juris**byhemmer.

Exkurs: Bemessungsgrundlage für Minderung

Bemessungsgrundlage strittig

Von welchem Betrag bei der Errechnung der Minderung auszugehen ist, ist in Rechtsprechung und Literatur umstritten. 37a

Nach wohl h.M. errechnet sich die Mietminderung aus der Bruttomiete (Miete einschließlich aller Nebenkosten).[168]

Eine andere Auffassung vertritt die Ansicht, dass die Mietminderung allein aus der Nettomiete (Miete ohne Nebenkosten) zu berechnen sei.[169]

Eine dritte Auffassung meint, dass die Bruttokaltmiete (Miete mit allen Nebenkosten außer Heizkosten) maßgebend für die Berechnung der Mietminderung sei. Weiter wird die Auffassung vertreten, dass die Nebenkosten bei der Minderung nur erfasst werden, wenn die jeweilige Nebenleistung durch den Mangel beeinträchtigt werde.[170]

BGH: Bruttomiete ist maßgeblich

Der BGH schließt sich der überwiegenden Auffassung nun ausdrücklich an, wonach sich die Mietminderung aus der Bruttomiete (Miete einschließlich **aller** Nebenkosten) errechnet.[171]

Würde nämlich von der Nettomiete ausgegangen, so hätte es der Vermieter in der Hand, durch Vereinbarung einer niedrigeren Grundmiete und einer hohen Nebenkostenpauschale die Minderung zum Nachteil des Mieters zu beeinflussen. Dies wollte der Gesetzgeber aber - zumindest für den Bereich des Wohnraummietrechts - gerade ausschließen (vgl. § 536 IV BGB).

Exkurs Ende

Zahlt der Mieter die Miete weiter, obwohl die Voraussetzungen des § 536 BGB vorliegen, so kann der Mieter nach ganz h.M. die zu viel gezahlte Miete gemäß § 812 I S. 1 Alt. 1 BGB zurückfordern.[172]

Angemessen herabgesetzte Miete

Problematisch ist dabei für den Mieter, dass er grundsätzlich nicht abschätzen kann, wie viel Mietminderung gerechtfertigt ist. Hat er deshalb die volle Miete zunächst gezahlt und will dann einen angemessenen Betrag zurückfordern, läuft er Gefahr, dass sich der Vermieter erfolgreich auf Entreicherung beruft, § 818 III BGB.

hemmer-Methode: Die Kehrseite der Medaille ist auch nicht unproblematisch. Hat der Mieter zuviel gemindert, so läuft er Gefahr, dass der Vermieter außerordentlich kündigt, § 543 II Nr. 3 S. 1 BGB.
Allerdings sehen § 543 II S. 2 BGB sowie bei Wohnraummiete § 569 III Nr. 2 BGB für den Mieter die Möglichkeit vor, die Kündigung durch Zahlung unwirksam zu machen.
<u>Tipp</u>: Bei der Wohnraummiete sollte der Mieter, bevor er „seinem Geld hinterherläuft“, die Miete infolge Minderung zurückhalten. Sollte er vom Vermieter deswegen die Kündigung erhalten, so ist er über §§ 543 II S. 2, 569 III Nr. 2 BGB ausreichend geschützt.

---

168 OLG Düsseldorf, WuM 1994, 324; OLG Hamm, OLGR 1996, 76 f.; OLG Frankfurt, WuM 1986, 19; **alle Entscheidungen** = **juris**byhemmer; Schmidt-Futterer, Mietrecht, § 536 BGB, Rn. 324; Sternel, WuM 2002, 244.

169 OLG Koblenz, ZMR 2002, 744 = **juris**byhemmer.

170 OLG Düsseldorf, WuM 1994, 324 = **juris**byhemmer.

171 BGH NJW 2005, 1713 f. = **juris**byhemmer.

172 Erman/Brox, § 537 BGB, Rn. 2; kritisch Lorenz, JuS 1993, 729; nach a.A. ergibt sich der Anspruch bereits aus § 536 BGB selbst.

Höhe der Minderung

Gem. § 536 I S. 2 BGB soll sich die Höhe der Minderung nach der „Angemessenheit" richten. Das erlaubt die Berücksichtigung aller Umstände des Einzelfalls (z.B. fehlende Beeinflussbarkeit des Mangels, fehlendes Verschulden seitens des Vermieters etc.).[173]

hemmer-Methode: Denken Sie in Zusammenhängen: Ebenso wie bei § 536 BGB mindert sich auch im Reisevertragsrecht (§ 651d I BGB) der Anspruch kraft Gesetzes. Doch anders als bei § 536 BGB tritt die h.M. bei § 651d I BGB für eine Rückabwicklung nach der Minderungsnorm selbst ein, was an sich widersprüchlich ist.
Gerade der Mieter ist schutzwürdig, sodass die Rückzahlung über § 812 BGB mit dem Risiko des § 818 III BGB ein bedenklicher Weg für die Rückabwicklung ist.

c) Anspruch auf Schadensersatz, § 536a I BGB

aa) Voraussetzungen

Im Rahmen des § 536a I BGB muss zwischen dessen drei Varianten unterschieden werden. 38

Voraussetzungen des § 536a I Var. 1 BGB

Voraussetzungen des § 536a I Var. 1 BGB:

- ⇨ Vorliegen eines Mietvertrages
- ⇨ Mangel oder Fehlen einer zugesicherten Eigenschaft
- ⇨ im Zeitpunkt des Vertragsschlusses
- ⇨ kein Anspruchsausschluss

Voraussetzungen des § 536a I Var. 2 BGB

Für § 536a I Var. 2 BGB müssen demgegenüber die folgenden Voraussetzungen gegeben sein:

- ⇨ Vorliegen eines Mietvertrages
- ⇨ Mangel oder Fehlen einer zugesicherten Eigenschaft
- ⇨ nach Vertragsschluss (!)
- ⇨ Vertretenmüssen des Vermieters (!)
- ⇨ kein Anspruchsausschluss

Voraussetzungen des § 536a I Var. 3 BGB

Voraussetzungen des § 536a I Var. 3 BGB:

- ⇨ Vorliegen eines Mietvertrages
- ⇨ Mangel oder Fehlen einer zugesicherten Eigenschaft
- ⇨ Schuldnerverzug des Vermieters (§ 286 BGB) mit seiner Mängelbeseitigungspflicht aus § 535 I S. 2 BGB

Bei Var. 1 Mangel bei Vertragsschluss

Bei § 536a I Var. 1 BGB muss der Mangel schon bei Mietvertragsschluss vorhanden gewesen sein. Ausreichend ist dabei, dass die Gefahrenquelle schon vorhanden ist. Nicht erforderlich ist dagegen, dass der Mangel bereits hervorgetreten ist oder schädigende Wirkung gezeigt hat.[174] 39

> ***Bsp.:** Droht aufgrund veralteter Elektroleitungen ein Zimmerbrand, so ist die Sache auch dann mangelhaft, wenn der Brand noch nicht ausgebrochen ist.*[175]

173 Palandt, § 536 BGB, Rn. 33; zu den Problemen der „Angemessenheit" als unbestimmtem Rechtsbegriff Sternel, ZMR 2002, 2.

174 Palandt, § 536a BGB, Rn. 9.

175 Vgl. hierzu BGHZ 49, 350, 351 ff.

Da die fehlende Form der Wirksamkeit des Vertrages nach obigen Ausführungen nicht entgegensteht, ist der Abschluss des formlosen Mietvertrages maßgeblicher Zeitpunkt, auch wenn später noch ein schriftlicher Vertrag geschlossen wird.[176]

Wenn die Mietsache nach Vertragsschluss überhaupt erst hergestellt werden soll, ist § 536a I Var. 1 BGB entsprechend anzuwenden. Maßgebend ist dann der Zeitpunkt der Fertigstellung und Überlassung.[177]

Bei Var. 2 Mangel nach Vertragsschluss

Ist der Mangel erst nach Vertragsschluss entstanden, kann der Mieter nur Schadensersatz verlangen, wenn der Vermieter den Mangel zu vertreten hat, § 536a I Var. 2 BGB. Vertretenmüssen bedeutet hier Verschulden i.S.v. §§ 276, 278 BGB.[178] 40

hemmer-Methode: In der Praxis kann der Mieter einen Schadensersatzanspruch nach § 536a I Var. 1 bzw. 2 BGB nur schwer durchsetzen: Er muss entweder beweisen, dass der Mangel schon vor Vertragsschluss vorlag oder dass der Vermieter ihn verschuldet hat.
Besser ist daher § 536a I Var. 3 BGB, wonach der Schadensersatzanspruch auch dann besteht, wenn ein Mangel vorliegt, der Mieter diesen gerügt hat und den Vermieter mit der Beseitigungspflicht aus § 535 I S. 2 BGB in Schuldnerverzug gesetzt hat. In diesem Fall hat der Mieter dann auch ein Selbsthilferecht mit Aufwendungsersatzanspruch, § 536a II Nr. 1 BGB (vgl. dazu Rn. 42).

bb) Umfang

Umfang des Schadensersatzes

Schadensersatz i.S.v. § 536a I BGB ist in der alten Terminologie Schadensersatz wegen Nichterfüllung. § 536a I BGB spricht jetzt nur noch von „Schadensersatz“. Dem Mieter werden alle Schäden ersetzt, die er aufgrund der mangelhaften Leistung erlitten hat. 41

Kündigt der Mieter wegen eines Mangels gem. § 543 I, III BGB fristlos und entstehen ihm dadurch Schäden infolge des Umzugs, so sind diese unter den Voraussetzungen des § 536a I BGB ersatzfähig.

Dies gilt auch dann, wenn die Kündigung aus formellen Gründen (z.B. wegen Nichtvorlage einer Originalvollmacht durch den kündigenden Rechtsanwalt, vgl. § 174 BGB) unwirksam war.[179]

§ 536a BGB umfasst auch Mangelfolgeschäden

Nach ganz h.M. erfasst § 536a BGB alle Schäden, d.h. Mangel- und Mangelfolgeschäden.[180]

Bsp.: Der Mieter kann den Minderwert der Sache, entgangenen Gewinn, Mängelbeseitigungskosten, auch Schäden an anderen Gegenständen und am Körper sowie nutzlose Aufwendungen ersetzt verlangen, soweit diese aus einem Mangel der Mietsache resultieren.[181]

hemmer-Methode: Die Abgrenzung, ob Mangel- oder Mangelfolgeschäden vorliegen, erübrigt sich daher im Mietrecht. Ein Anspruch aus § 280 I BGB kommt hier wegen Verletzung einer Hauptleistungspflicht des Vermieters nicht in Betracht, da § 536a BGB insoweit abschließend ist.

176 Palandt, § 536a BGB, Rn. 10.

177 Palandt, § 536a BGB, Rn. 10.

178 Palandt, § 536a BGB, Rn. 11.

179 BGH, Life&Law 12/2013, 935 = NJW 2013, 2660 f. = jurisbyhemmer.

180 BGH, NJW 1962, 908 und 1971, 424 = jurisbyhemmer; Palandt, § 536a BGB, Rn. 14.

181 Palandt, § 536a BGB, Rn. 14.

Darunter fallen lediglich solche Kosten, die nach vernünftiger wirtschaftlicher Betrachtungsweise nötig und zweckmäßig sind. Erforderlich in diesem Sinn können Beseitigungskosten nur sein, wenn die Maßnahmen, die der Mieter mit dem verlangten Vorschuss durchzuführen beabsichtigt, voraussichtlich zur endgültigen Mangelbeseitigung geeignet sind.[190]

Bei § 536a II Nr. 2 BGB muss eine umgehende Mängelbeseitigung objektiv notwendig sein.

> ***Bsp.:*** *Reparatur eines Rohrbruchs oder einer ausgefallenen Heizung, Reparatur eines undichten Dachs usw.*

hemmer-Methode: Beachten Sie: Wenn es an der In-Verzug-Setzung fehlt (in der Praxis meistens), kann der Mieter seine Aufwendungen als Schaden i.S.v. § 536a I BGB geltend machen.[191]

Der Anspruch umfasst alle erforderlichen Aufwendungen, also die, die nach fachmännischem Rat geeignet und notwendig sind.[192] Im Übrigen gelten die §§ 256, 257 BGB.

§ 536a II BGB will Selbsthilferecht des Mieters verhindern

Beseitigt der Mieter eigenmächtig einen Mangel der Mietsache, ohne dass der Vermieter mit der Mangelbeseitigung in Verzug ist (§ 536a II Nr. 1 BGB) oder die umgehende Beseitigung des Mangels zur Erhaltung oder Wiederherstellung des Bestands der Mietsache notwendig ist (§ 536a II Nr. 2 BGB), so kann er die Aufwendungen zur Mangelbeseitigung weder nach § 539 I BGB noch als Schadensersatz gemäß § 536a I BGB vom Vermieter ersetzt verlangen.[193]

Der Anwendbarkeit des § 539 I BGB auf Fälle der eigenmächtigen Mängelbeseitigung durch den Mieter steht insbesondere der Zweck des § 536a II Nr. 1 BGB entgegen. Nach dieser gesetzlichen Wertung soll dem Vermieter der Vorrang bei der Beseitigung eines Mangels zukommen. Das dient seinem Schutz, weil er dadurch die Minderung der Miete (§ 536 BGB) oder Schadensersatzansprüche des Mieters (§ 536a I BGB) abwenden kann.

Die dem Vermieter grundsätzlich einzuräumende Möglichkeit, den Mangel selbst zu beseitigen, soll es ihm zudem ermöglichen, die Mietsache darauf zu überprüfen, ob der behauptete Mangel besteht, auf welcher Ursache er beruht sowie ob und auf welche Weise er beseitigt werden kann, und hierzu gegebenenfalls Beweise zu sichern.

Diese Möglichkeit einer Untersuchung und Beweissicherung verliert der Vermieter, wenn er nach der vom Mieter vorgenommenen Mängelbeseitigung im Rahmen der Geltendmachung eines Anspruchs aus § 539 I BGB i.V.m. den Voraussetzungen der GoA vor „vollendete Tatsachen" gestellt wird. Hierdurch würden sich seine Verteidigungsmöglichkeiten ungerechtfertigt verschlechtern.

Ein Rückgriff auf § 539 I BGB würde ansonsten die in § 536a II BGB enthaltenen strengen Voraussetzungen des Selbsthilferechts des Mieters unterlaufen, da die beschränkenden Voraussetzungen für einen Anspruch nach § 536a II BGB bei Zulassung eines Erstattungsanspruchs über §§ 539, 683 ff. BGB weitgehend hinfällig wären.

---

190 BGH, Life&Law 2010, 583 ff. = NJW 2010, 2050 ff. = **juris**byhemmer.

191 Palandt, § 536a BGB, Rn. 14.

192 Palandt, § 536a BGB, Rn. 18.

193 Lesen Sie dazu BGH, Life&Law 05/2008, 287 ff. = NJW 2008, 1216 ff. = **juris**byhemmer.

hemmer-Methode: Der Anwendungsbereich des § 539 I BGB ist daher nur dann eröffnet, wenn die Aufwendungen des Mieters nicht der Mängelbeseitigung im Sinne von § 536a II BGB dienen.

3. Kündigungsrecht, § 543 I, II S. 1 Nr. 1 BGB

Schließlich hat der Mieter ein Kündigungsrecht, wenn ihm der vertragsmäßige Gebrauch vorenthalten wird. 43

Voraussetzungen des § 543 I, II S. 1 Nr. 1 BGB

Voraussetzungen für die Kündigung sind:

- ⇨ Vorliegen eines Mietvertrages
- ⇨ Vorenthaltung des vertragsmäßigen Gebrauchs, § 543 II S. 1 Nr. 1 BGB
- ⇨ Fristsetzung bzw. Abmahnung, § 543 III BGB
- ⇨ Kein Anspruchsausschluss, §§ 543 IV S. 1, 536b, d BGB
- ⇨ Bei Wohnraummiete: schriftliche Kündigung unter Angabe von Gründen, §§ 568 I, 569 IV BGB

Der vertragsgemäße Gebrauch wird dem Mieter vorenthalten, wenn ihm die Sache nicht überlassen oder wieder entzogen wird sowie dann, wenn ein Sach- oder Rechtsmangel den vertragsmäßigen Gebrauch beeinträchtigt.[194]

Nach § 543 III BGB ist grundsätzlich eine angemessene Fristsetzung bzw. eine Abmahnung erforderlich. 44

Fristsetzung entbehrlich

Diese Fristsetzung/Abmahnung ist jedoch entbehrlich:

- ⇨ bei offensichtlichem Fehlen einer Erfolgsaussicht von Fristsetzung bzw. Abmahnung, § 543 III S. 2 Nr. 1 BGB,

  z.B.: *Vermieter verweigert die Überlassung der Mietsache ernsthaft und endgültig; die Mangelbeseitigung erscheint innerhalb einer angemessenen Frist unmöglich oder ist dem Mieter unzumutbar.*[195]

- ⇨ wenn die sofortige Kündigung aus besonderen Gründen unter Abwägung der beiderseitigen Interessen gerechtfertigt ist, § 543 III S. 2 Nr. 2 BGB.

hemmer-Methode: Ziehen Sie zum besseren Verständnis auch Parallelen zu § 323 II BGB bzw. § 281 II BGB. Beachten Sie auch, dass der Gesetzgeber mit § 314 BGB allgemeine Rechtsprechungsgrundsätze kodifiziert hat. § 543 BGB ist hierzu jedoch lex specialis.[196]

Ausschluss des Kündigungsrechts

Wie die anderen Mängelrechte kann auch das Kündigungsrecht aus § 543 I, II S. 1 Nr. 1 BGB ausgeschlossen sein: 45

- ⇨ gemäß § 543 IV S. 1 BGB i.V.m. § 536b BGB (Kenntnis des Mieters vom Mangel bei Vertragsschluss oder Annahme),
- ⇨ gem. § 543 IV S. 1 BGB i.V.m. § 536d BGB (vertraglicher Ausschluss),
- ⇨ nach § 536c II S. 2 Nr. 3 BGB darf der Mieter nicht ohne Bestimmung einer angemessenen Frist i.S.v. § 543 III BGB kündigen,

194 Palandt, § 543 BGB, Rn. 18.

195 Palandt, § 543 BGB, Rn. 48.

196 Zum neuen § 314 BGB Hemmer/Wüst, Schuldrecht I, Rn. 578.

⇨ analog § 326 II BGB, wenn der Mieter die Vorenthaltung zu vertreten hat und die in § 543 I BGB vorzunehmende Abwägung für den Mieter negativ ausfällt.[197]

Besonderheiten bei Wohnraum

Bei der außerordentlichen fristlosen Kündigung bezüglich einer Wohnraummiete wird die Regelung des § 543 BGB durch § 569 BGB ergänzt.

Für die hier fragliche Konstellation (Kündigung wegen Vorenthaltung der Mietsache) ergeben sich folgende Besonderheiten:

Schriftliche Form

⇨ auch die außerordentliche fristlose Kündigung bedarf der schriftlichen Form, § 568 I BGB,

Begründungspflicht

⇨ auch die außerordentliche fristlose Kündigung muss nach neuem Recht begründet werden, § 569 IV BGB. Dabei erfasst die Begründungspflicht nicht nur die in § 569 BGB genannten Kündigungsgründe sondern auch diejenigen aus § 543 BGB.

hemmer-Methode: Schaffen Sie sich auch hier wieder Systemverständnis! Das Schriftformerfordernis und die Begründungspflicht besteht nur bei Wohnraummieten, da § 578 II BGB gerade nicht auf §§ 568 I, 569 IV BGB verweist. Verlieren Sie nie das System von allgemeinen und besonderen Regeln im Mietrecht aus den Augen!

Keine Abdingbarkeit

⇨ Nach § 569 V BGB sind die Regeln des § 569 I - III BGB und des § 543 BGB nicht abdingbar. Aufgrund der enormen Wichtigkeit der Begründungspflicht nach § 569 IV BGB kann es sich bei der Nichterwähnung dieser Vorschrift in § 569 V BGB nur um ein Redaktionsversehen handeln.[198]

II. Rechte des Vermieters

1. Bei Nichtleistung der Miete

a) Erfüllungsanspruch

Es gelten die allg. Vorschriften

Zahlt der Mieter die Miete nicht, kann der Vermieter seinen Erfüllungsanspruch gemäß § 535 II BGB geltend machen und einklagen. 46

Zudem kann er gemäß §§ 280 I, II, 286 BGB seinen Verzugsschaden ersetzt verlangen. Hierbei ist zu beachten, dass eine Mahnung regelmäßig entbehrlich sein wird, da die Mietzahlung meist nach dem Kalender bestimmt ist, § 286 II Nr. 1 BGB.

§ 323 BGB ist nicht anwendbar

Obwohl der Mieter seine gegenseitige Hauptleistungspflicht nicht erbringt, ist § 323 BGB nicht anwendbar, wenn die Miete in wiederkehrenden Zeitabschnitten zu entrichten ist.[199]

Grund ist, dass bei Dauerschuldverhältnissen kein Rücktritt, sondern lediglich Kündigung möglich ist. An die Stelle des § 323 BGB tritt die Möglichkeit zur Kündigung aus wichtigem Grund, §§ 543 II S. 1 Nr. 3, 569 BGB.[200]

Dies ist für den Vermieter insoweit vorteilhaft, als eine Fristsetzung nicht erfolgen muss, § 543 II S. 1 Nr. 3, III S. 2 Nr. 3 BGB.

---

197 Palandt, § 543 BGB, Rn. 42 ff.; Larenz, § 48 III b.

198 Zur Gesamtproblematik und auch zu diesem speziellen Problem Sternel, ZMR 2002, 4.

199 Brox, Besonderes Schuldrecht, Rn. 178.

200 Palandt, 60. Aufl. zu § 326 BGB a.F., Rn. 3.

b) Kündigungsrecht, § 543 BGB

Voraussetzung

Gemäß § 543 II S. 1 Nr. 3 BGB kann der Vermieter unter den dort genannten Voraussetzungen den Vertrag kündigen, wenn der Mieter mit der Zahlung in Verzug ist. Für Wohnraummiete gilt § 569 IIIBGB ergänzend. 47

2. Nichtdurchführung der Schönheitsreparaturen

a) Erfüllungsanspruch

Wurden die Schönheitsreparaturen dem Mieter übertragen, hat der Vermieter einen einklagbaren Anspruch auf die Durchführung der Schönheitsreparaturen. 48

b) Schadensersatz statt der Leistung gem. §§ 280 I, III, 281 I BGB bzw. §§ 280 I, III, 283 BGB

§§ 280 I, III, 283 BGB bei Nichtdurchführung der Schönheitsreparaturen

Fraglich ist, welche Rechte dem Vermieter zustehen, wenn der Mieter seiner Pflicht zur Durchführung von Schönheitsreparaturen nicht nachkommt.[201] Dazu folgender Fall: 49

Fall: *V vermietet eine Wohnung an Mieter M. M hat sich vertraglich verpflichtet, alle drei Jahre „Schönheitsreparaturen" durchzuführen. Nach 3½ Jahren verweigert M bei seinem Auszug den Neuanstrich der Wände. V lässt daher die Arbeiten von Nachmieter N auf dessen eigene Kosten ausführen. V verlangt von M Ersatz der Kosten.*

Anspruch des V gemäß §§ 280 I, III, 283 BGB:

V könnte gegen M einen Anspruch auf Schadensersatz statt der Leistung gemäß §§ 280 I, III, 283 BGB haben. Im Gegensatz zu § 325 BGB a.F. kommt es bei §§ 280 I, III, 283 BGB nicht mehr darauf an, dass es sich bei der Leistungspflicht um eine synallagmatische Hauptleistungspflicht handelt.[202]

Exkurs: Nach Auffassung des BGH steht die Übernahme der Schönheitsreparaturen im Gegenseitigkeitsverhältnis, weil in ihr quasi eine Abgeltung der Miete zu sehen ist. Würde der Mieter die Schönheitsreparaturen nicht übernehmen, müsste er eine höhere Miete zahlen.[203]

Die Erfüllung dieser Pflicht müsste M weiterhin aus einem von ihm zu vertretenden Umstand unmöglich geworden sein.

Die Wohnung wurde inzwischen von dem Nachmieter gestrichen. Dies hindert M natürlich nicht daran, die Wohnung noch einmal zu streichen. Geschuldet ist jedoch der Leistungserfolg, nicht die Leistungshandlung. Unmöglichkeit ist deshalb auch im Falle der Zweckerreichung gegeben, also dann, wenn der Leistungserfolg bereits durch die Handlung eines anderen eingetreten ist, § 275 I BGB.

Fraglich ist jedoch, ob M diesen Umstand zu vertreten hat. Für die Vornahme der Schönheitsreparatur war eine Zeit nach dem Kalender bestimmt (alle drei Jahre). Diesen Zeitpunkt hat M verstreichen lassen. Er befand sich somit in Verzug. Gemäß § 287 S. 2 BGB hat er damit jede Unmöglichkeit zu vertreten.

Problem: Schaden des V

Fraglich ist allerdings, ob V einen Schaden erlitten hat. Dem könnte entgegenstehen, dass N die Schönheitsreparaturen durchgeführt hat, ohne ihn in Anspruch zu nehmen.

201 Vgl. oben, Rn. 21; Grundmann, NJW 2001, 2497, 2500; Palandt, § 280 BGB, Rn. 21.

202 Es wäre also auch bei einem einseitig verpflichtenden Vertrag möglich, mit § 283 BGB zu arbeiten!

203 BGH, NJW 1977, 36 = **juris**byhemmer; vgl. auch Bergerhoff, ZMR 2001, 944 ff.

Eine solche Vorteilsanrechnung kann angenommen werden, wenn die/das schädigende Handlung/Unterlassen zugleich kausal für den Eintritt eines Vorteils war, die Anrechnung dem Zweck des Schadensersatzes entspricht und den Schädiger nicht unbillig entlastet.[204]

Bei der freiwilligen Zuwendung durch Dritte ist eine Vorteilsausgleichung grundsätzlich abzulehnen, wenn der Dritte durch seine Leistung nicht ausgerechnet den Schädiger entlasten will.[205] Vorliegend wollte N nicht für M leisten. Dieser würde durch eine Vorteilsausgleichung zu Lasten des V vielmehr unbillig entlastet.

Schaden i.E. (+) da Vorteilsanrechnung abzulehnen

Die Vorteilsanrechung ist vorliegend abzulehnen. V kann die angefallenen Kosten gem. §§ 280 I, III, 283 BGB ersetzt verlangen.[206]

hemmer-Methode: Der Nachmieter, der die Schönheitsreparaturen letztendlich vorgenommen hat, kann nun gemäß § 255 BGB analog Abtretung der Ansprüche des Vermieters gegen den Vormieter verlangen.

Probleme entstehen, wenn ein vermietetes Haus verkauft wird, während sich der Mieter mit der Schönheitsreparatur in Verzug befindet, 50
und diese durch den neuen Vermieter durchgeführt werden, der gemäß §§ 566, 578 BGB in das Mietverhältnis eingetreten ist.

***Fall:** Der Mieter M zieht aus, ohne die Schönheitsreparaturen durchzuführen. Der (alte) Vermieter V setzt ihm eine Frist gemäß § 281 I BGB. Nachdem die Frist schon abgelaufen war, veräußert er sein Haus an N. Er tritt ihm alle entstandenen Forderungen gegen die Mieter rechtsgeschäftlich ab. N führt die Schönheitsreparaturen durch.*

Ein etwaiger Anspruch aus §§ 280 I, III, 281 I BGB des V geht bei der Übernahme des Mietvertrages gemäß § 566 BGB nicht automatisch mit über. Bereits entstandene und fällige Ansprüche fallen nicht in die „Dauer seines Eigentums". Zwar wurde im Fall der Anspruch rechtsgeschäftlich abgetreten.

Fraglich ist, ob dies überhaupt notwendig war.

Ein fruchtloser Fristablauf führt im Rahmen von § 281 I BGB nicht automatisch zum Erlöschen der Leistungspflicht. Der Anspruch auf die Leistung ist erst dann ausgeschlossen, wenn der Gläubiger statt der Leistung Schadensersatz verlangt hat, § 281 IV BGB. V hat Schadensersatz aber gerade nicht geltend gemacht.

Konsequenz ist nun, dass auch noch *nach* fruchtlosem Fristablauf Unmöglichkeit eintreten kann. Der Anspruch auf Durchführung der Schönheitsreparaturen ist demnach unmöglich geworden. Insoweit sind auch hier §§ 280 I, III, 283 BGB einschlägig.

hemmer-Methode: Hat der Schuldner den Eintritt der Unmöglichkeit zu vertreten, stellt sich in der Praxis kein Problem, da jedenfalls der Anspruch aus §§ 280 I, III, 283 BGB bejaht werden kann. Die Fälle einer unverschuldeten Unmöglichkeit wird es aber wegen § 287 S. 2 BGB kaum geben.
Dennoch wird die Ansicht vertreten, dass der Anspruch aus § 281 BGB in diesem Fall neben demjenigen aus § 283 BGB bestehen kann, da es unbillig wäre, wenn der einmal tatbestandlich erfüllte Anspruch auf Schadensersatz gem. §§ 280 I, III, 281 BGB nachträglich untergehen könnte.
Lesen Sie hierzu MÜNCHENER KOMMENTAR/ERNST, § 281 BGB, Rn. 89 f. Nach dieser Ansicht soll der Anspruch aus §§ 280 I, III, 281 BGB entfallen.
Beachten Sie aber, dass man auch differenzieren muss, wann der Schaden eingetreten ist. Wenn z.B. nach abgelaufener Frist, aber noch vor Unmöglichkeit ein Deckungskauf vorgenommen wird, kann die Anspruchsgrundlage nicht § 283 BGB sein, weil der Schaden nicht kausal auf der Unmöglichkeit beruht!

204 Hemmer/Wüst, Schadensersatzrecht III, Rn. 200 ff.

205 Medicus/Petersen, BR, Rn. 858.

206 So auch der BGH, vgl. Medicus/Petersen, BR, Rn. 858.

Die rechtsgeschäftliche Abtretung war somit nicht nötig: Ein Anspruch aus §§ 280 I, III, 281 BGB war noch nicht geltend gemacht. Der Erfüllungsanspruch bestand daher zunächst gemäß § 281 IV BGB fort. Die Unmöglichkeit, die den Schadensersatzanspruch gem. §§ 280 I, III, 283 BGB auslöste, trat erst nach der Veräußerung ein.

hemmer-Methode: Achten Sie daher genau auf die Besonderheiten des Einzelfalls. Der Problemkreis „Schönheitsreparaturen“ ist auch deshalb im Examen so beliebt, weil er eine Abgrenzung von Unmöglichkeit und Nichtleistung erforderlich macht. Hier kann das gesamte neue (!) Leistungsstörungsrecht abgeprüft werden.

D) Nebenpflichten und Nebenpflichtverletzungen

I. Allgemeine vertragliche Nebenpflichten

Allg. Nebenpflichten aus § 241 I, II BGB

Wie alle Vertragsbeteiligten haben auch Mieter und Vermieter die allgemeinen Sorgfalts-, Schutz-, Aufklärungs- und Verkehrssicherungspflichten (sog. nichtleistungsbezogene Nebenpflichten i.S.d. § 241 II BGB). 51

Bsp.: Von der Mietsache dürfen keine Gefahren für den Mieter und dessen Rechtsgüter ausgehen.

Der genaue Inhalt dieser Pflichten ergibt sich aus dem Vertrag. Verletzungen derselben führen zur Anwendung von §§ 282, 280 I, 241 II BGB bzw. §§ 324, 241 II BGB.[207]

Gesetzliche Nebenleistungspflichten (vgl. auch § 241 I BGB)

Für Mieter und Vermieter ergeben sich darüber hinaus noch weitere leistungsbezogene Nebenpflichten aus dem Gesetz (vgl. auch § 241 I BGB).

II. Gesetzliche Nebenpflichten des Vermieters

Zu den gesetzlichen Nebenpflichten des Vermieters gehören: 52

- die Pflicht, die Lasten der Mietsache zu tragen, § 535 I S. 3 BGB,
- die Pflicht, dem Mieter Aufwendungen zu ersetzen, § 536a II BGB bzw. § 539 BGB,
- die Pflicht, die Wegnahme von Einrichtungen zu dulden, §§ 539 II, 552 BGB.

1. Pflicht zum Aufwendungsersatz, § 536a II BGB

Pflicht zu Aufwendungsersatz korrespondiert mit Instandhaltungspflicht

Die Pflicht zum Ersatz von Aufwendungen korrespondiert mit der Pflicht des Vermieters zur Instandhaltung der Sache. Daraus folgt auch, dass der Vermieter nur erforderliche Aufwendungen ersetzen muss. 53

Def.: Aufwendungen

Unter Aufwendungen (vgl. §§ 256, 257 BGB) versteht man die freiwillige Aufopferung von Vermögenswerten im Interesse eines Anderen.[208] Dies beinhaltet neben der Eingehung von Verbindlichkeiten auch die aus dem Sachenrecht bekannten Verwendungen. *Verwendungen* sind Aufwendungen, die der Mieter zur Erhaltung und Wiederherstellung der Mietsache macht.[209]

207 Hierzu Hemmer/Wüst, Schuldrecht I, Rn. 418 ff.; Palandt, § 282 BGB, Rn. 1.

208 Palandt, § 256 BGB, Rn. 1.

209 Brox, Besonderes Schuldrecht, Rn. 162.

Die Sache darf dabei weder verändert noch für einen anderen als den vertraglich vereinbarten Zweck umgestaltet werden.[210]

Hat der Mieter den Umstand, der die Aufwendung notwendig macht, selbst zu vertreten, tritt die Ersatzpflicht nicht ein (Rechtsgedanke des § 326 II BGB bzw. des § 651n I Nr. 1 BGB).

Def.: erforderlich

Erforderlich sind Aufwendungen nur, wenn sie geeignet und notwendig sind, die Mietsache in vertragsgemäßen Zustand zu versetzen bzw. bei § 536a II Nr. 2 BGB ihren Bestand zu erhalten oder wieder herzustellen.[211]

Mit anderen Worten muss es um die Beseitigung von Mängeln gehen.

hemmer-Methode: Aufwendungen, die nicht der Mängelbeseitigung dienen, können nach dem Recht der GoA ersetzt werden, vgl. § 539 I BGB. § 539 I BGB ist nach h.M. eine Rechtsgrundverweisung, sodass alle Voraussetzungen der GoA noch zu prüfen sind.[212] Insbesondere muss ein Fremdgeschäftsführungswille vorliegen.

2. Pflicht zur Duldung der Wegnahme von Einrichtungen, § 539 II BGB

Def.: Einrichtungen

Einrichtungen sind Sachen, die mit der Mietsache verbunden sind, um der Mietsache zu dienen.[213] 54

Diese Einrichtungen darf der Mieter wegnehmen. Für das Wegnahmerecht gilt § 258 BGB.

WegnahmeR des Mieters, kein Herausgabeanspruch

Demnach hat der Mieter keinen Herausgabeanspruch auf die Sache, sondern lediglich einen Anspruch gegen den Vermieter auf Duldung der Wegnahme, § 258 S. 2 BGB. Er muss gemäß § 258 S. 1 BGB außerdem die Kosten der Wegnahme selbst tragen, und er muss die Sache auf eigene Kosten in den vorherigen Stand versetzen.

Keine Wegnahmepflicht des Mieters

Im Gegensatz dazu hat der Mieter aufgrund der Regelung des § 539 II BGB keine Wegnahmepflicht. Eine solche kann sich lediglich aus einer besonderen Vereinbarung oder gemäß § 546 BGB ergeben.[214]

hemmer-Methode: Aufgrund der Verbindung mit der Mietsache geht nicht selten das Eigentum an der Sache auf den Vermieter über, §§ 93, 94, 946, 947 BGB. In dieser Konstellation gewinnt § 539 II BGB für den Mieter besondere Bedeutung: Er darf sogar das Eigentum des Vermieters oder eines Dritten wegnehmen. Er hat in diesem Falle zusätzlich ein dingliches Aneignungsrecht.[215]

Abwendungsbefugnis des Vermieters von Wohnraum

Der Vermieter von Wohnraum (gilt über § 578 II BGB auch für andere Räume) kann die Wegnahme abwenden, wenn er eine angemessene Entschädigung zahlt, § 552 BGB. Zu beachten ist, dass der Mieter die Wegnahme trotzdem nicht vorher anzeigen muss.[216] 55

210 BGHZ 10, 171 = jurisbyhemmer; BGHZ 41, 157.

211 Brox, Besonderes Schuldrecht, Rn. 162; vgl. Palandt, § 536a BGB, Rn. 18.

212 Palandt, § 539 BGB, Rn. 6.

213 Palandt, § 539 BGB, Rn. 9.

214 Vgl. Rn. 60 a.E.

215 Brox, Besonderes Schuldrecht, Rn. 163; Palandt, § 539 BGB, Rn. 10.

216 Palandt, § 539 BGB, Rn. 10.

Eine Entschädigung ist angemessen, wenn sie dem gegenwärtigen Verkehrswert der Sache entspricht.[217]

Allerdings besteht die Abwendungsbefugnis dann nicht, wenn der Mieter ein berechtigtes Interesse an der Wegnahme hat. Berechtigt in diesem Sinne ist jedes legitime Interesse des Mieters, die Sache zu behalten. Auch ein Liebhaberinteresse genügt.[218]

III. Gesetzliche Nebenpflichten des Mieters

Zu den gesetzlichen Nebenpflichten des Mieters zählen: 56

- allgemeine Schutzpflicht gem. § 241 II BGB[219]
- die Duldungspflicht von Modernisierungsmaßnahmen, § 555d BGB
- die Obhuts- und Sorgfaltspflicht; insbesondere Pflicht zur Anzeige von Mängeln, § 536c BGB
- die Pflicht zur Einhaltung des vertragsmäßigen Gebrauchs, §§ 538, 540 BGB
- die Rückgabepflicht, § 546 I BGB.

1. Duldungspflicht von Modernisierungsmaßnahmen, § 555d BGB

Duldungspflicht des Mieters korrespondiert mit Erhaltungspflicht des Vermieters

Der Mieter hat gemäß § 555d I BGB eine Modernisierungsmaßnahme zu dulden. Eine Duldungspflicht besteht gem. § 555d II BGB nur dann nicht, wenn die Modernisierungsmaßnahme für den Mieter, seine Familie oder einen Angehörigen seines Haushalts eine Härte bedeuten würde, die auch unter Würdigung der berechtigten Interessen sowohl des Vermieters als auch anderer Mieter in dem Gebäude sowie von Belangen der Energieeinsparung und des Klimaschutzes nicht zu rechtfertigen ist. 57

Fristen für Härtefalleinwand

§ 555d III, IV BGB regeln Fristen, innerhalb derer der Mieter die Härtegründe dem Vermieter mitteilen muss. Versäumt der Mieter diese Frist, ist er mit einem Härtefalleinwand präkludiert, es sei denn, ihn trifft an der Fristversäumung kein Verschulden.

Hat es der Vermieter versäumt, den Mieter auf Form und Frist des § 555d III, IV BGB hinzuweisen (vgl. dazu die Obliegenheit des Vermieters in § 555c II BGB), so gilt wegen § 555d V BGB das Form- und Fristerfordernis des § 555d BGB für Mieter nicht. Eine Präklusion des Mieters setzt daher die ordnungsgemäße Ankündigung und die richtige Belehrung durch den Vermieter voraus.

Zu erwartende Mieterhöhung bleibt bei Härtefalleinwand außer Betracht

Die zu erwartende Mieterhöhung sowie die voraussichtlichen künftigen Betriebskosten bleiben bei der Abwägung im Rahmen der Duldungspflicht außer Betracht, § 555d II S. 2 BGB.

Härtefalleinwendungen diesbezüglich sind nur nach § 559 IV und V BGB bei einer Mieterhöhung zu berücksichtigen.

---

217 Palandt, § 552 BGB, Rn. 3.

218 Palandt, § 552 BGB, Rn. 2.

219 Verliert der Mieter einen Schlüssel, so kann der Vermieter Schadensersatz für die Kosten des Austausches der Schließanlage gem. §§ 280 I, 535, 241 II BGB verlangen. Derartige Schadensersatzansprüche bestehen aber dann nicht, wenn die Schließanlage der Wohnungseigentumsanlage tatsächlich nicht (insgesamt) ausgetauscht worden ist. Es fehlt dann an einem erstattungsfähigen Vermögensschaden, sodass auch eine fiktive Abrechnung nicht in Betracht kommt; vgl. BGH, Life&Law 07/2014, 543 f. = NJW 2014, 1653 ff. = jurisbyhemmer.

hemmer-Methode: Eventuelle aus der angekündigten Mieterhöhung resultierende finanzielle Härten werden nicht bei der Abwägung im Rahmen der Duldungspflicht berücksichtigt.
Diese kommen erst im Rahmen des Mieterhöhungsverfahrens nach § 559 BGB zum Tragen, § 559 IV BGB (vgl. dazu Rn. 14i). Dies führt zu einer Zweiteilung der Härtefallprüfung: Wirtschaftlichen Härten wird erst bei der Mieterhöhung Rechnung getragen, während bei der Duldung der Maßnahme die sonstigen, eher personalen Härtegründe zu berücksichtigen sind.
Damit erlangt der Vermieter insbesondere bei den besonders wichtigen energetischen Modernisierungen weitgehende Baufreiheit und Planungssicherheit, während zugleich die wirtschaftlichen Interessen des Mieters vollumfänglich gewahrt bleiben.
Praxistipp: Damit der Vermieter nach Durchführung der Baumaßnahme auch eine Mieterhöhung durchführen kann, kann es sich im Vorfeld anbieten, dass der Vermieter mittels einer Feststellungsklage klären lässt, dass nach Ausführung der Modernisierungsmaßnahme die angekündigte Mieterhöhung gem. § 559 BGB auch zulässig ist.

2. Obhuts- und Sorgfaltspflicht, § 536c BGB

§ 536c BGB konkretisiert Pflichten aus § 242 BGB

Obhuts- und Sorgfaltspflichten ergeben sich auch für den Mietvertrag schon aus den allgemeinen Grundsätzen. Der Mieter muss die Sache z.B. pflegen und sauber halten. 58

Bei schuldhafter Verletzung dieser Pflichten haftet der Mieter aus §§ 280 ff. BGB.

§ 536c BGB konkretisiert darüber hinaus die Obhutspflicht in besonderem Maße. Der Mieter muss danach erkannte Mängel sofort anzeigen. Unterlässt er dies, verliert er seine Rechte aus §§ 536, 536a BGB und macht sich außerdem gemäß § 536c II BGB schadensersatzpflichtig.

3. Pflicht zur Einhaltung des vertragsmäßigen Gebrauchs, §§ 538, 540, 541, 543 II S. 1 Nr. 2, 553 BGB

Der Mieter darf den vertragsmäßigen Gebrauch nicht überschreiten.

Pflicht folgt aus §§ 538, 540, 541, 543 II, 553 BGB

Diese Nebenpflicht ergibt sich nicht eindeutig aus dem Gesetz, lässt sich jedoch aus §§ 538, 540, 541, 543 II, 553 BGB schließen. Diese konkretisieren den Begriff des vertragsmäßigen Gebrauchs und setzen Rechtsfolgen bei Überschreitung desselben. 59

Der Vermieter hat einen Unterlassungsanspruch gemäß § 541 BGB und ein Recht zur fristlosen Kündigung gemäß § 543 II BGB.

a) Unterlassungsanspruch, § 541 BGB 59a

Beispiel

Bsp. zu § 541 BGB:[220] *Die Vermieterin (V) klagt gegen ihren Mieter (M) auf Beseitigung einer an der Balkonbrüstung der von M gemieteten Wohnung angebrachten Parabolantenne. Vorgerichtlich hatte V mit einem an M adressierten Schreiben vom November 2005 diesen aufgefordert, die Antenne zu entfernen. Für M besteht seit dem 18.02.2005 eine Betreuung. Nach einem amtsärztlichen Zeugnis ist M seit Januar 2004 als geschäftsunfähig anzusehen.*

Besteht ein Anspruch auf Beseitigung, wenn eine Duldungspflicht der V nicht besteht?

In Betracht kommt der Beseitigungsanspruch aus § 541 BGB sowie der Anspruch aus § 1004 I S. 1 BGB.

220 Vgl. auch Life&Law 08/2007, 518 ff. = NJW 2007, 2180 f. = jurisbyhemmer.

1. Beseitigungsanspruch nach § 541 BGB

Nach § 541 BGB kann der Vermieter auf Unterlassung klagen, wenn der Mieter einen vertragswidrigen Gebrauch der Mietsache trotz einer Abmahnung fortsetzt.

Nach dem Wortlaut der Norm besteht zwar nur ein Unterlassungsanspruch. Allerdings kann ein solcher begrifflich nur dann bestehen, wenn zuvor ein entsprechender Beseitigungsanspruch eines vertragswidrigen Zustands besteht.[221]

§ 541 BGB gewährt einen Beseitigungs- und Unterlassungsanspruch aber nur dann, wenn der Mieter zuvor vom Vermieter abgemahnt worden ist. Nach § 541 BGB ist daher eine **Abmahnung Voraussetzung für** einen vom Vermieter gegenüber dem Mieter geltend gemachten Beseitigungsanspruch.

Bei der Abmahnung handelt es sich um eine sog. geschäftsähnliche Handlung. Bei sog. *geschäftsähnlichen Handlungen*, deren Rechtsfolgen kraft Gesetzes eintreten, können die allgemeinen Vorschriften über die Wirksamkeit von Willenserklärungen analog angewandt werden, soweit deren Sinn und Zweck auf die geschäftsähnliche Handlung passt.

Soweit ersichtlich, werden die Vorschriften zur Geschäftsfähigkeit (§§ 104 ff. BGB) und zum Zugang (§ 131 f. BGB) auf jede geschäftsähnliche Handlung analog angewendet.

Die Abmahnung muss dem Mieter dabei vor Erhebung der Klage zugegangen sein.[222] Die an M persönlich gerichtete Abmahnung war aufgrund der Geschäftsunfähigkeit des M unwirksam, §§ 104 Nr. 2, 131 I BGB analog. Dass die von V ausgesprochene Abmahnung vor der Beseitigungsklage dem Betreuer des M als dessen gesetzlichen Vertreter (§§ 1896, 1902 BGB) zugegangen ist, wird von V weder behauptet noch unter Beweis gestellt.

Ein Anspruch auf Beseitigung der Parabolantenne gem. § 541 BGB bestand daher nicht.

2. Beseitigungsanspruch nach § 1004 I BGB

V könnte aber ein Beseitigungsanspruch nach § 1004 I S. 1 BGB zustehen, wenn das Anbringen der Parabolantenne eine rechtswidrige Beeinträchtigung des Eigentums des V darstellen würde. Dies ist zu bejahen, da laut Sachverhalt V nicht zur Duldung der angebrachten Parabolantenne verpflichtet war.

Soweit ein etwaiger Beseitigungsanspruch auf § 1004 I BGB gestützt wird, ist auch eine vorherige Abmahnung nicht erforderlich, sodass die Klage auf Beseitigung der Antenne begründet gewesen sein könnte.

§ 1004 BGB ist aber neben § 541 BGB überhaupt nicht anwendbar. Nach Ansicht des BGH kann ein Beseitigungsanspruch in einem bestehenden Mietverhältnis nicht auf § 1004 BGB, sondern allein auf § 541 BGB gestützt werden.[223]

Die konkrete Ausgestaltung der Vorschrift des § 541 BGB hat einen den Mieter schützenden Charakter. Durch das dort, nicht aber in § 1004 BGB aufgenommene Erfordernis einer vorherigen Abmahnung des Mieters durch den Vermieter, soll dem Mieter eine (letzte) Gelegenheit zu vertragstreuem Verhalten gegeben werden, bevor der Vermieter zu den scharfen Rechtsbehelfen der §§ 541, 543 II Nr. 2 BGB greifen darf.[224]

221 Palandt, § 541 BGB, Rn. 1.

222 Schmidt-Futterer, Mietrecht, 9. Aufl., § 541 BGB, Rn. 11 m.w.N.

223 Emmerich/Sonnenschein, § 541 BGB, Rn. 1; Schmidt-Futterer, § 541 BGB, Rn. 2; Soergel, § 550 BGB, Rn. 2.

224 Soweit die Rechtsprechung bisher § 1004 BGB in vergleichbaren Fällen angewendet hat, wurde auf die Problematik nicht eingegangen; vgl. BGH, NJW 1974, 1463 f. = **juris**byhemmer.

Ein Rückgriff auf § 1004 I BGB würde diesen Mieterschutz unterlaufen.

Ergebnis: Ein Anspruch auf Beseitigung der Parabolantenne nach § 541 BGB stand V mangels vorheriger Abmahnung nicht zu. Ein Anspruch auf § 1004 BGB steht V mangels Anwendbarkeit nicht zu.

b) Schadensersatzpflicht bei vertragswidrigem Gebrauch bzw. Beschädigung der Mietsache, § 280 I BGB sowie § 823 I BGB 59b

Bei schuldhafter Überschreitung des vertragsmäßigen Gebrauchs haftet der Mieter außerdem nach §§ 280 ff. BGB sowie aus Delikt.[225]

hemmer-Methode: Beschädigt der aufgrund nichtigen Mietvertrages besitzende Mieter die Sache über § 538 BGB hinaus (sog. Fremdbesitzerexzess), liegt ein EBV vor, und ein Anspruch aus § 823 BGB käme eigentlich nur über § 992 BGB in Betracht. Beim Fremdbesitzerexzess ist aber kein Grund für den Haftungsausschluss ersichtlich, denn der rechtlose Besitzer kann im Falle des Exzesses nicht besser stehen als der rechtmäßige Besitzer, der mangels EBV aus § 280 I BGB und nach § 823 BGB haftet.

Inwieweit vertragsmäßiger Gebrauch vorliegt, bestimmt sich im Übrigen nach dem Mietvertrag. Ist eine Hausordnung Bestandteil des Mietvertrages geworden, so stellt diese eine Konkretisierung der vertraglichen Pflichten dar.[226]

Bei Beschädigung gelten §§ 280 I, 241 II BGB

Bei zu vertretender Beschädigung der Mietsache sind nach h.M. nicht die §§ 280 I, III, 281 BGB einschlägig, sondern die §§ 280 I, 241 II BGB. Es handelt sich nämlich nicht um die Verletzung der leistungsbezogenen Rückgabepflicht aus § 546 I BGB, sondern um eine nicht leistungsbezogene Pflichtverletzung gem. § 241 II Var. 2 BGB während des Bestehens des Mietvertrages.

Ein während des Mietverhältnisses bestehender Anspruch auf Schadensersatz neben der Leistung (§ 280 I BGB) kann sich nämlich nicht in Folge der Vertragsbeendigung zu einem Anspruch auf Schadensersatz statt der Leistung wegen Verletzung der Rückgabepflicht umwandeln.[227]

4. Rückgabepflicht, § 546 I BGB

Nach Beendigung des Mietverhältnisses hat der Mieter die Pflicht, die Sache zurückzugeben. 60

Rückgabe ist Einräumung des unmittelbaren Besitzes

Dazu muss dem Vermieter der unmittelbare Besitz eingeräumt werden. Dies gilt sogar, wenn der Mieter weder mittelbaren noch unmittelbaren Besitz hatte.[228]

Gem. § 546 II BGB kann der Vermieter die Sache – sofern sie der Mieter einem Dritten überlassen hat – auch von diesem zurückverlangen.

Inhalt des Rückgabeanspruches

Umstritten ist die Frage, ob sich die Mietsache bei Rückgabe in einem ordnungsgemäßen Zustand befinden muss, d.h. sie nicht schlechter sein darf, als durch den vertragsgemäßen Gebrauch abgenutzt.

225 Brox, Besonderes Schuldrecht, Rn. 179.

226 Brox, Besonderes Schuldrecht, Rn. 175.

227 Vgl. BGH, Life&Law 07/2018, 442 ff. = **juris**byhemmer; BGH, Life&Law 02/2014, 85 ff. = NJW 2014, 143 ff. = **juris**byhemmer.

228 BGHZ 56, 308 = **juris**byhemmer; Palandt, § 546, Rn. 4.

Nach e.A. muss Mieter die Sache unbeschädigt zurückgeben

Nach in der Literatur und Rechtsprechung teilweise vertretener Ansicht regelt § 546 I BGB eine Pflicht zur ordnungsgemäßen Rückgabe.[229]

Hierfür könnte bereits der Wortlaut der Norm sprechen, da Rückgabe ein **Zurück**geben voraussetzt und dieses vom Wortsinne her voraussetzt, dass sich die Mietsache in dem Zustand befinden muss, in welchem sie sich zur Zeit der Überlassung an den Mieter befand.

Lediglich die durch den vertragsgemäßen Gebrauch aufgetretenen Abnutzungserscheinungen muss der Vermieter gem. § 538 BGB hinnehmen, außer er hat in zulässiger Weise die Verpflichtung zur Schönheitsreparatur auf den Mieter abgewälzt.

Diese Ansicht geht also davon aus, dass § 546 I BGB eine Leistungspflicht des Mieters zur Rückgabe der Mietsache in einem vertragsgemäßen Zustand zum Inhalt habe. Über eine vertraglich nach § 538 BGB erlaubte Abnutzung hinausgehende Schäden müssen nach dieser Ansicht vom Mieter beseitigt werden. Hierauf habe der Vermieter einen verschuldensunabhängigen Erfüllungsanspruch.

Rechtsprechung des BGH

Nach Ansicht des BGH liegt in der Rückgabe einer beschädigten Wohnung keine Verletzung der Rückgabepflicht aus § 546 I BGB. Diese Vorschrift enthält nach Auffassung des BGH keine Regelung darüber, in welchem Zustand die Wohnung zurückzugeben ist, da der Zustand der Wohnung für die Rückgabe selbst ohne Bedeutung ist.[230]

Nach der vom Gesetz getroffenen Regelung kann der Vermieter wegen Veränderung oder Verschlechterung der Mietsache zwar Schadensersatz verlangen, nicht aber die Rücknahme der Mietsache ablehnen.[231]

Aber: Anspruch auf Entfernung von Einrichtungen und Anlagen ⇨ Wegnahmepflicht des Mieters

Nach der Rechtsprechung des BGH steht dem Vermieter aber zumindest ein Anspruch auf Beseitigung von Einrichtungen oder von Anlagen zu, die der Mieter in das Mietobjekt eingebracht hat.[232]

Diese vor der Modernisierung des Schuldrechts gefestigte Rechtsprechung hat der BGH bislang noch nicht aufgegeben. Danach ist der Mieter auch verpflichtet, alles zu entfernen, was er in die Wohnung eingebracht hat, und alle Einrichtungen wegzunehmen, mit denen er die Mietsache versehen hat. Dies gilt auch, wenn die Einrichtung mit Zustimmung des Vermieters erfolgte.[233]

5. Ansprüche bei Vorenthaltung der Mietsache: § 546a BGB

Ersatz des Vorenthaltungsschadens bei nicht erfolgter Rückgabe, § 546a BGB

Gibt der Mieter die Mietsache nicht zurück, hat der Vermieter für die tatsächliche Dauer der Vorenthaltung der Mietsache einen vom Verschulden des Mieters unabhängigen Entschädigungsanspruch in Höhe der vereinbarten Miete, § 546a I Alt. 1 BGB (für Wohnraum gelten die Einschränkungen des § 571 BGB!). 61

Die Vorenthaltung der Mietsache nach § 546a BGB setzt voraus, dass der Mieter die Mietsache nicht zurückgibt und das Unterlassen der Herausgabe dem Willen des Vermieters widerspricht.

---

229 OLG Köln, Urteil vom 21.05.2015, Az. 18 U 60/14 = **juris**byhemmer; Wolf/Eckert/Ball, Handbuch des gewerblichen Miet-, Pacht- und Leasingrechts, 10. Aufl., Rn. 661; Kraemer, Festschrift für Blank, 2006, S. 281, 289; Bub/Treier, Handbuch der Geschäfts- und Wohnraummiete, 4. Aufl., Kap. V.A Rn. 35.

230 Vgl. BGH, Life&Law 07/2018, 442 = **juris**byhemmer; BGH, Life&Law 02/2014, 85 ff. = NJW 2014, 143 ff. = **juris**byhemmer.

231 So auch BGHZ 86, 204, 209 f. = **juris**byhemmer.

232 BGH, NJW 1989, 1854 f. = **juris**byhemmer.

233 BGH, NJW 1981, 2564 m.w.N. = **juris**byhemmer.

hemmer-Methode: An einem Rückerlangungswillen des Vermieters fehlt es etwa, wenn er – trotz Kündigung des Mieters – von einem Fortbestehen des Mietverhältnisses ausgeht.
Fehlt es an einem Rückerlangungswillen des Vermieters, steht diesem ein Anspruch auf Nutzungsentschädigung nach § 546a BGB grundsätzlich auch dann nicht zu, wenn der Mieter zur Rückgabe der Mietsache außerstande ist und die subjektive Unmöglichkeit durch ihn selbst verursacht wurde.[234]

§ 546a BGB gewährt unabhängig vom Schaden Mindestentschädigung

§ 546a I BGB gewährt dem Vermieter eine Mindestentschädigung, die unabhängig davon ist, ob dem Vermieter aus der Vorenthaltung ein Schaden erwachsen ist. Die Ersatzpflicht des Mieters besteht auch dann, wenn er aus dem vorenthaltenen Mietgegenstand keinen entsprechenden Nutzen ziehen konnte.[235]

Beschränkungen zur Mieterhöhung gelten bei § 546a BGB nicht!

Die für vergleichbare Sachen ortsübliche Miete, die der Vermieter gemäß § 546a I Alt. 2 BGB für die Dauer der Vorenthaltung der Mietsache verlangen kann, wenn der Mieter diese nach Beendigung des Mietverhältnisses nicht zurückgibt, ist bei beendeten Wohnraummietverträgen nicht nach Maßgabe der auf laufende Mietverhältnisse zugeschnittenen Regelung über Mieterhöhungen bis zur ortsüblichen Vergleichsmiete (§ 558 II BGB), sondern anhand der bei Neuabschluss eines Mietvertrages über die Wohnung ortsüblichen Miete (Marktmiete) zu bestimmen.

Der Vermieter kann also die ortsübliche Miete verlangen, die er bei einer Neuvermietung erzielen könnte und muss auch bei Wohnraum nicht die hierfür geltenden Regelungen zur Mieterhöhung beachten![236]

<u>Exkurs</u>: Konkurrenzverhältnis des § 546a BGB zu anderen Ansprüchen

Ansprüche aus §§ 812 ff. BGB werden weder von § 546a BGB noch von §§ 987 ff. BGB verdrängt

Ein möglicher Bereicherungsanspruch des V aus Leistungskondiktion wegen späteren Wegfalls des rechtlichen Grundes ist weder durch § 546 a I BGB noch durch die §§ 987 ff. BGB ausgeschlossen. **61a**

Rechtsprechung und h.L. gehen davon aus, dass § 546a I BGB die Ansprüche aus Bereicherungsrecht nicht verdrängt. Die §§ 812 ff. BGB stehen als gleichberechtigte Ordnung neben den Ansprüchen aus vertraglichen Schuldverhältnissen.[237]

Auch das evtl. Vorliegen eines EBV schließt Ansprüche aus Leistungskondiktion wegen späteren Wegfalls des rechtlichen Grundes nicht aus.

Die Sperrwirkung eines EBV (§ 993 I HS 2 BGB) verdrängt nach Ansicht des BGH den Leistungskondiktionsanspruch wegen späteren Wegfalls des rechtlichen Grundes nicht.[238] Ist der Vermieter nicht Eigentümer, so bestehen mangels EBV unstreitig bereicherungsrechtliche Ansprüche. Ist der Vermieter aber zugleich Eigentümer, so besteht ein EBV.

234 Lesen Sie dazu BGH, Life&Law 01/2018, 1 ff. = NJW 2017, 2997 ff. = **juris**byhemmer!

235 Vgl. BGH, Life&Law 02/2006, 90 ff. = WuM 2005, 771 ff. = **juris**byhemmer.

236 Vgl. BGH, Life&Law 06/2017, 388 ff. = **juris**byhemmer.

237 BGH, NJW 1989, 2133 ff. = **juris**byhemmer; BGH, NJW 1966, 248 ff. = **juris**byhemmer; BGH, NJW 1968, 197 ff. = **juris**byhemmer; *Palandt,* § 546a BGB, Rn. 19, § 812 BGB, Rn. 97.

238 So BGH, NJW 1968, 197 ff. = **juris**byhemmer.

Würde man deswegen bereicherungsrechtliche Ansprüche ablehnen, würde der vermietende Eigentümer schlechter gestellt als der vermietende Nichteigentümer. Dies wäre wertungswidersprüchlich. Für den Fall der Rückabwicklung eines Vertragsverhältnisses jedenfalls ist der Ausschluss der Leistungskondiktion durch die §§ 987 ff. BGB daher zu verneinen.

hemmer-Methode: Diese Argumentation des BGH ist richtig. Die Rechtsprechung des BGH zur analogen Anwendung des § 988 BGB bei unwirksamen Rechtsgeschäften mit der Begründung, die Rechtsgrundlosigkeit sei der Unentgeltlichkeit gleichzustellen,[239] ist damit überflüssig, wenn nicht sogar obsolet.

Verzugsschaden, §§ 280 I, II, 286 BGB

Daneben kann der Vermieter Schadensersatzansprüche gemäß §§ 280 I, II, 286 BGB geltend machen, wenn ihm der Mieter die Sache schuldhaft vorenthält.

6. „Kalte“ Räumung als Selbsthilferecht

„Saftabdrehen“ als „Selbsthilferecht“ des Vermieters

Eine äußerst effektive und vom BGH grds. akzeptierte Möglichkeit der Selbsthilfe des Vermieters besteht darin, dass dieser dem Mieter einfach „den Saft abdreht“. 61b

Nach Beendigung des Mietverhältnisses ist der Vermieter gegenüber dem die Mieträume weiter nutzenden Mieter zur Gebrauchsüberlassung nicht mehr verpflichtet. Damit entfällt nach Ansicht des BGH auch die Pflicht, vertraglich übernommene Versorgungsleistungen fortzusetzen.

Auch aus Treu und Glauben folgt keine nachvertragliche Verpflichtung des Vermieters von Gewerberäumen zur Fortsetzung von Versorgungsleistungen jedenfalls dann nicht, wenn der Mieter sich mit Mietzinsen und Nutzungsentschädigung in Verzug befindet und dem Vermieter mangels eines Entgelts für seine Leistungen ein stetig wachsender Schaden droht.

Die Einstellung oder Unterbrechung der Versorgung mit Heizenergie durch den Vermieter ist auch keine Besitzstörung gem. §§ 858, 862 BGB hinsichtlich der Mieträume, sodass der „frierende“ Mieter gegen den Vermieter keinerlei Ansprüche geltend machen kann.[240]

E) Verjährung der mietrechtlichen Ansprüche

I. Verjährung der Ansprüche des Vermieters

§ 548 BGB für SE-Ansprüche wegen Verschlechterung der Mietsache

Nach § 548 I BGB verjähren alle Schadensersatzansprüche des Vermieters wegen vom Mieter zu vertretender Veränderungen oder Verschlechterungen der Mietsache in sechs Monaten nach Rückgabe der Mietsache, spätestens jedoch mit Verjährung des Rückgabeanspruchs, § 548 I S. 3 BGB. 62

> **Bsp.:**[241] *Schadensersatzansprüche aus vertragswidrigem Gebrauch, übernommener Instandhaltungspflicht, insbesondere wegen nicht durchgeführter Schönheitsreparaturen, aus Verletzung von Obhuts- und Anzeigepflichten.*

Dies gilt auch dann, wenn der Mietvertrag erst später endet.[242]

---

239 Vgl. BGH, NJW 1993, 389 (392) = **juris**byhemmer.

240 Vgl. dazu die lesenswerte Entscheidungsrezension in BGH, Life&Law 09/2009, 593 ff. = NJW 2009, 1947 ff. = **juris**byhemmer.

241 Vgl. Palandt, § 558 BGB, Rn. 6.

242 BGH, Life&Law 2006, 596 ff. = NJW 2006, 1588 f. = **juris**byhemmer.

Auch bei c.i.c., §§ 280 I, 311 II, 241 II BGB

Auf einen Schadensersatzanspruch aus §§ 280 I, 241 II, 311 II BGB wegen Umbau- und Rückbaukosten ist die sechsmonatige Verjährungsfrist des § 548 BGB analog anzuwenden, wenn es nicht - wie vorgesehen - zum Abschluss des Mietvertrages gekommen ist. Hat in einem solchen Fall der potentielle Vermieter noch den unmittelbaren Besitz an der Sache, beginnt die Verjährungsfrist bereits ab dem Zeitpunkt zu laufen, an dem die Vertragsverhandlungen ihr tatsächliches Ende gefunden haben.[243]

§ 548 BGB bei §§ 282, 280 I, 241 II BGB (+)

Auch die Ansprüche des Vermieters aus §§ 280 I, III, 282, 241 II BGB verjähren gemäß § 548 I BGB in sechs Monaten.[244] 63

Dies hat der BGH nun entschieden für den Schadensersatzanspruch gem. §§ 280 I, III, 281 BGB wegen Selbstdurchführung der Schönheitsreparaturen durch den Vermieter nach dem Auszug des Mieters (vgl. dazu auch Rn. 48 ff.).[245]

Zweifelhaft ist dagegen, ob § 548 I BGB auch auf konkurrierende deliktische Ansprüche anzuwenden ist oder ob diese gemäß §§ 195, 199 BGB erst in drei Jahren ab Kenntnis verjähren.

Nach dem Wortlaut des § 548 BGB bezieht sich dieser lediglich auf vertragliche Ansprüche.

h.M.: § 548 BGB bei deliktischen Ansprüchen (+)

Die ganz h.M.[246] ist jedoch der Ansicht, dass es Sinn und Zweck des § 548 BGB erfordern, diesen entsprechend auf alle Ansprüche anzuwenden, die aufgrund eines gleichen Sachverhalts mit einem vertraglichen Anspruch konkurrieren, da anderenfalls die Privilegierung des Mieters weitgehend leerlaufen könnte.

§ 548 BGB will bewirken, dass das Mietverhältnis nach der Beendigung möglichst schnell abgewickelt wird. Dieser Zweck würde völlig vereitelt, wenn auf dem gleichen Lebenssachverhalt beruhende andere Ansprüche erst nach Kenntnis (§ 199 BGB) und somit womöglich Jahre später verjähren.

Im Fall der Verschlechterung der Mietsache liegt nämlich meistens auch eine Rechtsgutsverletzung i.S.d. § 823 I BGB vor. Der Vermieter ist nämlich regelmäßig der Eigentümer, zumindest aber berechtigter Besitzer (z.B. bei der Untervermietung). Damit wird bei einer Beschädigung der Mietsache regelmäßig das Eigentum, zumindest aber das Recht zum Besitz verletzt, sodass nahezu in jedem Fall des § 280 I BGB auch ein Anspruch aus § 823 I BGB besteht.[247]

§ 548 BGB gilt deshalb auch entsprechend für Ansprüche aus Eigentum, ungerechtfertigter Bereicherung, Auftrag und GoA, wenn ein Anspruch aus Mietvertrag besteht und dieser auf dem gleichen Lebenssachverhalt beruht.[248]

§ 548 I BGB gilt auch zugunsten Dritter, sofern diese in den Schutzbereich des Mietvertrages einbezogen sind

Auf diese Verjährungsfrist können sich auch Personen berufen, die nicht Partei des Mietvertrages ist, sofern sie in den Schutzbereich des Mietvertrages nach den Grundsätzen des Vertrages mit Schutzwirkung für Dritte einbezogen sind. Denn es ist anerkannt, dass die Grundsätze des Vertrages mit Schutzwirkung für Dritte nicht nur dazu dienen können, einem am Vertrag nicht beteiligten Dritten vertragliche Schadensersatzansprüche gegen eine Vertragspartei zu verschaffen.

243 BGH, Life&Law 2006, 379 ff.

244 Palandt, § 548 BGB, Rn. 7.

245 Lesen Sie diese wichtige Entscheidung nach in BGH, Life&Law 2005, 450 ff. = ZGS 2005, 111 ff. = NJW 2005, 739 ff. = **juris**byhemmer.

246 BGH, NJW 2006, 2399 ff. = **juris**byhemmer; Palandt, § 548 BGB, Rn. 7.

247 Vgl. BGH, Life&Law 03/2018, 159 ff. = **juris**byhemmer.

248 Palandt, § 548 BGB, Rn. 7; zur Anwendbarkeit des § 558 BGB a.F. auf Ansprüche aus § 1004 BGB vgl. BGH, NJW 1997, 1983 = **juris**byhemmer.

Das Rechtsinstitut des Vertrages mit Schutzwirkung für Dritte kann auch dazu herangezogen werden, einen Dritten in den Genuss vertraglicher oder gesetzlicher Haftungsbeschränkungen, die in sachlicher oder zeitlicher Hinsicht wirken, aus dem vertraglichen Verhältnis einzubeziehen.[249]

hemmer-Methode: In vielen anderen Vertragstypen wird die Übernahme der vertraglichen Verjährung auch für das Delikt abgelehnt. Im Mietrecht gilt jedoch der Sonderfall, dass der Vermieter i.d.R. auch der Eigentümer der Mietsache ist, sodass Ansprüche aus Mietrecht und Delikt fast immer nebeneinander gegeben sind. Die Regelung des § 548 BGB würde also meist leerlaufen.

Formularvertragliche Verlängerung der Verjährung auf 12 Monate nach Ansicht des BGH nach § 307 I S. 1, II Nr. 1 BGB unwirksam

Die formularvertragliche Verlängerung der Verjährungsfrist des § 548 I BGB in Allgemeinen Geschäftsbedingungen auf 12 Monate ist nach Ansicht des BGH mit wesentlichen Grundgedanken des § 548 I S. 1 u. 2 BGB unvereinbar und benachteiligt den Mieter deshalb entgegen den Geboten von Treu und Glauben unangemessen; sie ist daher nach § 307 I S. 1, II Nr. 1 BGB unwirksam.[250]

Verjährungsvorschriften kommt grundsätzlich ein solcher über bloße Zweckmäßigkeitserwägungen hinausreichender Gerechtigkeitsgehalt zu. Der Gesetzeszweck der kurzen mietrechtlichen Verjährung besteht darin, dass der Mieter zeitnah zur Rückgabe der Mietsache eine möglichst schnelle Klarstellung über bestehende Ansprüche im Zusammenhang mit dem Zustand der Mietsache erhält. Eine formularvertragliche Verlängerung der Verjährungsfrist über sechs Monate hinaus ist weder sachgerecht noch mit dem gesetzgeberischen Anliegen einer möglichst raschen Klärung der gegenseitigen Ansprüche zu vereinbaren.

Verlegung des Verjährungsbeginns auf Zeitpunkt der Beendigung ist auch unwirksam nach § 307 BGB

Auch die Verlegung des Verjährungsbeginns auf den Zeitpunkt der Beendigung des Mietverhältnisses steht mit dem Zweck des § 548 BGB, der die Interessen des Mieters mit den Interessen des Vermieters in einen wohl überlegten Ausgleich bringt, nicht im Einklang. Ab dem gesetzlich relevanten Zeitpunkt der Rückgabe kann der Vermieter die Mietsache untersuchen und sich über etwaige Ansprüche klar werden. Die zeitlich u.U. (viel) später liegende rechtliche Beendigung des Mietvertrags würde zu einer ungerechtfertigten Verlängerung der Verjährungsfrist führen.[251]

Beginn mit Rückgabe, auch wenn Anspruch erst später entsteht!

Die Verjährung der Ersatzansprüche des Vermieters beginnt gem. §§ 548 I S. 2, 200 S. 1 BGB auch dann mit dem Zeitpunkt, in dem er die Mietsache zurückerhält, wenn die Ansprüche erst zu einem späteren Zeitpunkt entstehen. 63b

Hierfür spricht zum einen die Gesetzessystematik: § 200 S. 1 BGB enthält einen Vorbehalt zugunsten abweichender gesetzlicher Bestimmungen („soweit nicht … "), und § 548 I S. 2 BGB trifft eine von § 200 S. 1 BGB abweichende Bestimmung. Es ist aber alleine in § 201 S. 1 BGB ausdrücklich angeordnet, dass die Verjährung „nicht … vor der Entstehung des Anspruchs" beginnt, nicht aber in § 200 S. 1 BGB oder § 548 I S. 2 BGB.

Dass die Verjährungsfrist bereits mit der Rückgabe an den Vermieter beginnt, entspricht auch dem Gesetzeszweck der kurzen mietrechtlichen Verjährung. Dieser besteht darin, zeitnah zur Rückgabe der Mietsache eine möglichst schnelle Klarstellung über bestehende Ansprüche im Zusammenhang mit dem Zustand der Mietsache zu erreichen.

249 Palandt, § 328 Rn. 20; BGHZ 61, 227 = **juris**byhemmer; BGH, NJW 2006, 2399 ff. = **juris**byhemmer.

250 BGH, Life&Law 03/2018, 159 ff. = **juris**byhemmer.

251 BGH, Life&Law 03/2018, 159 ff. = **juris**byhemmer.

Voraussetzungen für Rückgabe

Rückgabe verlangt **zum einen**, dass der Vermieter in die Lage versetzt werden muss, sich durch Ausübung der **unmittelbaren Sachherrschaft** ungestört ein umfassendes Bild von den Mängeln, Veränderungen und Verschlechterungen der Mietsache zu machen.

Kenntnis des Vermieters erforderlich

Zum anderen ist es erforderlich, dass der Mieter den Besitz vollständig und eindeutig aufgibt, wobei der Vermieter hiervon **Kenntnis** erlangen muss.[252] Ohne Kenntnis von der Besitzaufgabe des Mieters an der Wohnung, etwa durch Rückgabe der Wohnungsschlüssel an den Vermieter oder seinen Bevollmächtigten, ist der Vermieter grundsätzlich nicht in der Lage, den Zustand der Wohnung zu prüfen. Die Rückerlangung der Mietsache im Sinne von § 548 I S. 2 BGB setzt mithin außer der Übertragung des Besitzes an der Wohnung vom Mieter an den Vermieter die Kenntnis des Vermieters von der Besitzaufgabe voraus.[253]

Bsp.:[254] *M gibt nach Auszug die Wohnungsschlüssel am 20.12.2014 bei der Hauswartin des Vermieters ab. Die Hauswartin war nicht bevollmächtigt, für den Vermieter Willenserklärungen abzugeben oder in Empfang zu nehmen.* **63b**

In der Rückgabe der Wohnungsschlüssel von M an die als Besitzdienerin i.S.d. § 855 BGB anzusehende Hauswartin am 20.12.2014 liegt zwar die erforderliche vollständige und unzweideutige Besitzaufgabe. Soweit die Hauswartin also im Besitz von Schlüsseln war, übte sie die Sachherrschaft über die Wohnungen im Rahmen ihres weisungsgebundenen Angestelltenverhältnisses mit Wissen und Willen der Vermieter als Besitzdienerin für V aus.

Dies allein reicht jedoch für die Rückgabe der Wohnung im Sinne von § 548 I S. 2 BGB nicht aus. V ist damit nämlich noch nicht in die Lage versetzt worden, sich durch die nunmehr erlangte unmittelbare Sachherrschaft ein Bild vom Zustand der Wohnung machen zu können. Denn V selbst hatte keine Kenntnis von der Wohnungsrückgabe.

Zurechnung analog § 166 I BGB!

V muss sich nicht die Kenntnis von der Schlüsselübergabe an die Hauswartin H analog § 166 I BGB zurechnen lassen. Für eine analoge Anwendung von § 166 I BGB zur Kenntniserlangung durch einen Besitzdiener ist kein Raum. Dies setzt voraus, dass H als „Wissensvertreterin" des V eingesetzt worden ist.[255]

hemmer-Methode: § 166 I BGB kann nicht direkt angewendet werden, da es sich bei der Rückgabe der Wohnung um einen Realakt (Besitzerlangung) handelt. Die Problematik ist daher vergleichbar mit der Zurechnung der Bösgläubigkeit eines Besitzdieners bzw. Besitzmittlers i.R.d. § 990 I S. 1 BGB.

Die Frage, ob ein Hauswart oder ein Hausmeister eine zum Empfang der Schlüssel berechtigte Person ist, hängt von den Umständen des Einzelfalles ab. Insbesondere kommt es auf die konkrete Ausgestaltung seiner Tätigkeit an, also ob er allgemein oder für den konkreten Fall vom Vermieter mit der Rücknahme der Wohnung beauftragt ist.[256] Die Kenntnis des Hauswarts von der Rückgabe der Wohnungsschlüssel ist dem Vermieter oder der ihn vertretenden Hausverwaltung nur dann zuzurechnen, wenn der Hauswart konkret damit beauftragt ist, die Wohnungsschlüssel zum Zweck der Übergabe der Wohnung entgegenzunehmen. Ansonsten erhält der Vermieter durch die Schlüsselrückgabe an den Hauswart zwar die Sachherrschaft über die Wohnung zurück. Er ist jedoch mangels Kenntnis davon nicht in der Lage, sich daraufhin ein umfassendes Bild vom Zustand der Wohnung zu machen.

252 BGH, NJW 2006, 2399 = jurisbyhemmer; BGH, NJW 2004, 774 ff. = jurisbyhemmer.

253 OLG München, ZMR 2010, 285, 286 = jurisbyhemmer.

254 BGH, Life&Law 02/2014, 148 f. = WuM 2013, 729 ff. = jurisbyhemmer.

255 Zu den Voraussetzungen vgl. BGH, NJW 2005, 365 ff. = jurisbyhemmer.

256 Schmidt-Futterer/Streyl, Mietrecht, 11. Aufl., § 546 BGB, Rn. 62.

Daraus folgt, dass sich V die Kenntnis der Hauswartin H von der Schlüsselrückgabe nur dann zurechnen lassen muss, wenn M mit Einwilligung des V die Wohnungsschlüssel an H herausgeben sollte oder durfte.

Ergebnis: Da sich diese Einwilligung dem Sachverhalt nicht entnehmen lässt, beginnt die Verjährung erst zu laufen, wenn V selbst Kenntnis von der Rückgabe der Wohnungsschlüssel erlangt.

I.Ü. gelten §§ 195 ff. BGB

Alle übrigen Ansprüche des Vermieters verjähren nach den §§ 195 ff. BGB.[257] 64

Dies sind insbesondere der Erfüllungsanspruch, Ansprüche auf rückständige Miete, Ansprüche aus §§ 311 II, III, 241 II, 280 I BGB (c.i.c.), der Anspruch auf Unterlassung gemäß § 541 BGB sowie der Rückgabeanspruch gemäß § 546 BGB und Ansprüche aufgrund verspäteter Rückgabe gemäß § 546a BGB.[258]

Ansprüche auf rückständige Miete verjähren gemäß § 195 BGB in drei Jahren nach Ablauf des Jahres, in dem der Vermieter Kenntnis erlangt hat oder ohne grobe Fahrlässigkeit hätte erlangen müssen, vgl. § 199 I Nr. 1 und Nr. 2 BGB.

Auch bei einer vollständigen Vernichtung der Mietsache ist § 548 BGB nicht anzuwenden.[259] In diesem Fall ist eine Rückgabe der Sache nicht mehr möglich, sodass die Verjährung gemäß § 548 I S. 3 BGB nicht zu laufen beginnen könnte. Es gilt die normale dreijährige Verjährungsfrist.

II. Verjährung der Ansprüche des Mieters

§ 548 II BGB bzgl. Verwendungsersatz und Gestattung der Wegnahme

Die Ansprüche des Mieters auf Ersatz von Verwendungen und Gestattung der Wegnahme verjähren nach § 548 II BGB. 65

Sie verjähren gemäß § 548 II BGB sechs Monate nach Beendigung des Mietverhältnisses.

Die Übereignung der vermieteten Wohnung führt zum gesetzlichen Eintritt des Erwerbers in den Mietvertrag, § 566 I BGB. Im selben Zeitpunkt scheidet der Vermieter aus dem Vertragsverhältnis aus, sodass das Mietverhältnis zwischen ihm und dem Mieter endet.

Im Falle einer derartigen Beendigung des Mietverhältnisses beginnt die Verjährungsfrist des § 548 II BGB für Ansprüche des Mieters auf Ersatz von Aufwendungen oder auf Gestattung der Wegnahme einer Einrichtung erst mit der Kenntnis des Mieters von der Eintragung des Erwerbers im Grundbuch zu laufen.[260]

Der Schadensersatz aus c.i.c. bzw. der Bereicherungsanspruch des Mieters, der in Unkenntnis der Unwirksamkeit der mietvertraglichen Klausel zu den Schönheitsreparaturen Renovierungsarbeiten erbracht hat, verjähren gem. § 548 II BGB sechs Monate nach Beendigung des Mietvertrages (vgl. dazu bereits ausführlicher Randnummer 13h).[261]

257 Zum neuem Verjährungsrecht vgl. Däubler, NJW 2001, 3733; Witt, JuS 2002, 105 ff.

258 Palandt, § 548 BGB, Rn. 11.

259 Palandt, § 548 BGB, Rn. 11.

260 BGH, Life&Law 08/2008, 515 ff. = NJW 2008, 2256 f. = **juris**byhemmer.

261 BGH, Life&Law 2011, 525 f. sowie LG Kassel, Life&Law 2011, 233 ff. = NJW 2010, 3666 f. = **juris**byhemmer; AG Berlin-Schöneberg, Life&Law 2011, 233 ff. = NJW 2010, 3666.

Die kurze Verjährung des § 548 II BGB findet ihre Rechtfertigung zum einen darin, dass nach Beendigung des Mietverhältnisses alsbald Klarheit über bestehende Ansprüche im Zusammenhang mit dem Zustand der Mietsache erreicht werden soll.

Zum anderen dient die in § 548 II BGB getroffene Spezialregelung auch dem Zweck, das laufende Mietverhältnis nicht unnötig mit Auseinandersetzungen zu belasten.

Hieraus folgt, dass sämtliche Ansprüche, die der Mieter wegen der Durchführung von Schönheitsreparaturen gegen den Vermieter erhebt, nach § 548 BGB und nicht nach §§ 199, 195 BGB verjähren, mithin auch der Anspruch aus ungerechtfertigter Bereicherung nach § 812 I S. 1 Alt. 1 BGB (Leistungskondiktion), der dem Mieter, der aufgrund einer unwirksamen Vertragsklausel renoviert hat, nach der Rechtsprechung des Senats zusteht.

hemmer-Methode: Lesen Sie bitte diese äußerst examensrelevanten Entscheidungen in der Life&Law nach![262]

I.Ü. gelten §§ 195 ff. BGB

Für alle anderen Ansprüche gelten die §§ 195 ff. BGB. Dies gilt insbesondere auch für die Mängelrechte!

F) Dritte im Mietverhältnis

I. Schutz des Mieters gegenüber Dritten

1. Schutz des Mieters als Besitzer der Mietsache

Mieter hat obligatorisches Besitzrecht

Durch die Überlassung der Sache erlangt der Mieter Besitz an der Sache und durch den Mietvertrag ein obligatorisches *Recht* zum Besitz. Er hat dem gemäß alle Rechte, die ein berechtigter Besitzer auch sonst innehat: 66

⇨ Er kann gemäß § 986 I BGB die Herausgabe gegenüber dem Vermieter als Eigentümer verweigern.

hemmer-Methode: § 986 I BGB berechtigt den Besitzer dazu allerdings nur, wenn der Vermieter auch Eigentümer ist oder der Vermieter dem Eigentümer gegenüber zum Besitz berechtigt ist!

⇨ Er kann die Besitzschutzrechte aus §§ 859, 861, 862 BGB[263] sowie § 1007 BGB[264] und § 1004 BGB[265] geltend machen, und zwar auch gegenüber dem Vermieter.[266]

⇨ Er hat Ansprüche aus § 823 I BGB, da nach ganz h.M. jedenfalls der berechtigte Besitz, der eine Ausschluss- und Nutzungsfunktion hat, ein sonstiges Recht i.S.d. § 823 BGB ist.[267]

---

262 BGH, Life&Law 2011, 525 f. sowie LG Kassel, Life&Law 2011, 233 ff. = NJW 2010, 3666 f. = **juris**byhemmer; AG Berlin-Schöneberg, Life&Law 2011, 233 ff. = NJW 2010, 3666.

263 Vgl. dazu Hemmer/Wüst, Sachenrecht I, Rn. 414 ff.

264 Vgl. dazu Hemmer/Wüst, Sachenrecht I, Rn. 463 ff.

265 Vgl. dazu Hemmer/Wüst, Sachenrecht II, Rn. 276 ff., insbesondere Rn. 288.

266 Soergel/Mühl, § 858 BGB, Rn. 21 m.N. zur Rspr.

267 Vgl. dazu Hemmer/Wüst, Deliktsrecht I, Rn. 45 ff.

⇨ Ebenso können ihm Ansprüche aus Leistungskondiktion zustehen[268] (§ 812 I S. 1 Alt. 1 BGB), da der Besitz eine vorteilhafte Rechtsstellung ist und ein Dritter gegenüber dem Mieter damit „etwas" i.S.d. Bereicherungsrechts erlangen kann.

hemmer-Methode: Umstritten ist, ob der Besitz auch im Wege der Eingriffskondiktion herausverlangt werden kann. Nach h.M. ist § 861 BGB eine abschließende Regel, deren strenge Voraussetzungen durch eine Anwendung des § 812 I S. 1 Alt. 2 BGB unterlaufen werden könnten. Richtigerweise wird man aber danach differenzieren müssen, ob der Besitz durch ein Recht zum Besitz (wie im Mietrecht) einen eigenen Zuweisungsgehalt bekommen hat. Dann ist nämlich der Anwendungsbereich des § 861 BGB gar nicht tangiert, da es im Rahmen dieser Norm auf ein Recht zum Besitz gerade nicht ankommt.[269]
Beachten Sie außerdem, dass das Besitzrecht des Mieters nach dem BVerfG unter den Schutz von Art. 14 GG fällt.[270] Das hat zwar keine direkte Bedeutung für das Zivilrecht. Denken Sie aber daran, dass die Grundrechte über die Generalklauseln des BGB in das Zivilrecht mittelbare Drittwirkung entfalten. Sie sind Ausdruck einer objektiven Werteordnung und spielen insofern auch eine Rolle im Zivilrecht.

2. Schutz des Mieters gegenüber dem Erwerber der Mietsache

Veräußert der Vermieter die Mietsache an einen Dritten, entsteht das Problem, dass der Dritte zwar Eigentümer der Sache, nicht jedoch Partei des Mietvertrages wird. *67*

Schutz des Mieters gegenüber neuem Eigentümer

Es stellt sich die Frage, ob und wie der Mieter vor einem Herausgabeanspruch des neuen Eigentümers geschützt ist.

a) Bei Veräußerung beweglicher Sachen

Ist die zu veräußernde Mietsache eine bewegliche Sache, wird die Veräußerung in vielen Fällen gemäß §§ 929 S. 1, 931 BGB, also durch Abtretung des Herausgabeanspruchs, erfolgen. *68*

hemmer-Methode: Beachten Sie aber, dass in dieser Konstellation auch eine Übereignung nach allen anderen Übereignungstatbeständen denkbar ist, denn für § 929 BGB bzw. für § 930 BGB reicht auch die Übertragung des mittelbaren Besitzes aus.[271]

Bsp.: V hat ein Fahrrad an M vermietet. Er verkauft und übereignet es unter Abtretung des Herausgabeanspruches an D. Kann D Herausgabe des Fahrrades von M verlangen, obwohl das Mietverhältnis noch nicht abgelaufen ist?

1. Herausgabeanspruch gemäß § 546 BGB

V hat D seinen Rückgabeanspruch aus dem Mietverhältnis abgetreten. Diesen kann D selbstverständlich geltend machen. Durchsetzen kann er ihn jedoch nur unter den gleichen Voraussetzungen wie V, insbesondere also erst nach Ablauf des Mietverhältnisses, vgl. § 404 BGB.

2. Herausgabeanspruch gemäß § 985 BGB

D hat von V das Eigentum an dem Fahrrad erlangt. Er hat demnach einen Anspruch aus § 985 BGB gegen M, wenn dieser Besitzer ist und kein Recht zum Besitz hat.

268 Vgl. dazu Hemmer/Wüst, Bereicherungsrechtecht, Rn. 91 ff.

269 Palandt, § 861 BGB, Rn. 2.

270 BVerfG, NJW 1993, 2035 = jurisbyhemmer.

271 Vgl. Hemmer/Wüst, Sachenrecht II, Rn. 31, 39, 43.

hemmer-Methode: Beachten Sie: Den Anspruch aus § 985 BGB hat D nur aufgrund des erworbenen Eigentums. Dieser Anspruch ist mit Erwerb des Eigentums entstanden und nicht von V auf ihn übergegangen. Im Rahmen des § 931 BGB ist eine Abtretung des Anspruchs aus § 985 BGB nicht möglich.[272]

M ist Besitzer und hat D gegenüber kein Recht zum Besitz aus dem Mietvertrag, da D nicht Partei des Mietvertrages geworden ist.

Bei beweglichen Sachen gilt § 986 II BGB

Gemäß § 986 II BGB kann er D jedoch alle Einwendungen aus dem Mietverhältnis entgegenhalten, da die Sache gemäß § 931 BGB veräußert wurde. Er kann also auch geltend machen, dass die Mietzeit noch nicht abgelaufen ist.

Ergebnis: M kann demnach die Herausgabe der Sache gegenüber D verweigern.

hemmer-Methode: § 986 II BGB kann bei einer Übereignung gemäß §§ 929, 930 BGB entsprechend angewendet werden.[273]

b) Bei Veräußerung unbeweglicher Sachen

Bei unbeweglichen Sachen gelten §§ 566, 578 BGB

Wird hingegen eine vermietete unbewegliche Sache (Wohnraum, Grundstück, Gewerberäume etc.) veräußert, hilft dem Mieter § 986 II BGB nicht, da eine unbewegliche Sache nicht gemäß §§ 929 ff. BGB veräußert wird. 69

Dafür kommen §§ 566, 578 BGB zum Zug.

hemmer-Methode: Die Überschrift des § 566 BGB („Kauf bricht nicht Miete") ist offensichtlich verfehlt, da ein Kaufvertrag niemals ein Schuldverhältnis „bricht". Ein und derselbe Gegenstand kann mehrfach verkauft werden und jeder Kaufvertrag ist für sich genommen wirksam. Erst die Übereignung des Gegenstandes an einen der Käufer macht dem Verkäufer die Übereignung an die anderen Käufer unmöglich, § 275 I BGB. Erst die Übereignung „bricht" also das Schuldrecht. Nach § 566 BGB ist dies aber zum Schutz des Mieters gerade nicht der Fall.

Wird das Mietobjekt veräußert, so tritt der Erwerber anstelle des Vermieters in die sich während der Dauer des Eigentums aus dem Mietverhältnis ergebenden Rechte und Pflichten ein. Das Mietverhältnis hat für den Fall der Veräußerung des Mietgrundstücks somit eine gewisse „dingliche Wirkung", da mit dem Eigentumserwerb am vermieteten Objekt auf den Erwerber auch die Vermieterrechte und -pflichten auf diesen übergehen.

Fall der gesetzlichen Vertragsübernahme

§ 566 BGB regelt einen Fall der gesetzlichen Vertragsübernahme und bewirkt, dass der Erwerber (neuer Vermieter) an Stelle des Veräußerers (alter Vermieter) in alle Rechte und Pflichten des Mietvertrages eintritt.[274]

hemmer-Methode: Wie genau dieser Eintritt in das Mietverhältnis rechtlich ausgestaltet ist, ist umstritten.
Nach der sog. „Novationslösung" des BGH entsteht zwischen dem Erwerber und dem Mieter kraft Gesetzes im Zeitpunkt des Eigentumsübergangs ein neues Mietverhältnis mit dem gleichen Inhalt wie mit dem Veräußerer.

272 Hemmer/Wüst, Sachenrecht I, Rn. 152; vgl. Sie dazu außerdem Rn. 154 ff. a.a.O. zum Streit, ob § 985 BGB ausnahmsweise abtretbar ist, wenn der Veräußerer keinen Besitz und keinen anderen Herausgabeanspruch innehat.

273 Palandt, § 986 BGB, Rn. 8 und 9.

274 Palandt, § 566 BGB, Rn. 2 und 15.

Wohl überzeugender erscheint es jedoch, § 566 BGB als Fall eines gesetzlich angeordneten Vertragsübergangs anzusehen, wie es auch bei § 613a BGB im Falle eines Betriebsübergangs anerkannt ist. Auf diesem Weg eröffnet sich eine analoge Anwendung der §§ 404 ff. BGB (insbesondere des § 407 I BGB) zum Schutz des Mieters.

Es kommt insoweit also zu einer Durchbrechung des schuldrechtlichen Grundsatzes, wonach Rechte und Pflichten nur zwischen den am Schuldverhältnis beteiligten Personen entstehen (sog. „Relativität des Schuldverhältnisses").

§ 566 BGB verlangt Identität von Veräußerer und Vermieter

Dem Wortlaut nach erfordert § 566 I BGB die Veräußerung durch den Vermieter. Die Norm setzt insoweit zwingend die Identität zwischen Veräußerer und Vermieter voraus. Dem entsprechend ist § 566 I BGB nicht direkt anwendbar, wenn nicht der Vermieter selbst das Mietobjekt veräußert.

§ 566 BGB ist jedoch analog anzuwenden, wenn der Eigentümer das Mietobjekt veräußert, das Mietverhältnis allein in seinem wirtschaftlichen Interesse und mit seiner Zustimmung vom Vermieter geführt wurde und der Vermieter kein eigenständiges Interesse mehr am Fortbestand des Mietverhältnisses hat. Hierfür sprechen insbesondere der Sinn und Zweck der Norm (Bestandsschutz des Besitzrechts) und die Gefahr der Umgehungsmöglichkeit für den Mieter.[275]

Veräußert der Vermieter als Nichtberechtigter das Mietobjekt, so muss eine Anwendung des § 566 I BGB hingegen ausscheiden, da die entstehenden Rechtsfolgen nicht vom Sinn und Zweck der Norm gedeckt sind. Insbesondere würde § 566 I BGB hier ein Besitzrecht erstmalig begründen.

hemmer-Methode: Der über eine Wohnung und eine Garage geschlossene einheitliche Mietvertrag wird durch die Veräußerung der Wohnung und der Garage an verschiedene Erwerber nicht in mehrere Mietverhältnisse aufgespaltet. Vielmehr treten die Erwerber in den einheitlichen Mietvertrag ein. Ihr Verhältnis bestimmt sich nach den Regelungen über die Bruchteilsgemeinschaft.[276]

Der Gesetzgeber wollte mit § 566 BGB eine Norm schaffen, mit der „der Mieter das nach dem Inhalt des Mietvertrags Geschuldete trotz eines Wechsels in der Person des Eigentümers der vermieteten Sache von dem Eigentümer in natura verlangen" kann.

Dem Mieter steht folglich auch nach Veräußerung ein eigenes Recht zum Besitz aus § 986 I S. 1 Alt. 1 BGB zu.

Auch das Besitzmittlungsverhältnis i.S.d. § 868 BGB geht auf den Erwerber über.

Nach Ansicht des BGH gehen nur mietrechtliche Rechte und Pflichten über

Nach Ansicht des BGH werden nur solche Rechte und Pflichten von § 566 BGB erfasst, die als mietrechtlich zu qualifizieren sind oder die in untrennbarem Zusammenhang mit dem Mietvertrag stehen. § 566 BGB gilt daher für alle zwischen dem Veräußerer und dem Mieter bestehenden Rechte und Pflichten, die Bestandteil des Mietvertrages sind, insbesondere auch für das Abwicklungsverhältnis bis zur Rückgabe.[277]

> **Bsp.:** *V hat M eine Wohnung in seinem Mietshaus vermietet. Das Mietshaus veräußert er im April 2014 an D. An wen muss M in Zukunft die Miete zahlen? An wen muss er die rückständige Miete zahlen?*

275 Vgl. BGH, Life&Law 12/2017, 821 ff.

276 Vgl. dazu BGH, Life&Law 2006, 83 ff. = NJW 2005, 3781 f. = **juris**byhemmer.

277 Palandt, § 566 BGB, Rn. 12.

Erwerber hat gemäß § 566 BGB alle Ansprüche inne, die seit Eigentumsübertragung entstanden sind

1. In Zukunft fällige Mieten muss M gemäß § 566 BGB an D leisten, da dieser mit Erwerb des Eigentums Partei des Mietvertrages geworden ist und damit alle Rechte aus dem Mietvertrag innehat. D hat demnach auch den Anspruch auf Zahlung der Miete gemäß § 535 II BGB.

2. Rückständige Mieten hat M dagegen noch an V zu leisten, da der Anspruch auf diese nicht bei D (zum Zeitpunkt seines Eigentums), sondern bei V entstanden ist. Alle vor dem Eigentumswechsel entstandenen Rechte bleiben beim Veräußerer; auf sie hat § 566 BGB keinerlei Wirkung.[278]

hemmer-Methode: Ein anderes Ergebnis ergibt sich lediglich dann, wenn diese Ansprüche rechtsgeschäftlich abgetreten werden. Dies kann u.U. auch konkludent geschehen. Auch bei einer Ermächtigung des Grundstückskäufers kann dieser vor dem Eigentumserwerb bereits die Vermieterrechte geltend machen.[279]

§ 566 BGB gilt aber nicht für Rechte und Pflichten, die außerhalb des Mietvertrages liegen

Der Erwerber tritt aber nicht in Rechte und Pflichten ein, die außerhalb des Mietverhältnisses liegen, selbst wenn sie als zusätzliche Vereinbarung im Mietvertrag geregelt sind.

Der BGH hat demgemäß als **von § 566 I BGB erfasst** angesehen: das Vermieterpfandrecht,[280] die Übernahme der Kosten für Schönheitsreparaturen durch den Vermieter,[281] den Anspruch des Veräußerers auf Leistung der Kaution,[282] eine Schiedsvereinbarung,[283] und die Übernahme des Inventars durch den Verpächter.[284]

Als **von § 566 I BGB nicht erfasst** angesehen hat der BGH dagegen den Eintritt des Erwerbers in die mietvertraglich getroffene Regelung, wonach der Mietgegenstand nach Eigenkapitalersatzregeln unentgeltlich zur Nutzung zu überlassen ist,[285] die Rückgabe der vom Mieter geleisteten Sicherheit[286] und die Einräumung eines dinglichen Dauerwohnrechts.[287]

Bsp.: *M hat von V eine Gewerbefläche gemietet. In dem notariell beurkundeten Mietvertrag wurde dem M ein Ankaufsrecht über das Grundstück eingeräumt. Die Vertragsparteien verpflichteten sich, nach Ausübung des Ankaufsrechts innerhalb von sechs Wochen einen entsprechenden notariellen Kaufvertrag abzuschließen. Fünf Jahre später veräußerte V das Grundstück an D, der als neuer Eigentümer ins Grundbuch eingetragen wurde.*

Steht dem M gegen D ein Ankaufsrecht zu?

Ankaufsrecht unterfällt nicht der Wirkung des § 566 I BGB

Nach Ansicht des BGH ist das Ankaufsrecht des M durch die Veräußerung von V an D erloschen, da § 566 I BGB auf das Ankaufsrecht angewendet werden kann.[288]

Das Ankaufsrecht kann nicht als mietrechtlich qualifiziert werden. Vielmehr stellt es als kaufrechtliche Regelung ein „aliud" zur Miete dar. Unabhängig davon, ob es als aufschiebend bedingter Vorvertrag[289] oder als bindendes Verkaufsangebot vereinbart wurde,[290] bezweckt es nicht den Fortbestand des Mietverhältnisses, sondern soll dieses durch den Abschluss eines Kaufvertrages ersetzen.

278 Palandt, § 566 BGB, Rn. 20 ff.
279 BGH, Life&Law 06/2014, 405 ff. = jurisbyhemmer.
280 BGH, NJW 2015, 3775 ff. = jurisbyhemmer.
281 BGH, NJW-RR 2015, 264 ff. = jurisbyhemmer.
282 NJW 2012, 3032 ff. = jurisbyhemmer.
283 BGH, NJW 2000, 2346 ff. = jurisbyhemmer.
284 BGH, NJW 1965, 2198 f. = jurisbyhemmer.
285 BGH, NJW 2006, 1800 ff. = jurisbyhemmer.
286 BGH, NJW 1999, 1857 ff. = jurisbyhemmer.
287 BGH, NJW 1976, 2264 ff. = jurisbyhemmer.
288 BGH, Life&Law 03/2017, 176 f. = jurisbyhemmer.
289 Vgl. dazu BGH, NJW 2006, 2843 ff. = jurisbyhemmer.
290 Vgl. dazu Palandt, Vorb. v. § 463 BGB, Rn. 5 ff.

Ein untrennbarer Zusammenhang des Ankaufsrechts mit dem Mietvertrag liegt nach Ansicht des BGH ebenfalls nicht vor.

Hierbei ist eine objektive Betrachtung unter Berücksichtigung des materiellen Gehalts der jeweiligen Vertragsbestimmung entscheidend.[291] Einen solchen untrennbaren Zusammenhang vermag das Ankaufsrecht nicht zu begründen, da ein (objektiv) materieller Zusammenhang mit dem Mietverhältnis fehlt.

Ergebnis: Das Ankaufsrecht kann daher nicht gegenüber D ausgeübt werden.

hemmer-Methode: Dumm gelaufen! Wohl im Vertrauen auf die dingliche Wirkung des § 566 I BGB hat M (bzw. sein „Berater") auf eine dingliche Absicherung durch eine Vormerkung zur Sicherung seines künftigen Anspruches verzichtet.
Das Ankaufsrecht kann M gegenüber V ausüben. Dem ist die Erfüllung aber unmöglich, § 275 I BGB. Eine Vormerkung zugunsten des M hätte dies aber verhindert, vgl. § 883 II BGB.
Dieser Gestaltungsfehler wurde dem M nun zum Verhängnis. Ein klarer Beratungsfehler!

Problem: Vermieterpfandrecht

Bsp.:[292] V vermietet mit Geschäftsraummietvertrag vom 31.08. auf seinem Grundstück befindliche Gewerberäume an M, der die Räumlichkeit am 01.09. bezog und mit in seinem Eigentum stehendem Inventar ausstattete. Im Oktober übereignete M das in das Mietobjekt eingebrachte Inventar im Rahmen eines Raumsicherungsübereignungsvertrages an die B-Bank. Mit notariellem Vertrag vom 22.12. verkaufte V das Grundstück an den K, der am 05.01. des Folgejahres als Eigentümer ins Grundbuch eingetragen wurde.

Steht V bzw. K ein Vermieterpfandrecht zu?

Vermieterpfandrecht des V entstanden

1. Mit der Einbringung des dem M gehörenden Inventars in die Geschäftsräume des V im September hat V ein Vermieterpfandrecht erworben.

Durch die nachträgliche Sicherungsübereignung des Inventars an die B-Bank ist das Vermieterpfandrecht des V nicht entfallen, da dieses aufgrund des Prioritätsprinzips Vorrang genießt. Ein lastenfreier Erwerb der B-Bank gem. § 936 BGB setzt bei einer Übereignung nach §§ 929 S. 1, 930 BGB voraus, dass die B-Bank gem. § 936 I S. 3 BGB den Besitz an der Sache erlangt. Hierzu müsste der Veräußerer M jeglichen Besitz an der Sache verlieren, was im vorliegenden Fall nicht geschehen ist.

Eintritt des K gem. §§ 578 II S. 1, I, 566 BGB

2. Gemäß §§ 578 II S. 1, I, 566 I BGB ist der Erwerber K anstelle des V am 05.01. als neuer Vermieter in die sich während der Dauer seines Eigentums aus dem Mietverhältnis mit M ergebenden Rechte und Pflichten eingetreten. Mit dem Eigentumsübergang entsteht ein neues Mietverhältnis zwischen dem Erwerber des Grundstücks und dem Mieter, jedoch mit dem gleichen Inhalt, mit dem es zuvor mit dem Veräußerer bestanden hat.

Problem: Verhältnis zum Sicherungseigentum der Bank

Fraglich ist aber, ob dem Vermieterpfandrecht des neuen Vermieters K nur die im Zeitpunkt des Eigentumsübergangs noch im Eigentum des Mieters stehenden Sachen unterfallen. Wäre dies der Fall, so könnte K kein Vermieterpfandrecht am Inventar erwerben, weil dieses am 05.01. bereits der B-Bank gehörte.

Nach Ansicht des BGH tritt zwar hinsichtlich der vertraglichen Ansprüche durch den Eigentumsübergang und das Entstehen eines neuen Mietvertrags mit dem Erwerber gemäß § 566 BGB eine Zäsur ein. Diese Zäsur bewirkt aber keinen Einschnitt dergestalt, dass der vor ihr liegende Zeitraum bei der Bestimmung des Inhalts der sich aus dem Mietverhältnis ergebenden Rechte und Pflichten i.S.d. § 566 I BGB unberücksichtigt bliebe.

291 BGH, NJW 2012, 3032 ff. = jurisbyhemmer.

292 BGH, NJW 2005, 1187 f. = jurisbyhemmer.

Für die Beurteilung der Frage, ob eine in die Mieträume eingebrachte Sache dem Vermieterpfandrecht des Erwerbers unterfällt, kommt es gemäß § 562 I S. 1 BGB auch insoweit auf den Zeitpunkt der Einbringung der Sache in die Mieträume an.

Dieses Ergebnis entspricht zudem Sinn und Zweck des § 566 I BGB. Bei dieser Norm handelt es sich um eine mieterschützende Vorschrift. Sie bezweckt, dem Mieter gegenüber dem neuen Vermieter die Rechtsposition zu erhalten, die er aufgrund des Mietvertrages hätte, wenn der frühere Vermieter Eigentümer geblieben wäre.[293] Dagegen soll sie keine Besserstellung des Mieters, dessen Vermieter veräußerungsbedingt gewechselt hat, gegenüber dem Mieter ohne Vermieterwechsel bewirken. Eine derartige Besserstellung wäre aber die Folge der vom Berufungsgericht vertretenen Rechtsauffassung. Denn diese würde dazu führen, dass die sicherungsübereigneten Sachen für die ab dem Eigentumsübergang entstehenden Neuverbindlichkeiten nicht mehr dem Vermieterpfandrecht unterfielen.

Eine Sicherungsübereignung der Sache im Zeitraum zwischen ihrer Einbringung in die Mieträume und dem Eigentumswechsel verhindert daher nicht, dass das Vermieterpfandrecht des Erwerbers die Sache erfasst.

Vermieterpfandrecht des V bleibt bestehen

3. Das bereits entstandene Vermieterpfandrecht des Veräußerers V bleibt neben dem Vermieterpfandrecht des Erwerbers bestehen.

Dies ergibt auch einen Sinn. Die aus dem Mietverhältnis mit dem Mieter noch offenen Forderungen („Altverbindlichkeiten" des Mieters) gehen nicht auf den Erwerber über, weil sie nicht in die *„Dauer seines Eigentums"* fallen (vgl. Wortlaut des § 566 I BGB). Und für diese Altverbindlichkeiten behält der Veräußerer sein Vermieterpfandrecht.

Für die künftigen Forderungen während der sich aus der Dauer des Eigentums des Erwerbers ergebenden Forderungen entsteht ein Vermieterpfandrecht des Erwerbers mit demselben Inhalt.

Vermieterpfandrechte von V und K sind gleichrangig

4. Beide Vermieterpfandrechte bestehen gleichrangig nebeneinander, da sie beide an denselben Entstehungszeitpunkt anknüpfen, nämlich die Einbringung der Sachen durch den Mieter in das Mietobjekt.

Ergebnis: Sowohl V als auch K haben am Inventar des M ein Vermieterpfandrecht, welches die zur Zeit der Übereignung bereits entstandenen Ansprüche des V und die ab dem Eigentumserwerb entstehenden Forderungen des K sichert.

Gleiches gilt für Rechte des Mieters

Gleiches gilt für die Rechte des Mieters. Soweit sie vor der Übereignung entstanden sind, haftet allein der Veräußerer. Für alle Ansprüche, die später entstehen, haftet der Erwerber. 70

hemmer-Methode: Wird der vermietete Wohnraum nach der Überlassung an den Mieter vom Vermieter an einen Dritten veräußert, verliert der Mieter dem Veräußerer gegenüber sein Zurückbehaltungsrecht an der rückständigen Miete wegen eines Mangels der Mietsache, der vor Veräußerung entstanden ist. Vom Zeitpunkt der Veräußerung an ist nur noch der Erwerber zur Mangelbeseitigung verpflichtet. Der Mieter kann daher nur die Zahlung der dem Erwerber geschuldeten Miete bis zur Mangelbeseitigung verweigern.[294]

Bsp.:[295] *Befindet sich der Vermieter von Wohnraum dem Mieter gegenüber mit der Beseitigung eines Mangels im Verzug, so wirkt im Fall der Grundstücksübereignung die einmal eingetretene Verzugslage nach dem Eigentumsübergang in der Person des Erwerbers fort. Tritt der Schaden in diesem Fall nach dem Eigentumsübergang ein, so richten sich die Ansprüche des Mieters nicht gegen den Grundstücksveräußerer, sondern gegen den Grundstückserwerber.*

293 BGH, NJW 2005, 1187 (1188) = **juris**byhemmer.

294 Lesen Sie dazu BGH, Life&Law 2006, 814 ff. = WuM 2006, 435 f. = **juris**byhemmer.

295 BGH, NJW 2005, 1187 f. = **juris**byhemmer.

Veräußerer haftet wie selbstschuldnerischer Bürge, § 566 II BGB

Ergänzend bestimmt § 566 II S. 1 BGB zum Schutze des Mieters, dass der Veräußerer wie ein selbstschuldnerischer Bürge für die Verpflichtungen des Erwerbers aus dem Mietverhältnis haftet.

Er haftet danach für alle Schadensersatzansprüche, die dem Mieter daraus entstehen, dass der Erwerber Vermieterpflichten nicht erfüllt (also nicht für solche aus unerlaubter Handlung!) und für alle Geldleistungen, die der Erwerber aus dem Mietvertrag schuldet.[296]

Haftungsbefreiung, § 566 II S. 2 BGB

Von dieser Haftung kann sich der Veräußerer gemäß § 566 II S. 2 BGB befreien, indem er dem Mieter von der Veräußerung Mitteilung macht.

hemmer-Methode: Trotz § 566 BGB stellt eine Vermietung nach umstrittener Ansicht des BGH keine vormerkungswidrige Verfügung i.S.d. § 883 II BGB dar.
Lesen Sie noch die §§ 566a ff. BGB, die besondere Regelungen zum Schutz von Mieter und Erwerber enthalten, wenn der Veräußerer schon während seiner Vertragszeit über künftige Mietansprüche verfügt hat oder wenn der Mieter im Voraus gezahlt hat.

II. Untermiete[297]

1. Allgemeines

Definition

Untermiete ist ein Mietverhältnis zwischen dem Mieter (sog. Hauptmieter) und dem Untermieter.[298] 71

Der Untermietvertrag ist ein echter Mietvertrag und unterscheidet sich hinsichtlich der Rechte und Pflichten der Parteien nicht von einem Mietvertrag zwischen Vermieter und Mieter (Hauptmieter).

hemmer-Methode: Zu beachten ist aber, dass gem. § 549 II Nr. 2 BGB die meisten Vorschriften des sozialen Wohnraummietrechts (insbesondere zum Kündigungsschutz) keine Anwendung finden. Die ordentliche Kündigungsfrist ist gem. § 573c II BGB stark abgekürzt und die Kündigung zum 15. eines Monats zum Ablauf dieses Monats möglich.

Eine gesetzliche Regelung findet sich in § 540 BGB. Für Wohnraummiete gilt ergänzend § 553 BGB.

hemmer-Methode: Während sich § 540 BGB allein auf die Überlassung zum Alleingebrauch bezieht, wird dem Dritten nach § 553 BGB die Mitbenutzung eines Teils der Wohnung gestattet.

Ist dem Vermieter die Überlassung nur bei einer angemessenen Erhöhung der Miete zuzumuten, so kann er nach § 553 II BGB die Erlaubnis davon abhängig machen, dass der Mieter sich mit einer solchen Erhöhung einverstanden erklärt.

hemmer-Methode: Grds. ist es auch möglich, die Untervermietung im Mietvertrag generell auszuschließen.[299] Dies gilt nach h.M. sogar dann, wenn der Ausschluss in AGBen, also in einem Formularmietvertrag erfolgt.[300] Handelt es sich allerdings um Wohnraum, ordnet § 553 III BGB an, dass eine zum Nachteil des Mieters abweichende Vereinbarung unwirksam ist.

296 Palandt, § 566 BGB, Rn. 21; Brox, Besonderes Schuldrecht, Rn. 197.

297 Ausführlich hierzu **Tyroller, „Examensrelevante Fragen rund um den Untermietvertrag“,** Life&Law 02/2012, 133 ff.

298 Palandt, vor § 535 BGB, Rn. 3.

299 BGH, NJW 1990, 3016 ff. = **juris**byhemmer.

300 Palandt, § 540 BGB, Rn. 2; offen gelassen vom BGH in BGHZ 130, 50 ff. = **juris**byhemmer.

Keine vertraglichen Beziehungen zwischen Vermieter und Untermieter ⇨ auch kein VSD

Zwischen dem Vermieter und dem Untermieter entstehen durch die Untermiete keine vertraglichen Beziehungen. Der Untermieter kann grundsätzlich keine Rechte gegenüber dem Vermieter geltend machen.

Er ist auch nicht in den Schutzbereich des Mietvertrages einbezogen, da er wegen eigener vertraglicher Ansprüche gegen den Untervermieter nicht schutzbedürftig ist.[301]

2. Zustimmungserfordernis des Vermieters

Grds. keine Berechtigung zur Untervermietung

Grundsätzlich ist der Mieter zur Untervermietung nicht berechtigt, 71a
vgl. § 540 BGB.

***Fall:** M hat von V ein Haus gemietet. Ein Zimmer des Hauses hat er an U weitervermietet. U zerstört mutwillig das Waschbecken, welches sich in diesem Zimmer befindet.*

***1.** Welche Ansprüche hat V gegen M und U, wenn die Untervermietung genehmigt war?*

***2.** Welche Ansprüche hat V gegen M und U, wenn die Untervermietung nicht genehmigt war?*

zu 1. Wenn die Untermiete genehmigt war, hat V

Bei genehmigter Untermiete haftet M für schuldhaftes Handeln des U

a) gegen M einen Anspruch aus §§ 280 I, 535 BGB i.V.m. § 540 II BGB wegen Pflichtverletzung des Mietvertrages, wenn U die Mietsache schuldhaft beschädigt hat,

b) gegen U einen Anspruch aus § 823 I BGB. Ansprüche aus EBV entfallen, da U ein abgeleitetes Recht zum Besitz innehat.

zu 2. Wenn die Untermiete nicht genehmigt war, hat V

Bei nicht genehmigter Untermiete haftet M für U unabhängig von dessen Verschulden

a) gegen M einen Anspruch aus §§ 280 I, 535 BGB i.V.m. § 540 II BGB wegen Pflichtverletzung des Mietvertrages. Diesen hat er nach allgemeiner Meinung unabhängig davon, ob U die Pflichtverletzung zu vertreten hat oder nicht[302] und

b) gegen U einen Anspruch auf Schadensersatz gemäß §§ 989, 990 BGB, wenn U bösgläubig hinsichtlich seines Rechts zum Besitz war.

War U gutgläubig, besteht wegen § 991 II BGB dieser Anspruch dennoch, wenn U gegenüber M verantwortlich ist.

Ansprüche aus § 823 BGB entfallen wegen des Vorranges des EBV, vgl. § 993 I BGB letzter Halbsatz. § 991 II BGB ist insoweit ein spezialgesetzlicher Fall des sog. Fremdbesitzerexzesses.

Rechte des Mieters bei verweigerter Genehmigung

Verweigert der Vermieter die Erlaubnis, so kann der Mieter das Mietverhältnis außerordentlich mit der gesetzlichen Frist kündigen, sofern nicht in der Person des Dritten ein wichtiger Grund vorliegt, der die Versagung der Erlaubnis des Vermieters rechtfertigt, § 540 I S. 2 BGB.

Dieses Kündigungsrecht ist v.a. dann wichtig, wenn eine ordentliche Kündigung ausgeschlossen ist. Dies ist z.B. der Fall, wenn im Vertrag wirksam das ordentliche Kündigungsrecht für eine gewisse Dauer (maximal vier Jahre) ausgeschlossen wurde.[303]

301 Palandt, § 540 BGB, Rn. 16; zum Mietvertrag mit Schutzwirkung zugunsten Dritter vgl. unten Rn. 73.

302 Palandt, § 540 BGB, Rn. 14.

303 Vgl. BGH, Life&Law 2005, 651 ff. = NJW 2005, 1574 ff. = **juris**byhemmer; BGH, Life&Law 03/2011, 158 ff. = WuM 2011, 35 ff. = **juris**byhemmer.

Das gleiche gilt, wenn der Mietvertrag wirksam befristet wurde, wobei bei Wohnraummietverträgen das grds. Befristungsverbot gem. § 575 BGB beachtet werden muss.[304]

Erlaubnis zur Untervermietung erfasst nicht tageweise Vermietung an Touristen

Erteilt der Vermieter dem Mieter eine Erlaubnis zur Untervermietung, so kann dieser ohne besondere Anhaltspunkte nicht davon ausgehen, dass die Erlaubnis eine tageweise Vermietung an Touristen umfasst.[305]

Eine Untervermietung von Wohnraum findet für gewöhnlich nämlich in der Weise statt, dass der Mieter die Wohnung oder einen Teil davon mit Genehmigung des Vermieters einem Dritten auf unbestimmte Zeit oder für einen (nach Monaten oder Jahren) befristeten Zeitraum überlässt, jedenfalls für eine gewisse Dauer.

3. Unberechtigte Untervermietung

Typisches Problem der Untermiete ist auch die Herausgabe der 72
Miete.

Wem gebührt die Untermiete?

Fall: *M hat an U unberechtigt einen Teil der gemieteten Wohnung untervermietet. Kann V von M die Untermiete herausverlangen?*

1. Ein Anspruch gemäß § 535 II BGB entfällt. Die Untermiete ist nicht die Miete des Vermieters. Dass der Vermieter grundsätzlich keinen Anspruch auf die Untermiete hat, ergibt sich auch aus § 553 II BGB.

2. Es könnte sich jedoch ein Anspruch aus §§ 280 I, 535 BGB wegen Pflichtverletzung des Mietvertrages ergeben, da das unberechtigte Untervermieten eine Pflichtverletzung des M ist. Im Hinblick auf § 553 II BGB ist auch ein Schaden des V zu bejahen.

Der Anspruch scheitert allerdings an der Kausalität zwischen Untervermietung und unterbliebener Mieterhöhung.[306] Gemäß § 553 II BGB hat der Mieter zwar die Untervermietung zu unterlassen, es trifft ihn jedoch keine Pflicht, der Mieterhöhung zuzustimmen.

3. Ein Anspruch gemäß §§ 987, 990 BGB entfällt, weil M ein Recht zum Besitz hat. Der „nicht so berechtigte“ Besitzer haftet nach überzeugender h.M. nicht aus EBV.

4. Ein Anspruch gemäß § 823 I BGB entfällt. Nach überzeugender Ansicht liegt schon keine Rechtsgutsverletzung vor, da der vermietende Eigentümer gar kein Gebrauchsrecht mehr hat, das ihm entzogen werden könnte. Jedenfalls fehlt es am kausalen Schaden.

5. Ein Anspruch gemäß §§ 687 II S. 1, 681 S. 2, 667 BGB (angemaßte Eigengeschäftsführung) entfällt, da der Mieter mit der Untervermietung kein objektiv fremdes Geschäft vornimmt.

Der Mieter, der vertragswidrig untervermietet, übt nur den *ihm* überlassenen Gebrauch in einer ihm nicht zustehenden Weise aus. Da ein Anspruch aus § 687 II S. 1 BGB somit schon dem Grunde nach ausscheidet, ist auch der durch die Untervermietung erlangte Mehrerlös nicht herauszugeben.

6. Ein Anspruch gemäß § 816 I S. 1 BGB entfällt mangels einer Verfügung. Bei der Vermietung fehlt es an der Endgültigkeit des Vermögensüberganges.

304 Dieses Befristungsverbot gilt aber nicht für Wohnraum in Studentenwohnheimen, vgl. § 549 III BGB.

305 BGH, Life&Law 04/2014, 308 = NJW 2014, 622 = **juris**byhemmer.

306 Hemmer/Wüst, Bereicherungsrecht, Rn. 330.

7. Auch eine entsprechende Anwendung des § 816 I S. 1 BGB scheidet aus, weil die Untermiete keinen Gegenwert darstellt, den der Mieter anstelle des Eigentümers erzielt.[307]

Dieser hätte die bereits an den Mieter vermietete Sache nicht mehr selbst an einen Dritten untervermieten können. Hinzu kommt, dass der Untermieter dem Vermieter gegenüber kein Recht zum Besitz erlangt, die Untervermietung also nicht wirksam in dessen Rechtsposition eingreift.

8. Ein Anspruch aus § 812 I S. 1 Alt. 2 BGB (Eingriffskondiktion) entfällt nach h.M. ebenfalls, weil der Mieter die Untermiete nicht auf Kosten des Vermieters erlangt hat. Aus § 540 BGB ergibt sich vielmehr, dass es sich hier um den Zuweisungsgehalt des M handelt, da allein ihm die Nutzung der Mietsache zugewiesen ist.[308] Dem Vermieter entgehen dadurch keine Verwertungs- oder Gebrauchsmöglichkeiten, derer er sich nicht schon durch Abschluss des Hauptmietvertrages entäußert hätte.

Kein Anspruch auf die Untermiete

Ergebnis: V hat keinen Anspruch auf Herausgabe der Untermiete.[309]

hemmer-Methode: Beachten Sie aber, dass nach Rechtshängigkeit des Rückgabeanspruches gem. § 546 I BGB etwas anderes gilt. Nach Rechtshängigkeit des Rückgabeanspruches schuldet der Mieter im Rahmen der Herausgabe von Nutzungen nach § 987 I BGB bzw. gem. §§ 546 I, 292 II, 987 I, 99 III BGB auch die Herausgabe eines durch Untervermietung erzielten Mehrerlöses.[310]

4. Anspruch auf Zustimmung bei Wohnraummiete, § 553 I S. 2 BGB

Bei Wohnraummiete wird § 540 BGB ergänzt durch § 553 BGB

Während sich § 540 BGB ganz allgemein auf die Untervermietung bezieht, wird dem Dritten nach § 553 BGB lediglich die Mitbenutzung eines Teils der Wohnung gestattet. 72a

Grundsätzlich ist der Mieter ohne die Erlaubnis des Vermieters zur Untervermietung an einen Dritten nicht berechtigt, vgl. § 540 I S. 1 BGB.

Verweigert der Vermieter die Erlaubnis, so kann der Mieter das Mietverhältnis außerordentlich mit der gesetzlichen Frist kündigen, sofern nicht in der Person des Dritten ein wichtiger Grund vorliegt, der die Versagung der Erlaubnis des Vermieters rechtfertigt.

hemmer-Methode: Dieses Kündigungsrecht ist v.a. dann wichtig, wenn eine ordentliche Kündigung ausgeschlossen ist. Dies ist z.B. der Fall, wenn im Vertrag wirksam das ordentliche Kündigungsrecht für eine gewisse Dauer (maximal vier Jahre) ausgeschlossen wurde.[311] Das Gleiche gilt, wenn der Mietvertrag wirksam befristet wurde, wobei bei Wohnraummietverträgen das grds. Befristungsverbot gem. § 575 BGB beachtet werden muss.[312] Hat der Vermieter dagegen zu Recht die Untervermietung verweigert, besteht in diesen Fällen keine Möglichkeit, sich (vorzeitig) vom Vertrag zu lösen.

Entsteht für den Mieter nach Abschluss des Mietvertrages ein berechtigtes Interesse, einen Teil des Wohnraums einem Dritten zum Gebrauch zu überlassen, so kann er nach § 553 I S. 1 BGB vom Vermieter die Erlaubnis hierzu verlangen.

---

307 Hemmer/Wüst, Bereicherungsrecht, Rn. 330, 370.

308 Hemmer/Wüst, Bereicherungsrecht, Rn. 330.

309 Vgl. Sie dazu BGH, NJW 1964, 1853; zuletzt BGH, NJW 1996, 838 ff. = **juris**byhemmer; Palandt, § 540 BGB, Rn. 14.

310 BGH, Life&Law 02/2010, 80 ff. = NJW-RR 2009, 1522 ff. = **juris**byhemmer.

311 Vgl. BGH, Life&Law 2005, 651 ff. = NJW 2005, 1574 ff. = **juris**byhemmer.

312 Dieses Befristungsverbot gilt aber nicht für Wohnraum in Studentenwohnheimen, vgl. § 549 III BGB.

Berechtigtes Interesse des Mieters

Nach der Rechtsprechung des BGH ist jedes, auch höchstpersönliches Interesse des Mieters von nicht ganz unerheblichem Gewicht als berechtigt anzusehen, das mit der geltenden Rechts- und Sozialordnung in Einklang steht.[313]

Lebensmittelpunkt in der Wohnung ist keine Voraussetzung für Anspruch auf Zustimmung

Nach zutreffender Ansicht des BGH fehlt es nicht am berechtigten Interesse des Mieters, wenn er Wohnraum untervermieten will, in dem er nicht seinen Lebensschwerpunkt hat.[314] Diese Einschränkung findet im Wortlaut der §§ 540 I, 553 I BGB keinen Anhalt. Sie ist zudem weder mit der Systematik der gesetzlichen Regelung noch mit dem Zweck des § 553 I BGB vereinbar. **72b**

Zwar bedarf der Mieter gemäß § 540 I S. 1 BGB, der für alle Mietverhältnisse gilt, der Erlaubnis des Vermieters zur Weitervermietung der Mietsache an einen Dritten. Für den Bereich der Wohnraummiete gewährt § 553 I BGB dem Mieter jedoch einen Anspruch auf Erteilung der Erlaubnis zur Untervermietung.

Zweck der Regelung ist es, das Mietverhältnis auch dann aufrecht zu erhalten, wenn der Mieter den Wohnraum teilweise einem anderen zum Gebrauch überlassen möchte.[315] Dieser Gesetzeszweck, dem Mieter die Wohnung zu erhalten, erfordert es nicht, dass Dritte in die Wohnung aufgenommen werden, um gemeinsam mit diesen zu wohnen.

Der Mobilität und Flexibilität kommt in der heutigen Gesellschaft zunehmende Bedeutung zu. Dies kann es erfordern, an einer anderenorts gelegenen Arbeitsstelle eine weitere Wohnung zu begründen. Bestünde ein Anspruch auf Erteilung der Erlaubnis zur Untervermietung lediglich hinsichtlich derjenigen Wohnung, in der der Mieter (zur Zeit) seinen Lebensschwerpunkt hat, könnte der Mieter zur Aufgabe der Wohnung gezwungen sein, deren teilweise Untervermietung er begehrt.

Dies würde dem Zweck des § 553 I BGB zuwiderlaufen, dem Mieter die Wohnung zu erhalten, und wäre zudem mit seiner grundsätzlich anzuerkennenden Entscheidung, sein Privatleben „innerhalb der eigenen vier Wände" nach seinen Vorstellungen zu gestalten, nicht zu vereinbaren.

Schadensersatzanspruch des Mieters, wenn Vermieter die Zustimmung zu Unrecht verweigert

Verweigert der Vermieter die Zustimmung zu Unrecht, so verletzt er eine mietvertragliche Pflicht und ist damit zum Ersatz des daraus entstehenden Schadens verpflichtet. Die Ersatzpflicht ist auch nicht nach § 280 I S. 2 BGB ausgeschlossen, weil dem Vermieter die Exkulpation regelmäßig nicht gelingen wird. **72c**

Ein Verschulden könnte nur entfallen, wenn der Vermieter aufgrund einer unklaren Rechtslage davon hätte ausgehen dürfen, dass er zu einer Gestattung der Untervermietung nicht verpflichtet gewesen ist. Die Voraussetzungen für einen unvermeidbaren Rechtsirrtum liegen aber i.d.R. nicht vor.

Ein unverschuldeter Rechtsirrtum liegt regelmäßig nur dann vor, wenn der Vermieter die Rechtslage unter Einbeziehung der höchstrichterlichen Rechtsprechung sorgfältig geprüft hat und bei Anwendung der im Verkehr erforderlichen Sorgfalt auch mit einer anderen gerichtlichen Beurteilung nicht zu rechnen brauchte.[316]

---

313 BGHZ 92, 213 [219] = **juris**byhemmer; Staudinger, § 553 BGB, Rn. 5.

314 BGH, Life&Law 09/2014, 637 ff. = **juris**byhemmer.

315 MüKo, § 553 BGB, Rn. 2

316 BGH, Life&Law 09/2014, 637 ff. = **juris**byhemmer.

5. Untermieter ist nur ein *„Dritter“* i.S.d. §§ 540, 553 BGB

Dritter i.S.d. §§ 540, 553 BGB

Dritter im Sinne des § 540 BGB ist grundsätzlich jede Person, die nicht Partei des Mietvertrages ist. 72c

Hiervon ausgenommen ist nach dem Sinn und Zweck der Vorschrift die Familie des Mieters wegen ihrer engen, unter dem ausdrücklichen Schutz der Verfassung (Art. 6 GG) stehenden persönlichen Beziehungen.[317]

Kein Dritter im Sinne der §§ 540, 553 BGB ist namentlich der Ehegatte des Mieters, solange es sich bei der von ihm bewohnten Wohnung um eine Ehewohnung handelt.[318]

Das gilt grundsätzlich auch, wenn der Ehegatte, der allein Mietvertragspartei ist, anlässlich der Trennung der Ehegatten aus der Wohnung auszieht und sie dem anderen Ehegatten, der nicht Mietvertragspartei ist, (zunächst) allein überlässt.

Maßgeblich ist insoweit allein die Frage, ob es sich nach wie vor um eine Ehewohnung handelt. Solange dies der Fall ist, ist der in der Wohnung verbliebene Ehegatte kein Dritter im Sinne der §§ 540, 553 BGB.[319]

P: Lebensgefährte

Strittig ist die Frage, ob die Aufnahme eines Lebensgefährten der Zustimmung des Vermieters bedarf. Dies wäre dann der Fall, wenn der Lebensgefährte Dritter i.S.d. §§ 540, 553 BGB wäre. 72d

⇨ nach e.A. zustimmungsfrei

a) Teilweise wird in Rechtsprechung[320] und Schrifttum[321] die Auffassung vertreten, dass der Lebensgefährte nicht „Dritter“ i.S.d. § 540 I S. 1 BGB sei.

• mit Ehegatten vergleichbar

Die Aufnahme eines Lebensgefährten in die Wohnung gehört nach dieser Ansicht zur Bildung einer auf Dauer angelegten Gemeinschaft ähnlich wie beim Ehegatten oder sonstigen nahen Familienangehörigen.

Dieser persönliche Lebensbereich des Mieters sei daher von dem Recht zum vertragsgemäßen Gebrauch der Mietwohnung umfasst.

Eine Unterscheidung zwischen Ehegatten und Personen, die in einer eheähnlichen Beziehung zusammenlebten, sei auch im Hinblick auf die gewandelten sozialen Anschauungen nicht mehr gerechtfertigt.

• § 563 II S. 3 BGB

Als weiteres Argument wird § 563 II S. 3 BGB angeführt.

Der Gesetzgeber hat durch **§ 563 II S. 3 BGB** (Haushalts- und Wirtschaftsgemeinschaft, und zwar homo[322]- wie heterosexuell[323]) ein Eintrittsrecht des (nichtehelichen) Lebensgefährten in den Mietvertrag bei Tod des Mieters vorgesehen.

Dadurch wurde die **rechtliche Stellung** des Lebensgefährten **derjenigen des Ehegatten angenähert**.

---

317 BGHZ 157, 1, 5 = FamRZ 2004, 91, 92 = **juris**byhemmer.

318 Vgl. Palandt, § 540 Rn. 5.

319 BGH, Urteil vom 12.06.2013, Az.: XII ZR 143/11 = **juris**byhemmer.

320 Vgl. z.B. LG Hamburg, WuM 1980, 255.

321 Vgl. Lammel, *„Wohnraummietrecht“*, 2. Auflage, § 540 BGB, Rn. 5, 6.

322 Sind die Voraussetzungen des § 1 LPartG erfüllt, so ist natürlich § 563 I Alt. 2 BGB einschlägig.

323 § 563 II S. 3 BGB ist also geschlechtsneutral, vgl. Palandt, § 563 Rn. 15.

Die frühere Differenzierung zwischen Ehegatten und nichtehelichen Lebensgefährten könne deshalb nicht mehr aufrechterhalten werden.[324]

⇨ nach h.M. ist Lebensgefährte kein Familienmitglied, sondern ein Dritter

b) Nach Ansicht des BGH und der h.M. ist der Lebensgefährte des Mieters hingegen **„Dritter" i.S.d. §§ 540, 553 BGB.**[325]

• Grds.: Jeder ist Dritter

aa) Zunächst ist jede Person, die nicht Partei des Mietvertrages ist, „Dritter" im Sinne des § 540 BGB.

• Ausn.: Art. 6 GG (Familie)

Hiervon ausgenommen sind nach dem Sinn und Zweck der Vorschrift die Familie des Mieters wegen ihrer engen, unter dem ausdrücklichen Schutz der Verfassung (Art. 6 GG) stehenden persönlichen Beziehung und - mit Rücksicht auf ihren nur kurzen Aufenthalt - Besucher des Mieters.

Im Übrigen gilt jedoch, dass andere Personen als der Mieter unter den grundsätzlichen Erlaubnisvorbehalt des § 540 I S. 1 BGB fallen.

§ 563 II S. 3 BGB zeigt gerade, dass der Gesetzgeber nur dort eine Ausnahme machen wollte und nicht auch bei §§ 540, 553 BGB

bb) Zwar sieht § 563 BGB ausdrücklich den Eintritt des Partners in den Mietvertrag bei Tod des Mieters vor, und zwar sowohl für den Partner einer homosexuellen **Lebenspartnerschaft** (§ 563 I Alt. 2 BGB) als auch für sonstige homo- bzw. heterosexuelle **Lebensgefährten** (§ 563 II S. 3 BGB).

Die ihr zu Grunde liegende allgemeine Wertentscheidung des Mietrechtsreformgesetzes rechtfertigt es jedoch entgegen einer im Schrifttum verbreiteten Ansicht (s.o.) nicht, den Lebensgefährten im Rahmen der §§ 540, 553 BGB dem Ehegatten oder dem Lebenspartner im Sinne des § 1 I LPartG gleichzustellen.

Hätte der Gesetzgeber eine solche Gleichstellung gewollt, hätte er eine dem § 563 II S. 3 BGB entsprechende Bestimmung zur Klarstellung auch in §§ 540, 553 BGB aufgenommen.

• Situation nicht vergleichbar

Die Situation bei der Aufnahme eines Lebensgefährten in die gemietete Wohnung zur Bildung einer auf Dauer angelegten Beziehung ist mit der Lage, die sich für einen nichtehelichen Lebensgefährten nach dem Tod des Mieters ergibt, nicht ohne weiteres zu vergleichen.

Es macht nämlich einen Unterschied, ob der gemeinsame Haushalt in einer vom Mieter zunächst allein genutzten Wohnung erst begründet werden soll, oder ob der Partner dort bereits - möglicherweise jahrelang - gemeinsam mit dem Mieter seinen eigenen Lebensmittelpunkt gehabt hat, den er nunmehr aufgeben müsste.

Dass ein Partner in dieser Lage einen stärkeren Schutz verdient als derjenige, der bisher nicht am Gebrauch der Wohnung teilgenommen hat, liegt auf der Hand.

• Außerdem ausreichender Schutz durch Anspruch auf Genehmigung

Der Mieter - und mittelbar auch sein (künftiger) Lebensgefährte - sind außerdem durch § 553 I BGB vor willkürlicher Versagung der Erlaubnis des Vermieters hinreichend geschützt.

Das Grundrecht der freien Entfaltung der Persönlichkeit (Art. 2 I GG) und das daraus hergeleitete Recht auf ungehinderte Gestaltung des persönlichen Lebensbereiches innerhalb der Wohnung gebieten es nicht, die von der bisher herrschenden Meinung entwickelten Grundsätze über den vom Erlaubnisvorbehalt des § 540 BGB ausgenommenen Personenkreis auf den Lebensgefährten auszudehnen.

---

324 Haas, *„Das neue Mietrecht"*, Erläuterung zu § 553 BGB, Rn. 1; Schmidt-Futterer/Blank, Mietrecht, § 540 BGB, Rn. 30.

325 **BGH Life&Law 2004, 229 ff.** = NJW 2004, 56 ff.; BGH, NJW 1991, 1750; OLG Hamm, NJW 1982, 2876; OLG Hamburg, NJW-RR 1988, 1481, 1482; BayObLG, WuM 1984, 13; Palandt § 540 Rn. 5.

Nach § 553 I S. 1 BGB steht dem Mieter, der ein berechtigtes Interesse an der Aufnahme des Dritten in seine Wohnung hat, ein Anspruch auf Erlaubnis gegen den Vermieter zu. Die nachvollziehbare Darlegung vernünftiger Gründe für die Bildung einer Wohngemeinschaft oder einer ähnlichen Form des Zusammenlebens genüg hierfür.

Angesichts der gewandelten Moralvorstellungen ist der auf höchstpersönlichen Motiven beruhende Wunsch des Mieters, eine solche Gemeinschaft zu bilden oder fortzusetzen, in aller Regel für die Darlegung eines berechtigten Interesses an der Aufnahme des Dritten in die Wohnung ausreichend.

hemmer-Methode: Die Vorschriften der §§ 540, 553 BGB gewährleisten mithin einen angemessenen Ausgleich zwischen den berechtigten Belangen sowohl des Mieters als auch des Vermieters; sie greifen weder in das Persönlichkeitsrecht des Mieters noch in das Eigentumsrecht des Vermieters über Gebühr ein.
Einer - vom Gesetzgeber nicht gewollten - Ausdehnung des privilegierten Personenkreises, der, obwohl nicht Partei des Mietvertrages, von vornherein nicht zu den „Dritten" im Sinne der §§ 540, 553 BGB zählt, bedarf es nicht.
„Sound": Stützt der Mieter gegenüber dem Vermieter sein Anliegen auf eine derartige Absicht, hat er einen klagbaren Rechtsanspruch auf Erteilung der Erlaubnis, die der Vermieter nur dann versagen kann, wenn in der Person des Dritten ein wichtiger Grund vorliegt, der Wohnraum übermäßig belegt würde oder dem Vermieter die Überlassung aus sonstigen Gründen nicht zugemutet werden kann (§ 553 I BGB).

III. Mietvertrag mit Schutzwirkung zugunsten Dritter

Mietvertrag ist regelmäßig Vertrag mit Schutzwirkung zugunsten Dritter

Einen Mietvertrag über eine Wohnung oder ein Haus schließt auf der Mieterseite oft nur eine Person ab, obwohl mehrere Personen in die Wohnung oder das Haus einziehen. 73

hemmer-Methode: Beachten Sie in diesem Zusammenhang, dass grds. allein der Mieter als Vertragspartner berechtigt ist, die Sache zu nutzen. Allerdings kann sich aus der Vertragsauslegung ergeben, dass er berechtigt ist, auch Dritten die Mitbenutzung einzuräumen, so insbesondere dann, wenn nur so eine vertragsgemäße Benutzung möglich ist (so etwa bei einem gemieteten Hotel-Doppelzimmer).
Bei der Vermietung von Wohnraum ist es dem Mieter regelmäßig erlaubt, Angehörigen, Bediensteten und ähnlichen Personen die Mitbenutzung zu gestatten.[326]

***Bsp.:** Vater mietet ein großes Haus. Einziehen will er mit seiner Frau und drei Kindern.*

Die mit einziehenden Personen haben grundsätzlich keine Rechte und Pflichten aus dem Vertrag, da sie keine Parteien des Mietvertrages sind. Insbesondere wird die Ehefrau nicht über § 1357 BGB mitberechtigt und -verpflichtet.[327] So ergibt sich beim Mietvertrag oft die Frage nach der Schutzwirkung zugunsten Dritter.

***Bsp.:** Kann die Ehefrau Rechte aus §§ 280 I, 535 BGB wegen Pflichtverletzung des Mietvertrages geltend machen, wenn ihr ein schlecht montiertes Ofenrohr auf den Kopf fällt?*

Die Voraussetzungen für das Vorliegen eines Vertrages mit Schutzwirkung zugunsten Dritter werden bei den Personen, die in die Wohnung/das Haus mit einziehen, meist gegeben sein.[328] 74

326 Vgl. hierzu Erman/Jendrek, § 549 BGB a.F., Rn. 14-16.

327 Palandt, § 1357 BGB, Rn. 18.

328 Hemmer/Wüst, Schadensersatzrecht III, Rn. 258.

- Es besteht grundsätzlich Leistungsnähe, da diese Personen in gleicher Weise den Gefahren von Schutzpflichtverletzungen ausgesetzt sind wie der Vertragspartner.

- Es besteht i.d.R. eine entsprechende Gläubigernähe bereits aufgrund des personenrechtlichen Einschlags. Wer zusammen lebt, wird für das „Wohl und Wehe" des Anderen mitverantwortlich sein. Bei engen Familienangehörigen (Ehegatte, Kinder) ist dies jedenfalls zu bejahen.

- Für den Vermieter ist es auch erkennbar, dass diese Personen in die Wohnung/das Haus mit einziehen.

- Weiterhin ist die Schutzbedürftigkeit mangels eigener vertraglicher Ansprüche (deliktische Ansprüche bleiben wie bei der Parallelproblematik der Drittschadensliquidation als nicht gleichwertige Ansprüche außer Betracht) gegeben.

Wenn die Voraussetzungen gegeben sind, erhält der Dritte einen eigenen vertraglichen Schadensersatzanspruch gegen den Vermieter. Ihm kann somit auch die verschuldensunabhängige Garantiehaftung des § 536a I Var. 1 BGB zugute kommen.

Achtung: Der Vertrag mit Schutzwirkung zugunsten Dritter kommt nur für Sekundäransprüche in Betracht. Den Erfüllungsanspruch gegen den Vermieter kann nur derjenige geltend machen, der Vertragspartei geworden ist. Anders ist dies beim echten Vertrag zugunsten Dritter.[329]
Beachten Sie auch, dass der „Wohl und Wehe-Gedanke" vom BGH nicht mehr als entscheidend angesehen wird. Es kommt alleine darauf an, ob die Leistung nach dem Vertragsinhalt bestimmungsgemäß dem Dritten zugute kommen soll bzw. auch seinem Schutz dienen soll.
Beachten Sie weiterhin, dass nach wohl überwiegender Ansicht die Konstruktion des Vertrages mit Schutzwirkung für Dritte nicht in § 311 III BGB geregelt wurde.
Vielmehr wurden hier die Fälle der Eigenhaftung des Vertreters oder Verhandlungsgehilfen geregelt. Nach a.A. ist zwar in § 311 III BGB der Vertrag mit Schutzwirkung angesprochen, ohne allerdings dessen Voraussetzungen zu regeln. Die Anspruchsgrundlage ist jedenfalls nach beiden Ansichten § 280 I BGB, sodass diese Frage von rein dogmatischem Interesse ist.

Nicht in den Schutzbereich des Hauptmietvertrages einbezogen ist nach h.M. der Untermieter. Da ihm eigene vertragliche Ansprüche gegen den Hauptmieter zustehen, ist er auch gar nicht schutzbedürftig.[330] 75

IV. Eintrittsrecht

Grundsätzlich: § 1922 BGB

Grundsätzlich endet das Mietverhältnis nicht mit dem Tod des Mieters, sondern geht gem. § 1922 BGB im Wege der Gesamtrechtsnachfolge auf den Erben über. 75a

Ausnahmen: §§ 563 ff. BGB

In den §§ 563 ff. BGB wird von diesem Prinzip abgewichen und die Sonderrechtsfolge zu Gunsten bestimmter Personen angeordnet.

hemmer-Methode: Machen Sie sich dieses Regel-Ausnahmeverhältnis klar. Beachten Sie auch, dass der Begriff Eintrittsrecht eigentlich falsch ist. Es handelt sich nicht um ein Recht, dass die jeweilige Person ausüben kann, sondern das Gesetz ordnet automatisch den Eintritt in das Mietverhältnis an. Einer besonderen rechtsgeschäftlichen Erklärung bedarf es nur, wenn der Eintritt nicht erfolgen soll (vgl. § 563 III S. 1 BGB).

329 Hemmer/Wüst, BGB AT I, Rn. 362 ff., insbesondere Rn. 365.

330 Palandt, § 540 BGB, Rn. 16.

Ehegatten und Lebenspartner

Als Eintretende sind zunächst der Ehegatte bzw. der Lebenspartner vorgesehen, § 563 I BGB. Mit Lebenspartner gemeint ist dabei aber nur der gleichgeschlechtliche Lebenspartner i.S.d. § 1 LPartG.

hemmer-Methode: Nicht unter § 563 I BGB fällt die nichteheliche Lebensgemeinschaft. Hierfür gilt vielmehr § 563 II S. 3 BGB (s.u.).

Familienangehörige, § 563 II BGB

Weiterhin kann für Kinder des verstorbenen Mieters und weiteren Familienangehörigen ein Eintritt vorgesehen sein, § 563 II BGB. Dadurch wird aber der Eintritt nicht berührt. Der Eintritt anderer Familienangehöriger ist gem. § 563 II S. 3 BGB subsidiär.

hemmer-Methode: Lesen Sie diese Vorschriften in Ruhe durch. Inhaltlich sind diese Normen nicht schwer zu verstehen. Wichtig ist nur, dass Sie wissen, dass es entsprechende Vorschriften gibt.

Personen aus gemeinsamem Haushalt

Mit § 563 II S. 3 BGB erweitert die Mietrechtsreform das Eintrittsrecht auf solche Personen, die mit dem Mieter einen auf Dauer angelegten Haushalt führen. 75b

Dies soll vorliegen, wenn zwischen dem Mieter und der eintretenden Person eine Lebensgemeinschaft bestand, die auf Dauer angelegt war, keine weiteren Bindungen gleicher Art zuließ und sich durch innere Bindungen auszeichnete, die ein gegenseitiges Füreinander begründen.

Standardbeispiel ist die nichteheliche Lebensgemeinschaft. Eine reine Wohn- und Wirtschaftsgemeinschaft reicht hierfür nicht.[331]

Geschlecht spielt keine Rolle (mehr!)

***Bsp.:** gemeinsames Zusammenleben alter Menschen, Lebensgefährten gleich welchen Geschlechts[332]*

§§ 563a ff. BGB beinhalten schließlich Regelungen zu Fortsetzung des Mietverhältnisses, Haftungsfragen und außerordentlichem Kündigungsrecht bei Fortsetzung des Mietverhältnisses mit den Erben.

G) Vermieterpfandrecht, §§ 562, 578 BGB

§§ 562, 578 BGB: VermPfR bei Vermietung von Wohnraum, Grundstücken und sonstigen Räumen

Das Vermieterpfandrecht gibt dem Vermieter von Wohnraum, Grundstücken und sonstigen Räumen (§§ 562, 578 BGB) eine Sicherheit zur Durchsetzung der Forderungen aus dem Mietverhältnis. 76

Grund dafür ist, dass Mietverträge über derartige Mietsachen regelmäßig für längere Zeit geschlossen werden und die Miete nicht ganz im Voraus bezahlt wird. Der Vermieter ist insofern im Nachteil, als er die Sache dem Mieter überlassen und somit keine Möglichkeit hat, seine Leistung zurückzuhalten, wenn der andere Vertragspartner nicht leistet.[333]

§§ 1204 ff. BGB entspr. anwendbar

Gem. § 1257 BGB sind die Vorschriften über das vertragliche Pfandrecht, §§ 1204 ff. BGB, auf die gesetzlich entstandenen Pfandrechte, also auch das Vermieterpfandrecht, entsprechend anwendbar.

331 Palandt, § 563 BGB, Rn. 10 f.

332 Grundmann, NJW 2001, 2502; Life&Law 2001, 815; Kinne, ZMR 2001, 512.

333 Zum insoweit identischen § 559 BGB a.F. Larenz, II/1, § 48 V.

I. Bestehen eines Vermieterpfandrechts

Voraussetzungen für das Bestehen eines VermPfR

Die Voraussetzungen für das Bestehen eines Vermieterpfandrechts sind: 77

Entstehen des VermPfR

1. Mietvertrag
2. Forderung
3. eingebrachte + pfändbare Sache des Mieters
4. kein Erlöschen

Voraussetzungen des Vermieterpfandrechts:

1. Bei der Entstehung des Pfandrechts:

- **a)** Bestehen eines Mietvertrages über Wohnraum bzw. Grundstück oder sonstige Räume,
- **b)** eine Forderung aus dem Mietverhältnis und
- **c)** Existenz einer eingebrachten und pfändbaren Sache des Mieters.

2. Nichterlöschen des Vermieterpfandrechts

- **a)** gemäß § 562a BGB,
- **b)** gemäß § 1257 BGB i.V.m. §§ 1242, 1252, 1255, 1256 BGB,
- **c)** gemäß §§ 936 I, 932 II BGB.

1. Entstehungsvoraussetzungen

a) Mietvertrag über Wohnraum bzw. Grundstück oder sonstige Räume

Gemäß § 562 I S. 1 BGB hat der Vermieter eines Wohnraums für seine Forderungen aus dem Mietverhältnis ein Pfandrecht an den eingebrachten Sachen des Mieters. Gemäß § 578 BGB gilt dies auch für den Vermieter von Grundstücken oder anderen Räumen. 78

Grundvoraussetzung des Vermieterpfandrechts ist das Bestehen eines wirksamen Mietvertrages. Hinsichtlich des Zustandekommens des Mietvertrages ergeben sich dabei keine Besonderheiten.

b) Forderung aus Mietverhältnis

Forderung aus Mietverhältnis

Das Pfandrecht entsteht lediglich, wenn eine Forderung aus dem Mietverhältnis besteht. Dies sind alle Forderungen, die sich aus dem Wesen der entgeltlichen Gebrauchsüberlassung ergeben. 79

Bsp.: *Mietforderungen; Schadensersatzforderungen aus § 280 I BGB wegen Beschädigung oder Zerstörung der Mietsache oder Verletzung sonstiger Pflichten; bei Verletzung der Rückgabepflicht nach § 546 BGB und der Anzeigepflicht nach § 536c BGB; bei Vertragsstrafen und Nebenforderungen*

Das Pfandrecht entsteht dagegen nicht bei Forderungen, die zwar mit dem Mietvertrag in Verbindung stehen, eigentlich aber eine andere Rechtsgrundlage haben.

Bsp.: *vom Vermieter gewährtes Darlehen für einen Umbau*[334]

334 Palandt, § 562 BGB, Rn. 12, mit weiteren Beispielen; Larenz, II/1, § 48 V.

c) Eingebrachte Sache *des* Mieters

Weiterhin entsteht das Pfandrecht nur an Sachen (§ 90 BGB), die dem Mieter gehören und von ihm in die Wohnung eingebracht worden sind. Die Sachen müssen außerdem pfändbar sein, vgl. § 562 I S. 2 BGB i.V.m. § 811 ZPO. 80

Def.: Sache des Mieters

Sachen des Mieters sind ausschließlich Gegenstände, die im Eigentum des Mieters stehen. Es reicht nicht, dass er die Sache in Besitz hat oder dieselbe einem Mitbewohner oder Angehörigen gehört.[335]

Bsp.:[336] *keine Sache des Mieters bei Eigentum einer Gesamthand; bei Miteigentum unterliegt Miteigentumsanteil dem Pfandrecht; hat der Mieter etwas unter Eigentumsvorbehalt gekauft, unterliegt das Anwartschaftsrecht dem Pfandrecht.*[337]

Gutgl. Erwerb des VermPfR nicht möglich!

Ein gutgläubiger Erwerb des Vermieterpfandrechts an Sachen, die nicht im Eigentum des Mieters stehen, ist nach ganz h.M. nicht möglich.[338] 81

Der Grund hierfür ist, dass

- ⇨ das Vermieterpfandrecht ein besitzloses Pfandrecht ist und daher kein Gutglaubensträger vorhanden ist,
- ⇨ § 1257 BGB die Vertragspfandrechtsvorschriften nur für die bereits entstandenen gesetzlichen Pfandrechte für anwendbar erklärt (also nicht § 1207 BGB),
- ⇨ ein gutgläubiger Erwerb nur beim rechtsgeschäftlichem Erwerb möglich ist und
- ⇨ § 366 III HGB nicht analog anwendbar ist

hemmer-Methode: Achten Sie genau darauf, ob überhaupt eine Sache im Sinne von § 90 BGB vorliegt: Zwar haben auch bloße Legitimationspapiere (Sparbücher etc.) Sachqualität, die hinter ihnen stehende Forderung jedoch nicht, sodass sich das Pfandrecht nicht auf diese beziehen kann.[339]

Def.: einbringen

Eingebracht ist eine Sache, wenn sie mit dem Willen des Mieters in die Wohnung gebracht wird.[340] 82

Bsp.: *Eingebracht sind Sachen auch, wenn sie auf dem Grundstück erst erzeugt werden.*[341]

Problem: Sachen wurden nur vorübergehend eingebracht

Bei Sachen, die nur vorübergehend in der Absicht alsbaldiger Wiederentfernung eingestellt werden, muss unterschieden werden: 82a

Pfandrecht (-) bei bloßem Ein- bzw. Unterstellen

Kein Pfandrecht entsteht, wenn die Sachen lediglich vorübergehend im Mietobjekt ein- oder untergestellt worden sind.

Bsp.: *Mieter M kauft seiner Freundin zum Geburtstag ein sehr teures Mountainbike und stellt es einen Tag lang bis zur Geschenkübergabe in der Wohnung unter, damit es nicht gestohlen wird.*

335 Larenz, II/1, § 48 V.

336 Palandt, § 562 BGB, Rn. 7; Larenz, II/1, § 48 V.

337 Bei Vollerwerb des Eigentums unterliegt kraft dinglicher Surrogation gem. § 1287 BGB analog die Sache selbst dem Pfandrecht, vgl. Hemmer/Wüst, Sachenrecht II, Rn. 177 ff.

338 Brox, Besonderes Schuldrecht, Rn. 186; Larenz, II/1, § 48 V m.w.N.

339 Vgl. Brox, Besonderes Schuldrecht, Rn. 186.

340 Palandt, § 562 BGB, Rn. 6.

341 RGZ 132, 116; Palandt, § 562, Rn. 7; Brox, Besonderes Schuldrecht, Rn. 186.

Pfandrecht (+), wenn vorübergehendes Einbringen der bestimmungsgemäßen Nutzung entspricht

Wenn hingegen der vorübergehende Verbleib der bestimmungsgemäßen Nutzung der Mietsache entspricht bzw. die Sachen bestimmungsgemäß immer nur vorübergehend im Mietobjekt verbleiben, so entsteht trotz der lediglich vorübergehenden Einbringung ein Vermieterpfandrecht.

> **Bsp. Nr. 1:** *Sachen in einem Warenlager*[342]
>
> **Bsp. Nr. 2:** *Ein Kfz, das auf dem vermieteten Grundstück geparkt wird, ist dementsprechend eingebracht, wenn seine regelmäßige vorübergehende Einstellung zum bestimmungsgemäßen Gebrauch der Mietsache gehört, weil es tagsüber zu Fahrten auf Baustellen, für Auslieferungen und Kundenfahrten genutzt wird.*[343]

d) Pfändbarkeit, § 562 I S. 2 BGB

§§ 811, 812 ZPO

Die Sache muss weiterhin pfändbar sein. Pfändbar ist eine Sache, wenn sie nicht dem Pfändungsschutz der §§ 811, 812 ZPO unterliegt. 83

2. Erlöschensgründe

Das einmal entstandene Pfandrecht kann auch wieder erlöschen. Dabei kommen mehrere Erlöschensgründe in Betracht. 84

a) Erlöschen gemäß § 562a BGB

Erlöschen durch Entfernung der Sache

Gemäß § 562a S. 1 BGB erlischt das Pfandrecht, wenn die Sache vom vermieteten Grundstück entfernt wird. 85

Auch bei der Vermietung von Räumen ist nach h.M. die Entfernung von dem jeweiligen Grundstück erforderlich.[344]

Entfernen bedeutet das rein tatsächliche Wegschaffen von der Mietsache.[345]

Exkurs: Lediglich vorübergehende Entfernung

Problem: lediglich vorübergehende Entfernung

Umstritten ist allerdings die Frage, ob das Vermieterpfandrecht auch bei einer lediglich vorübergehenden Entfernung vom Grundstück erlischt. 85a

> **Bsp.:** *V hat an M ein Grundstück zum Betrieb eines Rollladenunternehmens vermietet. Auf diesem Grundstück werden nach Feierabend die für das Unternehmen genutzten LKWs abgestellt. Tagsüber werden diese Fahrzeuge zu Fahrten auf Baustellen, Auslieferungen und Kunden genutzt.*[346]

aa) Teilweise vertretene Ansicht in Lit. und Rechtsprechung

Nach e.A. erlischt Pfandrecht nicht bei vorübergehender Entfernung

In Teilen der Rechtsprechung[347] und Literatur[348] wird vertreten, dass eine von vornherein **lediglich vorübergehend** geplante Wegschaffung der Sachen für das Erlöschen des Vermieterpfandrechts nicht ausreiche. 85b

---

342 Palandt, § 562, Rn. 7.
343 BGH, Life&Law 07/2018, 457 ff. = NJW 2018, 1083 ff. = **jurisbyhemmer**.
344 Palandt, § 562a, Rn. 4.
345 H.M. vgl. Palandt, § 562a BGB, Rn. 4.
346 BGH, Life&Law 07/2018, ??? = NJW 2018, 1083 ff. = **jurisbyhemmer**.
347 OLG Frankfurt NJW-RR 2007, 230 (231) = **juris**byhemmer; LG Neuruppin, NZM 2000, 962 (963).
348 Schmidt-Futterer, Mietrecht, 13. Aufl., § 562a, Rn. 8 ff.; Jauernig, BGB, 16. Aufl., § 562a, Rn. 2; Alexander, JuS 2014, 1 (5).

➪ Vergleich mit §§ 1253, 856 II BGB

Argumentiert wird mit dem systematischen Zusammenhang zu § 1253 BGB. Für das rechtsgeschäftliche Pfandrecht ist anerkannt, dass eine nur vorübergehende Besitzaufgabe nicht zu seinem Erlöschen führt, da nach § 856 II BGB die vorübergehende Verhinderung in der Ausübung der Gewalt nicht den Besitz beendet.

➪ Vergleich mit §§ 1121, 1122 BGB

Zum anderen wird für die insoweit gleichlautenden Tatbestandsmerkmale im Hypothekenrecht (§§ 1121, 1122 BGB), bei dem die gleiche Problematik hinsichtlich des Umfangs der Haftung besteht, einhellig die Auffassung vertreten, dass unter den Begriff der Entfernung nur die für dauernd geplante Wegschaffung zu verstehen sei.

Wegen der rechtlichen und tatsächlichen Vergleichbarkeit dieser Vorschriften seien die dortigen Ergebnisse auf § 562a BGB übertragbar. Es sei auch kein Grund ersichtlich, weshalb die Entfernung von Sachen i.S.d. § 562a BGB anders behandelt werden solle als deren Einbringung, für die gefordert werde, dass die Sachen des Mieters nicht lediglich vorübergehend eingestellt seien.

Daher lasse insbesondere die tägliche Ausfahrt mit dem eingebrachten Kfz nicht morgens das Pfandrecht erlöschen, um abends beim Einstellen auf dem Grundstück wieder neu begründet zu werden. Andernfalls wäre das Pfandrecht der Willkür des Mieters ausgesetzt, der durch kurzfristiges Entfernen der Sachen das Vermieterpfandrecht aushöhlen könnte, auch durch Pfändung oder Verpfändung während der Ausfahrt. Die zum Erlöschen des Vermieterpfandrechts führende Entfernung sei daher erst beendet, wenn die eingebrachten Gegenstände vollständig aus dem Zugriffsbereich des Vermieters verbracht worden seien.

bb) Ansicht der h.L. und des BGH

Nach h.L. und Ansicht des BGH erlischt das Pfandrecht auch bei vorübergehender Entfernung

Demgegenüber lässt die überwiegende Meinung in der Literatur jede - auch nur vorübergehende - Entfernung der Sachen für ein Erlöschen des Vermieterpfandrechts genügen und geht von dessen Neubegründung bei Wiedereinbringen aus.[349] **85c**

Der BGH hat sich nun dieser Ansicht angeschlossen.[350]

➪ Wortlaut des § 562a BGB

Die Auslegung des § 562a BGB hat vom Wortlaut des Gesetzestextes auszugehen. Dieser differenziert nicht danach, ob die dem Pfandrecht unterliegenden Sachen auf Dauer oder nur vorübergehend weggeschafft werden. Der **Gesetzestext spricht ohne Einschränkung von** einer **„Entfernung"** und legt damit ein Wort zugrunde, dem schon nach dem allgemeinen Sprachgebrauch **kein Zeitmoment** innewohnt und das auch keine bestimmten Begleitumstände fordert. Anhaltspunkte für eine einschränkende Auslegung des Begriffs „Entfernung" enthält der Gesetzeswortlaut somit nicht.

Vergleich mit § 856 II BGB und §§ 1121, 1122 BGB unsystematisch

Systematische Erwägungen sprechen auch nicht für eine einschränkende Auslegung des Begriffs der Entfernung der Sachen. Eine solche ist insbesondere **nicht aus Gründen der Einheit der Rechtsordnung** in Bezug auf Tatbestände des rechtsgeschäftlichen Mobiliarpfandrechts **geboten**. Denn im Unterschied zu diesem handelt es sich bei dem Vermieterpfandrecht um ein ***besitzloses Pfandrecht***, auf das die besitzrechtliche Bestimmung des § 856 II BGB keine Anwendung finden kann.

349 OLG Karlsruhe, NJW 1971, 624 (625) = **juris**byhemmer; OLG Hamm, MDR 1981, 407 ff.; MüKo, BGB, 7. Aufl., § 562a, Rn. 5; Blank/Börstinghaus, Miete, 5. Aufl., § 562a, Rn. 4.

350 BGH, Life&Law 07/2018, ??? = NJW 2018, 1083 ff. = **juris**byhemmer.

Dasselbe gilt für die in §§ 1121, 1122 BGB geregelten Tatbestände des Hypothekenrechts. Zwar ist für die dort geregelten Enthaftungstatbestände anerkannt, dass unter dem Begriff der Entfernung nur die für dauernd geplante Wegschaffung zu verstehen sei. § 1121 BGB verknüpft die Entfernung jedoch mit der Veräußerung. Beide müssen dergestalt miteinander zusammenhängen, dass die Entfernung wegen der und zur Verwirklichung der Veräußerung geschieht. Bereits der notwendige Zusammenhang mit der Veräußerung bedingt die endgültige Entfernung. Ein damit vergleichbarer Zusammenhang wird in § 562a S. 1 BGB nicht hergestellt.

Für das Vermieterpfandrecht enthält das Gesetz auch keine dem § 1122 BGB entsprechende Bestimmung, die eine Enthaftung bei nur vorübergehender Entfernung ausdrücklich ausschließt. Dass es sich insoweit um ein gesetzgeberisches Versehen handelt, kann nicht angenommen werden, nachdem der Gesetzgeber in Bezug auf das Vermieterpfandrecht bspw. an Reiseutensilien und reparaturbedürftigen Sachen ausdrücklich eine andere Systematik vorausgesetzt hat, als für den Hypothekenverband durch § 1122 I BGB bestimmt.

➢ Gebotz der Rechtssicherheit und Rechtsklarheit

Schließlich sprechen Gesichtspunkte der Rechtssicherheit und Rechtsklarheit für eine ausschließlich räumliche Anknüpfung des Begriffs der Entfernung der Sachen, weil handhabbare Kriterien zur Unterscheidung zwischen einer bloß vorübergehenden und einer dauernden Entfernung der Sachen von dem vermieteten Grundstück fehlen. Solche Kriterien führten zu einer der sachenrechtlichen Klarheit unzuträglichen Rechtsunsicherheit.

Ergebnis: Werden die Fahrzeuge für Zwecke von Kundenbesuchen oder Auslieferungen gebraucht, so sind sie in dem Augenblick vom vermieteten Grundstück tatsächlich räumlich entfernt. Das Vermieterpfandrecht erlischt daher gem. § 562a S. 1 BGB. Der Umstand, dass es sich nur um eine vorübergehende Entfernung der Sachen handelt, steht dem Erlöschen des Vermieterpfandrechts nicht entgegen. Wenn die Fahrzeuge nachts auf dem Betriebsgrundstück wieder bestimmungsgemäß abgestellt werden, sind diese eingebracht i.S.d. § 562 I BGB. Damit entsteht in diesem Moment erneut ein Vermieterpfandrecht (vgl. dazu bereits Rn. 82a).

Exkurs Ende

Kein Erlöschen, wenn Verm. von Entfernung nichts weiß oder derselben widerspricht

Das Pfandrecht erlischt gemäß § 562a S. 1 BGB jedoch nicht, wenn der Vermieter von der Entfernung keine Kenntnis hatte oder derselben widersprochen hat. 85d

Ausnahme dazu: Erlöschen (+), wenn Verm. Entfernung dulden muss

In Ausnahme dazu erlischt das Pfandrecht gemäß § 562a S. 2 BGB dennoch, wenn der Vermieter die Entfernung dulden muss. Hierdurch soll der Mieter insoweit geschützt sein, dass seine Lebens- und Arbeitsverhältnisse nicht beeinträchtigt werden.[351]

Eine solche Duldungspflicht besteht,

⇨ wenn die Entfernung den gewöhnlichen Lebensverhältnissen entspricht,

Bsp.: Mieter gibt Sache zur Reparatur, verleiht sie, nimmt sie mit auf Reisen

⇨ sowie wenn die zurückbleibenden Sachen zur Sicherung des Vermieters offensichtlich ausreichen, und

351 Brox, Besonderes Schuldrecht, Rn. 188.

- ⇨ wenn die Entfernung im Rahmen des regelmäßigen Geschäftsverkehrs erfolgt. Zwar wird diese Variante in § 562a S. 2 BGB nicht mehr benannt, gilt aufgrund der Verweisung des § 578 BGB aber weiterhin.[352]

  Bsp.: *Mieter betreibt Ladenlokal; Dinge, die Mieter zur Ausübung seines Berufes von zu Hause aus mitnehmen muss*

hemmer-Methode: Entgegen dem insoweit missglückten Wortlaut des § 562a S. 1 BGB bleibt bei einer Entfernung ohne Wissen des Vermieters das Vermieterpfandrecht nicht ohne weiteres bestehen.
Es kommt vielmehr darauf an, ob der Vermieter, wenn er von der Entfernung gewusst hätte, dieser gem. § 562a S. 2 BGB hätte zu Recht widersprechen dürfen. Der Vermieter ist nämlich nicht bereits schutzwürdig, wenn eine Sache ohne sein Wissen entfernt wird, sondern erst dann, wenn er der Entfernung widersprechen dürfte.

b) Erlöschen gemäß § 1257 BGB i.V.m. §§ 1242, 1252, 1255, 1256 BGB

Erlöschen gemäß §§ 1242, 1252, 1255, 1256 BGB

Weitere Erlöschensgründe enthalten §§ 1242, 1252, 1255, 1256 BGB. Diese gelten gemäß § 1257 BGB auch für das vertragliche Pfandrecht. 86

Erlöschensgründe bei Pfandrechten:

- ⇨ durch Pfandverkauf, §§ 1257, 1242 BGB,
- ⇨ wenn die Forderung aus dem Mietverhältnis erlischt, §§ 1257, 1252 BGB (sog. Akzessorietät des Pfandrechts),
- ⇨ wenn es aufgehoben wird, §§ 1257, 1255 BGB,
- ⇨ wenn der Vermieter Eigentümer der Sache wird, §§ 1257, 1256 BGB

c) Erlöschen gemäß §§ 936 I, 932 II BGB

Erlöschen durch gutgläubigen lastenfreien „Wegerwerb"

Das Pfandrecht erlischt auch dadurch, dass ein Dritter das Eigentum an der Sache erwirbt und dabei gutgläubig hinsichtlich des Nichtbestehens eines Pfandrechts ist, § 936 I BGB.[353] 87

hemmer-Methode: Zur examensrelevanten Vorschrift des § 936 BGB lesen Sie vertiefend HEMMER/WÜST, Sachenrecht II, Rn. 113 ff.[354]

II. Rechte des Vermieters bei Bestehen des Vermieterpfandrechts

1. Selbsthilferecht und Recht auf Rückverschaffung, § 562b BGB

Gemäß § 562b I BGB hat der Vermieter bei Vorliegen eines Pfandrechts ein Selbsthilferecht. Der Vermieter darf die Entfernung der Pfandsache verhindern (soweit er widersprechen darf, § 562b I S. 1 BGB a.E.) und die Sache in Besitz nehmen, wenn der Mieter auszieht. 88

352 Palandt, § 562a BGB, Rn. 9; BT-Drucks. 14/4553, S. 60.

353 Vgl. hierzu zuletzt BGH, Urteil vom 20.06.2005, Az.: II ZR 189/03; download unter www.bundesgerichtshof.de.

354 Ein zunächst nur mit dem Vermieterpfandrecht belastet erworbenes Sicherungseigentum an einer Sache kann nicht nach § 936 BGB durch ein anschließendes vorübergehendes Entfernen der Sache vom Mietgrundstück zu einem unbelasteten Sicherungseigentum erstarken; vgl. hierzu OLG Frankfurt, Life&Law 2007, 374 ff. = NJW-RR 2007, 231 ff. = jurisbyhemmer.

§ 562b I BGB: Recht zu wörtlichem Widerspruch und Recht zur Gewaltanwendung in engen Grenzen

Die Verhinderung der Entfernung hat dabei zunächst durch wörtlichen Widerspruch zu erfolgen. Bei dessen Misserfolg darf der Vermieter in engen Grenzen Gewalt gegen den Mieter (nicht gegen Dritte!) ausüben.[355]

Es besteht ein Recht zur Inbesitznahme, sodass verbotene Eigenmacht gemäß § 858 BGB ausscheidet, wenn die Voraussetzungen des § 562b I BGB gegeben sind.

hemmer-Methode: § 562b I BGB besteht neben § 229 BGB und geht über diesen hinaus. § 230 I BGB gilt entsprechend, § 231 BGB ist dagegen nicht anwendbar.

§ 562b II BGB: Anspruch auf Rückverschaffung

Wird die Sache entfernt und besteht das Vermieterpfandrecht trotzdem fort,[356] hat der Vermieter gemäß § 562b II BGB einen Anspruch auf Rückverschaffung der Sache. Dieses Recht besteht gegenüber dem Besitzer der Sache, also nicht nur gegenüber dem Mieter.

2. §§ 1257, 1228 ff. BGB

Rechte gemäß §§ 1228 ff. BGB

Der Vermieter hat als Inhaber eines Vermieterpfandrechts gemäß § 1257 BGB die gleichen Rechte wie ein Pfandgläubiger eines vertraglichen Pfandrechts. Er darf die Sache somit z.B. gemäß §§ 1228 ff. BGB verwerten. 89

3. Recht auf vorzugsweise Befriedigung, § 805 ZPO

Recht auf vorzugsweise Befriedigung

Der Vermieter hat als Inhaber eines Vermieterpfandrechts ein Recht auf vorzugsweise Befriedigung gemäß § 805 ZPO. 90

Bsp.: *V hat M einen Kellerraum als Proberaum für dessen Musikband vermietet. M, der lediglich seine Gitarre mit Verstärker in den Keller gebracht hat, ist mit seiner Mietzahlung in Rückstand gekommen. M ist hauptberuflich Arzt.*

Gerichtsvollzieher G pfändet rechtmäßigerweise die Gitarre samt Verstärker zugunsten des X, der einen Titel gegen M aus anderem Grunde hat und nimmt beide Gegenstände mit. V hat von diesen Vorgängen nichts gemerkt. Da er jedoch von den Schulden des M wusste, hätte er sich denken können, dass G dessen Sachen pfänden will, als er von G nach dem Ort des Proberaumes gefragt wurde.

Was kann V tun, um Befriedigung aus Gitarre und Verstärker zu erlangen, wenn er den gesamten Sachverhalt nach anderthalb Wochen erfährt?

Durch die Pfändung gem. § 808 ZPO hat X gem. § 804 ZPO ein Pfändungspfandrecht an Gitarre und Verstärker erlangt, so dass ihm der Wert der Sache materiellrechtlich zugeordnet ist. Ihm gebührt demnach der Erlös, wenn Gitarre und Verstärker verwertet werden.[357]

Fraglich ist jedoch, ob V die Verwertung zugunsten des X verhindern kann.

1. Drittwiderspruchsklage, § 771 ZPO

Es kommt die Drittwiderspruchsklage gemäß § 771 ZPO in Betracht. V müsste ein die Veräußerung hinderndes Recht innehaben. Ein solches liegt vor, wenn die Veräußerung des Vollstreckungsgegenstandes zivilrechtswidrig wäre, weil sie in den Rechtskreis eines Dritten eingreifen würde.[358]

355 Palandt, § 562b BGB, Rn. 6.

356 Vgl. oben; weil der Vermieter nichts wusste oder widersprochen hat.

357 Vgl. zum Ganzen Hemmer/Wüst, ZPO II, Rn. 124 ff.

358 Hemmer/Wüst, ZPO II, Rn. 264.

hemmer-Methode: Der Wortlaut des § 771 ZPO ist missverständlich formuliert. Wegen der §§ 932 ff. BGB wäre nicht einmal das Eigentum „ein die Veräußerung hinderndes Recht" i.S.d. § 771 ZPO.[359] Noch nicht einmal das Eigentum als stärkste dingliche Rechtsposition würde die Veräußerung „hindern", da insoweit ein gutgläubiger Erwerb in Frage kommen kann.
Die Formulierung stammt aus der Zeit, als in Deutschland noch Römisches Recht galt (die ZPO ist am 01.10.1879 in Kraft getreten), welches keinen gutgläubigen Erwerb kannte.
Gemeint ist heute mit der Formulierung ein Recht, bei welchem die Veräußerung durch den Schuldner selbst oder den Gläubiger zivilrechtswidrig wäre, weil sie in den Rechtskreis des Dritten eingreifen würde.

Besitzloses Pfandrecht ist kein die Veräußerung hinderndes Recht

V hat hier allenfalls ein Pfandrecht inne. Dieses ist als beschränkt dingliches Recht nur dann ein Recht im Sinne von § 771 ZPO, wenn es durch die Zwangsvollstreckung beeinträchtigt wird.[360] Dies ist z.B. durch Wegnahme der Sache, nicht aber durch eine Pfändung der Fall.[361]

Das Vermieterpfandrecht ist ein besitzloses Pfandrecht, sodass eine Beeinträchtigung durch Wegnahme nicht in Betracht kommt. Dass § 771 ZPO nicht für besitzlose Pfandrechte statthaft sein soll, wird außerdem durch den Wortlaut des § 805 I ZPO klargestellt.

Drittwiderspruchsklage (-)

Es entfällt daher die Möglichkeit der Drittwiderspruchsklage.

2. Klage auf vorzugsweise Befriedigung, § 805 ZPO

Mit der Klage auf vorzugsweise Befriedigung kann V die Zwangsvollstreckung nicht verhindern. Er kann bei erfolgreicher Klage jedoch verlangen, dass er sich *vor* dem Inhaber des Pfändungspfandrechts (hier X) aus dem Erlös befriedigen darf.

§ 805 ZPO ist anwendbar, da es sich um die Vollstreckung *in* eine bewegliche Sache *wegen* einer Geldforderung handelt.[362]

V müsste als Dritter ein vorrangiges Pfandrecht innehaben. V ist Dritter, da er nicht Gläubiger oder Schuldner im Rahmen der Pfändung ist. Er müsste ein Pfandrecht innehaben.

Für ein Vermieterpfandrecht ist eine Forderung des V aus einem Mietverhältnis erforderlich. Diese besteht in dem Anspruch auf Miete, da M mit seinen Zahlungen in Rückstand ist. Die Gitarre und der Verstärker stehen auch im Eigentum des M. V hat somit an diesen Gegenständen ein Vermieterpfandrecht erworben.

Dieses Pfandrecht ist nicht aufgrund der Wegnahme durch den Gerichtsvollzieher erloschen. V hatte von der Entfernung, welcher er gem. § 562a S. 2 BGB hätte widersprechen dürfen, keine Kenntnis. Seit Kenntnis sind auch noch kein Monat, sondern erst eineinhalb Wochen vergangen. Das Vermieterpfandrecht ist daher auch nicht nach § 562b II S. 2 BGB erloschen.

Das Vermieterpfandrecht müsste gegenüber dem Pfändungspfandrecht des X vorrangig sein. Gemäß § 804 II ZPO ist auch im Verhältnis Pfändungs- und Faustpfandrecht der Entstehungszeitpunkt des Pfandrechts entscheidend, § 1209 BGB (Prioritätsgrundsatz). Da das Pfandrecht des V vorrangig ist, ist es auch früher entstanden als das des X.

§ 805 ZPO (+)

Ergebnis: Die Klage auf vorzugsweise Befriedigung hätte Erfolg.

hemmer-Methode: Beachten Sie auch § 562d BGB! Der Vermieter darf sich nur in Höhe der Forderungen befriedigen, die nicht früher als im letzten Jahr vor der Pfändung entstanden sind.

---

359 Vgl. dazu Hemmer/Wüst, ZPO II, Rn. 264.

360 Thomas/Putzo, § 771 ZPO, Rn. 17.

361 Thomas/Putzo, § 771 ZPO, Rn. 17.

362 Vgl. Überschrift im Gesetz.

H) Beendigung des Mietverhältnisses

Beendigung durch allg. Vorschriften

Die Parteien können den Vertrag jederzeit einvernehmlich aufheben. 91
Darüber hinaus bestehen im Mietrecht zahlreiche Sonderbestimmungen über die Beendigung des Vertrages. Dabei wird zwischen Beendigung durch Zeitablauf und Beendigung durch Kündigung unterschieden.

I. Allgemeine Vorschriften

1. Beendigung durch Zeitablauf, § 542 II BGB

Wird das Mietverhältnis für eine bestimmte Zeit eingegangen, endet 92
es automatisch nach Zeitablauf, sofern es nicht in den gesetzlich zugelassenen Fällen außerordentlich gekündigt oder verlängert wird, § 542 II BGB.

Mietverhältnis endet mit Ablauf einer Zeitspanne

Ein zeitlich bestimmtes Mietverhältnis liegt zunächst vor, wenn die Parteien den Ablauf des Mietverhältnisses nach dem Kalender bestimmt haben. Ausreichend ist es auch, wenn der Gebrauch zeitlich eingeschränkt ist.

Bsp.: *Maschine während der Erntezeit*[363]

hemmer-Methode: Beachten Sie bereits jetzt, dass bei Wohnraummietverträgen gem. § 575 BGB die Befristung nur in Ausnahmefällen möglich ist (vgl. Rn. 102 ff.).

Mietverhältnis endet mit Eintritt eines Ereignisses

Die Parteien können jedoch auch ein Ereignis festlegen, bei dessen Eintritt der Mietvertrag beendet sein soll.

Bsp.: *Miete auf Lebenszeit*[364]

Ist der Eintritt des Ereignisses bei Vertragsschluss ungewiss, liegt kein befristeter Mietvertrag vor. Es handelt sich dann vielmehr um einen auflösend bedingten Mietvertrag, der an sich unbefristet ist.[365]

Bsp.: *Miete bis Scheidung*

Nach Ablauf der Zeit oder Eintritt des Ereignisses ist das Mietverhältnis grundsätzlich beendet.

§ 545 BGB: stillschweigende Verlängerung möglich

Gemäß § 545 BGB kommt jedoch eine stillschweigende Verlänge- 93
rung in Betracht, wenn der Mieter den Gebrauch fortsetzt und keine der Parteien einen entgegenstehenden Willen innerhalb von zwei Wochen äußert (zum Fristbeginn: § 545 Nr. 1 bzw. Nr. 2 BGB).

§ 545 BGB beinhaltet eine Anordnung des Fortbestehens des alten Mietvertrages auf unbestimmte Zeit.[366] Da dies ohne Rücksicht auf den Parteiwillen geschieht, ist eine Anfechtung nicht möglich.[367]

§ 311 I BGB: Verlängerung durch Vertrag

Eine Verlängerung kann auch durch Vertrag gemäß § 311 I BGB vereinbart werden. Dieser kann formlos, u.U. sogar konkludent, geschlossen werden.

---

363 Palandt, § 542 BGB, Rn. 9; Brox, Besonderes Schuldrecht, Rn. 201.

364 Palandt, § 542 BGB, Rn. 9.

365 Palandt, § 542 BGB, Rn. 4 und 9.

366 Palandt § 545 BGB, Rn. 10.

367 Palandt, § 545 BGB, Rn. 10.

hemmer-Methode: Ein Vertrag gemäß § 311 I BGB kann selbstverständlich angefochten werden. Die Abgrenzung zwischen einer Verlängerung gemäß § 545 BGB und einer solchen aufgrund Vertrages kann demnach sehr entscheidend sein!

2. Beendigung durch Kündigung, § 542 I BGB

Die Kündigung ist eine einseitige empfangsbedürftige Willenserklärung, die darauf gerichtet ist, das Mietverhältnis zu beenden. Sie ist grundsätzlich formfrei und bedarf keiner Begründung. 94

a) Bedingungs- und Befristungsfeindlichkeit

Kündigung = Gestaltungsrecht

Bei der Kündigung handelt es sich um ein Gestaltungsrecht. Die Besonderheit der meisten Gestaltungsrechte besteht in der einer Person eingeräumten Rechtsmacht, einseitig in die Rechtsverhältnisse einer anderen Person einzugreifen. 94a

Gestaltungsrechte sind bedingungsfeindlich

Diese muss aber, wenn sie schon der fremden Gestaltung unterworfen ist, vor Unbilligkeiten geschützt werden. Eine Unsicherheit, ob die Ausübung der Kündigung zu einer Umgestaltung führt, kann dem Gegner nicht zugemutet werden.[368]

Vgl. § 388 S. 2 BGB für Aufrechnung

Für die Aufrechnung - ebenfalls ein Gestaltungsrecht - ordnet das Gesetz z.B. die Bedingungs- und Befristungsfeindlichkeit ausdrücklich an (§ 388 S. 2 BGB). Der Aufrechnungsgegner soll nicht mit dem Schwebezustand belastet werden, der infolge einer Bedingung oder Befristung eintreten würde.

Diese Interessenlage ist nicht nur bei der Aufrechnung, sondern auch bei anderen Gestaltungsrechten gegeben. Deshalb ist die Bedingungs- und Befristungsfeindlichkeit auf diese zu erweitern.[369]

Gebot der Rechtssicherheit

Für die Kündigung von Mietverträgen ist daher allgemein anerkannt, dass sie nicht von einer (echten) Bedingung abhängig gemacht werden kann, durch die der Empfänger in eine ungewisse Lage versetzt würde.

Solche Kündigungen sind grundsätzlich unzulässig.[370] Lediglich in Fällen, in denen der Geschäftsgegner keiner Rücksichtnahme bedarf, z.B. weil er durch sie nicht in eine ungewisse Lage versetzt wird, lässt die herrschende Meinung eine bedingte Kündigung zu.[371]

Beispiel zur Befristung

***Bsp.:**[372] Kann eine Kündigung folgendermaßen ausgesprochen werden?* 94b

„Hiermit kündigen wir den Mietvertrag außerordentlich. Die Kündigung wird nicht mit sofortiger Wirkung ausgesprochen, sondern zu dem Zeitpunkt, an dem wir andere Geschäftsräume beziehen können“.

Die Kündigung ist unwirksam.

Die Erklärung, die Kündigung erfolge „nicht mit sofortiger Wirkung, sondern zu dem Zeitpunkt, in dem wir andere Geschäftsräume beziehen können“, ist so auszulegen, dass die Wirksamkeit der Kündigung nicht von einem zukünftigen, ungewissen Ereignis, sondern von einem gewissen, allerdings zeitlich noch unbestimmten Ereignis abhängig war.

---

368 Medicus, Allgemeiner Teil des BGB, 8. Aufl., Rn. 89, 90.

369 Medicus/Petersen a.a.O., Rn. 849; Pawlowski, Allgemeiner Teil des BGB, 7. Aufl. § 4 Rn. 617, 613b.

370 Emmerich/Sonnenschein/Rolfs, Miete, 8. Aufl., § 542 BGB, Rn. 28 m.w.N.; Schmidt-Futterer, Mietrecht, § 542 BGB, Rn. 16.

371 Vgl. BGH, BB 1973, 819 = **juris**byhemmer; weitere Nachweise bei Staudinger/Sonnenschein § 564 BGB, Rn. 74.

372 BGH, NJW 2004, 284 = **juris**byhemmer.

Damit war die Kündigung nicht unter einer Bedingung, sondern unter einer Befristung erklärt.[373]

§ 163 BGB stellt Befristung der Bedingung gleich

Das Gesetz geht davon aus, dass für Bedingungen und Befristungen weitgehend übereinstimmende Regelungen gelten. Nach § 163 BGB gelten für die Zeitbestimmung die §§ 158, 160, 161 BGB, somit Bestimmungen des Rechts der Bedingung.

Die Verweisung ist nicht vollständig. Auch andere Bestimmungen des Bedingungsrechts können Anwendung finden. Bedingungsfeindliche Rechtsgeschäfte werden in der Regel auch als befristungsfeindlich angesehen.[374]

auch bei Befristung entsteht Rechtsunsicherheit

⇨ daher unzulässig

Für den Vermieter ist das Ende der Mietzeit von entscheidender Bedeutung, weil davon die Möglichkeit einer Neuvermietung abhängt. Dass eine außerordentliche Kündigung für einen späteren Zeitpunkt, also mit einer (bestimmten) Auslauffrist wirksam ausgesprochen werden kann (vgl. Rn. 96 f.), spricht nicht für die generelle Zulässigkeit einer Befristung. Gewährt der Kündigende eine Auslauffrist, so steht der Zeitpunkt des Wirksamwerdens der Kündigung fest.

Der Kündigende gewährt dem Vertragspartner damit die Möglichkeit, sich auf die Auflösung des Vertrages einzustellen. Eine Unsicherheit entsteht für ihn nicht.

Die Befristung führt hier damit zur Unwirksamkeit der außerordentlichen Kündigung.

b) Ordentliche Kündigung

Ohne Grund

Die ordentliche Kündigung ist die Kündigung, die – außer bei der Wohnraummiete, vgl. § 573 BGB – ohne Grund erfolgen kann. Sie ist an die Einhaltung bestimmter Fristen gebunden. 95

Mit Frist

Die Länge der Frist bestimmt sich nach der Parteivereinbarung, im Übrigen gelten nach Art der Mietsache unterschiedliche Fristen, die sich nicht aus den allgemeinen Vorschriften ergeben (vgl. etwa §§ 573c, 573a I S. 2, 573b II, 580a, 550 S. 2 BGB).

Die ordentliche Kündigung kommt nur bei unbefristeten Mietverhältnissen in Betracht.

Problem: Ordentliche Kündigung bei auflösend befristetem Vertrag?

Ein unter einer auflösenden Bedingung (hier: behördliche Nutzungsuntersagung) geschlossener Pachtvertrag ist als unbefristeter Vertrag ordentlich kündbar, wenn die Parteien die Möglichkeit einer ordentlichen Kündigung nicht ausgeschlossen haben.

Ein solcher Ausschluss des Rechts zur ordentlichen Kündigung kann auch schon in der Vereinbarung einer auflösenden Bedingung als solcher zu finden sein.

Ob der Vereinbarung eine solche weitergehende, das ordentliche Kündigungsrecht ausschließende Bedeutung zukommt, hat im Streitfall diejenige Vertragspartei darzulegen und zu beweisen, die sich auf diese Bedeutung beruft.[375]

c) Außerordentliche Kündigung

Nur mit wichtigem Grund

Die außerordentliche Kündigung kann nur mit ausreichendem Grund erfolgen. Die Kündigungsgründe bestimmt das Gesetz. Es unterscheidet dabei zwischen befristeter und fristloser Kündigung. 96

373 Zur Abgrenzung vgl. Palandt, § 163 BGB, Rn. 1 m.w.N.

374 Erman/Hefermehl, § 163 BGB, Rn. 4; MüKo, § 163 BGB, Rn. 5; Staudinger/Bork, § 163 BGB, Rn. 9.

375 BGH, Life&Law 09/2009, 583 ff. = NJW-RR 2009, 927 ff. = jurisbyhemmer.

Außerordentliche befristete Kündigung

Außerordentliche befristete Kündigung bedeutet, dass die Kündigung innerhalb der gesetzlichen Frist erfolgen darf.

Sinnvoll ist dies für die Parteien, wenn ein befristetes Mietverhältnis vereinbart wird (eine ordentliche Kündigung also nicht möglich ist) oder im Mietvertrag Kündigungsfristen vereinbart werden, welche die gesetzlich vorgeschriebene Zeit überschreiten.

Fälle der *außerordentlichen befristeten* Kündigung in den allgemeinen Vorschriften sind:

⇨ § 540 I S. 2 BGB: Kündigungsmöglichkeit des Mieters bei Verweigerung der Untermieterlaubnis

⇨ § 544 BGB: Kündigungsmöglichkeit beider Parteien bei einem Mietvertrag über 30 Jahre nach Ablauf dieser Zeit

Außerordentliche fristlose Kündigung gem. § 543 BGB

Eine außerordentliche fristlose Kündigung **gem. § 543 BGB** führt unmittelbar und sofort zur Beendigung des Mietverhältnisses.

aa) Außerordentliche Kündigung gem. § 543 I BGB

Kündigung nach § 543 I BGB

Nach § 543 I S. 1 BGB kann jede Vertragspartei das Mietverhältnis aus wichtigem Grund außerordentlich fristlos kündigen. Ein wichtiger Grund liegt gem. § 543 I S. 2 BGB dann vor, wenn dem Kündigenden unter Berücksichtigung aller Umstände des Einzelfalls, insbesondere eines Verschuldens der Vertragsparteien, und unter Abwägung der beiderseitigen Interessen die Fortsetzung des Mietverhältnisses bis zum Ablauf der Kündigungsfrist oder bis zur sonstigen Beendigung des Mietverhältnisses nicht zugemutet werden kann. 97

Ein solcher ist gegeben, wenn das gegenseitige Vertrauensverhältnis der Parteien durch das (u.U. auch schuldlose) Verhalten eines Vertragspartners so zerrüttet ist, dass eine Fortsetzung nicht zumutbar ist.

§ 543 I S. 2 BGB verlangt Abwägung der beiderseitigen Interessen und aller Einzelfallumstände

§ 543 I S. 2 BGB verlangt eine Abwägung der beiderseitigen Interessen der Mietvertragsparteien und Berücksichtigung aller Umstände des Einzelfalls; hierzu gehören auch etwaige Härtegründe auf Seiten des Mieters. 97a

Bsp.:[376] *Ein solcher Härtegrund kann in der Besorgnis einer ernsthaften Verschlechterung des Gesundheitszustandes einer 97-jährigen, bettlägerigen Mieterin infolge eines erzwungenen Wechsels der bisherigen häuslichen Umgebung und Pflegesituation liegen.*

Bei drohender schwerwiegender Gesundheitsbeeinträchtigung oder Lebensgefahr sind die Gerichte im Hinblick auf Art. 2 II S. 1 GG gehalten, ihre Entscheidung auch verfassungsrechtlich auf eine tragfähige Grundlage zu stellen und diesen Gefahren bei der Abwägung der widerstreitenden Interessen hinreichend Rechnung zu tragen.

Diese nach § 543 I S. 2 BGB erforderliche Gesamtabwägung kann zur Folge haben, dass ein wichtiger Grund für eine außerordentliche Kündigung wegen besonders schwerwiegender persönlicher Härtegründe auf Seiten des Mieters trotz seiner erheblichen Pflichtverletzung nicht vorliegt.

376 BGH, Life&Law 03/2017, 164 ff. = jurisbyhemmer.

bb) Außerordentliche Kündigung gem. § 543 II BGB

Kündigung nach § 543 II BGB

Eine fristlose Kündigung nach § 543 II S. 1 BGB erfordert im Unterschied zu § 543 I BGB nicht, dass der Kündigende darlegt, warum ihm die Fortsetzung des Mietverhältnisses nicht zumutbar ist. 98

Für die Wirksamkeit der Kündigung genügt es vielmehr grundsätzlich, wenn einer der in § 543 II S. 1 Nr. 1 bis 3 BGB aufgeführten Tatbestände vorliegt.

Nach der Gesetzessystematik handelt es sich bei den in § 543 II S. 1 Nr. 1 bis Nr. 3 BGB aufgeführten Kündigungsgründen nämlich um **gesetzlich typisierte Fälle der Unzumutbarkeit**. Soweit deren tatbestandliche Voraussetzungen erfüllt sind, ist grundsätzlich auch ein wichtiger Grund im Sinne von § 543 I BGB zur fristlosen Kündigung gegeben.

Das Recht zu einer außerordentlichen fristlosen Kündigung hat

der **Mieter** gemäß: 98a

⇨ § 543 II S. 1 Nr. 1 BGB bei Nichtgewährung des Gebrauchs.

> **Bsp.:** *Weicht die tatsächliche Mietfläche um mehr als 10 % von der vereinbarten ab, so liegt generell ein erheblicher Mangel vor. Hieran knüpft das Recht zur fristlosen Kündigung wegen Nichtgewährung des Gebrauchs gem. § 543 II S. 1 Nr. 1 BGB an.*[377]

Fraglich ist, ob sich aus dem Umstand, dass über einen längeren Zeitraum in Kenntnis des Mangels die Miete vorbehaltlos gezahlt wurde, eine Verwirkung des Rechts zur außerordentlichen Kündigung ergibt.

BGH: Keine Verwirkung analog § 536b BGB

Der BGH hat seine anderslautende frühere Rechtsprechung nun ausdrücklich aufgegeben und eine Verwirkung analog § 536b BGB abgelehnt.[378] Die Voraussetzungen einer Analogie zu § 536b BGB sind mit der Mietrechtsreform aus dem Jahr 2001 weggefallen, da der Gesetzgeber mit § 536c BGB eine Vorschrift geschaffen hat, welche der Annahme einer planwidrigen Regelungslücke entgegensteht. § 536c II S. 2 Nr. 3 BGB enthält eine (abschließende) Regelung hinsichtlich nachträglich sich zeigender Mängel. Danach kann das Recht zur außerordentlichen Kündigung nur dann ausgeschlossen sein, wenn der Tatbestand des § 536c II BGB vorliegt bzw. der allgemeine Verwirkungstatbestand gegeben ist.

Das Recht zu einer außerordentlichen fristlosen Kündigung hat

der **Vermieter** gemäß: 98b

⇨ § 543 II S. 1 Nr. 2 BGB bei vertragswidrigem Gebrauch,

> **Bsp.:** *Unberechtigte Untervermietung (§§ 540, 553 BGB).*

hemmer-Methode: Eine Kündigung wegen unberechtigter Untervermietung eines Zimmers ist aber unwirksam, wenn dem Mieter ein Anspruch auf Erteilung einer Erlaubnis zustand. In diesem Fall hat sich der Vermieter selbst vertragswidrig verhalten. Dieser Vertragsverstoß muss bei der Abwägung der beiderseitigen Interessen zugunsten des Mieters berücksichtigt werden. Ob in diesem Fall überhaupt noch von einem erheblich vertragswidrigen Verhalten des Mieters gesprochen werden kann, bedarf keiner Entscheidung.

377 BGH, Life&Law 09/2009, 577 ff. = NJW 2009, 2297 ff. = jurisbyhemmer.

378 Vgl. BGH, Life&Law 2007, 161 [162] = NJW 2007, 147 ff. = jurisbyhemmer.

Dem Vermieter ist es jedenfalls wegen des Verbots rechtsmissbräuchlichen Verhaltens (§ 242 BGB) verwehrt, sich bei seiner Kündigung auf das Fehlen einer Erlaubnis zu berufen, die er hätte erteilen müssen, wenn er sich selbst vertragsgemäß verhalten hätte.

⇨ § 543 II S. 1 Nr. 3 BGB bei qualifiziertem Zahlungsverzug.

Ist durch Auflauf eines Zahlungsrückstands des Mieters in der in § 543 II S. 1 Nr. 3a oder b BGB genannten Höhe ein Recht des Vermieters zur fristlosen Kündigung des Mietverhältnisses entstanden, wird dieses nach § 543 II S. 2 BGB nur durch eine vollständige Zahlung des Rückstandes vor Zugang der Kündigung ausgeschlossen.[379]

Bsp.: *Der Mieter M mindert über 16 Monate wegen Schimmelbildung die Miete um 30 %. Vermieter V kündigt außerordentlich wegen Zahlungsverzugs. Im Räumungsprozess stellt ein Sachverständiger fest, dass der Grund für die Schimmelbildung kein Mangel, sondern falsches Lüftungsverhalten des M war.*[380]

In Betracht kommt vorliegend § 543 II Nr. 3b BGB, da der M über einen Zeitraum von 16 Monaten jeweils 30 % der Miete einbehalten hat. Dies entspricht insgesamt einem Betrag, der zwei Monatsmieten bei weitem übersteigt.

Fraglich ist jedoch, ob sich M mit der Zahlung auch in Verzug gefunden hat. Verzug ist gem. § 286 I BGB die schuldhafte Nichtleistung trotz Fälligkeit, Mahnung und Einredefreiheit. Gem. § 286 IV BGB gerät der Schuldner nicht in Verzug, wenn die Leistung infolge eines Umstandes unterbleibt, welchen er nicht zu vertreten hat.

Zu vertreten hat der Schuldner gemäß § 276 I BGB Vorsatz und Fahrlässigkeit. Fraglich ist, welcher Maßstab für das Vertretenmüssen in einem Fall wie dem vorliegenden zu gelten hat.

(1) Teilweise wird vertreten, dass im Rahmen der Kündigung gem. § 543 II Nr. 3 BGB ein milderer Verschuldensmaßstab zu gelten habe. Dies gelte dann, wenn sich der Mieter zwar in einem Rechtsirrtum befinde, die Auseinandersetzung aber von sachlich gerechtfertigten Meinungsverschiedenheiten getragen sei. Der Vermieter sei gehalten, eine entsprechende Klärung zunächst im Rahmen einer Leistungsklage zu erreichen. Gewinne er hier erstinstanzlich, habe der Mieter die Zahlungen zumindest unter Vorbehalt wieder aufzunehmen. Vorher könne ihm eine Nichtleistung nicht angelastet werden.[381]

(2) Der BGH erteilt diesem Ansatz zu Recht eine Absage. An das Vorliegen eines unverschuldeten Rechtsirrtums sind – auch im Wohnraummietrecht – strenge Anforderungen zu stellen sind. Auch bei einem Irrtum über die Ursache einer Schimmelpilzbildung besteht kein Grund, zugunsten des Mieters einen milderen Sorgfaltsmaßstab anzulegen, als er im restlichen Zivilrecht gilt.

Die Auffassung, der Mieter hätte im Rahmen des § 543 II Nr. 3 BGB schon deshalb nicht in Verzug geraten können, weil seine Einschätzung, der Schimmelbefall sei auf einen vom Vermieter zu vertretenden Baumangel zurückzuführen, nicht „offensichtlich unberechtigt" gewesen sei, liefe darauf hinaus, dass sich die Haftung des Mieters auf Vorsatz und grobe Fahrlässigkeit beschränkte. Für eine derartige Privilegierung des Mieters besteht kein Anlass.

379 BGH, Life&Law 02/2018, 82 ff. = **juris**byhemmer.

380 BGH, Life&Law 11/2012, 785 ff. = NJW 2012, 2882 f. = **juris**byhemmer.

381 LG Berlin, GE 2007, 1486, 1487; LG Frankfurt am Main, NJW-RR 2004, 1238 f.

Es wird auf den Mieter, der das Risiko einer fahrlässigen Fehleinschätzung der Ursache eines Mangels zu tragen hat, auch kein unzulässiger Druck dahin ausgeübt, auf seine Rechte aus § 536 BGB zu verzichten. Denn der Mieter kann den Minderungsbetrag, den er für angemessen hält, unter dem einfachen, lediglich die Wirkungen des § 814 BGB ausschließenden Vorbehalt der Rückforderung an den Vermieter zahlen, sodass ihm die Möglichkeit bleibt, eine gerichtliche Klärung seiner Rechte herbeizuführen, ohne dem Risiko einer fristlosen Kündigung ausgesetzt zu sein.

Ergebnis: Die außerordentliche Kündigung war wirksam.

hemmer-Methode: Der Ausspruch einer fristlosen Kündigung widerspricht auch nicht den Grundsätzen von Treu und Glauben, wenn der zur Kündigung Berechtigte es jahrelang hinnimmt, dass die Miete zum Teil nicht entrichtet wird, die Mietrückstände während dieser Zeit aber immer weiter auflaufen und in der Zwischenzeit mehrmals auf die Möglichkeit zur fristlosen Kündigung hingewiesen wird.[382]

§ 543 II S. 1 Nr. 3 BGB gilt auch bei unverschuldeter Geldnot

Zu beachten ist, dass bei Geldschulden nach allgemeiner Meinung eine strengere Haftung besteht.

Danach befreit eine Leistungsunfähigkeit aufgrund wirtschaftlicher Schwierigkeiten den Schuldner auch dann nicht von den Folgen des Ausbleibens der (rechtzeitigen) Leistung, wenn sie auf unverschuldeter Ursache beruht.

Vielmehr hat jedermann nach dem Prinzip der unbeschränkten Vermögenshaftung, das aus § 276 I S. 1 BGB und im Übrigen auch aus dem geltenden Zwangsvollstreckungs- und Insolvenzrecht abzuleiten ist, ohne Rücksicht auf ein Verschulden für seine finanzielle Leistungsfähigkeit einzustehen.[383]

Dieses Verständnis des Vertretenmüssens im Falle mangelnder finanzieller Leistungsfähigkeit gilt auch für Mietzahlungspflichten und die bei Ausbleiben der Miete bestehenden Kündigungsmöglichkeiten des Vermieters aus wichtigem Grund nach § 543 II S. 1 Nr. 3 BGB.[384]

Die nach § 543 II S. 1 Nr. 3 BGB allein auf den Umstand des Zahlungsverzugs abstellenden Kündigungsgründe sind vom Gesetzgeber außerdem so konzipiert worden, dass sie - anders als §§ 543 I, 573 II Nr. 1 BGB - eine Berücksichtigung von persönlichen Umständen und Zumutbarkeitserwägungen grundsätzlich nicht zulassen.[385]

Vielmehr ist danach bei Vorliegen der Tatbestände des § 543 II BGB allein aus diesem Grund eine außerordentliche fristlose Kündigung möglich, ohne dass die in § 543 I BGB genannten Abwägungsvoraussetzungen noch zusätzlich erfüllt sein müssen.

Nach der Gesetzessystematik und den ihr zugrunde liegenden gesetzgeberischen Wertungen handelt es sich bei den in § 543 II S. 1 Nr. 1 bis 3 BGB aufgeführten, die (objektive) Verletzung bestimmter mietrechtlicher (Kardinal-)Pflichten von erheblichem Gewicht betreffenden Kündigungsgründen um gesetzlich typisierte Fälle der Unzumutbarkeit einer weiteren Fortsetzung des Mietverhältnisses. Soweit deren tatbestandliche Voraussetzungen erfüllt sind, ist danach grundsätzlich auch ein wichtiger Grund im Sinne von § 543 I BGB zur fristlosen Kündigung gegeben.[386]

382 BGH, Life&Law 2005, 741 ff. = NJW 2005, 2775 ff. = **juris**byhemmer.

383 BGHZ 107, 92, 102 = **juris**byhemmer; BGH, WM 2002, 347 = **juris**byhemmer; BGHZ 150, 187, 194 = **juris**byhemmer.

384 BGH, Life&Law 05/2015, 319 (322) = WuM 2015, 152 ff. = **juris**byhemmer; BGH, NZM 2005, 334 = **juris**byhemmer.

385 BGH, WM 1987, 932 = **juris**byhemmer.

386 BGH, NJW 2010, 3020 = **juris**byhemmer; BGH, NJW 2009, 2297 = **juris**byhemmer; BGH, WM 1969, 625 = **juris**byhemmer.

cc) Vorrang der Abmahnung, § 543 III BGB

Vorrang der Abmahnung

Besteht der wichtige Grund in der Verletzung einer Pflicht aus dem Mietvertrag, so ist die Kündigung gem. § 543 III S. 1 BGB erst nach erfolglosem Ablauf einer zur Abhilfe bestimmten angemessenen Frist oder nach erfolgloser Abmahnung zulässig. 99

Ausnahmen

Bei der außerordentlichen Kündigung wegen Zahlungsverzuges gem. § 543 II S. 1 Nr. 3 BGB besteht dieser Vorrang der Abmahnung nicht, vgl. § 543 III S. 2 Nr. 3 BGB.

hemmer-Methode: Zu den weiteren Ausnahmen lesen Sie sich einfach § 543 III S. 2 BGB durch.

Rechtsnatur der Abmahnung

Bei der in § 543 III BGB angesprochenen Abmahnung handelt es sich um eine rechtsgeschäftsähnliche Erklärung, die darauf abzielt, der anderen Vertragspartei ein bestimmtes, als Vertragsverletzung beanstandetes Fehlverhalten vor Augen zu führen, und zwar verbunden mit der Aufforderung, dieses Verhalten zur Vermeidung weiterer vertragsrechtlicher Konsequenzen aufzugeben oder zu ändern.[387]

Darin erschöpfen sich ihre gegenwärtigen Wirkungen für den abgemahnten Mieter. Insbesondere ändert die Abmahnung nichts daran, dass der Vermieter, wenn er sich in einem späteren Kündigungsrechtsstreit auf das abgemahnte Verhalten stützen will, durch die Abmahnung keinen Beweisvorsprung erlangt, sondern den vollen Beweis für die vorausgegangene Pflichtwidrigkeit zu führen hat.

hemmer-Methode: Der Mieter hat gegen den Vermieter keinen Anspruch auf Beseitigung oder Unterlassung einer von ihm als unberechtigt erachteten Abmahnung. Eine Klage auf Feststellung, dass eine vom Vermieter erteilte Abmahnung aus tatsächlichen Gründen unberechtigt war, ist unzulässig.[388]

d) Kündigung bei Mehrheit von Mietern bzw. Vermietern

Mehrheit von Mietern / Vermietern

Ein Mietverhältnis, an dem auf Vermieter- oder Mieterseite mehrere Personen beteiligt sind, kann wirksam nur gegenüber allen Vertragspartnern gekündigt werden.[389] 100

Nach § 425 II BGB handelt es sich zwar bei der Kündigung um eine einzelwirkende Tatsache, also um eine Tatsache, die nur in der Person des Gesamtschuldners, bei dem sie eintritt, Rechtswirksamkeit entfaltet. Daraus könnte gefolgert werden, dass jeder Vertragspartei das Recht zusteht, das Mietverhältnis mit Wirkung für sich allein zu kündigen.

§ 425 II BGB regelt nur die Fälligkeitskündigung

Allerdings meint § 425 II Var. 1 BGB mit Kündigung nur die **Fälligkeits**kündigung (z.B. §§ 488 III, 498 BGB) und nicht die **Beendigungs**kündigung.[390]

---

387 **Hinweis**: Die arbeitsrechtliche Beurteilung zu den Folgen einer fehlerhaften Abmahnung lässt sich nicht auf das Mietvertragsrecht übertragen. Im Arbeitsrecht wird dem Arbeitnehmer über § 242 BGB und eine entsprechende Anwendung von § 1004 BGB ein Beseitigungsanspruch gegen eine zu Unrecht erteilte Abmahnung zugebilligt, vgl. BAG, NZA 2002, 965 (966) = **juris**byhemmer. Grundlage der Zubilligung eines Beseitigungs- und Unterlassungsanspruchs gegen eine auf arbeitsrechtlichem Gebiet liegende Abmahnung sind die ausgeprägte Fürsorgepflicht des Arbeitgebers sowie damit einhergehend weitgehende persönlichkeitsrechtliche Pflichtenbindungen. Diese sind im Mietvertragsrecht - wenn überhaupt - jedenfalls nicht in einer auch nur annähernd vergleichbaren Form anzutreffen; vgl. BGH, NJW 2006, 1585 ff. = **juris**byhemmer.

388 Vgl. BGH, Life&Law 07/2008, 499 = NJW 2008, 1303 f. = **juris**byhemmer; MüKo, 5. Aufl., § 535 BGB, Rn. 147 f.

389 BGHZ 26, 102 ff. = **juris**byhemmer; vgl. auch Palandt, § 542 BGB, Rn. 18.

390 BGH, NJW 1989, 2383 ff. = **juris**byhemmer., Palandt, § 425 Rn. 3; gl. dazu auch Hemmer/Wüst, Rückgriffsansprüche, Rn. 255.

Diese Einschränkung ergibt sich aus dem Verfügungscharakter der Beendigungskündigung. Würde man einer Partei nach § 425 II BGB das Recht zubilligen, sich aus dem Mietvertrag einseitig herauszukündigen, wäre damit die Rechtsposition der anderen Vertragspartei betroffen, die dann für die Zahlung der Miete bzw. die Gewährung des Gebrauchs allein haften müsste.

Die Beendigung eines Mietvertrages durch Kündigung, auf deren Seiten sich mehrere Parteien gegenüberstehen, kann damit nur durch eine einheitliche Kündigung aller Berechtigten bzw. gegen alle Berechtigten erfolgen.

§ 719 I BGB bei GbR bzw. § 747 S. 2 BGB bei schlichter Rechtsgemeinschaft

Dies folgt entweder aus § 719 BGB, wenn es sich bei der Mieter- bzw. Vermietermehrheit um eine GbR handelt, oder aus § 747 S. 2 BGB, wenn es sich um eine schlichte Rechtsgemeinschaft nach § 741 BGB handelt.

Vgl. auch Rechtsgedanke des § 351 BGB

Dies ist ein allgemeiner Grundsatz für die Ausübung von Gestaltungsrechten, der lediglich beim Rücktritt ausdrücklich normiert ist (§ 351 BGB). Für andere Gestaltungsrechte gilt dieser Rechtsgedanke als ungeschriebener Grundsatz. Vertretbar ist es daher natürlich auch, § 351 BGB analog anzuwenden.

Wenn nun z.B. in der Person nur eines Mieters in einer dreiköpfigen Wohngemeinschaft ein wichtiger Grund vorliegt (z.B. Störung des Hausfriedens, vgl. § 569 II BGB; s.u. bei Rn. 105a), so kann der Vermieter den Vertrag allen drei Mietern kündigen. Die beiden anderen „anständigen" Mieter können aber gemäß § 242 BGB unter Umständen einen Anspruch auf Wiederbegründung eines Mietvertrages haben.[391] **100a**

Haben mehrere Mieter als Partner einer Lebens- oder Wohngemeinschaft gemeinsam eine Wohnung gemietet und zieht einer der Mieter aus, so wird diesem ein Anspruch gegen den anderen Mieter eingeräumt, an der - für eine Beendigung des Mietverhältnisses grundsätzlich erforderlichen - gemeinsamen Kündigung mitzuwirken, sofern nicht berechtigte Interessen des anderen Mieters dem entgegenstehen.

hemmer-Methode: Nach überwiegender Meinung besteht nämlich zwischen mehreren Mietern eine Gemeinschaft i.S.d. §§ 741 ff. BGB, in manchen Fällen auch eine GbR i.S.d. §§ 705 ff. BGB.[392]
Hieraus ergeben sich dann – auch ungeschriebene – gegenseitige Rechte und Pflichten, insbesondere eine Treuepflicht. Da allerdings eine Zustimmungsverpflichtung auch gegenüber dem Vermieter erforderlich ist, um *diesem* gegenüber einen Rechtsmissbrauch schlüssig begründen zu können, stellt der BGH hier letztlich auf eine *mietvertragliche* Nebenpflicht ab.[393]

3. Anspruch auf vorzeitige Beendigung des Mietvertrages

Vorzeitige Aufhebung des Mietvertrages, aber grds. gilt „pacta sunt servanda"

Besonders im Rahmen der Raummiete kommt es häufig vor, dass der Mieter aufgrund von Veränderungen in seinen Lebensumständen an einer vorzeitigen Aufhebung des Mietvertrages interessiert ist. Grundsätzlich ist der Vermieter nicht verpflichtet, einer vorzeitigen Vertragsauflösung zuzustimmen, „pacta sunt servanda". **101**

hemmer-Methode: Zu beachten ist, dass hier kein Fall des § 543 I BGB vorliegt. Der wichtige Grund bei § 543 I BGB muss aus dem Risikobereich des Kündigungsempfängers und nicht aus dem des Kündigenden stammen!

391 Vgl. dazu Palandt, § 425 BGB,, Rn. 17; OLG Düsseldorf, NJW-RR 1987, 1371 = jurisbyhemmer.

392 Vgl. Palandt, § 535 BGB, Rn 7.

393 BGH, NJW 2005, 1715 (1716) = jurisbyhemmer.

Anspruch auf Beendigung aus § 242 BGB

Etwas anderes kann sich jedoch aus § 242 BGB ergeben, wenn das Interesse des Mieters am Auszug die Interessen des Vermieters an der Fortsetzung des Mietvertrages erheblich überwiegt und der Mieter insbesondere einen akzeptablen Nachmieter stellt.[394]

Dies gilt als allgemeine Überlegung sowohl für Mietverträge über Wohnraum als auch für solche über gewerblich genutzte Räume, bei letzteren sind jedoch an die Eignung des Nachmieters höhere Anforderungen zu stellen.

Voraussetzung für die Stellung eines geeigneten Nachmieters

Nach Ansicht des BGH ist es grundsätzlich allein die Aufgabe des Mieters, einen geeigneten Nachfolger zu benennen, wenn er vom Vermieter mit Rücksicht auf Treu und Glauben (§ 242 BGB) eine vorzeitige Entlassung aus dem Mietverhältnis begehrt. Der Mieter trägt nämlich gem. § 537 I BGB – welcher lediglich klarstellend den Grundsatz „pacta sunt servanda" zum Ausdruck bringt – das Verwendungsrisiko der Mietsache. Es ist deshalb allein Sache des Mieters, einen geeigneten Nachmieter zu suchen, den Vermieter über die Person des Nachfolgers aufzuklären und ihm sämtliche Informationen zu geben, die dieser benötigt, um sich ein hinreichendes Bild über die persönliche Zuverlässigkeit und wirtschaftliche Leistungsfähigkeit des Nachmieters machen zu können.

Der Vermieter ist demgegenüber nicht gehalten, aktiv an der Suche eines Nachmieters mitzuwirken. Deshalb ist es auch die Aufgabe des Mieters, erforderliche Besichtigungstermine durchzuführen sowie Unterlagen über die Bonität und Zuverlässigkeit vorzuschlagen. Die Bonität ist dabei jedenfalls dann ein entscheidender Faktor, wenn der Mieter begehrt, aus dem Mietverhältnis vollständig entlassen zu werden.[395]

Abwicklung des Mieterwechsels

Auf welche Weise der Mieterwechsel rechtstechnisch abgewickelt wird, ist eine Frage der Auslegung der getroffenen Vereinbarung.

Neuvertrag oder Vertragsübernahme

In Betracht kommen eine Aufhebung des ursprünglichen Vertrages zwischen dem Vermieter und dem Altmieter und die Neubegründung eines Vertrages zwischen dem Vermieter und dem Neumieter. Möglich ist andererseits aber auch eine (dreiseitige) Vertragsübernahme zwischen dem Alt- und dem Neumieter unter Zustimmung des Vermieters. Zu denken ist auch an die Abtretung des Anspruchs auf Gebrauchsüberlassung im Verhältnis Alt- zu Neumieter unter Zustimmung des Vermieters.[396]

hemmer-Methode: Probleme treten auf, wenn der vom Altmieter vorgeschlagene Neumieter den Vermieter i.S.d. § 123 BGB (etwa über seine Solvenz) getäuscht hat. In diesem Fall könnte man die Idee haben, eine Anfechtung der Vermieterzustimmung zum Mieterwechsel zuzulassen, sodass über § 139 BGB der ursprüngliche Mietvertrag zwischen Vermieter und Altmieter wieder auflebt.
Dieser Ansicht ist der BGH jedoch entgegengetreten.[397] Es ist nicht nur erforderlich, dass die Anfechtung sowohl gegenüber dem Neu- als auch gegenüber dem Altmieter erfolgt. Für die Anfechtung gegenüber dem Altmieter müssen zudem noch die Voraussetzungen des § 123 II BGB vorliegen.

394 Palandt, § 537 BGB, Rn. 8; OLG Karlsruhe, NJW 1981, 1741; OLG Hamm, NJW-RR 1995, 1478; OLG München, NJW-RR 1995, 393: **alle Entscheidungen** = **juris**byhemmer.

395 Vgl. dazu BGH, Life&Law 01/2016, 18 ff. = **juris**byhemmer.

396 BGH, NJW 1998, 531, 532 = **juris**byhemmer; Palandt, § 537 BGB, Rn. 8.

397 BGH, NJW 1998, 531, 531 ff. = **juris**byhemmer; vgl. auch BGHZ 96, 302; 31, 321 = **juris**byhemmer.

II. Besondere Regeln für Wohnraummiete

Bes. Schutz des Mieters

Zum Schutz des Mieters ist das Kündigungsrecht bei der Vermietung von Wohnraum zu Lasten des Vermieters teilweise abweichend geregelt, §§ 568 ff. BGB. 102

hemmer-Methode: Diesen besonderen Mieterschutz hat der Gesetzgeber nicht für die Fälle angeordnet, in denen möblierter Wohnraum oder der Wohnraum nur zum vorübergehenden Gebrauch vermietet wird. Vgl. etwa §§ 549 II, III (Studentenwohnheim!), 573c II BGB.
Nach Ansicht des BGH genügt allein der Umstand, dass sich das Zimmer in einem als „Studentenwohnheim" bezeichneten Gebäude befindet, das die typische Aufteilung eines Wohnheims aufweist und überwiegend von Studenten bewohnt wird, nicht, um das Tatbestandsmerkmal des Studentenwohnheims zu erfüllen. Es kommt vielmehr darauf an, ob Wohnraum in einem hierfür geeigneten Gebäude an Studenten auf Grundlage eines sozialen Förderkonzepts vermietet wird. En zügiger Bewohnerwechsel aufgrund der Wohnungsnot der Studenten bei gleicher Behandlung der Interessenten kann nur erreicht werden, wenn der Vermieter in dem Wohnheim ein Belegungskonzept praktiziert, das an studentischen Belangen ausgerichtet ist und im Interesse der Versorgung vieler Studenten mit Wohnheimplätzen eine Rotation nach abstrakt-generellen Kriterien praktiziert.[398]

1. Abgrenzung bei Mischmietverhältnissen

***Abgrenzung** Wohnraummiete zu Geschäftsraummiete bei Mischmietverhältnissen*

Für Mietverträge über Wohnräume gelten teilweise andere gesetzliche Regeln als für die Anmietung von Geschäftsräumen oder von sonstigen Räumen. Dies gilt sowohl für das materielle Recht (vgl. § 549 BGB einerseits und § 578 II BGB andererseits) als auch für das Prozessrecht, da die sachliche Zuständigkeit der Gerichte davon abhängt, ob es sich um einen Rechtsstreit aus einem Wohnraummietverhältnis handelt oder nicht, vgl. § 23 Nr. 2a GVG einerseits und §§ 23 Nr. 1, 71 I GVG andererseits (vgl. dazu den ausführlichen Problemaufriss). 103

Einheitliche Beurteilung nötig

Für Mischmietverhältnisse sehen aber weder das BGB noch die ZPO gesetzliche Sondervorschriften vor. Mischmietverhältnisse sind daher nach überzeugender Ansicht des BGH in rechtlicher Hinsicht einheitlich zu beurteilen und zwingend entweder als „Wohnraummietverhältnis" oder als „Mietverhältnis über sonstige Räume" einzustufen. Eine Aufspaltung eines Mischmietverhältnisses in seine verschiedenen Bestandteile unter gesonderter rechtlicher Bewertung der unterschiedlichen Nutzungszwecke würde der bei einem Mischmietverhältnis von den Parteien gewollten rechtlichen Einheit des Vertrags zuwiderlaufen.[399]

Für die rechtliche Einordnung eines Mischmietverhältnisses als Wohnraum- oder Gewerberaummietverhältnis ist dabei - wie auch bei sonstigen Mischverträgen - entscheidend, **welche Nutzungsart nach dem Vertragszweck überwiegt**.[400]

Welcher Vertragszweck bei Mischmietverhältnissen im Vordergrund steht, ist durch Auslegung (§§ 133, 157 BGB) der getroffenen Vereinbarungen zu ermitteln.

398 BGH, Life&Law 09/2012, 637 ff. = NJW 2012, 2881 ff. = **juris**byhemmer.

399 OLG Schleswig, NJW 1983, 49, 51 = **juris**byhemmer; BGHZ 72, 229, 232 = **juris**byhemmer.

400 BGH, NJW 1977, 1394 = **juris**byhemmer; BGH, NJW-RR 1986, 877 = **juris**byhemmer; OLG Stuttgart, MDR 2008, 1091 = **juris**byhemmer; OLG Celle, MDR 1986, 324 = **juris**byhemmer; OLG Karlsruhe, WuM 2012, 666, 668 = **juris**byhemmer; OLG Hamburg, NJW-RR 1997, 458 = **juris**byhemmer; OLG Düsseldorf, MDR 2012, 20 f. = **juris**byhemmer; OLG München, ZMR 2010, 962= **juris**byhemmer; OLG Saarbrücken, MDR 2012, 1335 f. = **juris**byhemmer; KG, ZMR 2010, 956 = **juris**byhemmer.

Nach BGH ist Verzicht zulässig, da:

II. Der BGH hat mit seinen Urteilen vom 22.12.2003, vom 30.06.2004 und vom 06.04.2005 die Zulässigkeit des Ausschlusses des gesetzlichen Kündigungsrechts des Mieters in einem Wohnraummietvertrag grds. bejaht und gleichzeitig Grenzen gesetzt.[409]

• weder Verstoß gegen § 573c IV BGB

1. Ein Verstoß der Regelung gegen § 573c IV BGB liegt nach Ansicht des BGH nicht vor.

Nach dieser Vorschrift sind Vereinbarungen, welche zum Nachteil des Mieters von den gesetzlichen Kündigungsfristen des § 573c I BGB abweichen, unwirksam.

Durch einen Kündigungsverzicht werden jedoch die einzuhaltenden Kündigungsfristen nicht verändert.

Die Frage, mit welcher Frist das Mietverhältnis gekündigt werden kann, stellt sich vielmehr erst, wenn dem Kündigenden ein Kündigungsrecht zusteht. Dies soll aber durch eine von den Parteien vereinbarte Kündigungsverzichtsabrede für einen bestimmten Zeitraum ausgeschlossen werden.

Das LG Krefeld (a.a.O.) hat dagegen eingewendet, es träfe zwar zu, dass der Kündigungsausschluss rechtlich etwas anderes sei als die Verlängerung der Kündigungsfrist. Diese rein juristische Unterscheidung sei jedoch dem Laien kaum verständlich. Beides laufe nämlich faktisch auf eine Bindung des Mieters über den vom Gesetzgeber als Höchstkündigungsfrist für den Mieter vorgesehenen Zeitraum hinaus.

Dieser Auffassung ist der BGH aus folgenden Gründen zu Recht nicht gefolgt. Das Gesetz selbst unterscheidet nämlich ausdrücklich zwischen der Zulässigkeit einer Kündigung (vgl. § 577a BGB) einerseits und der einzuhaltenden Kündigungsfrist (§ 573c BGB) andererseits.

In der Begründung des Regierungsentwurfes zu § 575 BGB ist außerdem ausdrücklich darauf hingewiesen worden, dass bei Fehlen eines Befristungsgrundes auf Vermieterseite *„dem Interesse des Mieters an einer langfristigen Bindung des Mietverhältnisses vertraglich dadurch Rechnung getragen werden (könne), dass die Parteien einen unbefristeten Mietvertrag schließen und für einen vertraglich festgelegten Zeitraum das ordentliche Kündigungsrecht beiderseits ausschließen“.*[410]

Hieraus ist zu entnehmen, dass der Gesetzgeber den bisherigen Rechtszustand, der den Ausschluss des Kündigungsrechts erlaubte[411], insoweit nicht ändern wollte und bei Vereinbarung eines Kündigungsverzichtes nach Ablauf des festgelegten Zeitraums sich lediglich die nunmehr dreimonatige Kündigungsfrist des Mieters anschließen sollte.[412]

Auch der Schutzzweck des § 573c IV BGB gebietet nach Ansicht des BGH keine Einschränkung der Zulässigkeit eines Kündigungsverzichts.

Zwar sollte durch Verkürzung der Fristen für die Kündigung durch den Mieter der *„zunehmend (verlangten) Mobilität und Flexibilität“* und damit dem Interesse des Mieters an einer kurzfristigen Aufgabe der Wohnung, etwa bei Wechsel des Arbeitsplatzes, Rechnung getragen werden.[413]

Andererseits ist aber in der Begründung des Regierungsentwurfs zu § 575 BGB ausdrücklich auf die Möglichkeit eines beiderseitigen Kündigungsverzichts hingewiesen worden (s.o.).

Überdies kann gemäß § 557a III BGB bei einem Staffelmietvertrag das Kündigungsrecht des Mieters bis zu vier Jahren ausgeschlossen werden.

409 BGH, Life&Law 2005, 651 ff. = NJW 2005, 1574 ff.; BGH, NJW 2004, 1448 f. = MDR 2004, 436 ff.; BGH, NJW 2004, 3117 f.: **alle Entscheidungen** = **juris**byhemmer.

410 Zitiert aus: BT-Drucks. 14/4553, S. 69.

411 Vgl. Sternel, Mietrecht, 3. Aufl., IV Rn. 59; Schmidt-Futterer, Mietrecht, 7. Aufl., § 564 BGB, Rn. 6; MüKo, 3. Aufl., § 564 BGB, Rn. 7.

412 So auch Rolfs, ZGS 2003, 289 ff.; Blank, ZMR 2002, 797 [799]; Grundmann, NJW 2001, 2497 [2505]; Lützenkirchen, MDR 2001, 1388 ff.

413 BT-Drucks. 14/4553 S.38 f., 67.

Auch § 575 BGB lässt einen Zeitmietvertrag ohne zeitliche Beschränkung zu, der (erst) nach Ablauf der vereinbarten Mietzeit zur Beendigung des Mietverhältnisses führt (§ 542 II BGB).

In Anbetracht dieser ***unterschiedlichen***, vom Gesetzgeber ***gleichermaßen hervorgehobenen Zielsetzungen***, ist es nach Ansicht des BGH nicht gerechtfertigt, allein dem Mobilitätsinteresse des Mieters den Vorrang einzuräumen.

hemmer-Methode: Nach Ansicht des BGH führt noch nicht einmal der *einseitige individualvertragliche* Kündigungsverzicht des Mieters zu einer unzumutbaren Belastung des Mieters. Durch Weitervermietung, auch nach Stellung eines Nachmieters durch den Mieter, könnten die finanziellen Folgen für den Mieter im Falle einer vorzeitigen Aufgabe der Mietwohnung im Regelfall abgemildert werden.

• noch gegen § 575 IV BGB

2. Die Vereinbarung eines (befristeten) Kündigungsausschlusses stellt auch keinen Verstoß gegen § 575 IV BGB dar.

Durch die Neuregelung des Zeitmietvertrages soll eine automatische Beendigung des Wohnraummietverhältnisses allein durch Zeitablauf, ohne dass der Mieter Kündigungsschutz genießt, außerhalb der privilegierten Befristungsgründe verhindert werden.

Die Regelung soll den Mieter vor dem Verlust der Wohnung, nicht aber vor einer längeren Bindung an den Vertrag, schützen, wie sie durch die Vereinbarung eines befristeten Kündigungsausschlusses beabsichtigt ist.

Demgemäß ist, wovon auch der Gesetzgeber ausgegangen ist (BT-Drucks. 14/4553 S. 69), die Vereinbarung eines befristeten Kündigungsausschlusses nicht einem unzulässigen Zeitmietvertrag im Sinne des § 575 I, IV BGB gleichzusetzen.[414]

Kein Verstoß gegen § 309 Nr. 9a BGB

3. Bei einem Formularvertrag handelt es sich um für eine Vielzahl von Verträgen vorformulierte Vertragsbedingungen und damit um Allgemeine Geschäftsbedingungen (AGBen) im Sinne des § 305 I S. 1 BGB.

Der formularmäßige Kündigungsverzichts ist nicht gem. § 309 Nr. 9a BGB unwirksam, weil diese Laufzeitregelung für bestimmte Dauerschuldverhältnisse unstrittig nicht für Mietverträge gilt.[415]

Kein Verstoß gegen § 307 II Nr. 1 BGB

4. Eine unangemessene Benachteiligung des Mieters i.S.d. § 307 II Nr. 1 BGB durch den befristeten Kündigungsverzicht liegt nicht vor, weil nach den bisherigen Ausführungen diese Vereinbarung mit den wesentlichen Grundgedanken der gesetzlichen Regelungen (§§ 573c I, IV, 575 BGB) zu vereinbaren ist.

Kein Verstoß gegen § 307 II Nr. 2 BGB

5. Der beiderseitig befristete Kündigungsverzicht ist auch mit den wesentlichen Rechten oder Pflichten, die sich aus der Natur des Mietvertrages ergeben, vereinbar.

Insbesondere ist eine Einschränkung, die die Erreichung des Vertragszwecks gefährdet, nicht erkennbar. Denn Vertragszweck ist die Überlassung der Wohnung gegen Entgelt. Dies wird nicht etwa in Frage gestellt, sondern durch die beidseitige Vereinbarung eines Kündigungsverzichts geradezu „zementiert“.[416]

Kein Verstoß gegen § 307 I S. 2 BGB

6. Dass der Inhalt der Vereinbarung klar und verständlich ist (sog. „Transparenzgebot“ gem. § 307 I S. 2 BGB), ist im vorliegenden Fall unzweifelhaft zu bejahen.

414 Schmidt-Futterer, Mietrecht, § 575 BGB, Rn. 65 f.

415 BGH, WM 1993, 791; Palandt, § 309 BGB, Rn. 79.

416 So Horst in MDR 2004, 437 [438].

hemmer-Methode: Ein Verstoß gegen das Transparenzgebot läge dann vor, wenn der Wortlaut des Kündigungsverzichts die Interpretation zulassen würde, dass mit der Regelung auch das Recht zur außerordentlichen befristeten oder außerordentlichen fristlosen Kündigung erfasst wird. Hierbei handelt es sich nämlich unstreitig um unabdingbare Rechte beider Vertragsparteien.[417]

Evtl. Verstoß gegen § 307 I S. 1 BGB

7. Fraglich ist somit nur, ob der Kündigungsverzicht der Generalklausel des § 307 I S. 1 BGB standhält.

Grds. zulässig

a) Der BGH hat mit Urteil vom 30.06.2004[418] entschieden, dass ein wechselseitiger, also für beide Vertragsparteien geltender Kündigungsausschluss einer Inhaltskontrolle nach § 307 I S. 1 BGB standhält.

Angesichts des Willens des Gesetzgebers, auf den bereits mehrfach verwiesen wurde, liegt jedenfalls dann keine unangemessene Benachteiligung des Mieters entgegen den Geboten von Treu und Glauben vor, wenn sich der Vermieter in gleicher Weise bindet.

Wenn schon ein individualvertraglicher einseitiger Kündigungsverzicht zu Lasten des Mieters für die Dauer von 60 Monaten zulässig sein soll, so gilt dies erst recht für einen beidseitigen befristeten Kündigungsausschluss, der das vertragliche Verhältnis von Mieter und Vermieter in ein umso ausgewogeneres Verhältnis setzt (argumentum a maiore ad minus).

hemmer-Methode: Ein einseitiger formularvertraglicher Kündigungsverzicht zu Lasten des Mieters ist nach herrschender Ansicht unwirksam.[419] Dies hat mittlerweile auch der BGH entschieden.[420]
Ein formularmäßig erklärter einseitiger Kündigungsverzicht des Wohnraummieters auf sein ordentliches Kündigungsrecht benachteiligt diesen aber dann nicht unangemessen, wenn dieser Verzicht zusammen mit einer *Staffelmiete* vereinbart wird und einen Zeitraum von vier Jahren nicht überschreitet.[421] Die Vereinbarung einer Staffelmiete soll beiden Parteien Kalkulationssicherheit geben; sie ist auch für den Mieter insoweit vorteilhaft, als Mieterhöhungen nach §§ 558 bis 559b BGB ausgeschlossen sind (§ 557a II S. 2 BGB). § 557a III BGB sieht bei der Staffelmiete ausdrücklich vor, dass das Kündigungsrecht des Mieters für höchstens vier Jahre seit Abschluss der Staffelmietvereinbarung ausgeschlossen werden kann.
Nach dem eindeutigen Wortlaut der Vorschrift ist es für die Wirksamkeit des Kündigungsausschlusses nicht erforderlich, dass dieser wechselseitig auch für den Vermieter gilt. Ein der gesetzlichen Regelung nachgebildeter formularvertraglicher Kündigungsausschluss beinhaltet daher keine unangemessene Benachteiligung des Mieters im Sinne von § 307 I BGB.[422]

Aber: zeitliche Grenze

b) Nachdem die grds. Zulässigkeit eines wechselseitigen Kündigungsverzichts festgestellt wurde, stellt sich anschließend die Frage, bis zu welcher Dauer ein derartiger wechselseitiger Kündigungsverzicht in Formularverträgen geregelt werden kann.

Wie in der Begründung des Regierungsentwurfs zum Mietrechtsreformgesetz hervorgehoben wird, kommt der Mobilität und Flexibilität in der heutigen modernen Gesellschaft zunehmende Bedeutung zu.[423]

Durch einen Kündigungsverzicht wird der Mieter jedoch in seiner Dispositionsfreiheit erheblich eingeschränkt.

417 Vgl. Lützenkirchen, Mietrechtsberater 2004, 191 [192].

418 NJW 2004, 3117 f. = **juris**byhemmer.

419 LG Duisburg, NZM 2003, 354 = **juris**byhemmer; Staudinger, § 573c BGB, Rn. 51; Häublein, ZMR 2004, 252 (254); Hinz, WuM 2004, 126 (127 f.); Kandelhard, WuM 2004, 129 (132); Wieck, WuM 2005, 369; Emmerich/Sonnenschein, Miete, § 557a BGB, Rn. 13; Palandt, § 573c BGB, Rn. 3.

420 BGH, Life&Law 05/2009, 302 ff. = NJW 2009, 912 f. = **juris**byhemmer.

421 So bereits BGH, NJW 2006, 1056 ff. = **juris**byhemmer.

422 BGH, Life&Law 05/2009, 302 (304) = NJW 2009, 353 f. = **juris**byhemmer.

423 BT-Drucks. 14/4553 S. 38 f.

Bei beruflichen, familiären, krankheitsbedingten oder sonstigen persönlichen Veränderungen seiner Lebensverhältnisse kann er den Mietvertrag über eine hierdurch ungeeignet gewordene Wohnung nicht kündigen, selbst wenn die genannten Veränderungen unvorhergesehen oder gar ungewollt eingetreten sind.

Da der beiderseitige Kündigungsverzicht aber insofern auch Vorteile für den Mieter hat, als er diesen über den durch §§ 573, 574 BGB gewährten Kündigungsschutz hinaus vor einer ordentlichen Kündigung des Vermieters absichert, benachteiligt ein formularmäßiger Kündigungsverzicht den Mieter im Regelfall dann nicht unangemessen, wenn er in zeitlicher Hinsicht überschaubar und dadurch für ihn erträglich ist.

Hinsichtlich der Dauer, für die ein Kündigungsverzicht geregelt werden kann, besteht Uneinigkeit.

Nach e.A. Ausschluss für 30 Jahre möglich

aa) Aus der Vorschrift des § 544 S. 1 BGB leitet eine Ansicht her, dass jede beliebige Dauer vereinbart werden kann, weil der Mietvertrag jedenfalls nach 30 Jahren kündbar ist.

Im Ergebnis sei daher ein Kündigungsverzicht für die Dauer von 30 Jahren zuzulassen.[424]

BGH: vier Jahre ist Höchstgrenze

bb) Eine derart lange Dauer lässt der BGH aber zu Recht nicht zu.[425]

Da die Miete mit Nebenkosten nicht selten einen beträchtlichen Teil des Einkommens aufzehrt, wird es dem Mieter auch kaum möglich sein, eine zweite Wohnung zu unterhalten, die seinen geänderten Bedürfnissen gerecht wird. Die Möglichkeit, gegebenenfalls einen geeigneten Nachmieter zu stellen, ist zu unsicher, um die erhebliche Beeinträchtigung der Dispositionsfreiheit des Mieters durch einen formularmäßigen Kündigungsverzicht auszugleichen.

Das Gesetz selbst lässt aber in § 557a III S. 1 BGB bei Staffelmietverträgen einen Ausschluss des Kündigungsrechts des Mieters für vier Jahre zu.

Diese gesetzliche Regelung gibt ungeachtet dessen, dass sie dem Wortlaut nach nur für Staffelmietverträge gilt, einen Hinweis darauf, wo nach Auffassung des Gesetzgebers allgemein die zeitliche Grenze eines Kündigungsverzichts des Mieters zu ziehen ist.

⇨ Demgemäß ist ein formularmäßiger Kündigungsverzicht wegen unangemessener Benachteiligung des Mieters von Wohnraum in der Regel unwirksam, wenn er einen Zeitraum von vier Jahren - gerechnet vom Zeitpunkt des Vertragsschlusses bis zu dem Zeitpunkt, zu dem der Mieter den Vertrag erstmals beenden kann - überschreitet.[426]

hemmer-Methode: Eine vorformulierte Klausel in einem Mietvertrag über ein *Studentenzimmer*, die das ordentliche Kündigungsrecht für die Dauer von *zwei Jahren* beiderseits ausschließt, beeinträchtigt die Interessen des Mieters unangemessen und ist deshalb gemäß § 307 I BGB unwirksam. Studenten haben wegen der Unwägbarkeiten des Studienverlaufs ein schutzwürdiges Bedürfnis nach einem besonderen Maß an Mobilität und Flexibilität. Über dieses Interesse dürfe sich der Vermieter nicht einfach hinwegsetzen, um einseitig sein Interesse an einer geringen Fluktuation in den Mietobjekten und eine nahtlose Anschlussvermietung sicherzustellen.[427]

Dies entspricht auch der überwiegenden Auffassung im Schrifttum, soweit dieses einen formularmäßigen Kündigungsverzicht für zulässig erachtet.[428]

424 So Lützenkirchen, ZMR 2001, 769 [770]; Blank, ZMR 2002, 797 [801].

425 BGH, Life&Law 2005, 651 ff. = NJW 2005, 1574 ff. = jurisbyhemmer.

426 BGH, Life&Law 2011, 158 ff. = WuM 2011, 35 ff. = jurisbyhemmer.

427 BGH, Life&Law 2009, 856 f. = NJW 2009, 3506 f. = jurisbyhemmer.

428 Vgl. z.B. Blank/Börstinghaus, Miete, § 575 BGB, Rn. 76; Palandt, BGB, 64. Auflage, § 573c BGB, Rn. 3; Wiek, WuM 2004, 509, 511; Eckert, EWiR 2004, 1167 [1168]; Börstinghaus/Eisenschmid, MietPrax-AK, § 573c BGB, Nr. 9.

Ergebnis: Der formularmäßige Ausschluss des ordentlichen Kündigungsrechts für die Dauer von fünf Jahren war demnach gem. § 307 I S. 1 BGB unwirksam. Eine Aufrechterhaltung der Klausel mit einer verkürzten Dauer des Kündigungsverzichts kommt wegen des für Allgemeine Geschäftsbedingungen generell zu beachtenden Verbots einer geltungserhaltenden Reduktion nicht in Betracht.

Exkurs Ende

3. Beendigung durch Kündigung

a) Form

Schriftform, § 568 I BGB

Für die Kündigung von Wohnraum gilt nach der allgemeinen Vorschrift des § 568 BGB die schriftliche Form. 104b

hemmer-Methode: Ein häufiger Fehler in Mietrechtsklausuren besteht darin, die Systematik des Mietrechts (Titel 5 des 2. Buches) zu verkennen.
In den §§ 535 bis 548 BGB (Untertitel 1) ist der Allgemeine Teil des Mietrechts geregelt.
In den §§ 549 bis 577a BGB (Untertitel 2) sind die Besonderheiten des Wohnraummietvertrages geregelt.
In den §§ 578 ff. BGB (Untertitel 3) sind Besonderheiten bei Mietverträgen über andere Sachen geregelt.
Bei der Grundstücks- und Geschäftsraummiete verweist § 578 BGB teilweise auf die Vorschriften zur Wohnraummiete, aber eben nur teilweise. Und auf das Schriftformerfordernis des § 568 I BGB wird gerade nicht verwiesen.
Mit anderen Worten: Die Kündigung eines (z.B.) Geschäftsraummietvertrages ist formlos gültig.
In den meisten Mietverträgen wird freilich die Schriftform für die Kündigung vereinbart. Dies ist in Formularverträgen nicht mehr zulässig, da nach dem seit 01.10.2016 geltenden § 309 Nr. 13 BGB für solche Erklärungen nur noch Textform vorgeschrieben werden darf.[429]

b) Ordentliche Kündigung

aa) Ordentliche Kündigungsfrist, § 573c BGB

Asymmetrische Kündigungsfristen, § 573c BGB

Die Kündigung des Vermieters von Wohnraum unterliegt besonderen Fristen, § 573c BGB. 105

Die Kündigungsfrist beträgt für den Mieter generell drei Monate, wobei die Kündigung spätestens am dritten Werktag eines Kalendermonats zum Ablauf des übernächsten Monats zulässig ist.

hemmer-Methode: Bei der Berechnung der sog. *„Karenzzeit“* von drei Werktagen (§ 573c I S. 1 BGB), die den Parteien eines Wohnraummietvertrages zur Wahrung der Kündigungsfrist zusteht, ist der Sonnabend als Werktag mitzuzählen, wenn nicht der letzte Tag der Karenzfrist auf diesen Tag fällt.[430]

Die Kündigungsfrist für den Vermieter verlängert sich nach fünf und acht Jahren seit der Überlassung des Wohnraums um jeweils drei Monate.

429 Vgl. dazu **Tyroller, Der neue § 309 Nr. 13 BGB, Life&Law 12/2016, 889 ff.**

430 Vgl. BGH, Life&Law 08/2005, 506 ff. = NJW 2005, 2154 ff.

Anmerkung: Diese asymmetrischen Kündigungsfristen begegneten von Vermieterseite her verfassungsrechtlichen Bedenken. In Betracht kommt ein Verstoß gegen den Gleichheitssatz des Art. 3 I GG. Der Gesetzgeber begründet die unterschiedliche Behandlung mit den geänderten gesellschaftlichen Verhältnissen. Von Arbeitnehmern werde ein erhöhtes Maß an Mobilität verlangt, und ältere Menschen müssten zunehmend kurzfristig in ein Alten- oder Pflegeheim umziehen. Gleichzeitig seien die Mieter anders als die Vermieter in erhöhtem Maße schutzbedürftig, weil sie gerade bei Mietverhältnissen von langer Dauer in ihrem sozialen Umfeld stark verwurzelt seien und daher ausreichend Zeit zur Wohnungssuche benötigten.

bb) Berechtigtes Interesse des Vermieters, § 573 BGB

Ordentliche Kündigung nur bei berechtigtem Interesse möglich

Das Recht zur ordentlichen Kündigung von Wohnraum ist gemäß § 573 I S. 1 BGB soweit eingeschränkt, dass der Vermieter nur kündigen kann, wenn er ein berechtigtes Interesse hat. 105a

hemmer-Methode: Durch eine mietvertragliche Bestimmung, der zufolge der Vermieter das Mietverhältnis *„nur in besonderen Ausnahmefällen unter Einhaltung der gesetzlichen Fristen kündigen kann, wenn wichtige berechtigte Interessen des Vermieters eine Beendigung des Mietverhältnisses notwendig machen“*, wird dem Mieter ein gegenüber den gesetzlichen Vorschriften erhöhter Bestandsschutz eingeräumt. Für eine Kündigung genügt dann das in § 573 II BGB genannte berechtigte Interesse des Vermieters nicht.[431]

(1) Berechtigtes Interesse i.S.d. § 573 I S. 1 BGB

Umfassende Würdigung aller Einzelfallumstände

Die Beurteilung der Frage, ob ein berechtigtes Interesse an der Beendigung des Mietverhältnisses i.S.d. § 573 I S. 1 BGB vorliegt, entzieht sich einer verallgemeinerungsfähigen Betrachtung. Sie erfordert vielmehr eine umfassende Würdigung der Umstände des Einzelfalls.[432] 105b

Mieter kann sich auch auf Art. 14 I S. 1 GG berufen

Bei der gebotenen Interessenabwägung ist zu berücksichtigen, dass sowohl die Rechtsposition des Vermieters als auch das vom Vermieter abgeleitete Besitzrecht des Mieters von der Eigentumsgarantie des Art. 14 I S. 1 GG geschützt sind.[433] Vom Schutzbereich der verfassungsrechtlich verbürgten Eigentumsgarantie des Vermieters ist dabei nicht nur dessen Wunsch erfasst, die Wohnung zu privaten Zwecken zu nutzen, sondern auch dessen Absicht, sie für andere Vorhaben, insbesondere für eine wirtschaftliche Betätigung, zu verwenden.[434]

Sonderregelung des § 574 BGB für den Mieter

Bei der Abwägung der gegenseitigen Interessen im Rahmen der Beurteilung, ob ein berechtigtes Interesse für die Kündigung vorliegt, ist zu beachten, dass der Gesetzgeber mit § 574 BGB auf Seiten des Mieters eine eigenständige Härteregelung geschaffen hat.

Dies bedeutet, dass bei der Abwägung sämtliche Interessen des Vermieters einzufließen haben.

Auf Mieterseite sind hingegen (nur) die unabhängig von seiner konkreten Situation bestehenden Belange in die Abwägung einzustellen, also das generell bestehende Interesse, die Wohnung und damit den Lebensmittelpunkt nicht zu verlieren und nicht mit den unbeträchtlichen Kosten und anderen erheblichen Unzuträglichkeiten belastet zu werden, die ein Wohnungswechsel in der Regel mit sich bringt.

431 BGH, Life&Law 01/2014, 13 ff. = jurisbyhemmer.

432 BGH, Life&Law 07/2017, 456 ff. = NJW 2017, 8 ff. = jurisbyhemmer.

433 BVerfG, NJW 2000, 2558 ff. = jurisbyhemmer; BVerfG, NJW-RR 2004, 440 ff. = jurisbyhemmer.

434 BVerfG, NJW 1998, 2662 ff. = jurisbyhemmer.

hemmer-Methode: Die besonderen Belange des Mieters im Einzelfall (individuelle Härte) sind gem. § 574 BGB erst auf Widerspruch des Mieters im Rahmen der Beurteilung, ob der Mieter die Fortsetzung des Mietverhältnisses verlangen kann, zu berücksichtigen.[435]

(2) Berechtigtes Interesse i.S.d. § 573 II Nr. 1 bis Nr. 3 BGB

§ 573 II Nr. 1 BGB bei erheblicher Pflichtverletzung des Mieters

Nach § 573 II Nr. 1 BGB liegt ein berechtigtes Interesse vor, wenn der Mieter seine vertraglichen Pflichten schuldhaft erheblich verletzt. 105c

In die Würdigung, ob der Vermieter angesichts einer Pflichtverletzung des Mieters ein berechtigtes Interesse (§ 573 II Nr. 1 BGB) an der Beendigung des Mietvertrags hat oder die Fortsetzung des Mietverhältnisses für ihn unzumutbar ist (§ 543 I BGB), ist ein vorangegangenes vertragswidriges Verhalten des Vermieters einzubeziehen, insbesondere, wenn es das nachfolgende vertragswidrige Verhalten des Mieters provoziert hat.[436]

Ist der Mieter wegen einer erheblichen und schuldhaften Verletzung seiner vertraglichen (Neben-)Pflicht zur Obhut der Mietsache (im konkreten Fall ging es um Schimmelbildung wegen nicht ordnungsgemäßen Lüftens) rechtskräftig zur Leistung von Schadensersatz verurteilt worden, kann in dem beharrlichen Leugnen der Pflichtverletzung jedenfalls dann ein berechtigter Grund zur ordentlichen Kündigung nach § 573 II Nr. 1 BGB liegen. Dies gilt aber nur dann, wenn Umstände festgestellt werden können, die die Besorgnis des Vermieters begründen, der Mieter setze seine Obhutspflichtverletzung auch nach der rechtskräftigen Verurteilung fort.[437]

(+) bei Zahlungsverzug

Grundsätzlich kann der Zahlungsverzug eine nicht unerhebliche Pflichtverletzung i.S.d. § 573 II Nr. 1 BGB darstellen.

Umstritten ist allerdings, in welcher Höhe und für welchen Zeitraum der Verzug bestanden haben muss. Anders als im Recht der außerordentlichen Kündigung (§ 569 III Nr. 1 BGB i.V.m. § 543 II S. 1 Nr. 3 BGB) hat der Gesetzgeber für den Ausspruch einer ordentlichen Kündigung keine Konkretisierung der Voraussetzungen vorgenommen.

Eine ordentliche Kündigung wegen Zahlungsverzugs ist auch unterhalb der für eine außerordentliche Kündigung geltenden Grenze des § 543 II Nr. 3 BGB möglich.

hemmer-Methode: Anders als bei § 543 III S. 1 Nr. 3 BGB (vgl. Rn. 99c) verlangt der BGH hier aber echtes Verschulden.[438] **Unverschuldete Geldnot reicht demnach nicht aus.**

Nach Ansicht des BGH[439] und der h.L.[440] wird jedoch eine erhebliche Pflichtverletzung erst bei einem Rückstand von einer Monatsmiete und einer Verzugsdauer von mindestens einem Monat angenommen.

435 BGH, NJW-RR 2017, 976 = jurisbyhemmer.

436 BGH, Life&Law 11/2014, 801 ff. = NJW 2014, 2566 ff. = jurisbyhemmer.

437 BGH, Life&Law 08/2016, 528 ff. = jurisbyhemmer.

438 BGH, Life&Law 08/2016, 528 ff. = jurisbyhemmer; vgl. dazu auch Palandt, § 573, Rn. 16.

439 BGH, Life&Law 01/2013, 28 ff. = NJW 2013, 159 ff. = jurisbyhemmer.

440 LG Wiesbaden, NZM 2003, 713 = jurisbyhemmer; Bamberger/Roth/Hannapel, § 573 BGB, Rn. 28; vgl. auch Palandt, § 573 BGB, Rn. 16, der wiederum mindestens einen halben Monat Verzugsdauer fordert.

Eigenbedarf des Vermieters, § 573 II Nr. 2 BGB

Das bekannteste Beispiel ist die **Kündigung wegen Eigenbedarfs** gem. **§ 573 II Nr. 2 BGB**.[441] 105d

Zeitpunkt für Beurteilung der Rechtmäßigkeit der Kündigung

Maßgeblicher Zeitpunkt für die Beurteilung der Rechtmäßigkeit einer Kündigung und damit des Vorliegens von Eigenbedarf ist regelmäßig deren Zugang (§ 130 BGB).

Eigenbedarf kann aber auch rechtsmissbräuchlich sein

Vermietet ein Vermieter eine Wohnung auf unbestimmte Zeit, obwohl er entweder entschlossen ist oder zumindest erwägt, sie alsbald selbst in Gebrauch zu nehmen, setzt er sich mit einer später hierauf gestützten Eigenbedarfskündigung zu seinem früheren Verhalten in Widerspruch, wenn er den Mieter, der mit einer längeren Mietdauer rechnet, bei Vertragsschluss nicht über die Aussicht einer begrenzten Mietdauer aufklärt. Die ausgesprochene Eigenbedarfskündigung ist in diesen Fällen wegen Rechtsmissbrauchs unwirksam.

Eine vorherige „Bedarfsvorschau" wird nicht verlangt

Der Vermieter ist aber weder verpflichtet, von sich aus vor Abschluss eines unbefristeten Mietvertrages unaufgefordert Ermittlungen über einen möglichen künftigen Eigenbedarf anzustellen (sogenannte „Bedarfsvorschau"), noch den Mieter ungefragt über mögliche oder konkret vorhersehbare Eigenbedarfssituationen zu unterrichten.

Daher liegt kein Rechtsmissbrauch vor, wenn der Vermieter einen unbefristeten Mietvertrag wegen eines nach Vertragsschluss entstandenen Eigenbedarfs kündigt und das Entstehen dieses Eigenbedarfs für ihn zwar im Rahmen einer „Bedarfsvorschau" erkennbar gewesen wäre, er jedoch bei Vertragsabschluss eine solche Kündigung nicht zumindest erwogen hat.[442]

hemmer-Methode: Etwas anderes hat allerdings dann zu gelten, wenn der Vermieter anlässlich des Vertragsabschlusses von sich aus oder auf Fragen des Mieters vorsätzlich unrichtige Angaben über den derzeitigen Stand ihm bekannter, für die Beurteilung einer Eigenbedarfssituation maßgebender Tatsachen gemacht hat.

Anbietpflicht des Vermieters

Nach gefestigter Rechtsprechung des BGH hat der wegen Eigenbedarfs kündigende Vermieter dem Mieter eine andere, ihm während der Kündigungsfrist zur Verfügung stehende vergleichbare Wohnung zur Anmietung anzubieten, sofern diese sich im selben Haus oder in derselben Wohnanlage befindet und er sie erneut vermieten will.[443]

Diese Anbietpflicht basiert auf der Erwägung, dass der Vermieter verpflichtet ist, die Folgen einer auf Eigenbedarf gestützten Kündigung für den Mieter so gering wie möglich zu halten. Zwar wird der Vermieter durch Art. 14 I S. 1 GG in seiner Freiheit geschützt, die Wohnung bei Eigenbedarf selbst zu nutzen oder durch privilegierte Angehörige nutzen zu lassen, weshalb eine entsprechende Entscheidung grundsätzlich zu akzeptieren ist. Dennoch ergibt sich aus der besonderen Bedeutung, die der Wohnung als Mittelpunkt der persönlichen Existenz eines Menschen zukommt und dem Besitzrecht des Mieters einen eigentumsgleichen Rang i.S.d. Art. 14 I S. 1 GG verleiht, eine gesteigerte Pflicht zur Rücksichtnahme für den Vermieter.

Verletzung der Anbietpflicht

Wenn der Vermieter diese Anbietpflicht verletzt, stellt sich die Frage, ob die Verletzung Einfluss auf die Wirksamkeit der Kündigung haben kann.

441 **Vertiefungshinweis**: Die Rechtskraft eines Urteils, mit dem eine auf Eigenbedarf gestützte Kündigung des Vermieters mit der Begründung abgewiesen wird, die Kündigung sei im Hinblick darauf, dass der Mieter bei Abschluss des Mietvertrages nicht auf den bereits absehbaren Eigenbedarf hingewiesen worden sei, „jedenfalls zum fraglichen Zeitpunkt rechtsmissbräuchlich", steht einer erneuten Eigenbedarfskündigung nicht entgegen; vgl. dazu BGH, Life&Law 06/2009, 374 ff. = NJW 2009, 1139 ff. = **juris**byhemmer.

442 Vgl. dazu BGH, Life&Law 06/2015, 396 ff. = NJW 2015, 1087 ff. = **juris**byhemmer.

443 BGH, NJW 2003, 2604 ff. = **juris**byhemmer.

BGH früher: Kündigung unwirksam

Der BGH hatte in der Vergangenheit mehrfach Eigenbedarfskündigungen die Wirksamkeit abgesprochen, wenn gegen die Anbietpflicht verstoßen wurde.[444] Begründen ließe sich dies damit, dass die Wahrung der Anbietpflicht anderenfalls durch den Vermieter nicht hinreichend beachtet würde. Verbunden mit der Unwirksamkeit der Kündigung wäre die Sanktionierung erheblich, sodass der Vermieter – im Interesse des Mieters – angehalten wäre, genau zu überprüfen, ob nicht eine derartige freie Wohnung vorhanden wäre.

***BGH seit 2016**: Kündigung nicht unwirksam ⇨ Vermieter ist aber gem. §§ 280 I, 241 II BGB zum Schadensersatz verpflichtet*

Mit Urteil vom 12.12.2016 hat der BGH klargestellt, dass er an dieser Rechtsfolge nicht mehr festhält. Das Entstehen der Anbietverpflichtung ist stets von dem Ausspruch einer an sich berechtigten Kündigung des Mietverhältnisses abhängig. Denn nur eine gerechtfertigte Eigenbedarfskündigung kann die Nebenpflicht auslösen, dem Mieter unter bestimmten Umständen zur Abmilderung der hierdurch eintretenden Auswirkungen eine verfügbare Alternativwohnung anzubieten.

In Anbetracht dessen ist es bei zutreffender Betrachtung aber ausgeschlossen, eine rechtmäßig ausgesprochene Eigenbedarfskündigung deswegen rückwirkend (!) als unzulässige Rechtsausübung (§ 242 BGB) zu bewerten, weil der Vermieter seine Anbietpflicht verletzt hat.

Der Vermieter verstößt also nicht durch den Ausspruch der Kündigung gegen die Rechtsordnung, sondern erst dadurch, dass er eine während der Kündigungsfrist zur Verfügung stehende geeignete Alternativwohnung nicht dem Mieter anbietet. Folglich haben auch die sich hieraus abzuleitenden Rechtsfolgen nicht an der Kündigung, sondern an der pflichtwidrig unterlassenen Zurverfügungstellung einer Alternativwohnung anzusetzen.

Es handelt sich demnach „nur“ um eine Schutzpflichtverletzung i.S.d. § 241 II BGB.

hemmer-Methode: Die Alternativwohnung muss noch im bestehenden Mietverhältnis, also während des Laufs der Kündigungsfrist frei werden. Eine vertragliche Nebenpflicht i.S.d. § 241 II BGB setzt nämlich denknotwendig ein noch bestehendes Schuldverhältnis voraus.

Bietet der Vermieter dem Mieter eine freie Wohnung nicht an, nimmt er nicht hinreichend Rücksicht auf dessen schutzwürdige Interessen. Die Verletzung dieser Pflicht löst daher lediglich einen Anspruch auf Schadensersatz gem. § 280 I BGB aus. Dieser Anspruch ist auf der Rechtsfolgenseite nicht auf die Fortsetzung des Mietverhältnisses gerichtet. Denn der auf das negative Interesse gerichtete Anspruch gewährt dem Mieter nur das Recht, so gestellt zu werden, wie er bei Anbieten der Ersatzwohnung gestanden hätte. Ist er z.B. mittlerweile in eine weiter entfernt gelegene Wohnung verzogen, wäre der Anspruch auf Ersatz etwaiger Mehrkosten beim Umzug gerichtet.

Problem: Wegfall des Eigenbedarfs

Hat der Vermieter ein Mietverhältnis über Wohnraum wegen Eigenbedarfs wirksam gekündigt und fällt der geltend gemachte Grund nachträglich weg, ist der Vermieter zu einer entsprechenden Mitteilung an den Mieter verpflichtet. Im Falle des Unterlassens macht sich der Vermieter schadensersatzpflichtig.

Beruft sich der Vermieter in einem solchen Fall auf die Rechtsfolgen der Kündigung, so handelt er rechtsmissbräuchlich.[445]

444 BGH, NJW 2003, 2604 ff. = jurisbyhemmer.

445 Lesen Sie hierzu BGH, Life&Law 2006, 234 ff. = NJW 2006, 220 ff. = jurisbyhemmer.

hemmer-Methode: Der Wegfall des Eigenbedarfs (bzw. allgemein des Kündigungsgrundes) ist aber nur dann zu berücksichtigen, wenn der Grund vor dem Ablauf der Kündigungsfrist entfallen ist. Nach diesem Zeitpunkt ist die Berufung auf die Kündigung weder treuwidrig, noch hat der Vermieter eine Mitteilungspflicht.[446]

Problem: Eigenbedarf war vom Vermieter nur vorgetäuscht

Ein weiteres Standardproblem in diesem Zusammenhang stellt der vom Vermieter lediglich **vorgetäuschte Eigenbedarf** dar. Dies kommt in der Praxis sehr häufig vor, um einen Mieter „loszuwerden“.

Natürlich ist eine Kündigung bei vorgetäuschtem Eigenbedarf nicht wirksam. Was aber kann der Mieter unternehmen, wenn dieser dem Vermieter geglaubt hat und daher aus der Wohnung ausgezogen ist?

Schadensersatzpflicht bei lediglich vorgetäuschtem Eigenbedarf

Kündigt der Vermieter wegen nur vorgetäuschten Eigenbedarfs, so stellt dies eine Pflichtverletzung gegenüber dem Mieter dar. Zieht dieser aus, weil der Eigenbedarf plausibel dargelegt wurde, kann er Schadensersatz auch dann verlangen, wenn der Auszug aufgrund einer gesondert vereinbarten Verpflichtung beruht, welche aufgrund des Ausspruchs der Kündigung zustande gekommen ist.[447]

Exkurs: Kann auch eine vermietende GbR, OHG, KG oder juristische Person wegen Eigenbedarfs kündigen?

Eigenbdarfskündigung der GbR analog § 573 II Nr. 2 BGB möglich

Auch eine GbR kann in analoger Anwendung des § 573 II Nr. 2 BGB wegen Eigenbedarfs ihrer Gesellschafter kündigen.[448] 105e

Der Mieter ist insoweit nicht schutzwürdig. Würden sich die Gesellschafter nicht als GbR organisieren, sondern als Miteigentümer, wäre ein Berufen auf Eigenbedarf unstreitig möglich. Die Frage der Art der Organisation auf Vermieterseite ist für den Mieter indes rein zufällig, sodass er hinsichtlich der Möglichkeit einer Eigenbedarfskündigung gleich behandelt werden soll.

hemmer-Methode: Eine Hintertür lässt sich der BGH aber offen: Für den Fall, dass der persönliche Bezug der Gesellschafter zueinander völlig in den Hintergrund tritt - und damit auch ein schutzwürdiges eigenes Nutzungsinteresse nicht bejaht werden könnte (so bei Publikumsgesellschaften, insbesondere Fondsgesellschaften) -, würde der BGH die Analogie ablehnen. Dies folgt aber nicht aus der Unüberschaubarkeit, sondern aus dem Gesellschaftszweck, durch welchen persönliche Bedürfnisse der Gesellschafter zurückzutreten haben. In dieser Situation hängt es nämlich häufig vom Zufall ab, ob man für einen derartigen Zweck eine GbR oder eine OHG wählt, bei welcher § 573 II Nr. 2 BGB ebenfalls keine analoge Anwendung findet (vgl. dazu sogleich).

Keine Eigenbedarfskündigung der KG/OHG

Diese Rechtsprechung hat der BGH auf eine Personenhandelsgesellschaft **nicht** übertragen.[449] 105f

Die Gründung einer Kommanditgesellschaft (KG; § 161 HGB) oder offenen Handelsgesellschaft (OHG; § 105 HGB) setzt regelmäßig eine umfangreiche organisatorische und rechtsgeschäftliche Tätigkeit bis hin zur Eintragung in das Handelsregister voraus.

446 Zur Vertiefung vgl. Blank, „Der Wegfall des Eigenbedarfs nach Ablauf der Kündigungsfrist“, NJW 2006, 739 ff.

447 BGH, Life&Law 10/2015, 721 ff. = NJW 2015, 2324 ff. = jurisbyhemmer; BGH, Life&Law 2009, 741 ff. = NJW 2009, 2059 f. = jurisbyhemmer.

448 BGH, Life&Law 04/2017, 241 ff. = jurisbyhemmer; BGH, Life&Law 2012, 265 ff. BGH, Life&Law 2011, 677 f. = NJW 2011, 993 f. = jurisbyhemmer.

449 BGH, Life&Law 09/2011, 677 f. = NJW 2011, 993 f. = jurisbyhemmer.

Die Vermietung einer Wohnung durch eine offene Handelsgesellschaft oder Kommanditgesellschaft (bzw. wie hier durch eine GmbH & Co. KG) statt durch eine schlichte Gemeinschaft erfolgt deshalb von vornherein nicht „zufällig“, sondern beruht auf einer bewussten Entscheidung aufgrund wirtschaftlicher, steuerrechtlicher und/oder haftungsrechtlicher Überlegungen.

Die Interessenlage bei der Vermietung einer Wohnung durch eine Miteigentümerbruchteilsgemeinschaft oder eine GbR einerseits ist mit einer Vermietung durch eine OHG/KG andererseits also nicht vergleichbar.

Keine Eigenbedarfskündigung juristischer Personen

Ausgeschlossen ist auch eine Kündigung wegen Eigenbedarfs der Gesellschafter einer juristischen Person. Die Gesellschafter einer juristischen Person sind nicht Vermieter. Sie sind offensichtlich auch nicht „Angehörige“ des Vermieters i.S.d. § 573 II Nr. 2 BGB. *105g*

Bei juristischen Personen kann ein dem § 573 II Nr. 2 BGB „artverwandtes“ Interesse vorhanden sein.

Aber: Vom BGH wird die Möglichkeit anerkannt, dass ein berechtigtes Interesse an der Beendigung eines Wohnraummietvertrages in der betrieblich bedingten Notwendigkeit liegen kann, die Wohnung einem Mitarbeiter oder Geschäftsführer zur Verfügung zu stellen.[450] Damit ist lediglich ein sog. „Betriebsbedarf“ als grundsätzlich berechtigtes Interesse im Sinne des § 573 I BGB anerkannt. *105h*

Drittbedarfskündigung möglich

Zwar kann eine juristische Person als Vermieterin keinen Eigenbedarf anmelden. Der generalklauselartige Kündigungstatbestand in § 573 I S. 1 BGB ist aber gleichgewichtig mit den in § 573 II BGB genannten Kündigungsgründen.

Auch bei juristischen Personen des öffentlichen Rechts kann daher **ein dem** Kündigungsgrund des **§ 573 II Nr. 2 BGB „artverwandtes“ Interesse** vorhanden sein, wenn die juristische Person die vermieteten Räumlichkeiten für einen Dritten benötigt („Drittbedarfskündigung“). Umstände aus dem Interessenbereich dritter Personen sind insoweit zu berücksichtigen, als sich aus ihnen aufgrund eines familiären, wirtschaftlichen oder rechtlichen Zusammenhangs auch ein eigenes Interesse des Vermieters an der Beendigung des Mietverhältnisses ergibt.

hemmer-Methode: Lesen Sie dazu BGH, Life&Law 08/2012, 557 ff. = NJW 2012, 2342 f. = jurisbyhemmer.

Ende des Exkurses

(3) Begründungspflicht, § 573 III BGB

Begründungspflicht

Die **Gründe** für ein berechtigtes Interesse sind im Kündigungsschreiben **anzugeben, § 573 III BGB.** *105i*

Der Zweck der Begründungspflicht besteht darin, dem Mieter zum frühestmöglichen Zeitpunkt über seine Position Klarheit zu verschaffen und ihn in die Lage zu versetzen, rechtzeitig alles Erforderliche zur Wahrung seiner Interessen zu veranlassen, insbesondere die Rechtmäßigkeit der Kündigung zu überprüfen.

Die Begründung der ordentlichen Kündigung des Vermieters von Wohnraum ist nach ganz h.M. Wirksamkeitsvoraussetzung, sodass die Kündigung bei Vorliegen eines Begründungsmangels unwirksam ist.

450 BGH, NZM 2007, 639 ff. = jurisbyhemmer (im konkreten Fall ging es um eine GmbH & Co. KG).

hemmer-Methode: Dem Zweck des Begründungserfordernisses wird bei einer Kündigung wegen Eigenbedarfs grundsätzlich durch die Angabe der Person, für die die Wohnung benötigt wird, und die Darlegung des Interesses, das diese Person an der Erlangung der Wohnung hat, genügt.[451] Bei einer Kündigung des Vermieters, der Eigenbedarf zu Gunsten seiner Tochter geltend macht, braucht allerdings der Name von deren Lebensgefährten, der laut Kündigungsbegründung mit einziehen soll, nicht mit angegeben werden.[452]
Die Begründung muss auch keine Ausführungen zu Räumlichkeiten enthalten, die für den Begünstigten alternativ als Wohnraum in Betracht kommen könnten.[453]

cc) Sozialwiderspruch des Mieters, § 574 BGB

Mieter hat zusätzlich Widerspruchsrecht bei besonderer Härte

Außerdem hat der Mieter in Härtefällen das Recht, einer ordentlichen Kündigung zu widersprechen, § 574 BGB, sog. „Sozialklausel". Hierauf soll der Vermieter den Mieter gem. § 568 II BGB gesondert hinweisen. *105j*

Der unterbliebene Hinweis auf die Möglichkeit des Sozialwiderspruchs (§§ 568 II, 574 ff. BGB) führt im Umkehrschluss zu § 574b II S. 2 BGB nicht zur Unwirksamkeit der ordentlichen Kündigung, sondern lediglich zur Verlängerung der Widerspruchsfrist.

hemmer-Methode: Eine grundlose Kündigung ist dem Vermieter von Wohnraum nicht möglich. Er muss immer ein berechtigtes Interesse (also einen besonderen Grund) haben. Eine Erleichterung für den Vermieter sieht lediglich § 573a BGB vor.

dd) Verzicht des Wohnraumvermieters auf das Recht zur ordentlichen Kündigung

Dass zum Schutz des Wohnraummieters der Ausschluss des ordentlichen Kündigungsrechts Grenzen haben muss, wurde zuvor bereits bei Rn. 104a ausführlich erläutert. *105k*

Nach Ansicht des BGH wird aber auch der Vermieter beim Verzicht auf das ordentliche Kündigungsrecht geschützt.

Bsp.:[454] *In einer vom Vermieter (V) nicht unterschriebenen Ergänzung zum Mietvertrag aus dem Jahre 2014 ist folgende Klausel enthalten:*

Auf eine Kündigung wegen Eigenbedarfs wird bis zum 31.12.2020 verzichtet.

Ist die ordentliche Eigenbedarfskündigung des V zum 30.09.2018 wirksam, wenn die Voraussetzungen des Eigenbedarfs vorliegen?

Die Kündigung wegen Eigenbedarfs könnte unwirksam sein, wenn diese wirksam durch Vereinbarung bis zum 31.12.2020 ausgeschlossen worden wäre.

Gilt § 550 BGB für den Verzicht?

Da der Verzicht auf die Eigenbedarfskündigung für längere Zeit als ein Jahr erfolgte, könnte hierfür die Schriftform nach § 550 S. 1 BGB erforderlich sein.

451 BGH, Life&Law 07/2017, 456 ff. = NJW 2017, 8 ff. = jurisbyhemmer.

452 BGH, Life&Law 09/2014, 695 = NJW 2014, 2102 = jurisbyhemmer.

453 BGH, Life&Law 07/2017, 456 ff. = NJW 2017, 8 ff. = jurisbyhemmer.

454 BGH, Life&Law 2007, 384 ff. = NJW 2007, 1742 f. = jurisbyhemmer.

a) Nach einer Ansicht ist die vertragliche Regelung allerdings dann nicht formbedürftig, wenn der Vermieter lediglich auf bestimmte Kündigungsgründe, wie beispielsweise die Kündigung wegen Eigenbedarfs nach § 573 II Nr. 2 BGB, verzichtet, weil sich nur ein genereller Kündigungsverzicht unmittelbar auf die Dauer des Mietverhältnisses auswirke.[455] Wenn nur das Kündigungsrecht einer Partei ausgeschlossen werde, handele es sich nicht um die Befristung eines Vertrages, sodass keine Schriftform erforderlich sei.[456]

b) Nach anderer Ansicht genügt bereits der Ausschluss lediglich bestimmter Kündigungsgründe, etwa wegen Eigenbedarfs, um die Formbedürftigkeit zu bejahen.[457] Die Schriftform sei nach dem Sinn und Zweck des § 550 BGB auch für den eingeschränkten, einseitigen Kündigungsverzicht erforderlich.

<u>BGH</u>: Verzicht des Vermieters bedarf gemäß § 550 S. 1 BGB der Schriftform, wenn der Verzicht für mehr als ein Jahr gelten soll

c) Der BGH schließt sich nun der zuletzt genannten Ansicht an. Die Gegenmeinung ist nicht mit dem Sinn und Zweck von § 550 BGB vereinbar. § 550 BGB verfolgt vor allem den Zweck, es dem Grundstückserwerber, der in einen bestehenden Mietvertrag eintritt, zu erleichtern, sich über den Umfang der auf ihn übergehenden Bindungen zu unterrichten.[458]

Hauptzweck des Schriftformerfordernisses (neben Warn- und Beweisfunktion) ist also der Schutz des Informationsinteresses eines potentiellen Grundstückserwerbers.[459] Dies gilt auch im Fall des - eingeschränkten - Kündigungsverzichts wegen Eigenbedarfs. Ohne Einhaltung der Schriftform würde dem Erwerber anhand des Mietvertrages die Beschränkung des Kündigungsrechts nicht zur Kenntnis gelangen, obwohl gerade der Erwerber von Wohnraum nicht selten ein gesteigertes Interesse an dem Sonderkündigungsrecht haben wird.

<u>Ergebnis</u>: Der Verstoß gegen § 550 BGB führt entgegen § 139 BGB nicht zur Unwirksamkeit des gesamten Vertrages, sondern hat nur die Unwirksamkeit des Ausschlusses des Rechts zur Eigenbedarfskündigung zur Folge. Das Mietverhältnis kann allerdings frühestens zum Ablauf eines Jahres nach Überlassung des Wohnraums gekündigt werden (§ 550 S. 2 BGB). Das ist hier der Fall, da die Überlassung bereits im Jahre 2014 erfolgte.

c) Außerordentliche Kündigung

§ 569 BGB ergänzt § 543 I BGB, z.B. Gesundheitsgefährdung und Störung des Hausfriedens

Regelungen zur außerordentlichen fristlosen Kündigung bei Wohnraum finden sich in § 569 BGB, der die allgemeine Vorschrift des 105l
§ 543 I BGB ergänzt. Hier ist insbesondere die fristlose Kündigung wegen nachhaltiger Störung des Hausfriedens zu erwähnen. § 569 II BGB stellt nunmehr klar, dass es entscheidend auf die Qualität der Störung ankommt.

§ 569 III Nr. 2 BGB beachten

Wegen Zahlungsverzugs des Mieters kann der Vermieter gem. § 543 II S. 1 Nr. 3 BGB außerordentlich kündigen. Allerdings wird die Kündigung bei der Wohnraummiete unwirksam, wenn der Mieter nachträglich bis zum Ablauf von zwei Monaten seit Rechtshängigkeit der Räumungsklage die Mietrückstände ausgleicht, § 569 III Nr. 2 BGB.

Ist durch Auflauf eines Zahlungsrückstands des Mieters in der in § 543 II S. 1 Nr. 3a oder b BGB genannten Höhe ein Recht des Vermieters zur fristlosen Kündigung des Mietverhältnisses entstanden, wird dieses nach § 543 II S. 2 BGB nur durch eine vollständige Zahlung des Rückstandes vor Zugang der Kündigung ausgeschlossen.[460]

455 Bub/Treier/Heile, Handbuch der Geschäfts- und Wohnraummiete, 3. Aufl., II Rn. 730.

456 Sternel, Mietrecht, 3. Aufl., IV Rn. 60.

457 LG Berlin, WuM 1991, 498; LG Hamburg, ZMR 2001, 895; Sonnenschein, NZM 2000, 1, 8 f. m.w.N.

458 BGHZ 136, 357 [370]; BGHZ 52, 25 [28].

459 Bub/Treier/Heile, a.a.O, II Rn. 726.

460 BGH, Life&Law 02/2018, 82 ff. = **juris**byhemmer.

§ 569 IIa BGB bei Kautionszahlungsrückstand

Gem. § 569 IIa BGB liegt ein wichtiger Grund im Sinne des § 543 I BGB auch dann vor, wenn der Mieter mit einer Sicherheitsleistung nach § 551 BGB in Höhe eines Betrages im Verzug ist, der der zweifachen Monatsmiete entspricht. Die als Pauschale oder als Vorauszahlung ausgewiesenen Betriebskosten sind bei der Berechnung der Monatsmiete nach Satz 1 nicht zu berücksichtigen. Einer Abhilfefrist oder einer Abmahnung nach § 543 III S. 1 BGB bedarf es nicht.

hemmer-Methode: Kündigt ein Vermieter das Mietverhältnis wegen Zahlungsverzugs des Mieters außerordentlich und hilfsweise ordentlich, führt ein nachträglicher Ausgleich der Mietrückstände gemäß § 569 III Nr. 2 BGB zur Unwirksamkeit der außerordentlichen Kündigung.
Die hilfsweise ausgesprochene ordentliche Kündigung ist gleichwohl wirksam, wenn der ursprüngliche Zahlungsrückstand eine schuldhafte Pflichtverletzung des Mieters darstellt.[461] Das Verschulden fehlt zum Beispiel dann, wenn der Mieter ein Zurückbehaltungsrecht gem. §§ 320 I, 535 I S. 2 BGB geltend macht.

Liegt kein Verschulden vor (z.B. wegen alkoholbedingter Rauschzustände des Störers), so kann die vorzunehmende Abwägung dennoch eine Kündigung rechtfertigen.

Angabe des Grundes im Kündigungsschreiben

Gem. § 569 IV BGB ist nunmehr der wichtige Grund auch im Kündigungsschreiben mit anzugeben.

hemmer-Methode: Nach § 569 V BGB darf zum Nachteil des Mieters nicht von § 569 I bis III BGB abgewichen werden. § 569 IV BGB wäre danach dispositiv. Aufgrund der Wichtigkeit der Begründungspflicht nach § 569 IV BGB kann es sich bei der Nichterwähnung dieser Vorschrift in § 569 V BGB aber nur um ein Redaktionsversehen handeln. Es ist daher davon auszugehen, dass es sich ebenfalls um eine nicht abdingbare Vorschrift handelt.[462]

Fehlt die Angabe des Grundes, ist die außerordentliche Kündigung gem. § 125 S. 1 BGB unwirksam

Im Kündigungsschreiben ist daher der Kündigungsgrund zwingend mit anzugeben, § 569 IV BGB. Allerdings sind keine zu hohen übertriebenen formalistischen Anforderungen an die Begründung zu stellen, da ansonsten die Kündigung zu schnell gem. § 125 S. 1 BGB nichtig wäre.

hemmer-Methode: So hat es der BGH bei einer auf Zahlungsverzug des Mieters gestützten Kündigung genügen lassen, dass der Vermieter diesen Umstand als Kündigungsgrund angibt und den gesamten Zahlungsrückstand beziffert.
Nicht erforderlich sei dagegen, dass der genaue Zeitpunkt des Verzugseintritts angegeben wird und der Zahlungsverzug für die einzelnen Monate beziffert wird. Der BGH macht aber die Einschränkung, dass dies nur bei einfachen und klaren Sachlagen entbehrlich sei.
Lesen Sie diese Entscheidung des BGH in NJW 2004, 850 ff. nach.

§§ 543, 569 BGB sind abschließend ⇨ Rückgriff auf § 314 BGB nicht möglich

Da die Vorschriften über die fristlose Kündigung eines Mietverhältnisses gem. §§ 543, 569 BGB als **abschließende spezielle Regelung** konzipiert sind, kommt § 314 BGB nicht zur Anwendung.

Für die außerordentliche Kündigung eines Wohnraummietverhältnisses ist daher keine Kündigungserklärungsfrist einzuhalten, da demnach auch § 314 III BGB auf die Kündigung eines Wohnraummietverhältnisses nicht anwendbar ist.

461 Vgl. dazu BGH, Life&Law 2005, 293 f. = jurisbyhemmer.

462 Palandt, § 569 BGB, Rn. 4 a.E.; Sternel, ZMR 2002, 1, 4.

Außerordentliche Kündigung mit gesetzlicher Frist

Die „gesetzliche Frist" bei Regelungen zur außerordentlichen Kündigung mit gesetzlicher Frist (vgl. schon oben: § 540 BGB Gebrauchsüberlassung an Dritte; § 544 BGB Vertrag über mehr als 30 Jahre) wird im Falle von Wohnraum durch § 573d BGB bestimmt.

Sonderkündigungsrecht des Mieters bei Modernisierung, § 555e BGB

Nach Zugang einer Modernisierungsankündigung (§ 555c BGB) kann der Mieter das Mietverhältnis außerordentlich zum Ablauf des übernächsten Monats kündigen. Die Kündigung muss bis zum Ablauf des Monats erfolgen, der auf den Zugang der Modernisierungsankündigung folgt.

III. Besondere Regeln für Grundstücke und sonstige Räume, §§ 578 ff. BGB

Für Grundstücke und sonstige Räume finden sich die entsprechenden besonderen Regelungen in den §§ 578 ff. BGB. 105m

§ 2 PACHT

A) Inhalt, Begriff und Zustandekommen

Die Pacht ist ein gegenseitiger schuldrechtlicher Vertrag, der darauf gerichtet ist, dass eine Vertragspartei (Verpächter) der anderen (Pächter) den Gebrauch des verpachteten Gegenstandes und den Genuss der Früchte während der Pachtzeit gewährt. 106

Vorschriften über Miete gelten entsprechend

Gemäß § 581 II BGB finden die Vorschriften über die Miete bei der Pacht entsprechende Anwendung, sofern sich aus den §§ 582 ff. BGB nichts anderes ergibt. Für die Verpachtung zu landwirtschaftlichen Zwecken (Landpacht) sind außerdem die §§ 585 ff. BGB zu beachten.

Fruchtziehung

Der Unterschied zur Miete liegt in der neben dem Gebrauch bestehenden Fruchtziehung, die bei der Pacht auch regelmäßig im Vordergrund steht. 107

Pachtobjekt: alles, was Fruchtziehung zulässt

Pachtobjekte können alle körperlichen und unkörperlichen Gegenstände sein, aus denen Früchte gezogen werden können. Es können also – anders als bei der Miete – nicht nur Sachen gepachtet werden, sondern auch Rechte (z.B. Jagdpacht als Pacht des Jagdausübungs- und Aneignungsrechts), Sach- und Rechtsgesamtheiten wie Unternehmen etc.[463] Diese sind nicht zum Gebrauch, sehr wohl aber zur Fruchtziehung geeignet.

hemmer-Methode: Werden Räume oder Grundstücke zur Nutzung überlassen, so liegt nur dann ein Pachtvertrag vor, wenn die Möglichkeit der sofortigen Fruchtziehung besteht, also wenn die Räume bereits entsprechend der vorgesehenen Nutzung eingerichtet sind. Müssen demgegenüber die Räume erst noch seitens des Nutzungsberechtigten eingerichtet werden, liegt bloße Miete vor. Die Gebrauchsüberlassung zur gewerblichen Nutzung allein genügt nicht zur Qualifikation als Pachtvertrag.[464]

Def.: Früchte

Aus dem Pachtobjekt muss eine Fruchtziehung möglich sein. Früchte sind gemäß § 99 BGB alle unmittelbaren und mittelbaren Sach- und Rechtsfrüchte. 108

Sachfrüchte

Unmittelbare Sachfrüchte sind Erzeugnisse der Pachtsache selbst, die bestimmungsgemäß gewonnen werden, § 99 I BGB.

> ***Bsp.:** Ernte, Jungtiere, Ausbeuten wie Sand, Kohle, Wasser[465]*

Rechtsfrüchte

Unmittelbare Rechtsfrüchte sind Erträge eines Rechts, § 99 II BGB.

Mittelbare Sach- und Rechtsfrüchte sind Erträge, die die Sache oder das Recht vermöge eines Rechtsverhältnisses gewähren, § 99 III BGB.

> ***Bsp.:** Mieteinnahmen, Lizenzgebühr für Überlassung eines Patentrechts, Pachtzins für Verpachtung[466] eines Jagdrechts*

---

463 Palandt, § 581 BGB, Rn. 3.

464 Erman, Vorb. § 535 BGB, Rn. 13.

465 Palandt, § 99 BGB, Rn. 2.

466 Palandt, § 99 BGB, Rn. 4.

B) Besonderheiten gegenüber der Miete

I. Pflichten des Verpächters

Verpächter muss neben Gebrauchsüberlassung die Fruchtziehung ermöglichen

Der Verpächter ist gemäß § 581 BGB verpflichtet, die Sache zum Gebrauch zu überlassen und die Fruchtziehung zu ermöglichen. Er muss dem Pächter ermöglichen, Eigentum an den Früchten des verpachteten Gegenstandes zu erwerben. 109

Bsp.: P hat von V eine Obstplantage gepachtet. Was ist Verpächterpflicht?

Frucht des Pachtobjekts ist das Obst. V muss P demnach die Möglichkeit verschaffen, dieses zum Eigentum zu erwerben. Gemäß § 956 BGB erwirbt der, dem der Besitz einer Sache überlassen ist, das Eigentum an den Früchten dieser Sache, wenn der Eigentümer es gestattet.

V muss diese Gestattung also vornehmen; sie ist Inhalt der Verpächterpflicht.

hemmer-Methode: Die Rechtsnatur der Gestattung ist umstritten. Eine Ansicht meint, mit der Gestattung entstehe ein Erwerbsrecht, das mit Trennung oder Besitzergreifung zum Eigentum führt. Nach überzeugender anderer Ansicht ist § 956 BGB nur ein Spezialfall zu den §§ 929 ff. BGB bzgl. der Übereignung künftiger Sachen: Die Gestattung sei das Angebot, die Besitzergreifung die Annahme. Eine Rolle spielt dieser Streit nur, wenn der Erwerber geschäftsunfähig ist.[467]

II. Instandhaltung des Inventars

Pächter muss Inventar instand halten

Gemäß § 582 I BGB obliegt es dem Pächter, das mit einem Grundstück verpachtete Inventar instand zu halten. 110

§ 582 BGB ist eine von § 535 I S. 2 BGB abweichende Regelung.

Das Inventar ist die Gesamtheit aller beweglichen Sachen, die in einem räumlichen Zusammenhang mit dem Grundstück stehen und dazu bestimmt sind, dem Grundstück durch ihren Betrieb zu dienen.[468] Das Inventar umfasst auch das Zubehör (§ 97 BGB) und weitere Gegenstände, soweit sie nach der Verkehrsauffassung zum Grundstück gehören.[469]

Er muss die Kosten für Abnutzung tragen und Verluste durch Neuanschaffung ersetzen, soweit er den Verlust zu vertreten hat, § 582 II S. 1 BGB. Bei zufälligem Untergang oder Verlust obliegt dies dem Verpächter, § 582 II S. 1 BGB.

hemmer-Methode: Beachten Sie: Soweit der Pächter Inventar ersetzen muss, muss er dies in der Weise tun, dass es in das Eigentum des Verpächters übergeht.

§ 582a BGB: Übernahme zum Schätzwert

Bei Übernahme zum Schätzwert gemäß § 582a BGB hat der Pächter auch das zu ersetzen, was ohne sein Verschulden unter- oder verloren geht, § 582a I S. 1 BGB.

467 Siehe dazu Hemmer/Wüst, Sachenrecht II, Rn. 290.

468 Palandt, § 582 BGB, Rn. 2. Vergleichen Sie dazu auch § 98 BGB.

469 Palandt, § 582 BGB, Rn. 2.

Weiterhin muss er die Sache auch zum Schätzwert wieder zurückgewähren, § 582a III BGB.

§ 582a II S. 2 BGB gilt nicht bei Eigentum Dritter

Zu beachten ist in diesem Zusammenhang die Vorschrift des § 582a II S. 2 BGB. Danach geht alles Inventar, das der Pächter angeschafft oder ersetzt hat, in das Eigentum des Verpächters über. 111

Entgegen dem Wortlaut gilt dies jedoch nur, wenn der Pächter Eigentum an der Sache hat.[470] § 582a BGB regelt nämlich nur das Verhältnis zwischen Pächter und Verpächter und kann daher nicht über das Eigentum Dritter bestimmen.

> ***Bsp.:*** *Pächter P erwirbt ein Inventarstück unter Eigentumsvorbehalt. § 582a BGB kann hier nicht bewirken, dass das Eigentum von dem Eigentumsvorbehaltsverkäufer auf den Verpächter übergeht.*

III. Beendigung des Pachtverhältnisses, §§ 584 ff. BGB

Besonderheiten gegenüber der Miete gelten auch bei der Beendigung der Pacht. 112

Kündigung nur zum Ende des Pachtjahres

Gemäß § 584 BGB kann die Kündigung nur zum Ende des Pachtjahres erfolgen. Die Kündigungsfrist beträgt ein halbes Jahr.

Möglichkeit zur außerordentlichen Kündigung eingeschränkt

§ 584a BGB beschränkt die Möglichkeiten zur außerordentlichen Kündigung für beide Seiten:

- ⇨ für den Pächter besteht kein Recht zur außerordentlichen Kündigung, wenn der Verpächter eine Untermiete bzw. Unterverpachtung verbietet (§§ 584a I, 540 I BGB),
- ⇨ für den Verpächter besteht bei Tod des Pächters kein Recht zur außerordentlichen Kündigung (§§ 584a II, 580 BGB).

IV. Besonderheiten bei der Landpacht, §§ 585 ff. BGB

Bei Bestehen einer Landpacht ist das Mietrecht nur aufgrund ausdrücklicher Verweisung anzuwenden. Denn gemäß § 585 II BGB wird nicht auf § 581 II BGB als Brücke ins Mietrecht verwiesen. Auch § 581 II BGB stellt klar, dass auf Pachtverträge mit Ausnahme der Landpacht Mietrecht Anwendung findet. 113

hemmer-Methode: Eine wichtige ausdrückliche Verweisung ins Mietrecht regelt § 593b BGB (lesen!).

Def.: Landpacht

Eine Landpacht besteht, wenn durch einen Pachtvertrag ein Betrieb oder ein unbebautes Grundstück überwiegend zur Landwirtschaft verpachtet wird, § 585 I S. 1 BGB.

470 Palandt, § 582a BGB,Rn. 9.

§ 3 LEIHE

A) Inhalt, Begriff und Zustandekommen

Durch den Leihvertrag wird eine Partei (Verleiher) verpflichtet, der anderen Partei (Entleiher) eine Sache unentgeltlich zum Gebrauch zu überlassen, § 598 BGB. 114

Nur Verleih von Sachen möglich

Die Leihe ist quasi „Miete ohne Entgelt". Dementsprechend können nur Sachen verliehen werden. Ermöglicht werden muss auch lediglich der Gebrauch, keine Fruchtziehung.

Abgrenzung zur Schenkung

Die unentgeltliche Gebrauchsüberlassung von Räumlichkeiten ist regelmäßig auch bei einer Vertragslaufzeit von 30 Jahren eine Leihe und keine Schenkung. Dies gilt nach Ansicht des BGH, wenn das Recht des Verleihers zur Eigenbedarfskündigung nach § 605 Nr. 1 BGB vertraglich ausgeschlossen ist.

Keine Formbedürftigkeit bei langer Laufzeit und Ausschluss des Rechts zur Eigenbedarfskündigung

Nach Ansicht des BGH kommt in diesem Fall auch keine analoge Anwendung des § 518 I BGB in Betracht. Auch bei Ausschluss der Eigenbedarfskündigung stellt die Leihe ein Minus zur Schenkung dar, weil das Eigentum beim Verleiher verbleibt und der Entleiher die geliehene Sache nur als Fremdbesitzer nutzt. Darüber hinaus steht dem Verleiher bei Dauerschuldverhältnissen wie der Leihe auf Zeit jedenfalls die Kündigung aus wichtigem Grund gemäß § 314 BGB offen, um sich bei Unzumutbarkeit der Fortsetzung des Vertragsverhältnisses von diesem zu lösen.

hemmer-Methode: Lesen Sie diese wichtige Entscheidung nach bei BGH, Life&Law 06/2016, 379 ff.

Die körperliche Zugriffsmöglichkeit des Entleihers auf die Leihsache ist kein konstitutives Merkmal des Leihvertrages. Ist der Entleiher auf eine unmittelbare Zugriffsmöglichkeit nicht angewiesen, weil die beabsichtigte Nutzung von ihm anderweitig sichergestellt wird, so schließt die mangelnde sachenrechtliche Beziehung die Annahme eines Leihvertrages nicht aus.[471]

hemmer-Methode: Wird ein Recht unentgeltlich überlassen, liegt keine Leihe vor, es ist vielmehr das Pachtrecht entsprechend anzuwenden, wobei allein hinsichtlich der Unentgeltlichkeit auf die §§ 598 ff. BGB zurückgegriffen werden kann.

§§ 320 ff. BGB (-)

Da der Entleiher zu keiner Gegenleistung verpflichtet ist, ist die Leihe kein gegenseitiger Vertrag, sodass die §§ 320 ff. BGB nicht anwendbar sind. 115

Das Wort „Leihe" wird im allgemeinen Sprachgebrauch häufig anders verstanden als im juristischen. Nach den zu § 133 BGB entwickelten Grundsätzen der falsa demonstratio non nocet-Lehre ist daher der wirkliche übereinstimmende Wille der Parteien zu ermitteln.

„Leihe" im allg. Sprachgebrauch

Einerseits wird der Begriff „Leihe" oft verwendet, wenn eigentlich eine Miete vorliegt, also ein Entgelt entrichtet werden soll.

Bsp.: *„Autoverleih"*

471 Vgl. BGH, Life&Law 2004, 713 ff. = jurisbyhemmer. In dieser Entscheidung ging es auch um die Frage, wann in solchen Fällen die Verjährung nach § 606 BGB beginnt, da §§ 606 S. 2, 548 I S. 2 BGB auf die Rückgabe der Sache abstellen. Der BGH hat entschieden, dass die kurze Verjährung in diesem Fall beginnt, sobald der Entleiher den Gebrauch beendet und der Verleiher davon erfährt.

Andererseits wird es oft verwendet, obwohl die Parteien ohne Rechtsbindungswillen handeln und daher lediglich ein reines Gefälligkeitsverhältnis vorliegt.

Bsp.: *A „leiht" B einen Comic.*

Weiterhin wird das (Sach-)Darlehen oft als Leihe bezeichnet.[472]

Bsp.: *„Geld leihen"; „ein Ei beim Nachbarn ausleihen"*

hemmer-Methode: Im Unterschied zum Darlehen ist bei der Leihe dieselbe Sache, die ausgeliehen wurde, auch zurückzugewähren. Beim Darlehen hingegen ist eine Sache gleicher Art und Güte zurückzugewähren, d.h. es müssen z.B. nicht dieselben Geldscheine bzw. dasselbe Ei zurückgegeben werden. Aus diesem Grund liegt bei verbrauchbaren Sachen regelmäßig ein Darlehen vor. Ein weiterer Unterschied besteht darin, dass beim Darlehen dem Darlehensnehmer das Eigentum übertragen wird, während dieses bei der Leihe beim Verleiher bleibt. Sprechen die Parteien von Leihe, meinen aber übereinstimmend Miete bzw. Darlehen, so gilt nach den Regeln der „falsa demonstratio non nocet" der tatsächlich gewollte Vertrag als geschlossen.

B) Pflichten des Verleihers und Rechtsfolgen bei deren Verletzung

Pflicht zur Gebrauchsgewährung

Der Verleiher hat dem Entleiher den Gebrauch der Leihsache während der vereinbarten Zeit zu gewähren, § 598 BGB. 116

Keine Instandhaltungspflicht

Da er dazu unentgeltlich verpflichtet ist, muss er die Sache nicht in einen gebrauchsfähigen Zustand versetzen und auch nicht während der Leihzeit instand halten.[473]

Pflichten gemäß § 241 II BGB

Im Übrigen hat der Verleiher die allgemeinen Nebenpflichten aus § 241 II BGB, insbesondere Rücksichtnahme-, Verkehrssicherungs- und Schutzpflichten. Bei Verletzung seiner Pflichten haftet der Verleiher nach den allgemeinen Vorschriften.

§§ 599, 600 BGB: Haftung nur bei Vorsatz und grober Fahrlässigkeit

Dabei sind die §§ 599, 600 BGB zu beachten. Danach haftet der Verleiher aufgrund der unentgeltlichen Überlassung nur bei Vorsatz und grober Fahrlässigkeit. Hinsichtlich Sach- und Rechtsmängeln haftet er sogar nur, wenn er diese arglistig verschwiegen hat. 117

§ 599 BGB ist bei allen Vertragsverletzungen anwendbar, die das *Erfüllungsinteresse* des Entleihers an der Gebrauchsgestaltung betreffen (z.B. Verzug, Unmöglichkeit).[474]

§ 599 BGB gilt nicht für Mangelfolgeschäden!

Dies bedeutet, dass der Verleiher bei Verletzung von Nebenpflichten und für Schäden, die dem Entleiher an anderen Rechtsgütern entstanden sind (Mangelfolgeschäden), nach allgemeinen Grundsätzen haftet, § 276 I BGB.[475]

Bsp.: *Verleiher überlässt ein Fahrrad, dessen Bremsen defekt sind. Für Gesundheitsschäden des Entleihers kann er sich nicht auf § 599 BGB berufen. Auch das Haftungsprivileg des § 600 BGB findet bei Mangelfolgeschäden keine Anwendung.*[476]

---

472 Dazu vgl. unten Rn. 136 ff.

473 Palandt, § 598 BGB, Rn. 6.

474 Palandt, § 599 BGB, Rn. 2.

475 Palandt, § 599 BGB, Rn. 2.

476 Palandt, § 600 BGB, Rn. 4.

§ 599 BGB gilt nicht bei Deliktshaftung, str.

Ob § 599 BGB bei einer konkurrierenden Deliktshaftung anzuwenden ist, ist äußerst umstritten. Da sich der Verleiher jedoch schon bei der Verletzung von Nebenpflichten und bei Mangelfolgeschäden nicht auf § 599 BGB berufen kann, erscheint es konsequent, § 599 BGB auch im Rahmen einer Deliktshaftung abzulehnen.[477] 118

Die h.M. macht dies aber anders und wendet § 599 BGB auf das Deliktsrecht analog an.[478]

hemmer-Methode: Die Verjährungsvorschrift der Leihe (§ 606 BGB) ist hingegen nach allgemeiner Ansicht nicht nur bei Ansprüchen, die auf § 280 I BGB wegen Pflichtverletzung des Leihvertrages oder den §§ 601 - 603 BGB beruhen, sondern auch bei konkurrierenden Ansprüchen, etwa aus Delikt und sogar bei bereicherungsrechtlichen Ansprüchen anzuwenden.[479]
Zur Erinnerung: Die vertraglichen Verjährungsvorschriften sind immer auch dann auf deliktische Ansprüche zu übertragen, wenn die Verletzung der vertraglichen Pflicht zwangsläufig auch zu einem Anspruch aus Delikt führt. Da der Verleiher aber in der Regel Eigentümer oder berechtigter Besitzer ist, liegt in der Pflichtverletzung des Entleihers regelmäßig auch ein Delikt (Verletzung des absolut geschützten Rechtsgutes Eigentums oder des sonstigen Rechts Besitz).

Pflicht zum Aufwendungsersatz

Weiterhin hat der Verleiher eine Pflicht zum Ersatz von Aufwendungen gem. den Vorschriften der Geschäftsführung ohne Auftrag, wenn der Entleiher Verwendungen auf die Sache macht, die nicht nur der gewöhnlichen Erhaltung der Sache dienen, § 601 I, II S. 1 BGB. 119

C) Pflichten des Entleihers und Rechtsfolgen bei deren Verletzung

§ 603 BGB: Pflicht zur Einhaltung des vertragsgemäßen Gebrauchs

Außer der Tatsache, dass er kein Entgelt entrichten muss, hat der Entleiher ähnliche Pflichten wie ein Mieter. So darf er den vertragsmäßigen Gebrauch nicht überschreiten und die Sache nicht ohne Erlaubnis einem Dritten überlassen, § 603 BGB. 120

§ 604 BGB: Rückgabepflicht

Gemäß § 604 BGB muss er die Sache bei Beendigung des Leihverhältnisses zurückgeben.

hemmer-Methode: Beachten Sie unbedingt, dass die Rückgabe der Sache nicht im Gegenseitigkeitsverhältnis zur Gebrauchsüberlassung steht. Es gelten also nicht die §§ 320 ff. BGB.

Gemäß § 602 BGB hat der Entleiher die Abnutzung durch den vertragsmäßigen Gebrauch nicht zu vertreten. Er muss die Sache also nicht in dem Zustand zurückgeben, in dem er sie erhalten hat.

Muss Erhaltungskosten tragen

Im Gegensatz zum Mieter muss er allerdings die gewöhnlichen Erhaltungskosten tragen, § 601 I BGB.

Bsp.: *Fütterungskosten, Ölwechsel, Inspektionen*

Pflichten aus § 241 II BGB

Der Entleiher hat auch die allgemeinen Sorgfalts- und Obhutspflichten (§ 241 II BGB). Es kann sich beispielsweise die Pflicht ergeben, den Verleiher auf die Notwendigkeit bestimmter Maßnahmen hinzuweisen, die nicht zu den gewöhnlichen Erhaltungsmaßnahmen gehören.[480] 121

Haftung nach allg. Vorschriften

Bei Verletzung seiner Pflichten haftet der Entleiher nach den allgemeinen Vorschriften. Insbesondere gilt § 280 I BGB. Im Übrigen ergibt sich für den Verleiher ein Kündigungsrecht aus § 605 Nr. 2 BGB.

477 So auch Larenz, II/1, § 50.

478 Palandt, § 599 BGB, Rn. 2.

479 Palandt, § 606 BGB, Rn. 3.

480 Palandt, § 601 BGB, Rn. 1.

D) Beendigung des Leihverhältnisses

Zeitablauf

Das Leihverhältnis endet mit Ablauf der vereinbarten Leihzeit, wenn die Parteien eine solche vereinbart haben, § 604 I BGB. 122

Vor Zeitablauf ist eine Beendigung nur möglich durch eine außerordentliche Kündigung des Verleihers gem. § 605 BGB oder durch außerordentliche Kündigung aus wichtigem Grund nach § 314 BGB.

hemmer-Methode: § 605 BGB ist nach allgemeiner Meinung abdingbar, § 314 BGB hingegen nicht!

Entleiher hat Sache entsprechend der Vereinbarung genutzt

Haben die Parteien keine Zeit vereinbart, endet das Leihverhältnis, wenn der Entleiher die Sache entsprechend der Vereinbarung gebraucht hat oder hätte gebrauchen können, § 604 II BGB.

Verleiher fordert Sache zurück

War keine Zeit vereinbart und ist die Dauer aus dem Zweck nicht zu entnehmen, endet das Leihverhältnis, wenn der Verleiher die Sache zurückfordert, § 604 III BGB.

Kündigung durch Verleiher

Der Verleiher kann das Leihverhältnis im Übrigen gemäß § 605 Nr. 1 - 3 BGB fristlos kündigen.

Daneben besteht auch noch das Recht zur außerordentlichen Kündigung aus wichtigem Grund gem. § 314 BGB. Dieses hat für den Verleiher insbesondere dann Bedeutung, wenn § 605 BGB wirksam abbedungen wurde.[481]

hemmer-Methode: Ist die verliehene Sache bei Beendigung des Leihverhältnisses nicht im Besitz des Entleihers und hat dieser sie mit oder ohne Erlaubnis einem Dritten überlassen, so kann der Verleiher neben § 985 BGB auch einen Herausgabeanspruch aus § 604 IV BGB direkt gegen den Dritten geltend machen. § 604 V BGB beinhaltet eine Regelung für die Verjährung.

481 Vgl. dazu auch BGH, Life&Law 06/2016, 379 ff. = jurisbyhemmer.

§ 4 DARLEHEN[482]

Geld- und Sachdarlehen getrennt geregelt

Der Gesetzgeber hat die Integration des VerbrKrG in das BGB dazu genutzt, die Darlehensvorschriften neu zu gliedern. Dabei unterliegen Sach- und Gelddarlehen in Zukunft unterschiedlichen Vorschriften.[483]

Das Gelddarlehen wurde in den §§ 488 ff. BGB neu geregelt, wobei direkt im Anschluss die Vorschriften über das Verbraucherdarlehen folgen, §§ 491 ff. BGB. Nach der Vorstellung des Gesetzgebers gehören diese Vorschriften sachlich zusammen.

Das Sachdarlehen wurde in den § 607 ff. BGB beibehalten.[484]

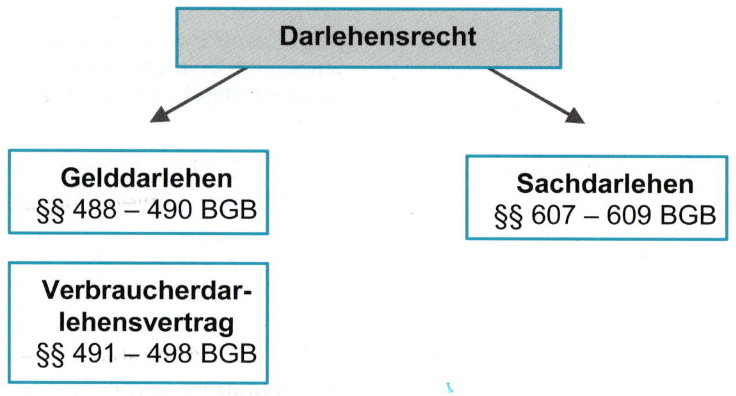

A) Gelddarlehen

I. Zustandekommen des Darlehensvertrages

Der Darlehensvertrag kommt durch einfachen Vertragsschluss zustande. 123

Alter Streit zwischen Konsensual- bzw. Realvertragstheorie obsolet

Vor der Schuldrechtsreform wurde vertreten, dass der Darlehensvertrag erst mit der Auszahlung des Geldbetrages zustande kam (sog. Realvertragstheorie[485]). Begründet wurde dies damit, dass § 607 BGB a.F. keine Auszahlungspflicht für den Darlehensgeber statuierte. Die Einigung über ein Darlehen war danach lediglich ein Darlehensvorvertrag.

Die herrschende Konsensualvertragstheorie[486] behandelte den Darlehensvertrag wie jeden anderen Vertrag auch. Die Pflicht zur Auszahlung ergab sich damit unmittelbar aus dem Vertrag.

Abgesehen von der relativ geringen praktischen Bedeutung dieses Streits (eine Darlehensrückzahlungspflicht sollte sich jedenfalls nur nach einer entsprechenden Auszahlung ergeben) hat sich der Gesetzgeber mit dem Wortlaut des § 488 I BGB nunmehr eindeutig auf die Konsensualvertragstheorie festgelegt.

482 Einen allgemeinen Überblick über den Darlehensvertrag finden Sie in Jura 2002, 675 ff.

483 Auf Darlehensverträge, die vor dem 01.01.02 entstanden sind, sind gem. Art. 229 § 5 EGBGB grundsätzlich die alten Regeln anzuwenden. Ab 01.01.03 gelten auch für diese „Altverträge“ die neuen Regelungen; vgl. Wittig, WM 2002, 155.

484 Eine sehr gute Übersicht über die veränderten Standorte des Darlehensrechts und der Finanzierungshilfen liefert die Synopse in Palandt, Einführung vor § 488 BGB, Rn. 7.

485 RGZ 86, 323, 324; BGH LM, § 607 BGB, Nr. 11; Fikentscher, Rn. 842; Palandt, § 607 BGB, Rn. 2.

486 Palandt, vor § 607 BGB, Rn. 1; Larenz, II/1, § 51 I; Esser/Weyers, § 26 II; Palandt, § 607 BGB, Rn. 3.

II. Hauptpflichten

Darlehensgeber: zur Verfügung stellen des vereinbarten Geldbetrags

Hauptpflicht des Darlehensgebers ist nach § 488 I S. 1 BGB, dem Darlehensnehmer einen Geldbetrag in der vereinbarten Höhe zur Verfügung zu stellen. Mit der Formulierung „zur Verfügung stellen" sollen die unterschiedlichen Formen der Überlassung von Geld erfasst werden. 124

Bsp.: *Übergabe von Bargeld, bargeldloser Verkehr wie etwa Überweisung, Gutschrift, Gewährung eines Kontokorrentkredits oder Einräumung eines Überziehungskredits*[487]

hemmer-Methode: Bei einem Darlehensvertrag kommt häufig die Annahme eines stillschweigenden Aufrechnungsverbots in Betracht. Aus dem Inhalt des Vertrages (§§ 133, 157 BGB) ergibt sich regelmäßig, dass der Darlehensnehmer über die Valuta frei verfügen können soll. Daher kann der Darlehensgeber seine Verpflichtung zur Auszahlung nicht im Wege der Aufrechnung erfüllen. Andernfalls stünde die Verwendung des Darlehens nicht im Belieben des Darlehensnehmers, sondern des Kreditgebers.

Darlehensnehmer: Zinsen zahlen, bei Fälligkeit Darlehen zurückerstatten

Gemäß § 488 I S. 2 BGB hat der Darlehensnehmer den geschuldeten Zins zu zahlen und bei Fälligkeit das zur Verfügung gestellte Darlehen zurückzuerstatten. Anders als früher geht die jetzige Regelung davon aus, dass der Darlehensvertrag im Regelfall entgeltlich ist und eine Zinspflicht des Darlehensnehmers vereinbart ist.[488]

Kein Gegenseitigverhältnis zwischen Auszahlung und Rückzahlung

Zwischen Auszahlungsverpflichtung des Darlehensgebers und Rückzahlungsverpflichtung des Darlehensnehmers besteht keine Gegenseitigkeit. 124a

Jeder, der ein Darlehen gewährt, möchte das Geld früher oder später wieder zurückerhalten. Aber niemand zahlt ein Darlehen aus, *damit* er das Geld zurückerhält. Es fehlt am „do ut des".

Ein Synallagma besteht mithin allein zwischen Darlehensgewährung und Zinszahlungspflicht.[489]

Da bei Geldschulden Unmöglichkeit regelmäßig ausscheidet und Unvermögen unbeachtlich ist, haben § 326 BGB bzw. §§ 280 I, III, 283 BGB beim Darlehensvertrag nur einen sehr begrenzten Anwendungsbereich.

Bsp.: *Der Onkel O hat seinem studierenden Neffen N ein Darlehen zu günstigen Konditionen zugesagt. Es ist vereinbart, dass N sich den Betrag von 5.000,- € am Abend des 01.01. bei O abholen soll. O hat das Geld von der Bank abgehoben und es im Küchenschrank deponiert. N erscheint zum verabredeten Termin nicht, weil er meint, ob er heute oder morgen komme, sei egal.*

In der darauffolgenden Nacht explodiert in der Küche die Mikrowelle, wodurch die ganze Küchenzeile abbrennt. Von den 5.000,- € bleibt nicht mehr übrig als ein Häufchen Asche.

O, der über die nachlässige Einstellung des N empört ist, verlangt von diesem Zahlung der 5.000,- € nebst den ausbedungenen Zinsen in Höhe von 5 % p.a.

1. Ein Anspruch auf Zahlung von 5.000,- € aus § 488 I BGB steht O nicht zu. Die Rückzahlungspflicht entsteht jedenfalls nicht vor Auszahlung der Valuta (Wortlaut des § 488 I S. 2 BGB). Nichts anderes ergibt sich schließlich aus § 326 II BGB, denn die Rückzahlung des Darlehens steht nicht im Gegenseitigkeitsverhältnis.

487 Wittig, WM 2002, 146; Palandt, § 488 BGB, Rn. 7.

488 Palandt, § 488 BGB, Rn. 18.

489 Palandt, § 488 BGB, Rn. 35.

2. Nach § 326 II BGB könnte O aber der Anspruch auf die Zinsen (§ 488 I S. 2 BGB) erhalten geblieben sein. Auszahlung des Darlehens und Zinspflicht des Darlehensnehmers stehen im Gegenseitigkeitsverhältnis, die §§ 320 ff. BGB sind mithin anwendbar.

N befand sich auch im Annahmeverzug, da eine Holschuld vereinbart war und er zum vereinbarten Termin nicht erschienen ist, §§ 293, 296 BGB.

Fraglich ist aber, ob überhaupt Unmöglichkeit vorliegt. Ohne notwendigerweise auf den Gedanken des § 276 I S. 1 BGB abstellen zu müssen, kommt Unmöglichkeit bzw. Unvermögen bei Geldschulden nicht in Betracht.

Der Übergang der Leistungsgefahr ergibt sich auch nicht aus § 243 II BGB (Konkretisierung), da die Vorschrift bei Geldschulden nicht anwendbar ist. Es gibt eben kein Geld mittlerer Art und Güte.

Nach h.M. ist bei Geldschulden aber § 300 II BGB analog anwendbar, so dass die Leistungsgefahr im Fall des Annahmeverzugs auf den Gläubiger übergeht. Die Voraussetzungen der Vorschrift liegen auch vor.

Da die Unmöglichkeit weder von O noch von N zu vertreten ist, bleibt der Anspruch des O auf die Gegenleistung nach § 326 II BGB erhalten.

O kann also zum Fälligkeitstermin Zahlung der Zinsen verlangen.

3. Als weitere Anspruchsgrundlage auf Zinszahlung kommt ein Anspruch aus §§ 280 I, II, 286 I, II Nr. 1 BGB in Betracht. Dann müsste sich N im Schuldnerverzug befunden haben.

Hierzu dürfte die Abholung des Geldes nicht nur eine im eigenen Interesse vorzunehmende Obliegenheit gewesen sein, sondern sie müsste eine echte Abholpflicht i.S.d. § 194 BGB sein.

Da das Gesetz – anders etwa als bei § 433 II BGB – keine Verpflichtung festlegt, ist grundsätzlich davon auszugehen, dass den Darlehensnehmer nur eine Obliegenheit und keine Verpflichtung trifft.

Allerdings könnte die Tatsache der Vereinbarung einer Zinspflicht zu einem anderen Ergebnis führen: Hieraus wird nämlich meist gefolgert, dass dann auch eine Pflicht zur Entgegennahme des Darlehensbetrages besteht. Andernfalls könnte man den Zinsanspruch des Gegners im Falle einer ungünstigen Vereinbarung einfach durch Nichtannahme aushebeln.

Folgt man dieser Ansicht, so besteht auch dieser Anspruch. Aufgrund des gleichgültigen Verhaltens des N kann das vermutete Verschulden des § 286 IV BGB auch nicht widerlegt werden.[490]

III. Nichtigkeit gemäß § 138 BGB[491]

Extrem klausurrelevant ist die Wirksamkeit des Darlehensvertrages im Hinblick auf § 138 BGB. An dieser Stelle muss genau zwischen § 138 II BGB (Wucher) und § 138 I BGB (Sittenwidrigkeit) unterschieden werden. 125

hemmer-Methode: Zwar ist § 138 II BGB als lex specialis grds. vor § 138 I BGB zu prüfen, das heißt aber keinesfalls, dass ein Rückgriff auf § 138 I BGB ausscheidet, falls die Voraussetzungen des Wuchers nicht vorliegen. Regelmäßig liegt hier der Schwerpunkt der Prüfung.

Wucher, § 138 II BGB

Wucher gemäß § 138 II BGB ist gegeben, wenn 125a

⇨ objektiv ein auffälliges Missverhältnis zwischen Leistung und Gegenleistung besteht,

490 Eine ausführliche Darstellung dieses Klassikers findet sich in Hemmer/Wüst, Hauptkurs Schuldrecht-AT, Fall 3.

491 Vgl. dazu Hemmer/Wüst, BGB-AT II, Rn. 131 f.

⇨ auf Seiten des Bewucherten eine Zwangslage, Unerfahrenheit, mangelndes Urteilsvermögen oder eine erhebliche Willensschwäche vorliegt

und

⇨ subjektiv der Darlehensgeber vorsätzlich (d.h. mit Wissen und Wollen!) diese Zwangslage des Darlehensnehmers ausnutzt.[492]

Vorliegen einer Zwangslage oft (-)

hemmer-Methode: In der Klausurfällen fehlt es meistens bereits an einer Zwangslage, da trotz wirtschaftlicher Bedrängnis kein zwingendes Bedürfnis des Betroffenen besteht. Jedenfalls wird sich die bewusste Ausnutzung i.d.R. nicht beweisen lassen. § 138 II BGB ist daher von nur geringer praktischer Bedeutung.

Sittenwidrigkeit gemäß § 138 I BGB ist dagegen gegeben, wenn **125b**

⇨ zwischen Leistung und Gegenleistung ein auffälliges Missverhältnis besteht und

⇨ der Kreditgeber die schwächere Lage des anderen Teils bewusst zu seinem Vorteil ausnutzt oder sich leichtfertig der Erkenntnis verschließt, dass der Kreditnehmer sich nur wegen seiner schwächeren Lage auf die erdrückenden Bedingungen einlässt.[493]

Objektiver Tatbestand

Die Rspr. unterscheidet bei § 138 I BGB zwischen dem auffälligen und dem besonders groben Missverhältnis. Dabei ist ein auffälliges Missverhältnis dann zu bejahen, wenn der Vertragszins den marktüblichen Effektivzins

⇨ relativ um 100 %[494] oder

⇨ absolut um zwölf Prozentpunkte[495] übersteigt.

hemmer-Methode: Auch wenn diese Werte nicht vollständig erreicht werden, kann die Gesamtwürdigung aller Umstände die Anwendung des § 138 I BGB rechtfertigen.

> ***Bsp.:*** *Liegt der marktübliche Zins bei 10 %, so ist die 100 %-Grenze schon bei 20 %, die zwölf Prozentpunkte-Grenze jedoch erst bei 22 % erreicht. Liegt der Marktzins jedoch sehr hoch, z.B. bei 20 %, so ist die zwölf Prozentpunkte-Grenze (32 %) deutlich früher erreicht als die 100 %-Grenze (40 %).*

Ein besonders grobes Missverhältnis zwischen Leistung und Gegenleistung ist dann anzunehmen, wenn der marktübliche Zins um 200 % überschritten wird.[496]

Subjektiver Tatbestand

Subjektiv erfordert § 138 I BGB, dass die schwächere Lage des Kreditnehmers bewusst vom Kreditgeber zu seinem Vorteil ausgenutzt wird. **125c**

Ist der Kreditvertrag jedoch bereits objektiv sittenwidrig, so wird nach dem BGH[497] das Vorliegen der subjektiven Voraussetzungen bei einem gewerblichen Kreditgeber vermutet.

---

492 Zum Tatbestand des Wuchers: Hemmer/Wüst, BG-AT II, Rn. 145 ff.

493 BGHZ 80, 160 = **juris**byhemmer; NJW 1995, 1020 = **juris**byhemmer; st. Rspr.; Life&Law 1999, 70 ff.; Hemmer/Wüst, BGB-AT II, Rn. 127.

494 BGHZ 104, 105; 110, 338 = **juris**byhemmer; Life&Law 1999, 71; Palandt, § 138 BGB, Rn. 27 f.

495 BGHZ 110, 338 = **juris**byhemmer; Life&Law 1999, 71.

496 Palandt, § 138 BGB, Rn. 34a.

497 BGHZ 98, 178 = **juris**byhemmer; NJW 1995, 1022 = **juris**byhemmer.

Im Fall des besonders groben Missverhältnisses wird sogar eine unwiderlegbare Vermutung angenommen.

Ist der Darlehensvertrag nach § 138 I BGB nichtig, richten sich die Verpflichtungen der Parteien nach Bereicherungsrecht. Von besonderer Bedeutung ist an dieser Stelle der Kondiktionsausschluss nach § 817 S. 2 BGB.[498]

Bsp.: *Die Bank B gewährt A ein Darlehen mit einem Zinssatz von 31 % bei einem marktüblichen Zinssatz von nur 14 %. Kann B das Geld zurückverlangen? Kann B Zinsen verlangen?*

1. Der Anspruch auf Rückzahlung der Darlehensvaluta könnte sich aus § 488 I S. 2 BGB ergeben.

Ein Darlehensvertrag wurde zwischen A und B geschlossen.

Der Vertrag könnte jedoch nichtig sein.

Für das Vorliegen des § 138 II BGB enthält der Sachverhalt zu wenig Angaben bzgl. einer eventuellen Zwangslage des A.

Aber auch wenn die Voraussetzungen des § 138 II BGB nicht vorliegen, kann der Vertrag immer noch nach § 138 I BGB sittenwidrig sein.

Da der Vertragszins den marktüblichen Zins um mehr als 100 % übersteigt, liegt nach der Rspr. ein auffälliges Missverhältnis zwischen Leistung und Gegenleistung vor.

Weiterhin wird vermutet, dass die Bank B die schwächere Lage des A bewusst zu ihrem Vorteil ausgenutzt hat, sodass der Darlehensvertrag gemäß § 138 I BGB wegen Sittenwidrigkeit nichtig ist. Ein Anspruch aus § 488 I S. 2 BGB besteht daher nicht. Die Bank ist mithin auf Ansprüche aus ungerechtfertigter Bereicherung angewiesen.

2. § 817 S. 1 BGB scheidet aus, da dieser ein sittenwidriges Verhalten des Empfängers voraussetzt. In der Annahme der Darlehensvaluta kann jedoch kein Sittenverstoß gesehen werden.

3. Der Anspruch auf Rückzahlung könnte sich jedoch aus § 812 I S. 1 Alt. 1 BGB ergeben.

A hat bei einer Barauszahlung Besitz und Eigentum an der Darlehensvaluta (anderenfalls eine Kontogutschrift) durch Leistung der Bank ohne Rechtsgrund erlangt.

Fraglich ist jedoch, ob der Anspruch gemäß § 817 S. 2 BGB ausgeschlossen ist. Dieser ist auf § 812 I S. 1 Alt. 1 BGB anwendbar[499] und muss erst recht gelten, wenn nur der Leistende gegen die guten Sitten verstoßen hat.[500]

Fraglich ist weiterhin, ob hierdurch auch die Rückforderung der Darlehensvaluta ausgeschlossen ist.

§ 817 S. 2 BGB gilt nicht für Darlehenssumme

Unter Leistung i.S.d. § 817 S. 2 BGB versteht die h.M. nur das, was endgültig in das Vermögen des Empfängers übergehen soll.[501] § 817 S. 2 BGB gilt demnach nicht für die Darlehenssumme selbst, da diese nur vorübergehend beim Kreditnehmer verbleiben sollte.[502] Sie kann von der Bank grundsätzlich zurückgefordert werden. **125d**

§ 817 S. 2 BGB gilt für Nutzungsmöglichkeit

Fraglich ist aber, *wann* die Darlehenssumme zurückgefordert werden kann. Zu bedenken ist, dass das Darlehen gegeben wurde, damit der Darlehensnehmer dieses nutzen kann. Diese Nutzungsmöglichkeit sollte auch endgültig beim Empfänger bleiben, ist damit eine Leistung i.S.v. § 817 S. 2 BGB und kann nicht zurückgefordert werden.

498 Vgl. Sie dazu Hemmer/Wüst, Bereicherungsrecht, Rn. 304, 446 und 452.

499 Hemmer/Wüst, Bereicherungsrecht, Rn. 300.

500 Hemmer/Wüst, Bereicherungsrecht, Rn. 446.

501 Hemmer/Wüst, Bereicherungsrecht, Rn. 451.

502 Hemmer/Wüst, Bereicherungsrecht, Rn. 452.

Für die Darlehenssumme bedeutet dies, dass sie erst zu dem Zeitpunkt zurückgefordert werden kann, zu dem der Darlehensnehmer das Darlehen gemäß § 488 III BGB hätte zurückzahlen müssen.[503]

hemmer-Methode: Auf Entreicherung gemäß § 818 III BGB kann sich der Darlehensnehmer grundsätzlich nicht berufen, weil er ja weiß, dass er das Darlehen zurückzahlen muss, §§ 819 I, 818 IV, 276 BGB.

Fraglich ist, ob die Bank gemäß §§ 812 I S. 1 Alt. 1, 818 I, II BGB wenigstens den „üblichen Zinssatz" verlangen kann.

Nach einer Ansicht in der Literatur[504] soll dies der Fall sein, weil sich aus § 817 S. 2 BGB kein Strafcharakter entnehmen lasse und die Nutzung deshalb nicht zwingend ohne Vergütung gewährt werden müsse.

h.M.: Zinsen können nicht verlangt werden

Die h.M. verneint eine Zinszahlungspflicht jedoch generell, da dies einer geltungserhaltenden Reduktion gleichkäme.[505] Denn es bestünde für den Wucherer sonst kein Risiko, wenn er absichtlich überzogene Zinsen verlangt. Der übliche Zins wäre ihm jedenfalls sicher.

Der Rechtsgrund für das Behaltendürfen der Nutzungen ist daher in § 817 S. 2 BGB selbst zu sehen.

IV. Fälligkeit des Darlehens

Die Fälligkeit der Rückerstattungspflicht und somit das Ende des Darlehensverhältnisses hängt von der konkreten Ausgestaltung des Darlehensvertrages ab. 126

Rückerstattung zeitlich bestimmt

Aus § 488 III BGB ergibt sich, dass für die Rückerstattung des Darlehens eine Zeit fest bestimmt sein kann. Fälligkeit tritt dann ohne weiteres mit Zeitablauf ein.[506]

Kündigungsfrist einheitlich 3 Monate

Ist eine bestimmte Zeit nicht festgelegt, so hängt die Fälligkeit der Rückzahlungspflicht davon ab, dass der Darlehensgeber bzw. der Darlehensnehmer kündigt. Dabei beträgt die Kündigungsfrist drei Monate, § 488 III S. 2 BGB.[507]

hemmer-Methode: Beachten Sie, dass gem. § 488 III S. 3 BGB der Darlehensnehmer im Falle eines zinslosen Darlehens jederzeit das Geld (ohne Einhaltung einer Frist!) zurückzahlen kann. Das ist sinnvoll, da in diesem Fall keine entgegenstehenden Interessen (wie etwa Zinsausfälle) des Darlehensgebers ersichtlich sind.[508]

1. Ordentliche Kündigung durch Darlehensnehmer

§ 489 BGB für Darlehensnehmer

§ 489 BGB sieht für den Darlehensnehmer besondere Kündigungsvorschriften vor. Ist ein fester Zinssatz vereinbart, kann der Darlehensnehmer ganz oder teilweise kündigen: 127

Bei fester Zinssatzvereinbarung

- ⇨ zum Ende der Zinsbindungsfrist unter Einhaltung einer Kündigungsfrist von einem Monat (§ 489 I Nr. 1 BGB);
- ⇨ jedenfalls nach Ablauf von zehn Jahren nach dem vollständigen Empfang des Darlehens unter Einhaltung einer Kündigungsfrist von sechs Monaten (§ 489 I Nr. 2 BGB).

503 Hemmer/Wüst, Bereicherungsrecht, Rn. 452.

504 Medicus/Petersen, BR, Rn. 700.

505 Hemmer/Wüst, Bereicherungsrecht, Rn. 453.; Palandt, § 817 BGB, Rn. 27.

506 Palandt, § 488 BGB, Rn. 28 ff., 14 ff.

507 Palandt, § 488 BGB, Rn. 32 f.

508 Wittig, WM 2002, 147.

Darlehen mit veränderlichem Zinssatz

Bei Darlehen mit veränderlichem Zinssatz bleibt es bei der Kündigungsfrist von drei Monaten, § 489 II BGB.

§ 489 III BGB, Zwei-Wochen-Frist als negative Voraussetzung

Gemäß § 489 III BGB gilt die Kündigung als nicht erfolgt, wenn der Darlehensnehmer den geschuldeten Betrag nicht innerhalb von zwei Wochen nach Wirksamwerden der Kündigung zurückzahlt.

hemmer-Methode: Diese Regelung bietet einem Klausurersteller die Möglichkeit, sowohl die Voraussetzungen für eine ordentliche Kündigung des Darlehensnehmers als auch Probleme aus dem BGB-AT abzuprüfen (Zugangsprobleme, Fristberechnung etc.). Kündigt der Darlehensnehmer nach § 489 BGB und zahlt er nicht rechtzeitig zurück, ist Raum für weitere Kündigungen!

2. Außerordentliche Kündigung durch Darlehensnehmer

Außerordentliche Kündigung nach § 490 II BGB

Auf Seiten des Darlehensnehmers können Umstände eintreten, die ein Festhalten am Vertrag unzumutbar machen. Dann soll der Darlehensnehmer kündigen können. Die entsprechende Möglichkeit gewährt § 490 II BGB. 128

Voraussetzungen

- ⇨ Die Kündigung setzt einen Festzinskredit voraus, der durch ein Grundpfandrecht (bzw. Schiffspfandrecht) gesichert ist, § 490 II S. 1 BGB.
- ⇨ Der Darlehensnehmer muss ein besonderes Interesse an der Kündigung haben (anderweitige Verwendung), § 490 II S. 2 BGB.
- ⇨ Aus der Kündigung erwächst dem Darlehensgeber eine sog. Vorfälligkeitsentschädigung, § 490 II S. 3 BGB.[509]

Die niedrigen Anforderungen an das besondere Interesse sind durch die Ausgleichspflicht gegenüber dem Darlehensgeber gerechtfertigt. Die Motivation für die anderweitige Verwendung spielt keine Rolle.[510]

3. Ordentliche Kündigung durch Darlehensgeber

Für die ordentliche Kündigung durch den Darlehensgeber gilt § 488 III BGB. 129

4. Außerordentliche Kündigung durch Darlehensgeber

§ 490 I BGB regelt die außerordentliche Kündigung durch den Darlehensgeber. 129a

Voraussetzung

Voraussetzung für das Kündigungsrecht ist der Eintritt oder drohende Eintritt einer wesentlichen Verschlechterung, und zwar entweder in den Vermögensverhältnissen des Darlehensnehmers oder in der Werthaltigkeit einer für das Darlehen gestellten Sicherheit.[511]

Bezüglich des Kündigungsrechts ist danach zu differenzieren, ob das Darlehen bereits ausgezahlt worden ist oder nicht. Vor Auszahlung des Darlehens kann der Vertrag im Zweifel stets, nach Auszahlung nur in der Regel fristlos gekündigt werden.[512]

509 Das eigentliche Problem, nach welchen Grundsätzen diese Entschädigung zu berechnen ist, hat der Gesetzgeber gerade offen gelassen! Palandt, § 490 BGB, Rn. 9 - 16.

510 Wittig, WM 2002, 149; Freitag, WM 2001, 2376.

511 Palandt, § 490 BGB, Rn. 6.

512 Palandt, § 490 BGB, Rn. 8.

Vor Valutierung

Vor Valutierung ist dem Darlehensgeber das Recht zur Kündigung zuzubilligen, da ihm eine Auszahlung nicht zumutbar ist. Er würde „sehenden Auges" Geld hingeben, das er nicht zurückerhalten würde.

Nach Valutierung

Dagegen kann die Belassung der Darlehenssumme nach Valutierung durchaus zumutbar sein. Der Gesetzgeber verlangt hier eine Gesamtwürdigung der jeweiligen Kündigungssituation auch unter Berücksichtigung der Belange des Schuldners.

> ***Bsp.:*** *Erst die Rückforderung führt zur Insolvenz, während eine ratenweise Tilgung möglich wäre; es handelt sich nur um einen vorübergehenden finanziellen Engpass.*

Auch hier ist wiederum zu beachten, dass eine Kündigung nach §§ 313, 314 BGB ebenfalls möglich ist (§ 490 III BGB), wobei § 490 I BGB lex specialis ist.

B) Verbraucherdarlehen

I. Anwendungsbereich

Die speziellen Regelungen für Verbraucherdarlehensverträge in § 491 ff. BGB gelten nach § 491 BGB für entgeltliche Darlehensverträge zwischen einem Unternehmer als Darlehensgeber und einem Verbraucher als Darlehensnehmer. 130

Anmerkung: Der Gesetzgeber hat die Vorschriften über den Kreditvermittlungsvertrag sinngemäß dem Maklerrecht zugeordnet und in §§ 655a - 655e BGB als „Darlehensvermittlungsvertrag zwischen einem Unternehmer und einem Verbraucher" in das BGB eingefügt. Eine Behandlung erfolgt demnach auch unter Rn. 293a ff. im Maklerrecht.

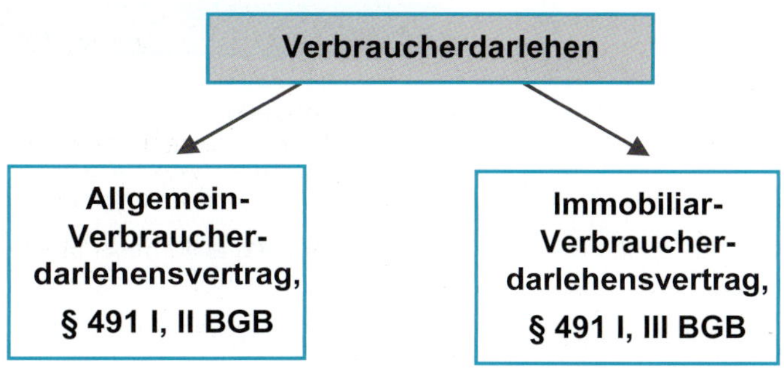

hemmer-Methode: Am 11.03.2016 wurde vom Bundestag das Gesetz zur Umsetzung der Wohnimmobilienkreditrichtlinie und zur Änderung handelsrechtlicher Vorschriften (WohnImmoKredRLUG) beschlossen und im Bundesgesetzblatt am 16.03.2016 verkündet. Es ist am 21.03.2016 in Kraft getreten.[513]
Im Zuge der Richtlinienumsetzung wurden in § 491 I BGB die beiden Begriffe des Allgemein-Verbraucherdarlehensvertrages und des Immobiliar-Verbraucherdarlehensvertrages eingeführt.
§ 491 II BGB enthält die Definition des Begriffs „Allgemein-Verbraucherdarlehensvertrag".
§ 491 III BGB definiert den Immobiliar-Verbraucherdarlehensvertrag.

513 Vgl. dazu **Tyroller,** *„Gesetz zur Umsetzung der WohnImmoKredRLUG"*, **Life&Law 06/2016, 423 ff.** sowie **Life&Law 08/2016, 569 ff.**

Verbraucher, § 13 BGB

Verbraucher ist grundsätzlich jede natürliche Person, die ein Rechtsgeschäft zu einem Zweck abschließt, der weder ihrer gewerblichen noch ihrer selbstständigen beruflichen Tätigkeit zugerechnet werden kann (§ 13 BGB). Verbraucher i.d.S. kann auch eine GbR sein.[514]

Erweiterter Begriff: auch Existenzgründer, § 513 BGB

§ 513 BGB erweitert den Verbraucherbegriff auch auf Existenzgründer, die eine gewerbliche oder selbstständige berufliche Tätigkeit erst aufnehmen, falls nicht der Nettodarlehensbetrag 75.000,- € übersteigt.

Unternehmer, § 14 BGB

Ein Unternehmer ist dagegen eine natürliche oder juristische Person oder eine rechtsfähige Personengesellschaft, die bei Abschluss eines Rechtsgeschäfts in Ausübung ihrer gewerblichen oder selbstständigen beruflichen Tätigkeit handelt (§ 14 BGB).[515]

§ 491 II S. 2, Nr. 1 bis 6 sowie § 491 IV BGB beinhaltet Tatbestände, bei denen die Vorschriften über das Verbraucherdarlehen (teilweise) keine Anwendung finden. So sind §§ 491 ff. BGB z.B. für Darlehen mit einem Nettodarlehensbetrag unter 200,- € nicht anwendbar (§ 491 II S. 2 Nr. 1 BGB).

II. Formerfordernis

Schriftform

Verbraucherdarlehensverträge sind, soweit nicht eine strengere Form vorgeschrieben ist, schriftlich abzuschließen, § 492 I S. 1 BGB. *131*

hemmer-Methode: Der Gesetzgeber konnte sich nicht entschließen, den Vertragsabschluss auch in elektronischer Form (§ 126a BGB) zu ermöglichen. Die elektronische Form erfüllt nicht das Schriftformerfordernis, § 492 I S. 2 BGB.

§ 492 II BGB i.V.m. Art. 247 §§ 6 bis 13 EGBGB stellen einen umfangreichen Katalog auf, welche Angaben die vom Verbraucher (= Darlehensnehmer) zu unterzeichnende Erklärung enthalten muss.

U.a. Nettodarlehensbetrag, Höhe von Tilgungsraten, Art und Weise der Rückzahlung, Zinssatz und sonstige Kosten, effektiver Jahreszins, Sicherheiten etc.

Vollmachterteilung muss auch Formerfordernis genügen

Zu beachten ist auch die Regelung des § 492 IV BGB, wonach die Vollmacht zum Abschluss eines Verbraucherdarlehens ebenfalls der Schriftform bedarf. *131a*

hemmer-Methode: Weil nach der allgemeinen Regelung des § 167 II BGB eine Vollmachtserteilung grundsätzlich formfrei ist, hatte die Rechtsprechung auch für die Erteilung einer Vollmacht zum Abschluss eines Verbraucherkreditvertrages auf ein Formerfordernis verzichtet. Der Gesetzgeber hat nunmehr bewusst eine entgegenstehende Sonderregelung getroffen.[516]

Damit ist eine Stellvertretung nahezu ausgeschlossen, da dem Verbraucher in der Regel die Informationen nicht zur Verfügung stehen, die nach § 492 IV, II BGB erforderlich sind. Ausnahmen vom Formerfordernis sind allein für notarielle Vollmachten und Prozessvollmachten vorgesehen, § 492 IV S. 2 BGB.[517]

514 Vgl. Life&Law 2002, 93 ff.; Palandt, § 491 BGB, Rn. 7.

515 Palandt, § 491 BGB, Rn. 6.

516 Wittig, WM 2002, 151.

517 Palandt, § 492 BGB, Rn. 19 - 21.

Überziehungskredit

§ 505 BGB schließlich enthält Formerleichterungen für Überziehungskredite (vgl. § 505 IV BGB).

Rechtsfolgen bei Nichteinhaltung der Schriftform

Bei Verstoß gegen die Schriftform oder Unvollständigkeit der erforderlichen Angaben ist der Kreditvertrag nach § 494 I BGB als lex specialis zu § 125 S. 1 BGB nichtig. Dies erstreckt sich auch auf diesbezügliche Vollmachten des Verbrauchers. 131b

Heilung

Nach § 494 II BGB tritt aber mit Auszahlung der Darlehensvaluta Heilung ein.

III. Widerrufsrecht

1. Widerrufsrecht bei Verbraucherdarlehensvertrag, § 495 BGB

Widerrufsrecht

Nach § 495 I BGB steht dem Verbraucher ein Widerrufsrecht nach § 355 BGB zu. 132

Sondervorschriften

Zu beachten sind hierbei die Sondervorschriften des § 495 II Nr. 1 bis 3 BGB, wonach bei bestimmten Verbraucherdarlehen kein Widerrufsrecht besteht.

§ 495 III BGB enthält Sonderregelungen für Immobiliar-Verbraucherdarlehensverträge. Bei Immobiliar-Verbraucherdarlehensverträgen ist es nunmehr, anders als bei Allgemein-Verbraucherdarlehensverträgen, nicht mehr möglich, dass weder ein Widerrufsrecht noch eine Bedenkzeit besteht. In den Fällen, in denen bisher ein Widerrufsrecht nach § 495 II BGB auch für Immobiliar-Verbraucherdarlehensverträge vollständig ausgeschlossen war, wird nunmehr eine siebentägige Bedenkzeit eingeführt, innerhalb derer der Verbraucher das Angebot aber bereits annehmen kann.

hemmer-Methode: Lassen Sie sich nicht von den vielen Sondervorschriften abschrecken. Lesen Sie das Gesetz aufmerksam durch und versuchen Sie, das Regel-Ausnahme-Prinzip zu erfassen. Niemand verlangt von Ihnen auswendig gelerntes Spezialwissen!

2. Widerrufsrecht bei unentgeltlichem Darlehensvertrag, § 514 II S. 1 BGB

Unentgeltliche Darlehensverträge

In §§ 514, 515 BGB wurde mit Wirkung zum 21.03.2016 ein neuer Untertitel 6 eingefügt, in welchem Vorschriften zu unentgeltlichen Darlehen und Finanzierungshilfen geregelt sind. 132a

Gem. **§ 514 I BGB** gelten zukünftig die verbraucherschützenden Regelungen bei Verzug des Darlehensnehmers (§ 497 BGB) und der Gesamtfälligstellung (= außerordentliche Kündigung) bei Teilzahlungsdarlehen (§ 498 BGB) sowie die neuen Regelungen zur Kreditwürdigkeitsprüfung, soweit diese sich entsprechend auf unentgeltliche Darlehen anwenden lassen (§§ 505a, b, c BGB sowie § 505d II bis IV BGB), entsprechend für unentgeltliche Darlehen.

Widerrufsrecht, § 514 II BGB

§ 514 II S. 1 BGB führt zum Schutz des Verbrauchers vor übereilten Vertragsabschlüssen ein **Widerrufsrecht** für Verbraucher gemäß § 355 BGB ein. Dies gilt nach **§ 514 II S. 2 BGB** jedoch nicht, wenn bereits ein Widerrufsrecht nach § 312g I BGB besteht. Hierdurch wird sichergestellt, dass auch bei unentgeltlichen Darlehensverträgen keine konkurrierenden Widerrufsrechte bestehen. Ferner besteht, entsprechend der Ausnahme in § 495 II Nr. 1 BGB, kein Widerrufsrecht bei Umschuldungen unentgeltlicher Darlehen.

Damit die zweiwöchige Widerrufsfrist zu laufen beginnt, muss der Unternehmer den Verbraucher gem. **§§ 356d S. 1, 514 III S. 3 BGB** i.V.m. Art. 246 III EGBGB über dessen Widerrufsrecht **belehren**.

Der Unternehmer kann diese Pflicht gem. § 514 III S. 4 BGB dadurch erfüllen, dass er dem Verbraucher das in der Anlage 9 zum EGBGB vorgesehene Muster für die Widerrufsbelehrung ordnungsgemäß ausgefüllt in Textform übermittelt. Unterbleibt die Belehrung, so erlischt das Widerrufsrecht gem. **§ 356d S. 2 BGB** frühestens ein Jahr und zwei Wochen nach Vertragsschluss.

IV. Sonderregelung für Kündigung

Eine Sonderregelung für die Kündigung eines Darlehensvertrages, der in Teilzahlungen zu tilgen ist, beinhaltet § 498 BGB. Dabei müssen folgende Voraussetzungen kumulativ vorliegen: 133

- ⇨ Der Verbraucher als Darlehensnehmer muss mit mindestens zwei aufeinanderfolgenden Teilzahlungen ganz oder teilweise und mit mindestens zehn Prozent (bei Verträgen über drei Jahre mit mindestens fünf Prozent) des Darlehensnennbetrags oder Teilzahlungspreises in Verzug sein (§ 498 I S. 1 Nr. 1a, b BGB[518]) **und**
- ⇨ der Darlehensgeber muss dem Verbraucher erfolglos eine zweiwöchige Frist zur Zahlung des rückständigen Betrags mit der Erklärung setzen, dass er bei Nichtzahlung innerhalb der Frist die gesamte Restschuld verlange (§ 498 I S. 1 Nr. 2 BGB).

Gemäß § 498 I S. 1 Nr. 2 BGB muss der Darlehensgeber im Falle des Zahlungsverzugs des Schuldners diesem zunächst erfolglos eine zweiwöchige Frist zur Zahlung des rückständigen Betrages setzen.

Diese Fristsetzung muss mit der Erklärung verbunden werden, bei Nichtzahlung innerhalb der Frist, die Zahlung der gesamten Restschuld zu verlangen (sog. Ablehnungsandrohung).

hemmer-Methode: Die Formulierung des § 498 I S. 1 Nr. 2 BGB ist verwirrend. Nach dem Wortlaut, wonach der Darlehensgeber erklären muss, dass er nach Fristablauf die gesamte Restschuld verlange, liegt die Vermutung nahe, dass die Gestaltung bereits unter einer vom Verhalten des Darlehensnehmers abhängigen und damit zulässigen Potestativbedingung erklärt wird.
Es entspricht jedoch allgemeiner Meinung, dass die Kündigung nach Fristablauf ausgesprochen werden muss.
Die h.M. geht sogar soweit, dass die Kündigung mit der Fristsetzung gar nicht verbunden werden darf, da ansonsten das Gesprächsangebot des § 498 I S. 2 BGB von vorneherein leer liefe.[519]

Entbehrlichkeit der Fristsetzung bei endgültiger Erfüllungsverweigerung?

Fraglich ist allerdings, ob bei einer ernsthaften und endgültigen Erfüllungsverweigerung die Fristsetzung entbehrlich ist.

Nach BGH (+)

Nach Ansicht des BGH ist eine solche Nachfristsetzung mit einer Kündigungsandrohung sinnlos und deshalb entbehrlich, wenn sich der Darlehensnehmer - wie hier - ernsthaft und endgültig geweigert hat, auf das Darlehen weitere Leistungen zu erbringen.[520]

518 Bei einem Immobiliar-Verbraucherdarlehensvertrag muss der Darlehensnehmer abweichend von Absatz 1 Satz 1 Nummer 1 Buchstabe b mit mindestens 2,5 Prozent des Nennbetrags des Darlehens in Verzug sein, § 498 II BGB.

519 Vgl. MüKo, § 498 BGB, Rn. 20.

520 BGH, Life&Law 2007, 303 (306) = ZIP 2007, 414 ff. = **juris**byhemmer.

In einem solchen Fall wäre die Forderung, die Vorschrift des § 498 I S. 1 Nr. 2 BGB einzuhalten, eine nutzlose, durch nichts zu rechtfertigende Förmelei (§ 242 BGB).[521]

Nach OLG Celle (-)

Nach Ansicht des OLG Celle hingegen kann der Darlehensgeber den Verbraucherdarlehensvertrag nur kündigen, wenn er dem Darlehensnehmer erfolglos die zweiwöchige Frist zur Zahlung des rückständigen Betrages mit der Erklärung gesetzt hat, dass er bei Nichtzahlung innerhalb der Frist die gesamte Restschuld verlange.[522]

Diese „soll dem Verbraucher eindeutig die gefährliche Situation des Kredits vor Augen führen. Innerhalb der zweiwöchigen Nachfrist gewährt somit der Kreditgeber dem Verbraucher eine letzte Chance zur Rettung des Kredits".[523]

Mit Ausnahme des Erfordernisses einer Ablehnungsandrohung entspricht § 498 I S. 1 Nr. 2 BGB dem § 323 BGB. In § 323 II Nr. 1 BGB ist nun ausdrücklich bestimmt, dass die Fristsetzung entbehrlich ist, wenn der Schuldner ernsthaft und endgültig die Erfüllung verweigert.

Dies könnte für die Lösung des BGH sprechen. Auch wenn die Entscheidung des BGH vernünftigen Erwägungen entspricht, so ist der Ansicht des OLG Celle aus dogmatischen Gründen dennoch zu folgen.

Eine vergleichbare Situation zu § 323 I BGB besteht im vorliegenden Fall des Verbraucherdarlehens aus mehreren Gründen nicht:

Außerdem verbietet der Verbraucherschutzcharakter in § 498 I S. 1 Nr. 2 BGB den Rückgriff auf § 323 II BGB[524], der als Ausnahmetatbestand zudem eng auszulegen ist.[525] Der vom Gesetzgeber offenkundig beabsichtigte strenge Formalismus des Verbraucherschutzes zwingt daher zu einer extrem am Wortlaut orientierten Auslegung.

Für eine eng am Wortlaut orientierte Auslegung spricht ferner die Existenz des § 511 BGB, der Abweichungen zum Nachteil des Verbrauchers verbietet. Auch der Wortlaut des § 498 I S. 1 BGB („..***nur*** kündigen, wenn ...") spricht dafür, dass ein Rückgriff auf die in § 323 II BGB niedergelegten Grundsätze nicht zulässig ist.

Gegen die entsprechende Anwendung des § 323 II BGB spricht zuletzt auch, dass dann im Einzelfall eine Prüfung nötig wäre, ob in der Nichterbringung der Darlehensraten bereits eine ernsthafte und endgültige Erfüllungsverweigerung zu sehen wäre. Dies würde der im Sinn eines effektiven Verbraucherschutzes gebotenen Eindeutigkeit der Rechtslage zuwider laufen.

Ergebnis: Zum Schutze des Verbrauchers hat der Gesetzgeber in § 498 I BGB klare Vorgaben gemacht, von denen nicht zu Gunsten des Darlehensgebers abgewichen werden darf. Es stellt keine übertriebene Förmelei dar, wenn einem unternehmerischen Darlehensgeber (i.d.R. einer Bank) aufgegeben wird, den Gesetzeswortlaut einzuhalten und abzuschreiben (a.A. BGH).[526]

521 Vgl. OLG Düsseldorf, WM 1995, 1530 (1532).

522 BGH, Life&Law 2007, 303 [306] = ZGS 2007, 119 ff. = **juris**byhemmer.

523 Begründung des RegE zum Verbraucherkreditgesetz, BT-Drucks. 11/5462, S. 27.

524 So die jedenfalls überwiegende Meinung in der Literatur, vgl. MüKo, § 498 BGB, Rn. 17; Staudinger, § 498 BGB, Rn. 20.

525 Vgl. BGH, WM 2006, 2055, 2056; NJW-RR 1997, 622, 623 f.; Palandt, § 323 BGB, Rn. 18.

526 OLG Celle, MDR 2005, 800 ff. = **juris**byhemmer.

Nach § 498 I S. 2 BGB soll der Darlehensgeber dem Verbraucher spätestens mit der Fristsetzung ein Gespräch zur einverständlichen Regelung anbieten.[527] Möglichkeiten einer einverständlichen Regelung wären zum Beispiel Stundung oder Änderung der Ratenhöhe. Liegen die Voraussetzungen des Satzes 1 vor, so ändert das Unterbleiben dieses Gesprächsangebots nach allgemeiner Meinung nichts an der Wirksamkeit der Kündigung.[528]

hemmer-Methode: Sollte es zwischen den Parteien zu einem solchen Verhandlungsgespräch kommen, ist § 203 BGB zu beachten, der eine Hemmung der Verjährung anordnet. Da aber bereits der Zahlungsverzug des Darlehensnehmers gem. § 497 III S. 3 BGB zur Hemmung der Verjährung der Ansprüche auf Darlehensrückerstattung und Zinsen führt, kommt der Vorschrift des § 203 BGB im Zusammenhang mit § 498 I S. 2 BGB keine große Bedeutung zu.

V. Sonderproblem: Schuldbeitritt und Verbraucherschutz

Problem: Anwendbarkeit auf Schuldbeitritt

In Rspr. und Literatur ist in jüngerer Zeit zunehmend die Frage dis- 134
kutiert worden, ob und wenn ja unter welchen Voraussetzungen der Schuldbeitritt als Verbraucherdarlehen i.S.d. §§ 491 ff. BGB zu behandeln ist.[529]

Schuldbeitritt kein Verbraucherdarlehen, Finanzierungshilfe etc.

Dabei ist weitgehend unstreitig, dass der Schuldbeitritt selbst kein derartiger Verbrauchervertrag ist. Der Schuldbeitretende übernimmt lediglich die Mithaftung für die Verpflichtungen des Kreditnehmers aus dessen Vertrag, ohne jedoch einen Anspruch gegen den Kreditgeber auf Auszahlung des Kredits zu erlangen.[530] Der Gläubiger (Sicherungsnehmer) erbringt gegenüber dem Sicherungsgeber keinerlei Gegenleistung. Der Schuldbeitritt ist also dem Sicherungsnehmer gegenüber eine unentgeltliche Leistung.

Aber: analoge Anwendung

Fraglich kann daher nur sein, ob eine analoge Anwendung der Vorschriften der §§ 491 ff. BGB geboten ist. Dies hat der BGH[531] für den Schuldbeitritt bejaht, da das Schutzbedürfnis des Beitretenden nicht geringer, sondern eher größer als das des Kreditnehmers ist: Der Beitretende erlangt - trotz voller Verpflichtung - selbst keine Rechte.

Für eine analoge Anwendung muss Folgendes vorliegen:

1. Bei dem beizutretenden Vertrag muss es sich der Sache nach um ein Verbraucherdarlehen handeln.
2. Der Darlehensnehmer muss nicht Verbraucher sein.
3. Der Beitretende selbst muss Verbraucher sein.

Dabei ist es ohne Belang, ob im Verhältnis Darlehensnehmer/Beitretender Verbraucherschutzvorschriften Anwendung finden oder nicht.[532]

hemmer-Methode: Der Beitretende genießt immer dann Verbraucherschutz, wenn er im Falle eines eigenen Abschlusses des Darlehensvertrages Verbraucherschutz genießen würde. Aus diesem Grund spielt es auch keine Rolle, ob der Darlehensnehmer selbst Verbraucher ist.

527 Palandt, § 498 BGB, Rn. 4 - 8.

528 Palandt, § 498 BGB, Rn. 8; BGH, NJW 2001, 1249 ff.

529 Zu dieser Thematik besonders lesenswert: Palandt, § 491 BGB, Rn. 11.

530 BGH, NJW 1996, 2156, 2157 = **juris**byhemmer.

531 BGH, NJW 1996, 2156 = **juris**byhemmer.

532 BGB, NJW 1996, 2156 = **juris**byhemmer; Hemmer/Wüst, Kreditsicherung, Rn. 88.

Bsp.: Die K-GmbH, die einen Verlag betreibt, hat am 01.03. von V ein verzinsliches Darlehen (150.000,- €) zur Anschaffung einer neuen Druckmaschine erhalten. G, der Geschäftsführer der K-GmbH, tritt dem Darlehensvertrag auf Seiten der GmbH noch am gleichen Tag bei. Als am 01.08. das Darlehen fällig wird und die K-GmbH nicht zahlt, wendet sich V an G. Dieser erklärt daraufhin, er widerrufe seine Schuldbeitrittserklärung. 134a

Ein Widerrufsrecht stünde G zu, wenn § 495 BGB Anwendung findet. Bei dem zwischen der K-GmbH und V zustande gekommenen Vertrag handelt es sich um einen Darlehensvertrag nach § 488 BGB. Um ein Verbraucherdarlehen i.S.v. § 491 BGB handelt es sich indes nicht. Die K-GmbH ist nicht Verbraucher i.S.v. § 13 BGB. Der Darlehensvertrag wurde von der K-GmbH im Zusammenhang mit ihrer ausgeübten gewerblichen Tätigkeit geschlossen.

Der zwischen G und V abgeschlossene Schuldbeitritt führt dagegen nach dem BGH zur entsprechenden Anwendung der Verbraucherschutzvorschriften, wenn G selbst Verbraucher ist. Auf die Verbrauchereigenschaft der K-GmbH kommt es indes nicht an. Es ist allein danach zu fragen, ob ein solcher Darlehensvertrag zwischen G und V zur Anwendung der §§ 491 ff. BGB führen würde. Dies ist zu bejahen:

Bei G als natürlicher Person handelt es sich auch um einen Verbraucher nach § 13 BGB. Seine Eigenschaft als Gesellschafter und Geschäftsführer der GmbH steht dem nicht entgegen: Das Halten eines GmbH-Anteils ist keine gewerbliche Tätigkeit, sondern Vermögensverwaltung. Die Geschäftsführung einer GmbH ist keine beruflich selbstständige, sondern eine angestellte Tätigkeit.[533]

Da entgegen §§ 356b I, II, 492 II BGB, Art. 247 § 6 II S. 1 BGB nicht über das Widerrufsrecht belehrt wurde, fing die 14-tägige Widerrufsfrist des § 355 II S. 1 BGB entgegen § 355 II S. 2 BGB nicht an zu laufen.

G kann daher seine Schuldbeitrittserklärung widerrufen und daher gem. § 355 I S. 1 BGB nicht in Anspruch genommen werden.

hemmer-Methode: Auch der Alleingeschäftsführer und Alleingesellschafter einer GmbH ist nach Ansicht des BGH daher mangels persönlichen Haftungsrisikos nicht Unternehmer, sondern Verbraucher.[534]

Das Widerrufsrecht des Beitretenden ist grds. selbstständig und richtet sich vor allem in zeitlicher Hinsicht nicht nach dem Zustandekommen des eigentlichen Kreditvertrages. 134b

Bsp.: Sachverhalt wie eben, G erklärt den Schuldbeitritt aber bereits Mitte Januar, da sich V ansonsten nicht zum Abschluss des Darlehensvertrages bereit gefunden hätte. G wird über sein Widerrufsrecht ordnungsgemäß belehrt. Der Darlehensvertrag wird erst am 25.07. abgeschlossen. Von V am 03.08. auf die Zahlung der ersten Rate in Anspruch genommen, erklärt G, er widerrufe den Schuldbeitritt.

Hier steht G ein Widerrufsrecht nicht mehr zu. Der Zeitpunkt des Schuldbeitritts ist selbst dann für die Widerrufsfrist von 14 Tagen (§ 355 II BGB) maßgebend, wenn der eigentliche Kreditvertrag erst später abgeschlossen wird.[535]

Fraglich ist zudem, ob auch die Heilungsvorschrift des § 494 II BGB zur Anwendung kommen kann.

Bsp.: Sachverhalt wie oben. Die Schriftform nach § 492 BGB (analog) wurde aber nicht eingehalten. Von V in Anspruch genommen, macht G die Nichtigkeit des Schuldbeitritts geltend. V dagegen beruft sich auf § 494 II BGB.

533 BGH, NJW 1996, 2156, 2158 = jurisbyhemmer.

534 Lesen Sie hierzu BGH, Life&Law 2006, 149 ff. = BGH, NJW 2006, 431 ff. = jurisbyhemmer, (Pflichtlektüre!).

535 BGH, NJW 1996, 2865 = jurisbyhemmer.

Zunächst war der Schuldbeitritt sicher nichtig, § 494 I BGB (analog). Fraglich ist aber, ob nach § 494 II BGB Heilung dadurch eingetreten ist, dass V das Darlehen an die K-GmbH ausbezahlt hat. Dies hat der BGH verneint.[536] Die Heilungsvorschrift könne im Verhältnis zum Beitretenden nicht angewandt werden, da ihm das Darlehen nicht zugute komme.

VI. Finanzierungshilfen, § 506 BGB

entgeltliche Finanzierungshilfen

Die §§ 491 ff. BGB finden zum größten Teil auch Anwendung auf 135
entgeltliche Finanzierungshilfen i.S.v. §§ 506 ff. BGB.

Der Begriff „Finanzierungshilfen" beinhaltet Vereinbarungen wie Zahlungsaufschub, Finanzierungsleasingverträge und Teilzahlungsgeschäfte.[537] Für diese finden sich zudem in §§ 507 ff. BGB zusätzliche Regelungen.

Unentgeltliche Finanzierungshilfen, § 515

In §§ 514, 515 BGB wurde mit Wirkung zum 21.03.2016 ein neuer Untertitel 6 eingefügt, in welchem Vorschriften zu unentgeltlichen Darlehen und Finanzierungshilfen geregelt sind.

§ 515 BGB erklärt die neuen Regelungen des § 514 BGB sowie der §§ 358 bis 360 BGB entsprechend auf unentgeltliche Zahlungsaufschübe oder sonstige unentgeltliche Finanzierungshilfen eines Unternehmers an einen Verbraucher für anwendbar.

Damit entspricht § 515 BGB in systematischer Hinsicht der Vorschrift des § 506 BGB.

hemmer-Methode: Auf die Finanzierungshilfen wird hier nur der Vollständigkeit halber hingewiesen. Die §§ 506 ff. BGB erklären sich zusammen mit den bisherigen Erläuterungen aus sich selbst heraus. Besonders hingewiesen sei jedoch auf die Rücktrittsfiktion des § 508 S. 5 BGB.
Ausführlich besprochen sind die §§ 506 ff. BGB im Skript Hemmer/Wüst, Verbraucherschutzrecht.

C) Sachdarlehen

§§ 607 ff. BGB für Sachdarlehen

Das Sachdarlehen ist in den §§ 607 ff. BGB geregelt. § 607 II BGB 136
trifft die (eigentlich überflüssige) Klarstellung, dass die Vorschriften auf die Überlassung von Geld keine Anwendung finden.

Der Sachdarlehensgeber muss dem Darlehensnehmer an der vereinbarten vertretbaren Sache Besitz und Eigentum verschaffen und während der Darlehenszeit auch belassen, § 607 I S. 1 BGB.

Abgrenzung zu Miete/Leihe

Das Sachdarlehen unterscheidet sich insofern von der Miete bzw. Leihe, als der Vermieter (Verleiher) nur den Besitz überträgt und der Mieter (Entleiher) dieselbe Sache wieder zurückgeben muss.

hemmer-Methode: Anders ist es nur bei der sog. unregelmäßigen Verwahrung gem. § 700 BGB: Hier erlangt der Verwahrer Eigentum und muss Sachen von gleicher Art, Güte und Menge zurückgeben. Der Unterschied zum Darlehen besteht hier lediglich in der Interessenlage: Die Verwahrung dient den Zwecken des Hinterlegers, das Darlehen in erster Linie denen des Darlehensnehmers.[538]

536 BGH, NJW 1997, 654 = jurisbyhemmer.

537 Palandt, § 499 BGB, Rn. 4.

538 Palandt, § 607 BGB, Rn. 6.

Nur vertretbare Sachen

Gegenstand des Darlehens können nur vertretbare Sachen sein, da unvertretbare nicht in gleicher Art, Güte und Menge zurückerstattet werden können. 136a

Def.: vertretbare Sache

Gemäß § 91 BGB sind vertretbare Sachen bewegliche Sachen, die im Verkehr nach Zahl, Maß und Art bestimmt werden.

Vertretbar ist eine Sache, wenn sie sich von einer anderen, der gleichen Art angehörigen Sache nicht durch Individualisierungsmerkmale abhebt und daher ohne Weiteres austauschbar ist.[539]

***Bsp.:** Kartoffeln, Milch, Eier, Butter etc.*

Fälligkeit

Die Fälligkeit der Rückerstattung der überlassenen Sache(n) hängt von der Kündigung des Vertrages ab, sofern eine Zeit nicht bestimmt ist, § 608 I BGB. Erfolgt daraufhin die Rückerstattung, so ist das u.U. vereinbarte Entgelt spätestens mit diesem Zeitpunkt fällig, § 609 BGB.

§ 608 II BGB gewährt den Parteien ein jederzeitiges Kündigungsrecht, sofern der Vertrag auf unbestimmte Zeit geschlossen wurde. Der Sachdarlehensgeber kann die Rückerstattung daher faktisch jederzeit verlangen.

hemmer-Methode: Mit der Neuregelung des Gelddarlehens in den §§ 488 ff. BGB hat das Sachdarlehen nur noch weniger Normen bedurft. Dies führt dazu, dass die Parteien den Sachdarlehensvertrag beliebig ausgestalten können.

539 Palandt, § 91 BGB, Rn. 1.

§ 5 LEASING[540]

A) Inhalt, Arten und rechtliche Einordnung

Bsp.: LG kauft bei D einen Presslufthammer. Diesen überlässt er dem LN gegen ein Entgelt zum Gebrauch. Die Mängelrechte aus dem Kaufvertrag tritt er an den LN ab. Dafür soll dieser für die Instandhaltung, den Untergang, die Beschädigung und für Sachmängel an dem Presslufthammer haften.

hemmer-Methode: Der Leasingvertrag ist ein gesetzlich nicht geregelter Vertrag. Wie der Name schon sagt (*engl.*: to lease = vermieten, verpachten), steht er dem Mietvertrag nahe.
Für die Parteien ist der Leasingvertrag in erster Linie deshalb interessant, weil er steuerliche Vorteile bringt. Der Leasingnehmer kann die Leasingraten beispielsweise in vollem Umfang als Betriebsausgaben absetzen, während er nur geringe Abschreibungskosten hätte, wenn er die Sache kaufen würde.

Die charakteristischen Merkmale des Leasingvertrages sind: 137

Gebrauchsüberlassung

⇨ **Gebrauchsüberlassung:** Ein Vertragspartner (Leasinggeber) überlässt dem anderen (Leasingnehmer) eine Sache gegen ein Entgelt dauerhaft zum Gebrauch. Zwischen diesen beiden Parteien entsteht der Leasingvertrag. Die Sachmängelgewährleistung wird hier regelmäßig ausgeschlossen.

Leasingnehmer trägt Preis- und Sachgefahr

⇨ **Gefahrtragung:** Der Leasing*nehmer* trägt die Gefahr für Untergang und Beschädigung der Sache und haftet für die Instandhaltung (Sach- und Preisgefahr[541]). Der Gefahrübergang ist dabei i.d.R. wie im Kaufrecht ausgestaltet.[542]

Beteiligung eines Dritten durch einen Vertrag mit Leasinggeber

⇨ **Beteiligung eines Dritten:** Der Leasinggeber kauft die Sache einem Dritten (Hersteller oder Lieferanten) ab und tritt die Ansprüche aus diesem Kaufvertrag dem Leasingnehmer ab.

Es bestehen demnach zwei Verträge. Nur der Leasinggeber ist an beiden Verträgen beteiligt. Der Leasingnehmer schließt nur einen Vertrag. Durch die Abtretung der Ansprüche werden die Verträge jedoch miteinander in Verbindung gebracht.

Während die Gebrauchsüberlassung bei allen Arten des Leasingvertrages vorliegt, können die anderen Merkmale variieren. Daraus ergeben sich die verschiedenen Arten des Leasings.

hemmer-Methode: Die rechtliche Einordnung des Leasingvertrages ist nicht unproblematisch und v.a. nicht unumstritten.
Beachten Sie, dass die verschiedenen Merkmale auf verschiedene Verträge hindeuten: Die Gebrauchsüberlassung ist wie beim Mietvertrag, die Gefahrtragung wie beim Kaufvertrag ausgeformt, und die Anschaffung über einen Dritten gleicht einer Geschäftsbesorgung.
Die rechtliche Einordnung muss deshalb für die verschiedenen Typen des Leasingvertrages unterschiedlich entschieden werden, je nachdem, welche Merkmale vorhanden sind und im Vordergrund stehen.

---

540 Vertiefungshinweis: Zu den Auswirkungen der Schuldrechtsreform auf das Leasingrecht vgl. Graf von Westphalen, ZIP 2006, 1653 ff.

541 Reinicke/Tiedtke, Kaufrecht, Rn. 1572; Brox, Besonderes Schuldrecht, Rn. 214e und Rn. 40 ff. zu den Begriffen Sach- und Preisgefahr; zur Gefahrtragung beim KFZ- Leasingnehmer vgl. auch BGH, NJW 1998, 2284 = **juris**byhemmer, (ausführlich dargestellt in Life&Law 1999, 81 ff.).

542 Brox, Besonderes Schuldrecht, Rn. 214.

I. Finanzierungsleasing

hemmer-Methode: Der Begriff „Finanzierungsleasing“ ist mit Wirkung zum 13.06.2014 aus dem BGB verschwunden. Dennoch gibt es diese Art von Leasing natürlich weiterhin, wobei der verbraucherschützende (Finanzierungs)Leasingvertrag inzwischen in § 506 II BGB definiert ist.

Finanzierungsleasing

Beim Finanzierungsleasing sind alle drei charakteristischen Merkmale gegeben. 138

> ***Bsp.:*** *LN sieht bei Autohändler V ein Auto, welches er aber nicht bezahlen kann. Er geht deshalb zu seiner Bank und bittet um Finanzierungshilfe. Die Bank gewährt diese dergestalt, dass sie das Auto von V kauft und dem LN gegen ein Entgelt zum Gebrauch überlässt. Dabei wird festgelegt, dass LN für den zufälligen Untergang bzw. Mängel haftet und die Wartung sowie Instandhaltung zu besorgen hat. Die Sachmängelhaftung der Bank wird ausgeschlossen, dafür tritt sie dem LN die Gewährleistungsansprüche aus dem Kaufvertrag ab.*

Man sieht hier deutlich die Verknüpfung der beiden Verträge: Rein praktisch gesehen ist der LN am Abschluss des Kaufvertrages mehr beteiligt als der LG. Er hat i.d.R. mit dem Dritten (V) verhandelt und das Auto Probe gefahren. Auch die Übergabe erfolgt durch V. Die Bank will mit dem Auto nichts zu tun haben, obwohl sie es gekauft hat.

Ähnlich einem Abzahlungskauf

Das Finanzierungsleasing steht dem Abzahlungskauf nahe. Es besteht eine längere, feste Grundmietzeit (drei bis sieben Jahre), in der der Leasingnehmer dem Leasinggeber durch die Leasingraten alle Kosten ersetzt, die diesem durch den Kauf entstanden sind (Kaufpreis, Zinsen, Finanzierungskosten).[543] Der Leasingnehmer schuldet Vollamortisation.[544] 139

Der Unterschied zum Abzahlungskauf ist jedoch, dass der Leasingnehmer grundsätzlich kein Eigentum erwerben will. Auch muss der Abzahlungskäufer nicht für die Vollamortisation einstehen.

hemmer-Methode: Beim Finanzierungsleasing wird oft eine Kaufoption eingeräumt. Der Leasingnehmer erhält das Recht, das Leasingobjekt nach einer bestimmten Zeit unter Anrechnung des gezahlten Entgelts zu erwerben. Dann spricht man von einem sog. Mietkauf. Rechtlich gesehen handelt es sich dabei um ein Mietverhältnis, welches sich bei Ausübung der Kaufoption in einen Kauf umwandelt.[545]

Da beim Finanzierungsleasing Elemente aus Mietvertrag, Kaufvertrag und Geschäftsbesorgung enthalten sind, ist die rechtliche Einordnung problematisch und umstritten.[546] 140

e.A.: Vertrag sui generis

Canaris etwa plädiert aufgrund dieser verschiedenen Elemente für die Annahme eines gemischten Vertrages sui generis.[547]

h.M.: atypischer Mietvertrag

Die h.M. nimmt dagegen einen atypischen Mietvertrag an, da die Gebrauchsüberlassung und damit das mietvertragliche Element deutlich im Vordergrund stünden.[548] Die relativ geringen Abweichungen sollen nicht gleich die Annahme eines Vertrages sui generis rechtfertigen. Insbesondere ist, von der Gefahrtragungsregel abgesehen, kein Bezug zum Kaufvertrag gegeben: Der Leasingnehmer soll gerade kein Eigentum erwerben.

---

543 Palandt, vor § 535 BGB, Rn. 39.

544 Palandt, § 499 BGB, Rn. 6.

545 Palandt, vor § 535 BGB, Rn. 37; Brox, Besonderes Schuldrecht, Rn. 214a.

546 Vgl. dazu Wolf in JuS 2002, 335.

547 Canaris, AcP, 190 (1990) 410, 446; ZIP 93, 401, 404.

548 Palandt, vor § 535 BGB, Rn. 39; BGH in ständiger Rechtsprechung vgl. NJW 1990, 1113 m.w.N. = **juris**byhemmer.

II. Operatingleasing

Operatingleasing: nur kurzfristige Gebrauchsüberlassung

Besonderheit des Operatingleasing ist die nur kurzfristige Gebrauchsüberlassung. Die Parteien vereinbaren entweder eine kurze Zeitspanne oder ein kurzfristiges Kündigungsrecht.[549] 141

Gefahrtragung i.d.R. wie bei Mietvertrag!

Die Gefahrtragung ist deshalb meistens nicht abweichend vom Mietvertrag geregelt: Der Leasinggeber trägt die Gefahr für Untergang und Beschädigung und übernimmt Wartung und Instandhaltung der Sache.

i.d.R. ist kein Dritter beteiligt

Der Leasinggeber kann die Sache einem Dritten abgekauft haben. Da er die Sache jedoch i.d.R. kurzfristig, dafür jedoch mehrmals und verschiedenen Personen überlässt, wird eine Übertragung der Ansprüche aus dem Kaufvertrag nicht stattfinden. Dies korrespondiert natürlich mit der Gefahrtragungsregelung: Wer die Gefahr trägt, soll (wenigstens) die Ansprüche aus dem Kaufvertrag haben.

Sinnvoll ist das Operatingleasing in den Fällen, in denen der Leasingnehmer nicht weiß, wie lange er die Sache nutzen will, ob er sie erwerben will oder dann, wenn Sachen schnell veralten.

Ganz h.M.: klassischer Mietvertrag

Das Operatingleasing ist nach ganz h.M. als ein klassischer Mietvertrag anzusehen und zu behandeln.[550] Mangels abweichender Gefahrtragungsregelung enthält dieser keinen kaufvertraglichen Bezug. Mangels Abtretung von Ansprüchen entsteht auch keine Verknüpfung zwischen den beiden Verträgen, die der Leasinggeber abgeschlossen hat (Leasingvertrag mit Leasingnehmer und Kaufvertrag mit Drittem).

III. Herstellerleasing

Herstellerleasing: kein Dritter beteiligt

Beim Herstellerleasing gibt es keinen Dritten. Der Hersteller verkauft die Sachen nicht einem Leasinggeber, sondern tritt selbst unmittelbar als solcher auf. Es entstehen demnach kein zweiter Vertrag und kein für den Leasingvertrag typisches Dreiecksverhältnis. 142

Das Herstellerleasing dient ausschließlich der Absatzfinanzierung.[551] Der Hersteller bringt auf diese Weise seine Produkte „an den Mann".

Mietvertrag oder Teilzahlungskauf

Es wird i.d.R. ein reiner Mietvertrag oder Teilzahlungskauf vorliegen.[552]

hemmer-Methode: Das Finanzierungsleasing ist in der Praxis am Häufigsten und juristisch am Interessantesten (bzw. Kompliziertesten). In der Klausur wird Ihnen mit großer Wahrscheinlichkeit das Finanzierungsleasing begegnen, da allein dieses Abweichungen vom Mietrecht bringt. Im Folgenden soll deshalb nur noch das Finanzierungsleasing behandelt werden.[553]

B) Finanzierungsleasing

I. Hauptpflichten

Wie oben dargestellt, liegen beim Finanzierungsleasing zwei Verträge vor: Der Leasingvertrag und der Kaufvertrag. Dementsprechend ist bzgl. der Hauptpflichten zwischen diesen beiden Verträgen streng zu unterscheiden. 143

549 Palandt, vor § 535 BGB, Rn. 40.

550 Reinicke/Tiedtke, Kaufrecht, Rn. 1504.

551 Reinicke/Tiedtke, Kaufrecht, Rn. 1504.

552 Palandt, vor § 535 BGB, Rn. 42.

553 Vgl. Sie zu weiteren Arten des Leasing Palandt, Einf. v. § 535 BGB, Rn. 39.

1. Im Verhältnis Leasinggeber – Dritter

KaufR im Verh. LG – Dritter

Da zwischen Leasinggeber und Drittem ein gewöhnlicher Kaufvertrag besteht, beurteilen sich die Hauptpflichten nach dem Kaufrecht. Es bestehen insoweit keinerlei Besonderheiten. 144

hemmer-Methode: Auch wenn die Leasingsache direkt an den Leasingnehmer geliefert wird, findet eine Übereignung an den Leasinggeber statt, und dies nach § 929 S. 1 BGB, da zwischen Leasinggeber und Leasingnehmer ein Besitzmittlungsverhältnis besteht, sodass der Leasinggeber mit Übergabe an den Leasingnehmer mittelbarer Besitzer wird. Das reicht für eine Übergabe i.S.d. § 929 S. 1 BGB aus. Wesentlich ist, dass der Veräußerer jeden Besitz an der Sache aufgibt.[554]

2. Im Verhältnis Leasinggeber – Leasingnehmer

MietR im Verh. LG - LN, soweit sich aus Leasingvertrag nichts anderes ergibt

Die Hauptpflichten von Leasingnehmer und Leasinggeber ergeben sich in erster Linie aus dem Leasingvertrag selbst. Da der Leasingvertrag ein atypischer Mietvertrag ist, sind darüber hinaus die mietrechtlichen Vorschriften anwendbar.[555] 145

a) Hauptpflichten des Leasinggebers

Überlassung und Belassung der Sache zum Gebrauch

Der Leasinggeber ist wie der Vermieter gemäß § 535 I S. 1 BGB zur Gebrauchsüberlassung und zur Belassung der Sache beim Leasingnehmer verpflichtet. 146

Keine Instandhaltungspflicht

Die Überlassungspflicht wird beim Leasingvertrag jedoch nicht durch die Instandhaltungspflicht gemäß § 535 I S. 2 BGB ergänzt, da diese Pflicht gerade auf den Leasingnehmer übertragen wird.

Diese Übertragung der Instandhaltungspflicht ist grundsätzlich zulässig.[556] Sie erfolgt i.d.R. durch Formularverträge oder AGB und ist deshalb an den §§ 305 ff. BGB zu messen.[557]

hemmer-Methode: Eine Klausel, die die Sach- und Preisgefahr auf den Leasingnehmer (= LN) abwälzt, setzt keine ausdrückliche Regelung voraus, dass die Ansprüche des Leasinggebers (= LG) aus einer von dem LN für den Leasinggegenstand (i.d.R. Auto) abzuschließenden Versicherung dem LN zugute kommen.
Dass der LG diese von der Versicherung erhaltenen Beträge an den LN herausgeben muss folgt stets aus der Zweckbindung der Versicherung für das Leasingobjekt und dem Rechtsgedanken des § 255 BGB.
Ausdrücklich muss daher diese Selbstverständlichkeit nicht in den AGBen erwähnt werden, vgl. BGH, NJW 2004, 1041 ff.

b) Hauptpflichten des Leasingnehmers

Pflicht zur Leistung des Entgelts und Instandhaltung

Der Leasingnehmer hat die Pflicht aus § 535 II BGB. Er muss das Entgelt bezahlen. Wie dargestellt hat er außerdem die Instandhaltungspflicht aus § 535 I S. 2 BGB übernommen. 147

hemmer-Methode: Dass der Leasingnehmer die Sach- und Preisgefahr trägt, wirkt sich auch im Deliktsrecht aus, wenn die Sache schuldhaft von einem Dritten zerstört oder beschädigt wird. Der LN kann als Schaden nicht den Ersatz der noch ausstehenden und für ihn nun nutzlosen Leasingraten verlangen, denn diese hätte er ohnehin zahlen müssen. Es fehlt also an der Kausalität.

554 Palandt, § 929 BGB, Rn. 11.

555 Brox, Besonderes Schuldrecht, Rn. 214e.

556 BGHZ 68, 118 ff.; 81, 298 ff. = jurisbyhemmer.

557 Palandt, vor § 535 BGB, Rn. 53.

Sein Schaden besteht vielmehr in dem Wert der entgangenen Nutzung, mithin im Wiederbeschaffungswert einer gleichwertigen Leasingsache. Ein Konkurrenzproblem mit dem Anspruch des Eigentümers aus § 823 I BGB (die die Haftung begründenden Merkmale liegen unstreitig vor) besteht nicht, da es bei diesem aufgrund der Risikoverteilung im Leasingvertrag regelmäßig an einem Schaden fehlen wird.

II. Rechte der Parteien bei Nichterfüllung der Hauptpflichten

1. Im Verhältnis Leasinggeber – Dritter

Es gilt Kaufrecht

Auch hier ergeben sich keine Besonderheiten zum Kaufrecht. Für die Rechte des Leasinggebers bei Nichterfüllung durch den Dritten gelten §§ 281, 280 I BGB (SE) bzw. §§ 323, 326 V BGB (Rücktritt). Bei Schlechtleistung gelten die §§ 434 ff. BGB. 148

Mängelrechte i.d.R. an LN abgetreten

Die Mängelrechte werden i.d.R. jedoch an den Leasingnehmer abgetreten.

Gestaltungsrechte auch abtretbar

Bei Rücktritt und Minderung handelt es sich aber nun um Gestaltungsrechte, die nach Teilen der Literatur nicht abtretbar sind.[558]

Allerdings ist nach Ansicht des BGH ein Gestaltungsrecht gem. §§ 413, 398 BGB abtretbar, wenn die damit verbundenen Forderung mit abgetreten wird.[559]

Beim kaufvertraglichen Mängelrecht sind Rücktritt und Minderung als Gestaltungsrechte mit dem auf Nacherfüllung gerichteten Primäranspruch verbunden. Da auch dieser als Mängelrecht (§§ 437 Nr. 1, 439 BGB) mit abgetreten wird, steht dies nach der h.L. der damit verbundenen Abtretung der Gestaltungsrechte nicht entgegen.

hemmer-Methode: Die Abtretungskonstruktion beim Leasing kann daher nach h.L. aufrechterhalten bleiben. [560]

Anspruch auf Rückzahlung des Kaufpreises wird nicht abgetreten!

Nicht abgetreten wird der Anspruch des Leasinggebers auf Rückzahlung des Kaufpreises, wenn ein Rücktritt erklärt wurde (§ 346 I BGB i.V.m. §§ 437 Nr. 2, 323 I, 440 BGB). Diesen Anspruch behält der Leasinggeber, da er das Eigentum an der Sache sonst verlieren würde, ohne den Kaufpreis zurückzuerhalten.

hemmer-Methode: Abgetreten wird also nur das Recht, den Rücktritt wirksam zu erklären! Anders als die Mängelrechte bleiben die Rechte im Falle des Verzuges (§§ 280 I, II, 286, 281, 280 I, 323 BGB) grds. beim Leasinggeber.
Dieser kann also im Falle der Nichtlieferung auf Erfüllung klagen oder die Rechte aus §§ 281, 280 I bzw. 323 BGB geltend machen. Ansprüche des Leasingnehmers gegenüber dem Verkäufer bestehen nicht. Er muss sich an seinen Vertragspartner halten.

2. Im Verhältnis Leasinggeber – Leasingnehmer

a) Rechte des Leasingnehmers

Es gelten mietrechtl. Vorschriften mit Rücksicht auf Vereinbarungen im Leasingvertrag

Liefert der Leasinggeber die Sache verspätet oder überhaupt nicht, bestimmen sich die Rechte des Leasingnehmers nach den allgemeinen Vorschriften. 149

558 Vgl. Graf v. Westphalen, ZIP 2001, 2258 (2260).

559 Vgl. BGH, NJW 1985, 2640 [2641] = jurisbyhemmer.

560 Vgl. dazu auch Reinking in ZGS 2002, 229 (230 f.) bzw. Zahn in DB 2002, 985.

Der Leasingnehmer hat selbstverständlich die Einrede des nichterfüllten Vertrages nach § 320 BGB, kann bei Verzug Ersatz des Verzögerungsschadens nach §§ 280 I, II, 286 BGB verlangen und ggf. die Rechte aus §§ 281, 280 I bzw. 323 BGB geltend machen. Bei Unmöglichkeit finden schließlich die §§ 283, 280 I bzw. 326 V BGB Anwendung.

hemmer-Methode: Der Leasingnehmer, der wegen eines Mangels der Leasingsache gegenüber dem Lieferanten den Rücktritt vom Kaufvertrag erklärt hat, ist aber erst dann zur vorläufigen Einstellung der Zahlung der Leasingraten nach § 320 BGB berechtigt, wenn er aus dem erklärten Rücktritt klageweise gegen den Lieferanten vorgeht, falls der Lieferant den Rücktritt vom Kaufvertrag nicht akzeptiert.[561]

Bei Mangelhaftigkeit

Im Falle der Mangelhaftigkeit der Sache bestehen regelmäßig keine Rechte des Leasingnehmers nach den §§ 536 ff. BGB. Diese sind zulässigerweise (vgl. unten im Beispielsfall) vertraglich abbedungen.

Abwicklung über §§ 313 I, III S. 1, 346 ff. BGB

Macht der Leasingnehmer von den ihm abgetretenen kaufrechtlichen Mängelrechten Gebrauch, findet eine Rückabwicklung zwischen Leasingnehmer und Leasinggeber nach h.M. nach den Grundsätzen der Störung der Geschäftsgrundlage statt (§§ 313 I, III S. 1, 346 ff. BGB).[562]

Bsp.: *Leasinggeber (Unternehmer) und Leasingnehmer (Verbraucher) vereinbaren, dass der Leasinggeber dem Leasingnehmer einen Bagger entgeltlich zum Gebrauch überlässt. Zu diesem Zweck hat der Leasinggeber vereinbarungsgemäß einen bestimmten Bagger bei D gekauft, den der Leasingnehmer schon mehrfach genau angesehen und Probe gefahren hatte.*

Der vom Leasinggeber gegenüber dem Leasingnehmer verwendete Formularvertrag enthält folgende Klauseln: „Der Leasingnehmer trägt die Sach- und Preisgefahr wie ein Käufer." und „Der Leasinggeber haftet außer auf Schadensersatz nicht für Mängel des Leasinggegenstandes" und tritt stattdessen seine eigenen Ansprüche gegen D ab."

Variante 1

Variante 1: *Muss der Leasingnehmer alle Raten zahlen, wenn der Bagger, der an ihn geschickt werden sollte, beim Transport vollständig zerstört wird?*

1. Fraglich ist, ob die Pflicht des Leasingnehmers zur Ratenzahlung gemäß § 326 I BGB untergegangen ist.

§ 326 I BGB (-), wenn LN Gefahr trägt

Dies wäre der Fall, wenn der Leasinggeber (noch) die Preisgefahr tragen würde.

hemmer-Methode: Bei der Preisgefahr (Gegenleistungsgefahr) geht es um die Frage, ob der Anspruch auf die Gegenleistung (Zahlung) bestehen bleibt, obwohl Unmöglichkeit der Leistung gegeben ist.

Im Mietrecht trägt der Vermieter die Preisgefahr gemäß § 535 I BGB bis zum Ende des Mietvertrages, d.h. er verliert den Anspruch auf die Gegenleistung, wenn die Sache untergeht.

Im Kaufrecht trägt der Verkäufer die Preisgefahr dagegen nur bis zur Übergabe gemäß § 446 I BGB bzw. bis zur Übergabe an eine Transportperson gemäß § 447 I BGB.

Zulässigkeit kaufrechtl. Gefahrtragungsregeln?

Vorliegend sollen nach dem Leasingvertrag die kaufrechtlichen Gefahrtragungsregeln gelten. Fraglich ist, ob eine solche Regelung zulässig ist. Vorliegend kommt ein Verstoß gegen § 307 BGB in Betracht.

561 BGH, Life&Law 04/2014, 246 ff. = ZIP 2014, 177 ff. = **juris**byhemmer; BGH, Life&Law 2010, 663 ff. = DB 2010, 1639 ff. = **juris**byhemmer.

562 Palandt, Vorb. § 535 BGB, Rn. 58.

LN darf mit Sache wie ein Käufer verfahren: Zulässigkeit (+)

Gemessen an § 535 I BGB könnte hier eine unangemessene Benachteiligung bejaht werden. Zu beachten ist jedoch, dass hier gerade kein Mietvertrag, sondern ein Leasingvertrag vorliegt. Nach ganz h.M. ist es beim Leasingvertrag gerechtfertigt, den Leasingnehmer hinsichtlich der Gefahrtragung gleich einem Käufer zu behandeln, da er mit der Sache auch wie ein Käufer verfahren darf.[563]

Demnach könnte vorliegend § 447 I BGB gelten. Die Gefahr wäre mit Übergabe an die Transportperson auf den Leasingnehmer übergegangen. Er müsste demnach alle Raten bezahlen.[564]

§ 447 I BGB überhaupt anwendbar?

Fraglich ist jedoch, ob § 447 I BGB überhaupt Anwendung finden kann. Laut Sachverhalt soll der Leasingnehmer die Sach- und Preisgefahr wie ein Käufer tragen.

Vorliegend handelt es sich jedoch um einen Vertrag zwischen einem Unternehmer und einem Verbraucher. Wenn demnach auf Kaufrecht verwiesen wird, so müssen – um nicht doch zu einem Verstoß gegen § 307 BGB zu gelangen – die Regeln über den Verbrauchsgüterkauf Anwendung finden, §§ 474 ff. BGB.

§ 475 II BGB

§ 475 II BGB schließt jedoch gerade die Anwendung von § 447 I BGB regelmäßig aus. Der Leasingnehmer muss also gerade nicht die Preisgefahr tragen. Mit der Formulierung im Vertrag wird mithin nicht mehr das gewünschte Ergebnis erreicht.

hemmer-Methode: Am 01.01.2018 ist das Gesetz zur Reform des Bauvertragsrechts und zur Änderung der kaufrechtlichen Mängelhaftung in Kraft getreten.
Zur ausführlichen Kommentierung der Änderungen im Kaufrecht vgl. Tyroller, Life&Law 10/2016, 727 ff. sowie Life&Law 05/2017, 297 f. Zur ausführlichen Kommentierung der Änderungen im Werkvertragsrecht vgl. Tyroller, Life&Law 06/2017, 423 ff.

2. Der Leasingnehmer wird demnach von seiner Zahlungspflicht frei. Er hat trotz der Vertragsklausel nicht die Preisgefahr zu tragen.

Variante 2

Variante 2: *Im Fall war der Bagger schon vor Gefahrübergang mangelhaft. Eine Nachbesserung ist fehlgeschlagen. Der Leasingnehmer verlangt daher Rückerstattung der an den Leasinggeber gezahlten Leasingraten und verweigert die Zahlung der weiteren Raten. Zu Recht?*

1. Der Leasingnehmer könnte einen Anspruch auf Rückzahlung der Raten aus § 812 I S. 1 Alt. 1 BGB haben.

Der Leasinggeber hat Eigentum und Besitz an dem zur Begleichung der Leasingraten geleisteten Geld erlangt; im Falle einer bargeldlosen Zahlung hat er seiner Bank gegenüber einen Auszahlungsanspruch erhalten.

Der Anspruch auf Auszahlung folgt nach Ansicht des BGH aus §§ 700 I S. 1, 2, 3, 488 I S. 2, 697, 695 BGB, da das Giroguthaben einen Fall der unregelmäßigen Verwahrung darstellt.[565] Letztlich kann dies dahinstehen, da die Gutschrift auch ein abstraktes Schuldversprechen i.S.d. §§ 780, 781 BGB darstellt, das die Bank dem Empfänger erteilt. Die Gutschrift begründet daher eine vom Grund des Anerkenntnisses unabhängige Forderung des Kunden gegen das Kreditinstitut. Die Gutschrift ersetzt dabei die Barzahlung.

Der Leasinggeber hat jedenfalls etwas erlangt und zwar durch Leistung des Leasingnehmers.

Fraglich ist jedoch, ob dies ohne Rechtsgrund geschehen ist.

a) Wegfall des Rechtsgrundes nach § 536 I BGB

563 BGH, NJW 1988, 198, 200 = **juris**byhemmer.

564 Vgl. Brox, Besonderes Schuldrecht, Rn. 214 f.

565 Palandt, § 700 Rn. 1; BGH ZIP 2009, 1000; ob sich durch die Regelungen der §§ 675c ff. BGB daran etwas wirklich ändern soll, bleibt abzuwarten (vgl. dazu Palandt, § 675f, Rn. 27).

LG ist zur Überlassung einer mangelfreien Sache verpflichtet

Die Ratenzahlung könnte gemäß § 536 BGB auf Null reduziert sein, da der Leasinggeber seine Pflicht zur sachmangelfreien Überlassung der Sache nicht erfüllt hat.

Aber: wirksamer Gewährleistungsausschluss?

Die Rechte gemäß §§ 536 ff. BGB könnten jedoch aufgrund des Gewährleistungsausschlusses entfallen, wenn dieser wirksam wäre. Vorliegend käme ein Verstoß gegen die §§ 305 ff. BGB in Betracht.

aa) Verstoß gegen § 309 Nr. 8b aa BGB

§ 309 Nr. 8b aa BGB greift nicht ein

Die Klausel könnte gegen § 309 Nr. 8b aa BGB verstoßen, da der Leasingnehmer an einen Dritten verwiesen wird.

Nach h.M.[566] soll § 309 Nr. 8b aa BGB jedoch auf Leasingverträge keine Anwendung finden. Die Vorschrift will verhindern, dass der Vertragspartner des Verwenders der AGB Rechtsstreitigkeiten mit einem Dritten führen muss, den er nicht kennt und zu dem er nicht in Beziehungen getreten ist. Diese Situation ist jedoch beim Leasingvertrag gerade nicht gegeben.

Der Leasingnehmer hat die Verbindung mit dem Verkäufer hergestellt, hat die Sache ausgesucht und den Abschluss des Kaufvertrages vorbereitet. Es ist daher sachgemäß und liegt im Interesse des Leasingnehmers, dass die Frage, ob ein Mangel vorgelegen hat, in einem Rechtsstreit zwischen ihm und dem Verkäufer ausgetragen wird.

Außerdem ist § 309 Nr. 8b BGB nur bei Verträgen über die **Lieferung** von neuen Sachen anwendbar. Hierunter sind Verträge zu verstehen, die auf Übereignung gerichtet sind (§§ 433, 651 BGB).

Ratio legis der Vorschrift ist vor allem der Gedanke, dass es unangemessen und eine Gefährdung des Kunden ist, wenn dieser auf Ansprüche gegen Dritte verwiesen wird, die er sich nicht als Vertragspartner ausgesucht hat, zumal er damit auch auf die Vertragsgestaltung zu diesen Dritten keinen Einfluss hat.

Typisch für einen Finanzierungs-Leasingvertrag ist aber doch gerade das Gegenteil, nämlich dass der Leasingnehmer sich den Lieferanten aussucht und mit diesem schon Verhandlungen führt, bevor der Leasinggeber zur Finanzierung zwischengeschaltet wird.

Diesen Fall erfasst der Gesetzeszweck nicht.

Nach Ansicht des BGH sind die Regelungen in § 309 Nr. 8b aa – ff BGB auch insgesamt ersichtlich nicht auf Leasingverträge zugeschnitten. Dies ergebe sich daraus, dass der in § 309 Nr. 8b bb – dd BGB verwendete Begriff „Nacherfüllung" typischerweise nicht für einen Leasingvertrag in Frage kommen und § 309 Nr. 8b ee, ff BGB für Leasingverträge ohnehin keinen Anwendungsbereich hätten.

Ein Verstoß gegen § 309 Nr. 8b aa BGB scheidet demnach aus.

bb) Verstoß gegen § 309 Nr. 7 BGB

Nach § 309 Nr. 7 BGB sind Haftungsausschlüsse unwirksam, die sich auf Schäden aus der fahrlässigen Verletzung des Lebens, des Körpers oder der Gesundheit (lit. a) oder die Haftung für grob fahrlässige Pflichtverletzungen beziehen (lit. b).

Laut Sachverhalt werden vom Haftungsausschluss aber ausdrücklich die Ansprüche auf Schadensersatz ausgenommen. Daher ist die Klausel nicht gem. § 309 Nr. 7 BGB unwirksam.

cc) Verstoß gegen § 307 BGB

Verstoß gegen § 307 BGB (-)

Allerdings könnte § 307 BGB dem Ausschluss der mietrechtlichen Mängelrechte entgegenstehen, wenn eine unangemessene Benachteiligung des Leasingnehmers gegeben wäre.

566 Hemmer/Wüst, Hauptkurs Schuldrecht-BT, Fall 11; BGH, NJW 1985, 1549 = **juris**byhemmer.

hemmer-Methode: Hier wird deutlich, dass in der Abtretung der Mängelansprüche nicht die Abtretung der Forderung auf Rückzahlung des Kaufpreises liegt. Es wird nur das *Recht zur Ausübung* etwaiger Rechte abgetreten. Anderenfalls verlöre der Leasinggeber das Eigentum an der Sache, ohne den Kaufpreis zurückzuerhalten. Er wäre auf ungesicherte Ansprüche gegen den Leasingnehmer angewiesen.

LG - LN

⇨ Der Leasinggeber verliert seinen Anspruch auf die noch nicht gezahlten Leasingraten. Die bereits bezahlten Raten muss er dem Leasingnehmer zurückzahlen, §§ 313 I, III, 346 I BGB.

⇨ Für den Nutzungszeitraum muss der Leasingnehmer dem Leasinggeber Nutzungsersatz zahlen. Dabei kann der bloße Besitz des Baggers noch nicht als Nutzung gelten. Andernfalls müsste der Leasingnehmer für eine mangelhafte Sache Nutzungsersatz zahlen.[573] Da die tatsächlich gezogenen Nutzungen nicht herauszugeben sind, ist nach § 346 II Nr. 1 BGB Wertersatz zu leisten. Hierbei können Ausfallzeiten etwa aufgrund von Reparaturversuchen berücksichtigt werden.

⇨ Weiterhin muss der Leasingnehmer die Leasingsache an den Leasinggeber herausgeben, §§ 313 I, III, 346 I BGB.

Ergebnis: Nach ausgeübten Rücktrittsrecht aus § 313 I, III BGB kann der Leasingnehmer die Rückzahlung der Leasingraten verlangen. Dabei kann der Leasinggeber mit dem Wertersatz für gezogene Nutzungen aufrechnen.

Problemkreis Handelsgeschäft

Ein heikles (und deshalb klausurrelevantes) Sonderproblem entsteht, wenn zwischen dem Verkäufer und dem Leasinggeber ein Handelsgeschäft vorliegt, der Leasingnehmer selbst aber kein Kaufmann ist. 151

Rügepflicht des LG, wenn LN kein Kaufmann?

Es stellt sich dann die Frage, wie es sich auswirkt, dass den Leasinggeber grds. die Rügeobliegenheit nach § 377 HGB trifft, nicht aber den Leasingnehmer. Versäumt nämlich der Leasinggeber die Mängelrüge, sind die abgetretenen kaufrechtlichen Gewährleistungsansprüche für den Leasingnehmer wertlos.

Verschärft wird das Problem in der Praxis dadurch, dass die Leasingsache regelmäßig direkt an den Leasingnehmer geliefert wird, sodass die Untersuchung der Sache für den Leasinggeber mit zusätzlichen Umständen verbunden ist. Eine Abwälzung der Untersuchungspflicht auf den LN würde diesen unangemessen benachteiligen und daher an § 307 BGB scheitern.

e.A.: teleologische Reduktion des § 377 HGB

Nach e.A. ist die Rügeobliegenheit nach § 377 HGB bei der Durchlieferung an einen nichtkaufmännischen Leasingnehmer teleologisch zu reduzieren.[574] 152

Argumentation: Der Verkäufer wäre selbstverständlich auch bereit gewesen, den Kaufvertrag mit dem Leasingnehmer direkt abzuschließen. Der Leasingvertrag dient nur der Finanzierung und bezweckt keine Besserstellung des Verkäufers.

BGH: Rügeobliegenheit bleibt bestehen

Der BGH hat dagegen auch für den Fall der Direktlieferung an einen Nichtkaufmann an der Rügeobliegenheit des Leasinggebers festgehalten.[575] 153

Dabei hat er ausdrücklich offen gelassen, wie sich die Versäumung der Rügefrist auf die Ansprüche des Leasingnehmers auswirkt. Es kommen zwei Möglichkeiten in Betracht:

573 BGH, WM 1990, 25, 27 = **juris**byhemmer.

574 Reinicke/Tiedtke, Kaufrecht, Rn. 1610 ff.

575 BGH, NJW 1990, 1290 = **juris**byhemmer.

Entweder man lässt die mietrechtliche Gewährleistung wieder aufleben oder gibt dem Leasingnehmer einen Schadensersatzanspruch gegen den Leasinggeber aus §§ 280 I, 241 II BGB.

hemmer-Methode: Für welche Lösung Sie sich in der Klausur entscheiden, ist gleichgültig, sofern Sie dem Korrektor zeigen, wo das eigentliche Problem liegt und wie es dazu kommt.
Für die Lösung über einen Schadensersatzanspruch aus § 280 I BGB spricht eventuell die flexible Handhabung, insbesondere die Möglichkeit, ein Mitverschulden des Leasingnehmers im Einzelfall über § 254 BGB angemessen berücksichtigen zu können.

b) Rechte des Leasinggebers

Kündigungsrecht des LG, § 554 BGB

Zahlt der Leasingnehmer die Raten nicht, hat der Leasinggeber ein Kündigungsrecht gemäß § 543 I, II Nr. 3 BGB. Des Weiteren gelten die §§ 280 I, II, 286 BGB. 154

Wichtig ist, dass dem Leasinggeber im Falle des Zahlungsverzuges neben dem Kündigungsrecht ein Anspruch auf Schadensersatz statt der Leistung zusteht. Der Leasingnehmer hat dem Leasinggeber den Schaden zu ersetzen, der dadurch entstanden ist, dass sich dieser aufgrund des Zahlungsverzuges des Leasingnehmers gezwungen sah, von seinem Kündigungsrecht Gebrauch zu machen.[576]

Die Rechtsgrundlage dieses Anspruchs ist umstritten, die h.M. stützt den Anspruch auf § 280 I BGB.[577]

Der Schadensersatzanspruch bedarf keiner Fristsetzung mit Ablehnungsandrohung. Der LG kann Rückgabe der Sache und die abgezinsten restlichen Raten verlangen. Es gilt das Kostendeckungsprinzip.[578]

Minderwertausgleich bei „Kilometer-Leasing“

Beim reinen Kilometerleasingvertrag ist der Leasingnehmer am Ende der Laufzeit nicht verpflichtet, den Wagen zu einem vorher kalkulierten Restwert abzunehmen. Darin liegt der wesentliche Unterschied zum Finanzierungsleasingvertrag, welcher – sofern LN ein Verbraucher ist – in § 506 II Nr. 3 BGB geregelt ist (vgl. Rn. 156 ff.).

Beim Kilometerleasingvertrag ist eine bestimmte Kilometerleistung mit der Entrichtung der monatlichen Leasingraten abgegolten. Fährt der Leasingnehmer weniger Kilometer als vertraglich vorgesehen, wird pro Kilometer ein bestimmter Betrag dem LN rückvergütet. Fährt er mehr Kilometer, muss ein bestimmter Betrag nachvergütet werden.

Der Ausgleich des Minderwertes hat unabhängig davon zu erfolgen, ob der LG einen ihm entstandenen Schaden bei der Weiterveräußerung nachweisen kann.

Nach Ansicht des BGH sind Klauseln in einem vom LG vorformulierten Kilometerleasingvertrag, die den Leasingnehmer zum Minderwertausgleich verpflichtet, wenn er das Leasingfahrzeug nicht in einem dem Alter und der vertragsgemäßen Fahrleistung entsprechenden Erhaltungszustand, frei von Schäden sowie verkehrs- und betriebssicher zurückgibt, wirksam.

576 Reinicke/Tiedtke, Kaufrecht, Rn. 1587; Palandt, § 543 BGB, Rn. 61.

577 Palandt, § 543 BGB, Rn. 61.

578 Zu Einzelheiten der Berechnung und der Zulässigkeit von Klauseln in AGBen: Reinicke/Tiedtke, Kaufrecht, Rn. 1595 ff.; Palandt, Einf. v. § 535 BGB, Rn. 61 f.

Die Klausel muss LN auch kein Recht zur Nacherfüllung einräumen, da die Pflicht zum Minderwertausgleich nicht analog § 281 I S. 1 BGB von einer erfolglosen Fristsetzung hierzu abhängig ist.[579]

III. Nebenpflichten und Nebenpflichtverletzungen

Allgemeine Nebenpflichten aus § 241 I, II BGB

Hinsichtlich der Nebenpflichten gibt es beim Finanzierungsleasing keine Besonderheiten. 155

Die Parteien haben die üblichen (nicht leistungsbezogenen) Sorgfalts- und Obhutspflichten aus § 241 II BGB zu beachten. Bei Verletzung derselben haften sie aus § 280 I BGB.

Rückgabepflicht, § 546a I BGB

Außerdem hat der LN die (leistungsbezogene) Nebenpflicht, nach Vertragsende den Leasinggegenstand gem. § 546 I BGB zurückzugeben.

Der Leistungsort für die § 546 I BGB zu entnehmende Pflicht des LN, den Leasinggegenstand bei Vertragsende zurückzugeben, folgt nicht schon – im Sinne einer Bringschuld – aus dieser Bestimmung, sondern richtet sich bei Fehlen einer (wirksamen) vertraglichen Festlegung nach der Auslegungsregel des § 269 I, II BGB.

hemmer-Methode: In Allgemeinen Geschäftsbedingungen darf sich der LG ein einseitiges Leistungsbestimmungsrecht grundsätzlich nur vorbehalten, wenn dafür ein berechtigtes Interesse besteht. Das setzt voraus, dass gewichtige Gründe dies rechtfertigen, dass die Voraussetzungen und der Umfang des Leistungsbestimmungsrechts tatbestandlich hinreichend konkretisiert sind, und dass die berechtigten Belange des anderen Teils ausreichend gewahrt werden.
Die Klausel „Nach Beendigung des Leasingvertrages hat der LN auf eigene Kosten und Gefahr das Leasingobjekt entweder an eine vom LG zu benennende Anschrift in Deutschland, andernfalls an den Sitz des LG zu liefern oder auf Weisung des LG kostenpflichtig zu entsorgen" ist nach Ansicht des BGH mit § 307 I S. 1 und S. 2 BGB unvereinbar und daher unwirksam.[580]

Bei Vorenthaltung gilt § 546a

Bei Verletzung der Rückgabepflicht gilt § 546a BGB. Diese Vorschrift setzt eine Vorenthaltung voraus, die erst dann gegeben ist, wenn die Sache zurückverlangt wurde.

hemmer-Methode: Bei der Vorenthaltung handelt es sich um einen wesentlichen Grundgedanken des § 546a BGB.
Eine AGB-Klausel des Inhalts, wonach der LN, der das Leasingobjekt nicht zurückgibt, für jeden angefangenen Monat die vereinbarte Leasingrate zahlen muss, macht also eine Vorenthaltung durch den LN überflüssig und ist daher mit den wesentlichen Grundgedanken des § 546a BGB unvereinbar und damit gem. § 307 II Nr. 1 BGB unwirksam.[581]

IV. Anwendbarkeit des Verbraucherschutzrechts auf Leasingverträge, § 506 II S. 1, Nr. 2 und Nr. 3 BGB

§ 506 II S. 1 Nr. 2, 3 BGB

In § 506 II S. 1, Nr. 2 und 3 BGB findet sich eine Regelung für Leasingverträge mit Verbraucherbeteiligung. 156

Für § 506 II S. 1, Nr. 2, 3 BGB muss ein Teilamortisationsvertrag mit Andienungsrecht (§ 506 II S. 1, Nr. 2 BGB) oder mit einer Einstandspflicht für einen bestimmten Restwert (§ 506 II S. 1, Nr. 3 BGB) vorliegen.

579 BGH, Life&Law 12/2013, 878 ff. = jurisbyhemmer.

580 BGH, Life&Law 05/2017, 304 ff. = jurisbyhemmer.

581 BGH, MDR 2004, 433 ff. = jurisbyhemmer.

Bei dem vom Leasinggeber in die Klausel eingesetzten Restwert handelt es sich um einen leasingtypisch auf Kalkulation beruhenden Verrechnungsposten, von dem ein Leasingnehmer grundsätzlich nicht erwarten kann, dass er dem voraussichtlichen Zeitwert des Fahrzeugs bei Vertragsablauf entspricht.

Ein derart vereinbarter Restwert enthält eine leasingtypische Preisabrede über die vertragliche Gegenleistung (Hauptleistung) des Leasingnehmers für die Fahrzeugüberlassung und ist deshalb gemäß § 307 III BGB einer über die Einhaltung des Transparenzgebotes (§ 307 I S. 2 BGB) hinausgehenden AGB-rechtlichen Inhaltskontrolle entzogen.[582]

hemmer-Methode: Zur Anwendbarkeit der Verbraucherschutzvorschriften auf Leasing- und Mietkaufverträge lesen Sie zur Vertiefung Skusa, NJW 2011, 2993 ff.

Zu beachten ist, dass § 506 II BGB nicht nur für Verbraucher i.S.v. § 13 BGB Anwendung findet, sondern über § 513 BGB unter den dort genannten Voraussetzungen auch für Existenzgründer.

Verweisung auf Vorschriften

§ 506 II, I BGB erklären nur einige wenige Vorschriften für anwendbar. Wichtig ist die Verweisung auf den notwendigen Vertragsinhalt (§ 492 II BGB) und das Widerrufsrecht (§ 495 I BGB).

hemmer-Methode: Mit Wirkung zum 21.03.2016 wurde mit den §§ 514, 515 BGB ein neuer Untertitel 6 eingefügt, in welchem Vorschriften zu unentgeltlichen Darlehen und Finanzierungshilfen geregelt sind.[583] Nach §§ 515, 514 II BGB besteht daher auch bei einer unentgeltlichen Finanzierungshilfe ein Widerrufsrecht.

Verbundenes Geschäft?

§ 506 II, I BGB verweisen ausdrücklich auf §§ 358, 359 BGB. Demnach scheint alles dafür zu sprechen, dass es sich bei einem Leasingvertrag um einen verbundenen Vertrag handelt.[584] 157

Dies ist jedoch abzulehnen, da es sich hierbei um eine Rechtsgrundverweisung handelt und daher ein verbundenens Geschäft nur dann handelt, wenn der Verbraucher zusätzlich zum Leasingvertrag einen mit diesem verbundenen **zweiten** Vertrag abschließt (z.B. einen Darlehensvertrag zur Finanzierung).[585]

§§ 358, 359 BGB gelten auch nicht beim sog. „Eintrittsmodell“

Auch auf das sogenannte **„Eintrittsmodell“**, bei dem ein Verbraucher zunächst einen Kaufvertrag über die spätere Leasingsache und zur Finanzierung einen Leasingvertrag abschließt, sind die Vorschriften über verbundene Verträge (§§ 358, 359 BGB) nach Ansicht des BGH weder unmittelbar noch entsprechend anwendbar.[586]

Für eine solche Analogie fehlt es aber bereits an der Regelungslücke, weil aufgrund des von der Rechtsprechung gewählten Weges über die Störung der GG eine Lösungsmöglichkeit besteht.

Widerrufsrecht

Wenn der Leasingnehmer von seinem Widerrufsrecht nach §§ 506 II, I, 495 BGB Gebrauch macht, ergeben sich die bekannten Rechtsfolgen.

582 BGH, Life&Law 09/2014, 645 ff. = BB 2014, 1665 f. = **juris**byhemmer.

583 Vgl. dazu **Tyroller,** *„Gesetz zur Umsetzung der WohnImmoKredRLUG“- Teil 2*, **Life&Law 08/2016, 569 (579 f.).**

584 So eine M.M.; vgl. z.B. Grunewald, JA 2010, 93, 97

585 Vgl. dazu Omlor, Leasingrecht im Dreieck von Gewährleistungs-, Verbraucherschutz- und Aufsichtsrecht, JuS 2011, 305, 309.

586 BGH, Life&Law 05/2014, 338 ff. = **juris**byhemmer.

Anmerkung: Auch wenn § 508 S. 5 BGB nur für Teilzahlungsgeschäfte i.S.v. § 507 BGB gilt, entspricht es ständiger Rspr., dass der Leasinggeber die Sache nicht vorläufig zurückholen und gleichzeitig Zahlung der Leasingraten verlangen kann. Einem solchen Anspruch stünde § 242 BGB entgegen.

Nach Ansicht des BGH hat der Leasinggeber keinen Anspruch auf Schadensersatz statt der Leistung, wenn er einen Leasingvertrag, auf den § 506 II BGB Anwendung findet, aus einem vom Leasingnehmer gesetzten wichtigen Grund fristlos kündigt, bevor die auf den Vertragsschluss gerichtete Willenserklärung des (über sein Widerrufsrecht nicht belehrten) Leasingnehmers wirksam geworden ist.[587]

Das OLG Celle hat demgegenüber klargestellt, dass für den Fall, dass § 506 BGB nur auf einen von mehreren Leasingnehmern Anwendung findet, eine gegenüber allen Leasingnehmern ausgesprochene Kündigung nur dann wirksam ist, wenn die Voraussetzungen des § 498 BGB gegenüber dem Leasingnehmer (Verbraucher) erfüllt sind.[588]

587 BGH, NJW 1996, 2367 ff. = **juris**byhemmer.

588 OLG Celle, NJW-RR 1997, 1145 (1146) = **juris**byhemmer.

§ 6 FACTORING[589]

A) Begriff und Inhalt

Sinn und Zweck des Factoring

Unternehmen haben i.d.R. den Nachteil zu tragen, dass ihre Leis- 158
tungen nicht sofort bezahlt werden, weil den Kunden Zahlungsfristen eingeräumt werden (i.d.R. bis zu dreißig Tagen), in deren Rahmen sie die Rechnungen zu begleichen haben.

Die Unternehmen haben hierdurch Liquiditätsverluste, erhöhte Verwaltungsausgaben und tragen das Risiko, dass der Schuldner zahlungsunfähig wird.

Factor „kauft" Forderungen der Unternehmen

Um diese Nachteile auszuschließen, wird der sog. „Factor"[590] eingeschaltet. Dieser (i.d.R. eine Bank) lässt sich die Forderungen der Unternehmen (= Kunde des Factoringvertrages) übertragen und stellt diesen dafür den Nennwert der Forderung zur Verfügung.[591]

Unterscheide: echtes und unechtes Factoring

Der Factor übernimmt also den Verwaltungsaufwand (er zieht die Forderungen ein, mahnt etc.), ermöglicht seinem Kunden die nötige Liquidität und beim *echten* Factoring übernimmt er sogar das sog. Delkredererisiko, d.h. das Risiko, dass der Schuldner die Forderung eventuell nicht begleichen kann.[592] Beim *unechten* Factoring fehlt dagegen diese Delkrederefunktion. Der Factor greift bei Nichtzahlung auf seinen Vertragspartner zurück.

B) Zustandekommen

Vereinbarung der Übertragung durch schuldrechtlichen Rahmenvertrag

Das Factoring hat durch die Abtretung der Forderung in erster Linie 159
im sachenrechtlichen Bereich Bedeutung. Der Übertragung der Forderung liegt jedoch ein schuldrechtlicher Vertrag, der sog. Rahmenvertrag, zugrunde.[593]

In diesem vereinbaren die Parteien, dass sie über einen längeren Zeitraum hinweg dergestalt zusammenarbeiten möchten, dass der Kunde dem Factor eine Vielzahl von Forderungen überträgt.

Kunde zum Angebot aller Forderungen verpflichtet,
Factor zum Erwerb der Forderungen grds. nicht verpflichtet

Dabei soll der Kunde zum Angebot aller Forderungen verpflichtet sein. Er darf nicht nur die schlechten, risikoreichen heraussuchen. Der Factor wird dagegen nicht immer zum Erwerb aller Forderungen verpflichtet. I.d.R. soll er nur unter bestimmten Voraussetzungen und in gewissen Grenzen verpflichtet sein, Forderungen zu erwerben. Er hat demnach ein gewisses Prüfungsrecht, damit sein eigenes Risiko kontrollierbar bleibt.

In dem Rahmenvertrag werden alle Modalitäten vereinbart, insbesondere, wie viel Prozent der Factor einbehalten darf und ob ein echtes oder unechtes Factoring vorliegen soll.

i.Ü. völlige Gestaltungsfreiheit

Die Parteien sind hier in der Gestaltung des Vertrages frei. Sie können z.B. vereinbaren, dass die Entscheidung, ob „echt oder unecht", erst bei Angebot der jeweiligen Forderung entschieden wird oder dass der Factor die Forderungen bis zu einem bestimmten Betrag im Wege eines echten und ab dieser Höhe nur unechten Factorings übernimmt.[594]

589 Vgl. auch Fischinger, Einführung ins Factoring, in JA 2005, 651 ff.

590 Der Begriff „Factor" kommt aus dem Englischen und bedeutet so viel wie „Agent" oder „Kommissionär".

591 Palandt, § 398 BGB, Rn. 35 a.A.

592 Brox, Besonderes Schuldrecht, Rn. 132d.

593 Vgl. Larenz/Canaris, II/2, § 65 II 1.

594 Larenz/Canaris, II/2, § 65 II 1; die Factoringgebühr beträgt etwa 0,5 % - 3 %, die Delkredere-Gebühr etwa 0.2 % – 1,2 %.

C) Rechtsnatur des Factoringvertrages

Hinsichtlich der Rechtsnatur ist zu unterscheiden, ob ein echter oder ein unechter Factoringvertrag vorliegt. 160

Echter Factoringvertrag ist nach h.M. Forderungskauf

Der **echte** Factoringvertrag wird nach dem BGH und der h.L. als Kaufvertrag behandelt.[595] Der Factor kauft die Forderung zum Preis des entsprechenden Nennwertes. Dem Wesen des Kaufvertrages entspricht dabei insbesondere, dass der Verkäufer nur für den rechtlichen Bestand, nicht für die Durchsetzbarkeit der Forderung haftet, §§ 453 I, 433 BGB. Die Abtretung der Forderungen erfolgt in diesem Fall unter der aufschiebenden Bedingung des Zustandekommens des Kaufvertrages. 161

Unechter Factoringvertrag ist nach h.M. Kreditvertrag

Beim unechten Factoring werden - im Gegensatz zum echten Factoring - die Forderungen nur erfüllungshalber (§ 364 II BGB) auf den Factor übertragen. Der unechte Factoringvertrag wird nach h.M. und dem BGH als Kreditgeschäft bzw. Darlehen qualifiziert.[596] Ausschlaggebend ist, dass dem Kunden zwar ein Geldbetrag ausgezahlt wird, er diesen jedoch zurückerstatten muss, wenn der Factor die Forderung bei dem Dritten nicht einziehen kann. Der Kunde des unechten Factoringvertrages verschafft sich in erster Linie Liquidität. Dies entspricht dem Wesen des Darlehens. 162

D) Verhältnis zwischen Factor und anderen Sicherungsgebern

Problem: Kollision mehrerer Abtretungen

Auch die Zession an einen Factor kann mit Abtretungen zugunsten anderer Sicherungsgeber kollidieren. Bekannt ist dieses Problem vor allem im Verhältnis von Globalzession zum verlängerten Eigentumsvorbehalt. 163

Die strenge Einhaltung des Prioritätsgrundsatzes[597] würde hier auf Dauer zu einer Benachteiligung des Warenlieferanten führen, da mit der Bank regelmäßig eine dauerhafte Geschäftsbeziehung besteht, während die Lieferverträge i.d.R. neu abgeschlossen werden.

Vertragsbruchtheorie bei Kollision mit verlängertem EV?

Als Korrektur hat die Rspr. in diesen Fällen daher die Vertragsbruchtheorie entwickelt, wonach die Globalzession dann nach § 138 I BGB nichtig ist, wenn die Bank weiß, dass der Kreditnehmer auf die Lieferung von Waren unter Eigentumsvorbehalt angewiesen und daher quasi gezwungen ist, dem Warenlieferanten die Erstzession zu verschweigen.[598] Der Bank wird vorgeworfen, ihren Vertragspartner zum Vertragsbruch zu verleiten.[599]

Den Vorwurf der Sittenwidrigkeit kann die Bank als Globalzessionar nur vermeiden, wenn sie mit dem Kunden dingliche, nicht lediglich schuldrechtliche Verzichtsklauseln vereinbart.[600]

hemmer-Methode: Hieran ändert sich auch durch die Entscheidung des Großen Senats des BGH nichts,[601] wonach eine Globalzession auch bei Fehlen einer Freigabeklausel nicht nach § 138 I BGB oder § 307 BGB unwirksam ist. Diese bis zuletzt kontrovers diskutierte Frage betrifft ausschließlich das Problem der Sittenwidrigkeit wegen Übersicherung, also das Zwei-Personen-Verhältnis. Bei der sog. Vertragsbruchtheorie geht es dagegen um die Anwendung des § 138 I BGB im Drei-Personen-Verhältnis.

595 BGHZ 69, 257 = **juris**byhemmer; 72, 20 = **juris**byhemmer; Brox, Besonderes Schuldrecht, Rn. 132d; zum Streit dazu vgl. Larenz/Canaris, II/2, § 65 II 2.b. Palandt, § 398 BGB, Rn. 35 a.E.

596 BGHZ 58, 364, 367; 69, 254, 257; 82, 50, 61; 100, 353, 358: **alle Entscheidungen** = **juris**byhemmer; Larenz/Canaris, II/1, § 65 II 2.a. Palandt, § 398 BGB, Rn. 36 f.

597 Palandt, § 398 BGB, Rn. 13.

598 BGHZ 30, 149; 32, 361; 55, 34 = **juris**byhemmer; Haertlein, JA 2001, 811.

599 Palandt, § 398 BGB, Rn. 25.

600 Zum Ganzen ausführlich: Jork, Jus 1994, 1019 ff.

601 BGH, NJW 1998, 671 = **juris**byhemmer; vgl. dazu unbedingt die klausurgerechte Aufbereitung in Life&Law 1998, S. 238 ff.

Diff. zwischen echtem und unechtem Factoring

All diese Fragen werden im Verhältnis zur Factoringzession in gleicher Weise aufgeworfen. Im Verhältnis zum verlängerten Eigentumsvorbehalt differenziert allerdings die Rspr. zwischen echtem und unechtem Factoring, im Verhältnis zur Globalzession spielt die Unterscheidung dagegen keine Rolle.

I. Kollision von echtem Factoring und verlängertem Eigentumsvorbehalt

hemmer-Methode: Zur Erinnerung: Ein verlängerter Eigentumsvorbehalt enthält folgende Abreden:

- **Die Sache wird unter der aufschiebenden Bedingung der vollständigen Kaufpreiszahlung übereignet, §§ 929 S. 1, 158 I, 449 I BGB.**
- **Der Vorbehaltskäufer wird zur Weiterveräußerung im ordnungsgemäßen Geschäftsverkehr ermächtigt, § 185 I BGB.**
- **Die Forderungen aus dieser Weiterveräußerung werden dem Vorbehaltsverkäufer im Voraus abgetreten, § 398 BGB.**
- **Der Vorbehaltskäufer wird zur Entgegennahme des Kaufpreises ermächtigt, §§ 362 II, 185 I BGB.**

1. Factor-Zession geht dem verlängerten Eigentumsvorbehalt zeitlich vor

Bsp.: *Unternehmer U tritt alle bestehenden und künftigen Forderungen an die Faktor-Bank F ab. F kauft die Forderungen zu 90 % des Nennbetrags an. Einen Monat später erwirbt U bei dem Lieferanten L Materialien unter verlängertem Eigentumsvorbehalt. F zieht in der Folgezeit die Forderungen des U ein, u.a. auch eine gegen den Abnehmer A i.H.v. 1.000,- €. Als U die Forderungen des L nicht begleichen kann, will sich L u.a. bzgl. der Forderung gegen A an F halten. Kann L von F Zahlung von 1.000,- € verlangen?* 164

Anwendbarkeit der Vertragsbruchtheorie

Geht die Factor-Zession dem verlängerten Eigentumsvorbehalt zeitlich vor, stellt sich die Frage, ob es beim Prioritätsgrundsatz bleibt oder ob die Vertragsbruchtheorie zur Anwendung kommt. Letzteres würde voraussetzen, dass die Lage mit der Sicherungsglobalzession vergleichbar ist.

Sog. Weiterleitungsrisiko generell beim Vorbehaltsverkäufer

Beim verlängerten Eigentumsvorbehalt ist der Vorbehaltskäufer zur Einziehung der Forderungen ermächtigt. Daraus folgt, dass die Sicherung des Vorbehaltsverkäufers aufhört, sobald der Endabnehmer an den Vorbehaltskäufer zahlt. Das Risiko, dass dieser die eingegangenen Beträge nicht zur Befriedigung des Vorbehaltsverkäufers verwendet, muss der Lieferant tragen (sog. Weiterleitungsrisiko).

Lieferant steht bei Factor-Zession nicht schlechter als bei Barzahlung durch Abnehmer

Prioritätsgrundsatz uneingeschränkt anwendbar

Insofern steht der Lieferant beim echten Factoring aber gar nicht schlechter, da der Factor dem Vorbehaltskäufer den Betrag der Forderungen sofort gutschreibt. Das Risiko der Weiterleitung müsste der Lieferant auch im Falle der Barzahlung durch den Abnehmer tragen. Dagegen lässt sich auch nicht einwenden, dass dem Unternehmer vom Factor lediglich 90 % des Nennbetrages der Forderung gutgeschrieben werden. Die Ansprüche der Lieferanten werden aufgrund der Differenz zwischen Einkaufs- und Verkaufspreis damit regelmäßig abgedeckt sein. Beim zeitlich vorausgehenden echten Factoring bleibt es daher beim Prioritätsgrundsatz.[602]

L könnte gegen F ein Anspruch auf Zahlung von 1.000,- € aus § 816 II BGB zustehen. Dann müsste A mit befreiender Wirkung an einen Nichtberechtigten geleistet haben. Da aber aus o.g. Gründen die zeitlich vorrangige Zession an den Factor nicht nach § 138 I BGB nichtig ist, hat F die Forderung als Berechtigte eingezogen. Ein Anspruch des L aus § 816 II BGB scheidet damit aus.

602 BGHZ 100, 353 = **juris**byhemmer; h.M. in der Literatur: vgl. für viele Reinicke/Tiedtke, Kaufrecht, Rn. 1230; Haertlein, JA 2001, 812.

2. Factor-Zession geht dem verlängerten Eigentumsvorbehalt zeitlich nach

Bsp.: Sachverhalt wie oben, nur dass die Vereinbarung des verlängerten Eigentumsvorbehalts schon im Dezember 2011 erfolgte. Nachdem F auch diesmal die Forderung gegen A eingezogen hat, will L wiederum gegen F vorgehen. Mit Erfolg?

Fraglich ist, ob der Factor die Forderung auch dann erwirbt, wenn bereits zuvor eine Abtretung im Rahmen eines verlängerten Eigentumsvorbehalts stattgefunden hat. Da der Unternehmer hier unstreitig als Nichtberechtigter verfügt und es einen gutgläubigen Forderungserwerb nach dem BGB nicht gibt, kann die Zweitzession nur nach § 185 I BGB wirksam sein. 165

Zweitzession an Factor nach § 185 I BGB wirksam

Rspr.[603] und h.L.[604] gehen in der Tat davon aus, dass die Einziehungsermächtigung zugunsten des Vorbehaltsverkäufers die Abtretung an eine Factor-Bank mit abdeckt. Die Überlegung ist auch hier, dass der Lieferant nicht schlechter steht, als er stehen würde, wenn der Abnehmer sofort an den Vorbehaltskäufer gezahlt hätte.

Der Lieferant wird also an einer Abtretung an eine Factor-Bank nichts auszusetzen haben, sodass sich eine Ermächtigung nach § 185 BGB, auch wenn sie nicht ausdrücklich vorhanden ist, im Wege ergänzender Vertragsauslegung (§§ 133, 157 BGB) gewinnen lässt.

Die Rspr. geht sogar noch weiter. Ist in den AGB des Lieferanten bestimmt, dass die Einziehungsermächtigung nicht die Abtretung an einen Factor umfasst, ist eine solche Klausel wegen Verstoßes gegen § 307 BGB unwirksam[605], weil der Vorbehaltskäufer übermäßig in seiner wirtschaftlichen Bewegungsfreiheit eingeschränkt wird.

L steht auch in dieser Konstellation ein Anspruch aus § 816 II BGB gegen F nicht zu, da die Einziehungsermächtigung auch die Abtretung der Forderung an einen Factor umfasst. A hat damit an den Berechtigten geleistet.

hemmer-Methode: Wie Sie sehen, „gewinnt" im Verhältnis zwischen echtem Factoring und verlängertem Eigentumsvorbehalt immer der Factor, und dies unabhängig von der zeitlichen Reihenfolge der Zessionen. Das Ergebnis ist also genau umgekehrt zum Verhältnis zwischen Sicherungsglobalzession und Eigentumsvorbehalt, wo die Entscheidung regelmäßig zugunsten des Vorbehaltsverkäufers ausgeht.
Gehen Sie noch einmal im Kopf die Gründe für die unterschiedliche Behandlung von Sicherungszession und Factor-Zession durch! Sie werden feststellen, dass das Ergebnis auch wertungsmäßig stimmt.

II. Kollision von unechtem Factoring und verlängertem Eigentumsvorbehalt

Beim unechten Factoring übernimmt der Factor das Delkredererisiko nicht. Im Falle der Uneinbringbarkeit der Forderung steht ihm ein Rückzahlungsanspruch gegenüber seinem Kunden zu. 166

1. Factor-Zession geht dem verlängerten Eigentumsvorbehalt zeitlich vor

Bsp.: Sachverhalt wie bei Rn. 164. Dieses Mal ist aber ein unechtes Factoring vereinbart.

603 BGHZ 72, 15 = **juris**byhemmer; BGH, WM 1987, 775 = **juris**byhemmer.

604 Jork, JuS 1994, 1019, 1023 f.; Reinicke/Tiedtke, Kaufrecht, Rn. 1231; Haertlein, JA 2001, 812.

605 BGHZ 72, 15, 22 = **juris**byhemmer zum § 9 AGBG a.F.

BGH: Vertragsbruchstheorie anwendbar

Wäre das unechte Factoring dem echten gleichzustellen, müsste es auch in dieser Konstellation bei der Anwendung des Prioritätsgrundsatzes bleiben. 167

Der BGH sieht das anders und bejaht die Anwendbarkeit der Vertragsbruchtheorie.[606] Seine Argumentation ist die folgende: Das unechte Factoring sei im Gegensatz zum echten ein Kreditgeschäft. In der Insolvenz des Vorbehaltskäufers konkurriere die (aufgrund der zeitlich vorrangigen Factor-Zession ungesicherte) Kaufpreisforderung des Vorbehaltsverkäufers mit dem Rückzahlungsanspruch der Factor-Bank. Insofern sei das unechte Factoring aber mit der Sicherungsglobalzession zu vergleichen, sodass auch die Vertragsbruchtheorie Anwendung finden müsse.

Lit.: Gleichbehandlung von echtem und unechtem Factoring

Diese Ansicht ist in der Literatur auf Kritik gestoßen.[607] Zahlreiche Stimmen sprechen sich für die Gleichbehandlung von echtem und unechtem Factoring aus, denn auch bei Letzterem erhält der Vorbehaltskäufer den um die Provision geminderten Nennbetrag der Forderung zunächst gutgeschrieben. Diesen kann er zur Tilgung von Schulden oder für Investitionen im Betrieb verwenden. In beiden Fällen wird die Insolvenzmasse vermehrt, so dass der Lieferant per Saldo gar nicht schlechter steht, wenn er in der Insolvenz mit dem Rückzahlungsanspruch des Factors konkurriert.

Außerdem ist noch Folgendes zu bedenken: Der Rückzahlungsanspruch des Factors kommt nur zum Tragen, wenn die abgetretene Forderung uneinbringbar war. In diesem Fall hätte aber auch der Vorbehaltsverkäufer wenig mit ihr anfangen können. Schließlich wird dem BGH zum Vorwurf gemacht, aus dem Ausnahmefall der Insolvenz eine Regel für den „gesunden Normalfall" zu machen, was zu einer ungerechtfertigten Privilegierung des Vorbehaltsverkäufers führe.[608]

Lösung: Voraussetzung für einen Anspruch des L aus § 816 II BGB ist, dass A mit befreiender Wirkung an einen Nichtberechtigten geleistet hat. Zwar ist die Zession an F zeitlich vorrangig, nach der Rspr. des BGH unter Zugrundelegung der Vertragsbruchtheorie aber nach § 138 I BGB sittenwidrig. Die Forderung stand damit L zu, F war Nichtberechtigter.

Fraglich ist jedoch, ob A mit befreiender Wirkung gezahlt hat. Von den Befreiungstatbeständen § 407 I BGB und § 408 I BGB ist keiner unmittelbar einschlägig, da A weder an den ursprünglichen Gläubiger (§ 407 I BGB) noch an den Zweitzessionar (§ 408 I BGB) geleistet hat.

Dem allgemeinen Gedanken des Schuldnerschutzes der §§ 407, 408 BGB entspricht es aber, auch in dieser Konstellation eine schuldnerbefreiende Leistung anzunehmen, da es keinen Unterschied macht, ob an den Zweitzessionar geleistet wird oder an den (wegen § 138 I BGB vermeintlichen) Erstzessionar.

Die Voraussetzungen des § 816 II BGB liegen mithin vor, L hat gegen F einen Anspruch auf Zahlung von 1.000,- €.

hemmer-Methode: Behalten Sie im Hinterkopf, dass der BGH das unechte Factoring wie eine normale Sicherungsglobalzession behandelt. Wenn Sie sich dann mit einem der Argumente der Literatur auseinandersetzen, sind Sie auf der „sicheren Seite". Belasten Sie Ihr Gedächtnis hier keinesfalls mit mehr Detailwissen. Wichtig ist, dass Sie die Unterschiede zwischen echtem und unechtem Factoring verstanden haben.

606 BGHZ 82, 50 = **juris**byhemmer.

607 Vgl. Reinicke/Tiedtke, Kaufrecht, Rn. 1236 ff. und die Zusammenfassung bei Jork, JuS 1994, 1019, 1024 f.

608 Reinicke/Tiedtke, Kaufrecht, 1239 ff.

2. Factor-Zession geht dem verlängerten Eigentumsvorbehalt zeitlich nach

Rspr.: Prioritätsgrundsatz
Lit.: Ermächtigung nach § 185 I BGB

Rspr. und Literatur kommen konsequenterweise auch dann zu unterschiedlichen Ergebnissen, wenn die Zession dem verlängerten Eigentumsvorbehalt zeitlich nachgeht. Die Rspr. lehnt es ab, von der Einziehungsermächtigung zugunsten des Vorbehaltskäufers auch eine Abtretung an eine Factor-Bank mit abgedeckt zu sehen und bleibt daher streng beim Prioritätsgrundsatz, während die Literatur unechtes und echtes Factoring auch hier gleich behandelt. 168

III. Kollision von Factoring und Sicherungsglobalzession

Prioritätsgrundsatz

Steht das Verhältnis von Factor-Zession und Sicherungsglobalzession in Rede, bleibt es beim Prioritätsgrundsatz: Die erste Abtretung ist wirksam, der Zweitzessionar geht leer aus. 169

Dies gilt für unechtes und echtes Factoring gleichermaßen. In dem Fall, dass die Sicherungszession der Factor-Zession zeitlich vorgeht, kommt auch eine Ermächtigung nach § 185 I BGB nicht in Betracht, da das Sicherungsinteresse des Zessionars sich am vollen Nennwert der Forderung orientiert und die Forderung durch die nochmalige Abtretung an einen Factor wegen der in Abzug gebrachten Factoringgebühr in ihrer Substanz beeinträchtigt wird.[609]

hemmer-Methode: Seien Sie nicht geschockt, wenn Sie die vorstehenden Ausführungen nicht gleich verstehen. Lesen Sie das Kapitel einfach noch einmal und versuchen Sie jeden Schritt nachzuvollziehen. Die Materie ist schwer!

609 Vgl. Jork, JuS 1994, 1019, 1025; Haertlein, JA 2001, 813.

§ 7 DIENSTVERTRAG

A) Inhalt, Begriff und Zustandekommen

Der Dienstvertrag ist ein gegenseitiger schuldrechtlicher Vertrag, der nach den allgemeinen Regeln zustande kommt. 170

I. Dienstleistung gegen Entgelt

Wesentliches Element des Dienstvertrages ist die Dienstleistung gegen Entgelt. Es verpflichtet sich der Dienstverpflichtete zur Leistung von Diensten, der andere Teil, der Dienstberechtigte, zur Zahlung der vereinbarten Vergütung. 171

hemmer-Methode: Bei einer dauerhaften Dienstleistung spricht man von einem Dienstverhältnis.

Dienste aller Art

Dienste in diesem Sinne können gemäß § 611 II BGB solche jeglicher Art sein. Unerheblich ist, ob die Dienste einmalig oder dauerhaft geleistet und ob sie selbstständig oder weisungsgebunden verrichtet werden.

Access-Provider-Vertrag

Auch der Vertrag über die Verschaffung des Zugangs zum Internet (sog. „Access-Provider-Vertrag") wird von der Lehre und Rechtsprechung des BGH schwerpunktmäßig als Dienstvertrag eingeordnet.[610]

hemmer-Methode: Gegen die Qualifizierung als Mietvertrag spricht, dass dem Kunden mit der Nutzung des Rechners des Providers nicht gedient ist. Der Schwerpunkt der Leistung liegt vielmehr bei dem Transport von Daten in das und aus dem Internet. Dass der Kunde hierfür den Rechner des Anbieters benötigt, ist ihm gleichgültig, so dass nicht die Nutzung einer Sache im Vordergrund steht.
Für die Zuordnung des Zugangsverschaffungsvertrages zum Dienstleistungsrecht spricht neben dem vorgenannten Aspekt die Parallele zu den Telefonfestnetz- und Mobilfunkverträgen, die der Senat als Dienstleistungsverträge qualifiziert.[611]

Das Merkmal der Vergütung grenzt den Dienstvertrag vom Auftrag ab, § 612 BGB.

Vergütung auf verschiedene Art möglich

Die Vergütung kann beim Dienstvertrag auf verschiedene Weise gewährt werden. Es ist zwar die Regel, aber nicht zwingend erforderlich, dass dieselbe in Geld geleistet wird.

Dienstleistung und Vergütung sind die wesentlichen Merkmale des Dienstvertrages. Ohne eine Einigung über die essentialia negotii kommt ein Vertrag normalerweise überhaupt nicht zustande. 172

§ 612 I BGB: Vergütung gilt als vereinbart

Im Dienstvertragsrecht gibt es diesbezüglich eine Ausnahme: § 612 BGB bestimmt, dass der Vertrag auch ohne eine Abrede über die Vergütung wirksam ist und eine Vergütung vom Dienstverpflichteten gefordert werden kann, wenn die Dienstleistung den Umständen nach nur gegen Vergütung zu erwarten war.[612]

610 BGH, NJW 2005, 2076 f. = **juris**byhemmer; Spindler, CR 2004, 203, 207 f: mit Tendenz zur Verselbständigung des Vertragstyps; ders. in Vertragsrecht der Internetprovider, 2. Aufl., 2004, Teil IV Rn. 93; Ernst, Vertragsgestaltung im Internet, 2003, Rn. 547; Redeker, ITRB 2003, 82, 83; Petri/Göckel, CR 2002, 329, 331 f; Härting, CR 2001, 37, 38; Wischmann, MMR 2000, 461, 465: mit werkvertraglicher Komponente; anders: überwiegend werkvertraglicher Natur: z.B.: Roth in Loewenheim/Koch, Praxis des Online-Rechts, 2001, S. 66; Heun in Bartsch/Lutterbeck, Neues Recht für neue Medien, 1998, S. 253; Mietvertrag: z.B.: Börner, Der Internet-Rechtsberater, 2. Aufl., 2002, S. 53 f; Cichon, Internetverträge, 2000, S. 19 ff; Vertrag eigener Art mit dienst-, werk- und mietvertraglichen Komponenten: Schuppert in Spindler, Vertragsrecht der Internet-Provider, 2. Aufl., 2004, Teil II, Rn. 5, 15 ff; Kloos/Wagner, CR 2002, 865, 868 ff; Koch, Internet-Recht, 1998, S. 36.

611 BGHZ 158, 201 [203], BGH, NJW 2002, 361 [362]; BGH, NJW 1998, 3188 [3191 f.]: **alle Entscheidungen** = **juris**byhemmer.

612 Zu den Lohnarten und –ansprüchen: Hemmer/Wüst, Arbeitsrecht, Rn. 373 ff.

Dies entscheidet sich danach, ob der Dienstberechtigte objektiv mit einer Vergütung rechnen musste.[613]

Bspe:

⇨ *Dies ist zu bejahen, wenn die geleisteten Dienste zum Hauptberuf des Dienstverpflichteten gehören.*

Wesentliche Kriterien sind die Verkehrssitte, das Verhältnis der Beteiligten, der Umfang und die Dauer der Dienste.

⇨ *Die bloße Verwandtschaft reicht zur Verneinung einer Vergütung i.d.R. nicht aus.*[614]

hemmer-Methode: § 612 I BGB enthält keine Auslegungsregel, sondern eine gesetzliche Fiktion. § 612 I BGB sagt nicht, dass sich die Parteien bei der Absprache über die Leistung von Diensten stillschweigend über eine Vergütung geeinigt haben, sondern er statuiert eine Vergütungspflicht kraft Gesetzes.
Daraus folgt insbesondere, dass der Vertrag nicht wegen Irrtums über die Entgeltlichkeit gemäß § 119 I BGB angefochten werden kann.
§ 612 I BGB kommt nach h.M. nicht nur bei Fehlen einer Vergütungsvereinbarung zur Anwendung, sondern auch dann, wenn eine solche zwar getroffen wurde, diese aber unwirksam oder sogar der ganze Vertrag nichtig ist.
Werden Dienste in Erwartung einer Erbeinsetzung erbracht, kann an dieser Stelle zudem eine Abgrenzung der condictio ob rem vom fehlerhaften Arbeitsverhältnis relevant werden.[615]

§ 612 II BGB regelt die Höhe der Vergütung

Die Höhe der Vergütung regelt § 612 II BGB. Wenn sich weder eine Taxe, also eine auf gesetzlicher Grundlage ergangene Gebührenordnung (z.B. RVG, HOAI, GOÄ),[616] noch eine übliche, d.h. eine für gleiche Dienste am gleichen Ort mit Rücksicht auf die persönlichen Verhältnisse gewährte Vergütung ermitteln lässt, kann der Dienstverpflichtete die Vergütung nach billigem Ermessen bestimmen, § 315 BGB.

II. Der Behandlungsvertrag

Behandlungsvertrag, §§ 630a ff. BGB

Am 26.02.2013 ist das Patientenrechtegesetz in Kraft getreten. Dadurch wurde mit dem **Behandlungsvertrag** im BGB ein neuer Vertragstyp geregelt. 173

Durch den Behandlungsvertrag wird derjenige, welcher die medizinische Behandlung eines Patienten zusagt (Behandelnder), zur Leistung der versprochenen Behandlung, der andere Teil (Patient) zur Gewährung der vereinbarten Vergütung verpflichtet, soweit nicht ein Dritter zur Zahlung verpflichtet ist, § 630a I BGB.

Anwendbarkeit der §§ 611 ff. BGB, vgl. § 630b BGB

Auf das Behandlungsverhältnis sind gem. § 630b BGB die Vorschriften über das Dienstverhältnis, das kein Arbeitsverhältnis im Sinne des § 622 BGB ist, anzuwenden, soweit nicht in diesem Untertitel etwas anderes bestimmt ist.

Beim Behandlungsvertrag handelt es sich also um eine spezielle Form des Dienstvertrages, auch wenn dieser einen kosmetischen Eingriff zum Gegenstand hat.

613 Palandt, § 612 BGB, Rn. 4.

614 Vgl. zu weiteren Beispielen Palandt, § 612 BGB, Rn. 4.

615 Vgl. zu diesem Aspekt Medicus/Petersen, BR, Rn. 692.

616 Palandt, § 612 BGB, Rn. 7.

hemmer-Methode: Soweit die Parteien vereinbaren, dass ein medizinischer Erfolg geschuldet ist, sind die §§ 630a ff. BGB nicht eröffnet. In diesem Fall gelten die §§ 631 ff. BGB. Dies gilt z.B. für reine zahnlabortechnische Arbeiten.

Die Neuregelungen beruhen letztlich überwiegend auf der Rechtsprechung des BGH zum „Arztvertrag", der bislang im BGB nicht ausdrücklich geregelt war.

Mitwirkung, Information, § 630c BGB

§ 630c I BGB statuiert die allgemeine Obliegenheit des Patienten und des Behandelnden, zur Durchführung der versprochenen Behandlung im Rahmen des Behandlungsvertrages einvernehmlich zusammenzuwirken.

§ 630c II, III BGB legt verschiedene Informationspflichten des Behandelnden ausdrücklich fest.

§ 630c IV BGB regelt die Ausnahmen, bei denen eine Informationspflicht entgegen der Absätze 2 und 3 nicht besteht. Dies ist insbesondere dann der Fall, soweit die Behandlung unaufschiebbar ist, also ein Notfall vorliegt, bei dem durch einen Aufschub Gefahren für das Leben oder für die Gesundheit des Patienten drohen und eine ordentliche Information des Patienten nicht mehr rechtzeitig erfolgen kann. Der Patient kann i.Ü. auch auf die Information verzichten.

Einwilligung (§ 630d BGB) und Aufklärung (§ 630e BGB)

Dem Aufbau des Vertragsrechts folgend wird die vorherige Einholung einer Einwilligung gem. § 630d BGB in die vertraglichen Pflichten des Behandlungsvertrages einbezogen. Ein Verstoß gegen § 630d BGB stellt daher eine Pflichtverletzung i.S.d. § 280 I BGB dar.

§ 630e BGB soll die Pflicht des Behandelnden zur Eingriffs- und Risikoaufklärung festschreiben. Letztlich wird die hierzu bestehende gefestigte Rechtsprechung ins Gesetz geschrieben. Der Anspruch des Patienten auf eine angemessene Aufklärung über die Tragweite, die Chancen und die Gefahren des Eingriffs, in den er einwilligen soll, ist Ausfluss seines Selbstbestimmungsrechts über seine Person. Die Aufklärung soll dem Patienten die Schwere und Tragweite des Eingriffs verdeutlichen, so dass er eine ausreichende Entscheidungsgrundlage für die Ausübung seines Selbstbestimmungsrechts erhält.

Gemäß § 630e I S. 3 BGB hat eine Aufklärung auch über bestehende Behandlungsalternativen zu erfolgen, wenn mehrere Behandlungsmethoden zu wesentlich unterschiedlichen Belastungen, Risiken oder Heilungschancen führen können. § 630e III BGB legt in Anlehnung an § 630c IV BGB fest, wann es der Aufklärung ausnahmsweise nicht bedarf (Unaufschiebbarkeit im Notfall oder Verzicht).

Dokumentation (§ 630f BGB) und Einsicht in Patientenakte (§ 630g BGB)

Die Dokumentation nach § 630f BGB soll in erster Linie dem Zweck dienen, eine sachgerechte therapeutische Behandlung und Weiterbehandlung zu gewährleisten. Weiterer Zweck ist die Wahrung der Persönlichkeitsrechte des Patienten. Schließlich dient die Dokumentation auch der Beweissicherung für den Fall eines etwaigen Behandlungsfehlers. Unterlässt der Behandelnde die Dokumentation einer medizinisch wesentlichen Information oder Maßnahme, so greift zu seinen Lasten die besondere Beweislastregelung des § 630h III BGB ein.

§ 630g BGB regelt das Recht des Patienten auf Einsichtnahme in die Patientenakte. Der Patient hat ein schutzwürdiges Interesse zu wissen, wie mit seiner Gesundheit umgegangen wurde, welche Daten sich dabei ergeben haben und wie die weitere Entwicklung eingeschätzt wird.

Die Regelung greift die Rechtsprechung des BVerfG auf[617] und dient der Umsetzung des Rechts des Patienten auf informationelle Selbstbestimmung. Stehen der Einsichtnahme nach § 630g I S. 1 BGB erhebliche therapeutische Gründe entgegen, kann bzw. muss der Behandelnde die Einsichtnahme partiell oder gar vollständig verweigern können.

Beweislast, § 630h BGB

§ 630h BGB regelt Besonderheiten der Beweislastverteilung im Anwendungsbereich der §§ 630a ff. BGB für das Vertragsrecht. Die Haftung nach den §§ 823 ff. BGB bleibt hiervon unberührt.

Sind die Voraussetzungen des § 630h I BGB erfüllt, wird zugunsten des Patienten vermutet, dass der Behandelnde seine medizinischen Behandlungspflichten verletzt hat.

§ 630h II BGB regelt die Beweislast im Zusammenhang mit der Aufklärung und der Einwilligung.

Nach § 630h III BGB wird vermutet, dass medizinisch gebotene wesentliche Maßnahmen, die entgegen § 630f BGB nicht in der Patientenakte aufgezeichnet wurden, nicht getroffen wurden.

§ 630h IV BGB regelt eine Vermutung für die Fälle von Anfängerfehlern oder Fehlern durch im Übrigen ungeeignete Behandelnde.

Beweislastumkehr bzgl. Kausaliät bei groben Behandlungsfehlern, § 630h V BGB

Bei groben Behandlungsfehlern soll der Patient vom Kausalitätsnachweis befreit werden. Nach § 630h V S. 1 BGB wird vermutet, dass ein grober Behandlungsfehler für den Eintritt eines Schadens ursächlich war, wenn der Behandlungsfehler generell geeignet ist, einen Schaden der tatsächlich eingetretenen Art herbeizuführen. Dem Patienten obliegt die Beweislast hinsichtlich des groben Behandlungsfehlers und dessen Eignung, den konkreten Schaden herbeizuführen.

Diese beweisrechtlichen Konsequenzen aus einem grob fehlerhaften Behandlungsgeschehen knüpfen daran an, dass die nachträgliche Aufklärbarkeit des tatsächlichen Behandlungsgeschehens wegen des besonderen Gewichts des ärztlichen Fehlers und seiner Bedeutung für die Behandlung in einer Weise erschwert ist, dass der Arzt nach Treu und Glauben - also aus Billigkeitsgründen - dem Patienten den vollen Kausalitätsnachweis nicht zumuten kann. Die Beweislastumkehr soll einen Ausgleich dafür bieten, dass das Spektrum der für die Schädigung in Betracht kommenden Ursachen wegen der elementaren Bedeutung des Fehlers besonders verbreitert oder verschoben worden ist.[618]

Dabei ist ein Behandlungsfehler nach der ständigen Rechtsprechung des BGH dann als grob zu bewerten, wenn ein Arzt eindeutig gegen bewährte ärztliche Behandlungsregeln oder gesicherte medizinische Erkenntnisse verstoßen und einen Fehler begangen hat, der aus objektiver Sicht nicht mehr verständlich erscheint, weil er einem Arzt schlechterdings nicht unterlaufen darf.[619]

617 BVerfG, NJW 2006, 1116 = **juris**byhemmer.

618 BGH, **Life&Law 10/2016, 690 ff.** = NJW 2016, 2502 ff. = **juris**byhemmer; BGH, VersR 2013, 1000 ff. = **juris**byhemmer.

619 BGH, NJW 2016, 563 ff. = **juris**byhemmer; Palandt, § 630h BGB, Rn. 9.

Analoge Anwendung des § 630h V BGB bei Dienstverträgen, die dem Schutz von Leben und Gesundheit anderer dienen

Wegen der Vergleichbarkeit der Interessenlage gelten die vorgenannten Beweisgrundsätze nach Ansicht des BGH entsprechend bei grober Verletzung sonstiger Berufs- oder Organisationspflichten, sofern diese, ähnlich wie beim Arztberuf, dem Schutz von Leben und Gesundheit anderer dienen (Bademeister, Pflegenotruf usw.).

Wer eine besondere Berufs- oder Organisationspflicht, andere vor Gefahren für Körper und Gesundheit zu bewahren, grob vernachlässigt hat, kann nach Treu und Glauben die Folgen der Ungewissheit, ob der Schaden abwendbar war, nicht dem Geschädigten aufbürden. In derartigen Fällen kann die regelmäßige Beweislastverteilung dem Geschädigten nicht zugemutet werden.[620]

§§ 630a ff. BGB gelten nicht für Tiermedizin

hemmer-Methode: Behandlungsverträge mit Veterinärmedizinern über die Behandlung von Tieren fallen nicht unter die §§ 630a ff. BGB, weil diese Normen speziell auf die Bedürfnisse des Menschen und des Schutzes seines Selbstbestimmungsrechts zugeschnitten sind.
In der Gesetzesbegründung zu § 630a BGB wird aber ausdrücklich darauf hingewiesen, dass die Tätigkeit des Tierarztes mit der medizinischen Behandlung durch einen Humanmediziner vergleichbar sei, soweit es um die Heilung und Erhaltung eines lebenden Organismus geht. Es gibt demnach keine gesetzgeberische Wertung, die es verbieten würde, bestimmte zur humanmedizinischen Behandlung entwickelte Grundsätze auf die Tiermedizin zu übertragen. Im Gegenteil weist der Gesetzgeber ausdrücklich darauf hin, dass die Rechtsprechung nicht daran gehindert sei, an den insbesondere von den OLGen entwickelten Grundsätzen zur Übertragung der Beweislastregelungen von der Human- auf die Tiermedizin nach wie vor festzuhalten.
Nach Ansicht des BGH können daher die Grundsätze zur Beweislastumkehr im Rahmen einer humanmedizinischen Behandlung auf die veterinärmedizinische übertragen werden.[621] Leider bleibt offen, ob der BGH nun § 630h V BGB analog anwendet oder aber einfach seine alten Rechtsprechungsgrundsätze auf die Tiermedizin überträgt. Auch wenn dies im Ergebnis keine Rolle spielt, sollten Sie in der Klausur einen dogmatischen Ansatz benennen, mit dem Sie Ihr Ergebnis begründen.

III. Arbeitsvertrag, § 611a BGB

Arbeitsvertrag ist „abhängiger" Dienstvertrag

Der Arbeitsvertrag gem. § 611a BGB ist ein sog. „abhängiger" Dienstvertrag. Der Dienstverpflichtete (Arbeitnehmer) hat dem Dienstberechtigten (Arbeitgeber) abhängige Arbeit zu leisten, d.h. er ist verpflichtet, fremdbestimmte, unselbstständige und weisungsgebundene (§ 106 GewO) Dienste zu leisten (vgl. § 611a I S. 1 BGB), wobei er i.d.R. in den Betrieb des Arbeitgebers eingegliedert wird.[622] 173a

> **Bsp.:** *Ein selbstständiger Dienstvertrag besteht bei Inanspruchnahme von frei praktizierenden Ärzten, Rechtsanwälten etc.; Arbeitsverträge liegen dagegen bei allen Angestellten vor.*

Der Arbeitsvertrag ist in der Praxis die Regel, da sich die meisten Menschen ihren Lebensunterhalt als Dienstverpflichtete, also Arbeitnehmer verdienen.

Sondervorschriften außerhalb des BGB

Zu beachten ist, dass neben dem BGB eine Fülle von Gesetzen und Normen bestehen, die das Verhältnis zwischen Arbeitgeber und Arbeitnehmer regeln.

> **Bsp.:** *KündigungsschutzG; BetriebsverfassungsG, MutterschutzG, Teilzeit- und Befristungsgesetz etc.*

620 BGH, Life&Law 10/2017, 665 ff. = NJW 2017, 2108 ff. = jurisbyhemmer; sehr kritisch hierzu Mäsch, Umkehr der Kausalitätsbeweislast bei einem groben Pflichtenverstoß – Gefährliche Ausdehnung der BGH-Rechtsprechung, NJW 2017, 2080 (2081).

621 BGH, Life&Law 10/2016, 690 ff. = jurisbyhemmer.

622 Palandt, vor § 611 BGB, Rn. 7; vgl. auch § 84 I S. 2 HGB bzw. § 5 ArbGG.

Da all diese Normen dem BGB vorgehen, ist der Arbeitsvertrag mehr und mehr aus dem Dienstvertragsrecht des BGB hinausgewachsen. Abgesehen von einigen Normen des BGB, die nur auf den Arbeitsvertrag anwendbar sind (§§ 611a, 617 - 619, 622, 623, 629, 630 BGB), ist das BGB nur noch auf den selbstständigen Dienstvertrag uneingeschränkt anwendbar.

hemmer-Methode: Im Folgenden beziehen sich die Ausführungen deshalb nur noch auf den selbstständigen Dienstvertrag und gelten für den unselbstständigen nur insoweit, als sich in arbeitsrechtlichen Vorschriften keine Besonderheiten finden. Zum Recht der abhängigen Dienstverträge (Arbeitsrecht) wird auf das Skript Hemmer/Wüst, Arbeitsrecht bzw. Hemmer/Wüst, Basics, Arbeitsrecht verwiesen.

IV. Abgrenzung zum Werkvertrag

Dienstvertrag: geschuldet wird Leistung

Werkvertrag: geschuldet wird Erfolg

Wie beim Dienstvertrag wird auch beim Werkvertrag eine Leistung gegen Entgelt erbracht. 174

Während beim Dienstvertrag für die Fälligkeit des Lohns nur eine Tätigkeit, die Dienstleistung als solche, geschuldet wird (§ 614 BGB), schuldet der durch den Werkvertrag zur Leistung Verpflichtete den Arbeitserfolg, also ein bestimmtes Ergebnis, ein fassbares Produkt, um seinen Lohn zu erhalten.[623]

hemmer-Methode: Dies folgt letztlich aus § 641 I S. 1 BGB, wonach die Vergütung erst bei der Abnahme fällig ist und der Besteller nur bei vertragsgemäßer Leistungserbringung zur Abnahme verpflichtet ist, § 640 I BGB.

> ***Bsp. für Dienstvertrag:*** *Rechtsanwalt schuldet Beratung; Arbeiter am Fließband schuldet die ihm zugewiesene Tätigkeit.*
>
> ***Bsp. für Werkvertrag:*** *Schuster schuldet Herrenschuhe Gr. 42.*

Entscheidend kann sein, ob Erfolg von Tätigkeit oder von anderen Faktoren abhängt

Wesentlich für die Entscheidung, welcher Vertragstyp vorliegt, kann die Frage sein, ob der Erfolg nur von der Tätigkeit oder auch von anderen Faktoren abhängt. Je nachdem, von wem diese Faktoren beherrscht werden oder beherrscht werden sollen, kann ein Dienst- oder ein Werkvertrag vorliegen.[624] 175

So kann auch die Übernahme des Erfolgsrisikos durch den Unternehmer/Dienstverpflichteten darauf hindeuten, dass ein Werkvertrag vorliegt.[625]

> ***Bsp.:*** *Verpflichtet sich der Unternehmer, eine bestimmte Fläche von Schnee- und Eisglätte freizuhalten, ist Werkvertragsrecht anwendbar.*
>
> *Eine solche Leistung ist grundsätzlich nicht abnahmebedürftig, sodass es gerechtfertigt ist, das Mängelrecht der §§ 634 ff. BGB anzuwenden, wenn der Unternehmer die Leistung in Erfüllung seiner gesamten Verbindlichkeit erbracht hat (§ 646 BGB).*

Keine anderen Abgrenzungskriterien heranziehen!

hemmer-Methode: Sie müssen jeden Einzelfall neu abwägen und entscheiden. Ziehen Sie dabei keine anderen Abgrenzungskriterien heran. Weder die (Un-)Abhängigkeit, besondere Fachkunde oder Art und Gegenstand der geschuldeten Leistung, noch die Art der Vergütung sprechen für das Eine oder das Andere.[626] Die Abgrenzung ist nicht so sehr bei den Primäransprüchen von Bedeutung, sondern in erster Linie bei Fragen der Gewährleistung. Im Werkvertrag findet sich eine detaillierte Regelung in den §§ 633 ff. BGB, während im Dienstvertragsrecht kein Mängelrecht besteht, sodass § 280 I BGB als Grundtatbestand für den Schadensersatz statt der Leistung anwendbar ist.

623 Palandt, Einf. Vorb. § 631 BGB, Rn. 8.

624 Larenz, § 53 I.

625 Larenz, § 53 I.

626 Brox, Besonderes Schuldrecht, Rn. 233.

B) Hauptpflichten beim Dienstvertrag

I. Hauptpflichten des Dienstverpflichteten

Dienstleistungspflicht

Die im Gegenseitigkeitsverhältnis stehende Hauptleistungspflicht des Dienstverpflichteten ist die Erbringung der Dienste. 176

Der genaue Inhalt bestimmt sich nach dem Vertrag und nach der Verkehrssitte, wenn der Vertrag keine genauen Regelungen enthält. U.U. kann dem Dienstberechtigten außerdem ein Weisungs- oder Direktionsrecht zustehen, aufgrund dessen er den Inhalt der Dienstleistungspflicht konkretisieren oder abändern kann, solange und soweit sich dies im vertraglichen Rahmen hält.

hemmer-Methode: Erbringt der Dienstverpflichtete seine Leistung schlecht, so hat er seine Dienstleistungspflicht dennoch erfüllt. Im Dienstvertragsrecht ist die Schlechtleistung der Nichtleistung nicht gleichgestellt. Die Dienstleistungspflicht beinhaltet also keine Pflicht zu mangelfreier Dienstleistung. Leistet der Dienstverpflichtete schlecht, ist dies eine Nebenpflichtverletzung, die zu einem Anspruch aus § 280 I BGB führen kann.[627]

Im Zweifel persönlich zu erbringen

Die Dienstleistung hat der Dienstverpflichtete im Zweifel persönlich zu erbringen, § 613 S. 1 BGB.

Diese Vorschrift trägt dem Gedanken Rechnung, dass die Parteien des Dienstvertrages i.d.R. (also „im Zweifel“) auf die persönlichen Fähigkeiten und Eigenschaften des Vertragspartners besonderen Wert legen. Daraus folgt auch, dass der Dienstverpflichtete keinen Ersatzmann stellen muss, wenn er selbst verhindert ist.[628]

II. Hauptpflicht des Dienstberechtigten

Leistung der Vergütung

Der Dienstberechtigte muss die vereinbarte Vergütung leisten. Diese Hauptpflicht steht im Gegenseitigkeitsverhältnis zur Dienstleistungspflicht. 177

C) Rechte der Parteien bei Nichterfüllung der Hauptpflichten

I. Rechte des Dienstberechtigten

§§ 320 ff. BGB

Nichtleistung durch den Dienstverpflichteten liegt vor, wenn er gar nicht oder teilweise nicht leistet. 178

Leistet der Dienstverpflichtete dagegen nur schlecht bzw. mangelhaft, liegt Erfüllung vor.

1. Erfüllungsanspruch

Der Dienstberechtigte hat in erster Linie den Erfüllungsanspruch und kann die Rechte aus §§ 280 I, III, 281, 283 BGB bzw. § 326 BGB geltend machen.[629] 179

627 Larenz, II/1, § 52 II; Brox, Besonderes Schuldrecht, Rn. 244.

628 Brox, Besonderes Schuldrecht, Rn. 240.

629 Palandt, § 611 BGB, Rn. 15.

2. Recht auf Verweigerung der Lohnzahlung

§ 320 BGB: „ohne Arbeit kein Lohn"

Da die Vergütungspflicht im Gegenseitigkeitsverhältnis zur Dienstleistungspflicht steht, kann der Dienstberechtigte grundsätzlich die Vergütung gemäß § 320 BGB verweigern (Grundsatz: „ohne Arbeit kein Lohn" bzw. „ohne Fleiß kein Preis").[630] 180

hemmer-Methode: Wenn die Dienstleistung nicht mehr nachholbar ist, wie dies im auf Dauer angelegten Dienstverhältnis meist der Fall ist (sog. Fixschuldcharakter), hat der Dienstverpflichtete seinen Anspruch auf Vergütung bereits gemäß § 326 I BGB verloren.

Ausnahmen:

Ausnahmsweise muss der Dienstberechtigte die Vergütung leisten, obwohl er keine Leistung erhalten hat. 181

Lohn ohne Arbeit gemäß § 615 BGB

Gemäß § 615 BGB gilt dies zunächst dann, wenn sich der Dienstberechtigte im Annahmeverzug gemäß §§ 293 ff. BGB befand.[631]

***Bsp.:** Arbeiter wird trotz Erscheinens am Arbeitsplatz keine Arbeit zugewiesen. Er kann gemäß § 615 BGB seinen Lohn fordern.*

Hintergrund dieser Vorschrift ist, dass der Dienstverpflichtete seine Dienstleistung i.d.R. nicht anderweitig verwerten und beim Dienstberechtigten zu keinem anderen Zeitpunkt nachholen kann, ohne einen Schaden zu erleiden.

***Bsp.:** Der Arbeitnehmer hat keine Möglichkeit, seinen Tageslohn anders zu verdienen bzw. die Arbeit am nächsten Tag nachzuholen.*

Problem: keine Seite hat Nichtleistung zu vertreten

Problematisch sind die Fälle, in denen keiner die Nichtleistung der Dienste zu verantworten hat, weil eine Betriebsstörung vorliegt. § 615 S. 1, 2 BGB ist hier mangels Annahmeverzug nicht einschlägig. Der Dienstverpflichtete müsste seinen Anspruch an sich nach § 326 I BGB verlieren. 182

Die Rspr. hat dieses Ergebnis korrigiert, indem sie einerseits die Lehre vom Betriebs- und Wirtschaftsrisiko und andererseits die Lehre vom Arbeitskampfrisiko entwickelt hat. Dies wurde nunmehr ausdrücklich in § 615 S. 3 BGB klargestellt.

***Bsp.:** Wenn kein Material geliefert wird oder keine Aufträge eingehen, fällt das in den Risikobereich des Dienstberechtigten. Der Dienstverpflichtete behält seinen Anspruch auf die Vergütung. Kann umgekehrt im Betrieb nicht gearbeitet werden, weil in einem Zuliefererbetrieb gestreikt wird, verlieren die Arbeitnehmer unter bestimmten Voraussetzungen ihren Anspruch.[632]*

hemmer-Methode: Die Lehre vom Betriebs- und Wirtschaftsrisiko und die vom Arbeitskampfrisiko sind spezielle Probleme des Arbeitsrechts. In ihrem Anwendungsbereich gehen sie den §§ 320 ff., 615 BGB vor (ausführlich zu der hier nur angerissenen Problematik Hemmer/Wüst, Arbeitsrecht, Rn. 451 ff.).

Lohn ohne Arbeit gemäß § 616 BGB bei vorübergehender Verhinderung

Ein weiterer Fall, in dem der Dienstberechtigte die Vergütung leisten muss, obwohl er im Gegenzug nichts erhält, ist § 616 BGB.[633] 183

Wichtig ist, dass der Anspruch nach § 616 BGB nur erhalten bleibt, wenn tatsächlich ein in der Person des Dienstverpflichteten liegender Verhinderungsgrund gegeben ist.

630 Palandt, § 611 BGB, Rn. 16.

631 Ausführliche Darstellung des Anwendungsbereiches des § 615 BGB in Hemmer/Wüst, Arbeitsrecht, Rn. 433.

632 Zum Betriebsrisiko Palandt, § 615 BGB, Rn. 5 ff.

633 § 616 BGB und das EntgeltFZG: Hemmer/Wüst, Arbeitsrecht, Rn. 485 ff.

Typisches Beispiel ist hier die Krankheit des Kindes des Dienstverpflichteten. § 616 BGB ist dagegen nicht einschlägig, wenn der Dienstverpflichtete aufgrund eines Streiks der Verkehrsbetriebe seinen Verpflichtungen nicht nachkommen kann. Hier ist nur das – nicht unter § 616 BGB fallende – allgemeine Wegerisiko betroffen (das i.d.R. vom Dienstpflichtigen zu tragen ist!).

3. Kündigungsrecht

Kündigungsrecht gemäß § 626 BGB bzw. § 621 BGB

Wenn der Dienstverpflichtete nicht leistet, kann dem Dienstberechtigten im Fall der beharrlichen und vorsätzlichen Arbeitsverweigerung ein Kündigungsrecht gemäß § 626 BGB zustehen. Außerdem gibt es auch die Möglichkeit der ordentlichen Kündigung gemäß § 621 BGB. 184

hemmer-Methode: Für Arbeitsverhältnisse gilt bei der ordentlichen Kündigung § 622 BGB statt § 621 BGB. Im Übrigen ist dort der allgemeine und besondere Kündigungsschutz eine der zentralen Fragen. Lesen Sie dazu HEMMER/WÜST, Arbeitsrecht.

II. Rechte des Dienstverpflichteten

§§ 280 ff., 323 ff. BGB

Leistet der Dienstberechtigte die Vergütung nicht, bestimmen sich die Rechte des Dienstverpflichteten nach den allgemeinen Regeln: Er kann Erfüllung verlangen und seine Leistung gemäß § 320 BGB verweigern. Sofern die Vergütung nicht in Geld geleistet werden sollte, kommen auch Ansprüche gemäß §§ 280 ff. bzw. 323 ff. BGB in Betracht. 185

hemmer-Methode: „Geld hat man zu haben". Eine Geldleistung kann deshalb nicht unmöglich werden.

§ 626 BGB

Auch zugunsten des Dienstverpflichteten kommt bei Nichterfüllung durch den anderen Teil ein Kündigungsrecht gemäß § 626 BGB bzw. § 621 BGB in Betracht.

D) Nebenpflichten und Nebenpflichtverletzungen

Nebenpflichten aus § 241 II BGB

Wie alle Vertragspartner unterliegen auch die Parteien des Dienstvertrages besonderen Nebenpflichten aus § 241 II BGB. 186

Beim Dienstvertrag in besonderer Weise konkretisiert

Da der Dienstvertrag jedoch sehr stark personenbezogen ist, ist das Gebot von Treu und Glauben in hohem Maße konkretisiert bzw. intensiviert.

Welche Pflichten sich ergeben, ist dabei vom Einzelfall abhängig: Je enger und personenbezogener das Dienstverhältnis im Einzelfall ist, desto höher sind die Pflichten. Wesentliche Faktoren sind z.B. die Dauer des Dienstverhältnisses oder der Grad der Vertrauensstellung, den ein Dienstverpflichteter genießt, oder welche Position er ausübt.

> ***Bsp.:** Einem Arbeiter, der schon 30 Jahre im Betrieb arbeitet, ist der Arbeitgeber anders verpflichtet als einem neu eingestellten. Der Geschäftsleiter unterliegt anderen Pflichten als ein Fließbandarbeiter.*

Fürsorgepflicht des Dienstberechtigten

Die Schutzpflicht des Dienstberechtigten konkretisiert sich in erster Linie in der sog. Fürsorgepflicht. 187

Aufgrund dieser muss der Dienstberechtigte beispielsweise Gesundheitsvorsorgemaßnahmen treffen, erträgliche Arbeitsbedingungen schaffen, Gefahren vom Dienstverpflichteten abwehren und ihn fördern.[634] Einige Fürsorgepflichten sind in den §§ 617 ff. BGB geregelt:

§ 617 BGB

⇨ § 617 I BGB: Im Falle der Erkrankung des Dienstverpflichteten hat der Dienstberechtigte Verpflegung und ärztliche Behandlung bis zu sechs Wochen zu gewährleisten.

hemmer-Methode: I.d.R. entfällt diese Verpflichtung jedoch aufgrund § 617 II BGB.

§ 618 BGB

⇨ § 618 I BGB: Der Dienstberechtigte muss möglichst sichere Arbeitsbedingungen schaffen.

⇨ § 618 II BGB: Wenn der Dienstverpflichtete bei dem Dienstberechtigten lebt und wohnt, müssen die Räume etc. in besonderem Maße mit Rücksicht auf Gesundheit, Sittlichkeit und Religion des Dienstverpflichteten ausgestattet sein.

Bei Verletzung dieser Pflichten finden die §§ 842 - 846 BGB Anwendung, vgl. § 618 III BGB.

Beschäftigungspflicht und Pflicht zur Gleichbehandlung

Weitere besondere Pflichten des Dienstberechtigten sind die Beschäftigungspflicht und die Pflicht zur Gleichbehandlung mehrerer Dienstverpflichteter.[635]

Treuepflicht des Dienstverpfl.

Mit der Fürsorgepflicht des Dienstberechtigten korrespondiert die beim Dienstverhältnis besonders ausgeprägte Treuepflicht des Dienstverpflichteten, § 242 BGB. 188

Dieser hat die besondere Pflicht, die Interessen des Dienstberechtigten zu wahren. Er kann je nach Einzelfall zur Vornahme oder zum Unterlassen bestimmter Handlungen verpflichtet sein.

***Bsp.:** Er muss Gefahren abwehren oder anzeigen, Sachen des Dienstberechtigten vor Verlust und Beschädigung schützen und den Betriebsfrieden wahren.*[636]

Weiterhin kann sich aus dem Dienstverhältnis z.B. eine Pflicht zur Verschwiegenheit oder ein Wettbewerbsverbot ergeben (vgl. hierzu für den Angestellten auch die §§ 60, 61 HGB).[637]

Wie weitgehend diese Pflichten sind, ist im Einzelfall zu entscheiden. Jedenfalls enden sie dort, wo berechtigte Eigeninteressen des Dienstverpflichteten beginnen.

hemmer-Methode: Üblicherweise spricht man von „Treuepflicht", insbesondere bei Arbeitsverhältnissen. Da die Treuepflicht jedoch lediglich eine besondere Ausprägung von „Treu und Glauben" bei jedem Schuldverhältnis ist, ist kein Grund ersichtlich, warum nicht auch beim Dienstvertrag von derselben gesprochen werden soll.[638]

Eine weitere Nebenpflichtverletzung des Dienstverpflichteten liegt vor, wenn dieser seine Dienstleistung schlecht erfüllt. In diesem Fall ist ein Anspruch auf Schadensersatz wegen Pflichtverletzung gemäß § 280 I BGB i.V.m. § 611 BGB gegeben, da ein Konkurrenzproblem zu besonderen Mängelrechten nicht besteht. 189

634 Larenz, II/1, § 52 II.

635 Eingehend dazu vgl. Larenz, II/1, § 52 II und Palandt, § 611 BGB, Rn. 96 ff. bzw. 105 ff.

636 Palandt, § 611 BGB, Rn. 39 ff.; Larenz, II/1, § 52 II.

637 Palandt, § 611 BGB, Rn. 39 ff.; Larenz, II/1, § 52 II.

638 Vgl. dazu auch Larenz, II/1, § 52 II; Palandt, § 611 BGB, Rn. 39.

hemmer-Methode: Im Arbeitsrecht kann hier das klassische Problem der beschränkten Arbeitnehmerhaftung eröffnet sein. Nachdem die Rspr. das Kriterium der Gefahrgeneigtheit aufgegeben hat, kommt es für die Beschränkung der Haftung nur noch auf die betriebliche Veranlassung der Tätigkeit an.
Vom Grundsatz her müssen Sie wissen, dass der Arbeitnehmer bei einfacher Fahrlässigkeit überhaupt nicht haftet, bei mittlerer Fahrlässigkeit eine Quotelung erfolgt und bei grober Fahrlässigkeit und Vorsatz der Arbeitgeber vollen Ersatz verlangen kann.
Lesen Sie zu Einzelheiten und Modifizierungen Hemmer/Wüst, Arbeitsrecht, Rn. 631.

E) Beendigung des Dienstvertrages

I. Beendigung durch Kündigung

1. Ordentliche Kündigung, § 621 BGB

Ordentliche Kdgg., wenn DV auf unbestimmte Zeit geschlossen

Die ordentliche Kündigung gemäß § 621 BGB ist eine Kündigung unter Einhaltung einer Frist, die es dem gekündigten Vertragspartner ermöglichen soll, sich auf die neue Situation einzustellen. Sie kommt nur bei Dienstverhältnissen in Betracht, die auf unbestimmte Zeit geschlossen sind. 190

Außer der Einhaltung der Frist und einer wirksamen Kündigungserklärung unterliegt die ordentliche Kündigung grundsätzlich keinen weiteren Voraussetzungen.[639]

Bei DV, der kein ArbV ist, kann Frist frei vereinbart werden

Die Frist kann durch die Parteien des Dienstvertrages frei vereinbart werden, wenn nicht ein Arbeitsvertrag vorliegt, vgl. § 622 BGB.[640] Soweit keine Vereinbarung getroffen wurde, gilt § 621 BGB.

hemmer-Methode: Im Arbeitsrecht ist für die ordentliche Kündigung § 622 BGB „lex specialis". Beachten Sie auch, dass die ordentliche Kündigung eines länger als sechs Monate bestehenden Arbeitsverhältnisses (§ 1 I KSchG) in Betrieben mit mehr als fünf bzw. zehn Arbeitnehmern (§ 23 I S. 2 bzw. S. 3 KSchG) der sozialen Rechtfertigung gem. § 1 II KSchG bedarf. Vgl. ausführlich dazu HEMMER/WÜST, Arbeitsrecht, Rn. 167 ff.

2. Außerordentliche Kündigung

Außerordentliche Kdgg. aus wichtigem Grund möglich

Gemäß § 626 BGB kann ein Dienstverhältnis ohne die Einhaltung einer Frist gekündigt werden, wenn ein wichtiger Grund vorliegt. Die außerordentliche Kündigung kommt dann in Betracht, wenn ein befristetes (und damit grundsätzlich unkündbares, vgl. § 620 BGB) Dienstverhältnis vorliegt oder wenn ein unbefristetes Dienstverhältnis ohne die Einhaltung von Kündigungsfristen beendet werden soll. 191

hemmer-Methode: § 626 BGB ist insoweit lex specialis zu § 314 BGB! Da aber in § 626 BGB der Vorrang der Abmahnung nicht geregelt ist, wird hierfü § 314 II BGB analog angewendet.[641]

*§ 626 BGB: wichtiger Grund ⇨ **„2-Stufen-Prüfung"***

Voraussetzung ist das Vorliegen eines wichtigen Grundes. Die Prüfung, ob ein wichtiger Grund in diesem Sinne vorliegt, erfolgt in zwei Schritten:

639 Vgl. dazu auch Hemmer/Wüst, Arbeitsrecht, Rn. 133 ff.

640 Zum genauen Inhalt vgl. Hemmer/Wüst, Arbeitsrecht, Rn. 144 ff.

641 Palandt, § 626, Rn. 18

Zunächst ist danach zu fragen, ob ein Sachverhalt vorliegt, der generell zum Ausspruch einer außerordentlichen Kündigung berechtigen kann **(1. Stufe)**.

> **Bsp.:** *Pflichtverletzungen, insbesondere Treuepflichtverletzungen des Dienstverpflichteten, strafbare Handlungen, Vorlegen gefälschter Zeugnisse bei Vertragsschluss; Zahlungsverzug des Dienstberechtigten ist wichtiger Grund für den Dienstverpflichteten, ebenso Schutzpflichtverletzungen.*[642]

Der Schwerpunkt der Prüfung des wichtigen Grundes liegt in einer umfassenden Abwägung der beiderseitigen Interessen im konkreten Einzelfall **(2. Stufe)**.[643] Hier ist es besonders wichtig, sämtliche Besonderheiten des Einzelfalles als individuellen Vertragstyp zu erfassen und gegenseitig abzuwägen.

Ein wichtiger Grund ist dabei grds. nur dann anzunehmen, wenn die **Gründe**, auf **die** die Kündigung gestützt wird, **im Risikobereich des Kündigungsgegners liegen.** Wird der Kündigungsgrund hingegen aus Vorgängen hergeleitet, die dem Einfluss des Kündigungsgegners entzogen sind und aus der eigenen Interessensphäre des Kündigenden herrühren, rechtfertigt dies nur in Ausnahmefällen die fristlose Kündigung.[644]

hemmer-Methode: Der Inhaber eines DSL-Anschlusses hätte daher nach Ansicht des BGH kein Recht zur Kündigung des mit dem Telekommunikationsunternehmen geschlossenen Vertrages vor Ablauf der vereinbarten Laufzeit, wenn er an einen Ort umzieht, an dem keine Leitungen verlegt sind, die die Nutzung der DSL-Technik zulassen.[645]
Diese verbraucherunfreundliche – juristisch aber richtige – Rechtsprechung hat der Gesetzgeber zum Anlass genommen, in diesem Fall in § 46 VIII S. 3 TKG ein Sonderkündigungsrecht des Anschlussinhabers zu regeln. Dieses Sonderkündigungsrecht bei Umzug kann auch nicht durch Allgemeine Geschäftsbedingungen ausgeschlossen werden, § 47b TKG.
Diese Vorschrift ist nach Ansicht des BGH aber nicht analogiefähig.
Konsequenterweise hat der BGH daher entschieden, dass allein der Umstand, dass der Kunde eines Fitnessstudios berufsbedingt seinen Wohnort wechselt, eine außerordentliche Kündigung seines Vertrags nicht zu rechtfertigen vermag.[646]

Wichtiger Grund muss objektiv gegeben sein

Zu beachten ist, dass § 626 BGB das Vorliegen eines Grundes objektiv voraussetzt.

Wesentlich ist also nicht, dass der Kündigende im Zeitpunkt der Kündigung von dem Grund unbedingt Kenntnis hatte, sondern dass dieser objektiv gegeben war. Da die außerordentliche Kündigung auch ohne Angabe des Grundes wirksam ist[647], kann dies von großer Bedeutung sein.

> **Bsp.:** *A hat mit der Freundin seines Chefs B geflirtet. Aus Verärgerung darüber kündigt B dem A durch ein Schreiben, in dem er unmissverständlich zum Ausdruck bringt, dass das Dienstverhältnis sofort beendet sein soll. Einen Grund gibt er nicht an, da ihm der Sachverhalt peinlich ist. Im Nachhinein stellt sich heraus, dass A schon oft Material geklaut hat.*

642 Vgl. Palandt, § 626 BGB, Rn. 42 ff.; Larenz, II/1, § 52 III.

643 Palandt, § 314 BGB, Rn. 7.

644 Vgl. BGH, ZMR 1996, 309, 311 = jurisbyhemmer; BGH, NJW 1996, 714 f. = jurisbyhemmer.

645 BGH, Life&Law 2011, 166 ff. = WM 2011, 81 ff. = jurisbyhemmer.

646 BGH, Life&Law 08/2016, 521 ff. = jurisbyhemmer.

647 Palandt, § 626 BGB, Rn. 32.

§ 626 II S. 3 BGB: Anspruch des Gekündigten auf Nennung des Grundes

Unter der Voraussetzung, dass die Frist nach § 626 II BGB eingehalten ist, ist die außerordentliche Kündigung wirksam, da das Stehlen einen schweren Vertrauensverstoß und somit einen wichtigen Grund i.S.d. § 626 BGB darstellt. Dieser wichtige Grund lag im Zeitpunkt des Kündigungsschreibens vor.

Gemäß § 626 II S. 3 BGB kann der Gekündigte die Nennung des Grundes verlangen. Verstößt der Kündigende gegen diese Pflicht, hat dies jedoch lediglich eine Schadensersatzpflicht, nicht dagegen die Unwirksamkeit der Kündigung zur Folge.

Kündigung nur innerhalb von zwei Wochen möglich

Neben dem Vorliegen eines Kündigungsgrundes muss die Frist des § 626 II BGB eingehalten werden, d.h. die Kündigung muss innerhalb von zwei Wochen ab Kenntnis des Grundes ausgesprochen werden. Dies gilt indes nicht beim Nachschieben erst nachträglich bekannt gewordener Gründe.[648] 192

§ 627 BGB: fristlose Kündigung ohne wichtigen Grund möglich

Zu beachten ist außerdem § 627 BGB. Danach ist die fristlose Kündigung auch ohne wichtigen Grund wirksam, wenn es sich nicht um ein Arbeitsverhältnis handelt und Dienste „höherer Art" geleistet werden, die einer besonderen Vertrauensstellung bedürfen.

Bsp.: *Rechtsanwalt, Schiedsrichter, Eheanbahnung*[649]

Für den Behandlungsvertrag (vgl. dazu Rn. 173) findet § 627 BGB über die Brücke des § 630b BGB ebenfalls Anwendung.

hemmer-Methode: § 627 BGB ist im Gegensatz zu § 626 BGB in den Grenzen von § 242 BGB abdingbar. Der zwingende Charakter von § 626 BGB erklärt sich daraus, dass es niemandem zugemutet werden kann, an einem Dauerschuldverhältnis festgehalten zu werden, wenn die notwendige Vertrauensgrundlage endgültig und irreparabel zerstört ist (vgl. dazu auch den subsidiären § 314 BGB).
Neben dem außerordentlichen Kündigungsrecht steht dem zur Kündigung Veranlassten ein Schadensersatzanspruch nach § 628 II BGB zu, der auf Ersatz des positiven Interesses gerichtet ist.
Bei einem Dienstvertrag, der kein Arbeitsvertrag ist, kann § 628 BGB in den Grenzen von § 242 BGB abbedungen werden.

II. Sonstige Beendigungsgründe

Beendigung durch Zeitablauf, Tod des Dienstverpflichteten oder Aufhebungsvertrag

Ein Dienstverhältnis endet bei einem befristeten Dienstverhältnis gemäß § 620 I BGB durch Zeitablauf (beachte aber für Arbeitsverträge das TzBfG) oder gemäß § 613 S. 1 BGB durch Tod des Dienstverpflichteten. 193

hemmer-Methode: Achtung: Durch den Tod des Dienst*berechtigten* endet das Dienstverhältnis grundsätzlich nicht! Eine Ausnahme besteht, wenn die Dienstleistung ausschließlich an den Dienstberechtigten erbracht werden kann, z.B. Pflege des Dienstberechtigten.[650]

Das Dienstverhältnis kann außerdem durch den Abschluss eines Aufhebungsvertrages gemäß § 311 I BGB beendet werden.[651]

648 BGH, NJW 1998, 101, 102 = jurisbyhemmer.

649 Palandt, § 627 BGB, Rn. 2.

650 Brox, Besonderes Schuldrecht, Rn. 254.

651 Zu der Problematik der Wirksamkeit von Aufhebungsverträgen im Arbeitsrecht vgl. Hemmer/Wüst, Arbeitsrecht, Rn. 350 ff.; zu der Anwendung des § 311 I BGB (§ 305 BGB a.F.), vgl. Palandt, § 488 BGB, Rn. 38.

§ 8 SCHENKUNG

A) Inhalt, Begriff und Zustandekommen

Def.: § 516 I BGB

Ein Schenkungsvertrag liegt vor, wenn eine Zuwendung vorgenom- 194
men wird, die das Vermögen des Schenkers verringert und das des Beschenkten vermehrt und sich die Parteien darüber einig sind, dass diese Zuwendung unentgeltlich erfolgen soll, § 516 I BGB.

Vertragsschluss durch Angebot und Annahme

Auch wenn die Schenkung nur einseitig verpflichtend ist, muss sie als Schuldvertrag zweiseitig, also durch Angebot und Annahme, geschlossen werden. Niemand kann etwas verschenken, wenn der Beschenkte die Sache nicht will.

Gemäß § 516 II S. 2 BGB gilt die Schenkung jedoch als angenommen, wenn eine Frist bestimmt wurde und diese ohne Ablehnungserklärung abgelaufen ist. In vielen Fällen greift aber vorher schon § 151 BGB, wenn der Erwerber den geschenkten Gegenstand in Gebrauch nimmt. Denn auf den Zugang der Annahmeerklärung wird der Schenker regelmäßig verzichtet haben.

Die Schenkung unterscheidet sich bereits auf den ersten Blick von den anderen Vertragstypen des BGB, indem zunächst die vollzogene Schenkung (quasi als Rechtsgrund) und erst in den §§ 518 - 520 BGB das verpflichtende Schuldversprechen geregelt ist. Dies entspricht weitgehend dem Lebensalltag, da die meisten Schenkungen (vor allem die Gelegenheitsgeschenke zu Weihnachten und zum Geburtstag) ausgeführt werden, ohne dass ihnen ein ausdrückliches (wenn auch formunwirksames) Schenkungsversprechen vorangegangen wäre.

§ 518 I BGB: notarielle Beurkundung

Das in § 518 I S. 1 BGB geregelte Schenkungsversprechen bedarf der notariellen Beurkundung.

hemmer-Methode: Selbst wenn man verspricht, ein Bonbon zu verschenken, gilt für ein solches Versprechen an sich die Form des § 518 I BGB. Abhilfe schafft im täglichen Leben aber § 518 II BGB, der verhindert, dass vollzogene und gewollte Schenkungen aufgrund ihrer Formunwirksamkeit nicht kondiktionsfest sind. Beachten Sie zudem, dass nicht der gesamte Vertrag, sondern nur die Willenserklärung des Schenkers formbedürftig ist. Anders natürlich, wenn § 518 BGB durch § 311b I BGB verdrängt wird, weil Gegenstand der Schenkung ein Grundstück ist.

Übereilungsfunktion

Das Formerfordernis dient in erster Linie dazu, den (uneigennützig handelnden) Schenker vor übereilten, eventuell mit erheblichen vermögensrechtlichen Folgen verbundenen Schenkungen zu bewahren. Daneben soll die Form verhindern, dass es zu Streitigkeiten über angebliche Schenkungen Verstorbener kommt und dass die erbrechtlichen Formvorschriften umgangen werden.[652]

§ 518 II BGB: Heilung des Formmangels

Dementsprechend wird der Formmangel auch geheilt, § 518 II BGB, wenn die Schenkung vollzogen wird.

hemmer-Methode: Zur Beweislast für den Vollzug eines formnichtigen Schenkungsversprechens lesen Sie BGH, Life&Law 2007, 379 ff.

Sonderfall: Handschenkung

Gibt der Schenker die Sache schon aus der Hand bzw. übereignet er sie, benötigt er diesen Schutz nicht mehr, und auch Beweisschwierigkeiten treten dann nicht mehr in dem Maße auf.

652 Palandt, § 518 BGB, Rn. 1a.

Wird der geschenkte Gegenstand nach § 929 S. 2 BGB durch bloße Einigung übereignet, so handelt es sich nach Ansicht des BGH auch um eine formlos gültige Handschenkung, für die § 518 I BGB gar nicht gilt.[653]

Handschenkungen grds. wirksam

hemmer-Methode: Dass sog. Handschenkungen, bei denen der verpflichtende Vertrag und dessen Erfüllung in einem einzigen tatsächlichen Vorgang zusammen fallen[654], nicht dem Formerfordernis unterliegen sollen, ist zwar nachvollziehbar, da die Warnfunktion mit der sofortigen Erfüllung in den Hintergrund tritt.
Jedenfalls würde aber eine Heilung nach § 518 II BGB eingetreten sein, sodass die Wirksamkeit der Handschenkung niemals an der Form scheitern wird.

Bewirkung der Leistung: auch Zession oder Erlass

Die Bewirkung der versprochenen Leistung kann aber auch in einer Zession oder einem Erlassvertrag (beides Verfügungen!) gesehen werden.[655]

Bsp.: *O will seinem Neffen N ein Fahrrad schenken. Bei dem Händler H hat er bereits ein Mountainbike ausgesucht, gekauft und bezahlt. O tritt N seinen Anspruch gegen H aus § 433 I S. 1 BGB ab.*

Auch wenn man im täglichen Sprachgebrauch sagen würde, der O habe N ein Fahrrad geschenkt, ist Gegenstand der Schenkung genaugenommen eine Forderung, nämlich der Eigentumsverschaffungsanspruch aus § 433 I S. 1 BGB.

Die Schenkung ist daher schon mit Abtretung der Forderung nach §§ 398 ff. BGB vollzogen. Der Formmangel des Schenkungsversprechens ist schon zu diesem Zeitpunkt geheilt und nicht erst, wenn N das Fahrrad tatsächlich bekommt.[656]

Ist Gegenstand eines Schenkungsversprechens ein Holzeinschlagsrecht, so ist die Schenkung bewirkt, wenn dem Beschenkten das Recht eingeräumt wurde, das Holz zu fällen und sich anzueignen. Auf den Besitz an dem Holz kommt es nicht an.
Lesen Sie hierzu den interessanten Fall des BGH in Life&Law 2005, 807 ff. = NJW-RR 2005, 1718 ff. nach!

Nicht aber bei §§ 780, 781 BGB

Als Bewirken der Leistung hat der Gesetzgeber es dagegen nicht ausreichen lassen, wenn der Schenker ein abstraktes Schuldversprechen oder –anerkenntnis nach §§ 780, 781 BGB erteilt, da die eigentliche Leistung in diesen Fällen ja noch erbracht werden muss. Ein schenkweise erteiltes Schuldversprechen bzw. –anerkenntnis bedarf vielmehr ebenfalls der notariellen Beurkundung, § 518 I S. 2 BGB.[657]

Die Heilung des Formmangels tritt unabhängig davon ein, ob der Schenker die Unwirksamkeit des Schenkungsversprechens kannte oder nicht.

B) Tatbestandsvoraussetzungen der Schenkung

Tatbestandsmerkmale

Die charakteristischen Merkmale der Schenkung sind: 195

1. Vermögensminderung beim Schenker
2. Bereicherung des Beschenkten
3. Unentgeltlichkeit der Zuwendung

653 Vgl. BGH, Life&Law 2007, 655 ff. = NJW 2007, 2844 f. = **juris**byhemmer.

654 Vgl. Palandt, § 518 BGB, Rn. 4.

655 Vgl. Palandt, § 518 BGB, Rn. 10, 12.

656 Palandt, § 518 BGB, Rn. 10.

657 Palandt, § 518 BGB, Rn. 6.

I. Vermögensminderung beim Schenker

Vermögensminderung beim Schenker

Beim Schenker muss eine Vermögensminderung eintreten. Eine solche ist unproblematisch gegeben, wenn der Schenker etwas übereignet oder ein Recht überträgt. Eine Vermögensminderung i.d.S. liegt jedoch auch vor, wenn Schulden erlassen oder der Schenker den anderen von einer Verbindlichkeit gegenüber einem Dritten befreit.[658] 196

Keine Vermögensminderung liegt dagegen vor, wenn der Schenker die Sache unentgeltlich zur Nutzung überlässt.[659] Es liegt dann eine Leihe gem. § 598 BGB vor (siehe oben unter Rn. 114 ff.).

hemmer-Methode: Beachten Sie § 517 BGB: Keine Vermögensminderung liegt vor, wenn der Schenker auf den Erwerb eines Vorteils verzichtet! Auch bei unentgeltlichen Dienstleistungen liegt eine Schenkung nicht vor, denn unter einer Zuwendung versteht man immer nur die Übertragung von Vermögenssubstanz, worunter die Arbeitskraft nicht fällt.

Für die Beurteilung einer Vermögensminderung ist es unerheblich, ob das Zugewendete direkt aus dem Vermögen des Schenkers stammt.[660]

> ***Bsp.:*** *M kauft ihrer Tochter eine Hose, die der Verkäufer direkt der Tochter übergibt.*
>
> Hier kann höchstens fraglich sein, ob das Geld oder die Sache geschenkt wurde. Dies ist durch Auslegung zu ermitteln. Geht man davon aus, dass Mutter und Tochter gemeinsam einkaufen und die Mutter an der Kasse zahlt, liegt es nahe, eine Übereignung des Verkäufers an die Mutter anzunehmen, da er von ihr den Kaufpreis erhält.
>
> Die Mutter übereignet die Hose dann weiter an ihre Tochter, sodass diese Gegenstand der Schenkung ist und nicht das aufgewendete Geld. Anders kann der Fall liegen, wenn die Mutter der Tochter Geld gibt und die Tochter sich die Hose allein aussucht.

II. Bereicherung des Beschenkten

Bereicherung des Beschenkten

Weiterhin muss der Beschenkte bereichert sein. Eine Bereicherung des Beschenkten liegt vor, wenn sich seine tatsächliche Vermögenslage durch die Leistung objektiv verbessert hat. 197

> ***Bsp.:*** *Keine Schenkung liegt deshalb vor, wenn jemand etwas erhält, was er zu wohltätigen Zwecken verwenden soll.*[661]

Bereicherungsabsicht ist nicht erforderlich. Das Motiv der Zuwendung kann daher auch selbstsüchtig sein.[662]

III. Unentgeltlichkeit

Unentgeltlichkeit der Zuwendung

Schließlich muss die Zuwendung unentgeltlich erfolgt sein. Unentgeltlichkeit ist gegeben, wenn die Leistung ohne Gegenleistung erfolgt.[663] 198

658 Brox, Besonderes Schuldrecht, Rn. 138.

659 Vgl. Palandt, § 516 BGB, Rn. 5.

660 Vgl. Palandt, § 516 BGB, Rn. 5; Brox, Besonderes Schuldrecht, Rn. 138.

661 Palandt, § 516 BGB, Rn. 6.

662 Palandt, § 516 BGB, Rn. 6.

663 Palandt, § 516 BGB, Rn. 8.

Entgeltlich kann eine Leistung jedoch auch dann sein, wenn nicht Geldwerte oder vermögensrechtliche Gegenleistungen erbracht werden. Selbst ein Unterlassen kann als Gegenleistung angesehen werden.[664]

Bsp.: *A verspricht B 15.000,-€, damit dieser nicht in derselben Straße wie er einen Zeitungskiosk eröffnet.*

Problem: Unentgeltlichkeit bei geringwertiger Gegenleistung?

Unentgeltlich ist eine Leistung nicht schon deshalb, weil die Gegenleistung weniger wert ist.[665] Es liegt dann vielmehr ein „günstiger Kauf" oder eine gemischte Schenkung vor.[666]

Probleme hinsichtlich der Unentgeltlichkeit ergeben sich weiterhin bei der belohnenden Schenkung und den unbenannten Zuwendungen.

Belohnende Schenkung

Bei der belohnenden Schenkung wird die Leistung erbracht, um den Empfänger für irgendetwas zu belohnen. Auszulegen ist hier immer, ob dieses „Etwas" schon Gegenleistung ist.[667]

Bsp.: *K war Trainer der Ringermannschaft eines Sportclubs. B ist Hauptsponsor und Vorsitzender des Aufsichtsrats des Sportclubs. B versprach dem K für den Fall, dass seine Mannschaft Deutscher Meister werde, mündlich die Zahlung eines Betrags von 5.000,- €. Da die Mannschaft des K die Meisterschaft gewann, verlangt K von B die Zahlung von 5.000- €.*

Zu Recht?[668]

Nach Ansicht des BGH fehlt es an der für die belohnende Schenkung erforderlichen Unentgeltlichkeit.

5.000,- € für Gewinn der Meisterschaft ist Gegenleistung

Eine entgeltliche Leistung kann nämlich auch dann vorliegen, wenn sie als Entlohnung für besondere Bemühungen des Zuwendungsempfängers erfolgt, die in dem zukünftigen Eintritt eines bestimmten Erfolgs (hier: des Gewinns der Meisterschaft) sichtbar werden. Wer für derartige Bemühungen eine Zuwendung zusagt, beabsichtigt - jedenfalls in der Regel - keine belohnende Schenkung, sondern schließt einen entgeltlichen Vertrag über die Entlohnung einer noch zu erbringenden besonderen Leistung.[669]

Dass die Zuwendung nur unter der Voraussetzung erfolgt, dass ein bestimmtes Ereignis in der Zukunft eintreten wird, und die vorzunehmende Handlung vor diesem Ereignis liegt, steht dem nicht entgegen. Denn auch ein einseitiges Rechtsgeschäft nach Art eines Preisausschreibens (§ 661 BGB) oder einer Auslobung (§ 657 BGB) bindet den Verpflichteten nach Vornahme der Handlung (§ 658 BGB); nichts anderes gilt bei einem entsprechenden zweiseitigen Rechtsgeschäft.

Eine zu entlohnende Leistung stellt die Tätigkeit des K als Trainer der Ringermannschaft dar, die er (jedenfalls auch) mit dem Ziel des Gewinns der Meisterschaft durch die von ihm trainierte Mannschaft erbringen sollte. Das Versprechen einer erfolgsabhängigen Zuwendung erfolgt in einem solchen Zusammenhang regelmäßig zur Schaffung eines besonderen Leistungsanreizes.

Der Empfänger soll sich die Zuwendung „verdienen" können, indem er mit seiner Leistung zum Erfolgseintritt, hier zum Erringen der Meisterschaft, beiträgt. Die mangelnde Vorhersehbarkeit und begrenzte Steuerbarkeit des Gewinns einer Meisterschaft stehen dem nicht entgegen.

664 Palandt, § 516 BGB, Rn. 8 bzw. Brox, Besonderes Schuldrecht, Rn. 140.

665 Brox, Besonderes Schuldrecht, Rn. 140; Palandt, § 516 BGB, Rn. 8; vgl. dazu unten „gemischte Schenkung", Rn. 207.

666 Vgl. dazu unten Rn. 207.

667 Vgl. dazu Medicus/Petersen, BR, Rn. 379.

668 BGH, Life&Law 09/2009, 587 ff. = NJW 2009, 2737 ff. = **juris**byhemmer.

669 BGH, NJW 1982, 436 = **juris**byhemmer.

Mit anderen Worten: Die vom Erfolg der Ringermannschaft abhängig gemachte Zuwendung sollte für K den Leistungsanreiz schaffen, sich durch eine besondere Trainerleistung, die ihren objektiven Ausdruck im Erringen der Meisterschaft finden sollte, eine **zusätzliche Vergütung** erarbeiten zu können.

Ergebnis: Die Vereinbarung zwischen B und K war demnach eine Vergütungsvereinbarung im Sinne eines gegenseitigen Vertrages und damit gerade keine Schenkung. Die Vereinbarung zwischen B und K unterlag damit auch nicht dem Formerfordernis des § 518 I S. 1 BGB.

Gratifikation = zusätzliches Entgelt ⇨ keine Schenkung

Oft ist die Zuwendung sogar zusätzliche Leistung zu einer geschuldeten Vergütung. Hier ist zu entscheiden, ob die Leistung dann als Entgelt oder als Schenkung anzusehen ist.

Bsp.: *Gratifikationen an den Arbeitnehmer werden als Entgelt angesehen. Für den Arbeitnehmer hat dies den Vorteil, dass eine Zusage des Arbeitgebers nicht der Form des § 518 I BGB bedarf.*

Unbenannte Zuwendung

Zuwendungen unter Ehegatten, die der Aufrechterhaltung der ehelichen Lebensgemeinschaft dienen, sind keine Schenkungen i.S.d. §§ 516 ff. BGB.[670] 199

Bei diesen sog. unbenannten oder ehebedingten Zuwendungen fehlt es nach Ansicht der Rechtsprechung an dem Merkmal der Unentgeltlichkeit, da die Leistungen um der Ehe willen (matrimonii causa) erbracht werden.[671]

Die objektive Unentgeltlichkeit soll nicht ausreichen. Bei einer unbenannten Zuwendung handelt es sich vielmehr um ein ehebezogenes Rechtsgeschäft eigener Art, um ein Institut des Familienrechts, das dem allgemeinen Schenkungsrecht vorgeht („In der Ehe ist nichts umsonst!").[672]

hemmer-Methode: Die Ablehnung einer Schenkung i.S.d. § 516 BGB dient vor allem dazu, über § 530 BGB nicht zu einer weitgehenden Modifikation der (verschuldensunabhängigen) Abwicklung im Ehegüterrecht zu gelangen. Wenn überhaupt, sollen diese unbenannten Zuwendungen güterrechtlich ausgeglichen werden.[673]
Auch bereicherungsrechtliche Ansprüche scheiden im Ergebnis zumeist aus, da während bestehender Ehe ein Rechtsgrund vorhanden ist, der auch später mit der Auflösung der Ehe nicht einfach entfällt.[674]

Bsp.: *Ehemann M schenkt seiner Frau F einen Mercedes. Drei Jahre später lassen sie sich scheiden. F hatte ihren Mann zu diesem Zeitpunkt schon zwei Jahre lang mit einem anderen Mann betrogen. M will den Mercedes gemäß § 530 BGB zurück.*

Nach der Rechtsprechung des BGH sind Zuwendungen unter Ehegatten i.d.R. keine Schenkungen i.S.d. § 516 BGB. § 530 BGB scheidet aus. Die Zuwendung kann nur im Rahmen des Zugewinnausgleichs berücksichtigt werden, § 1380 BGB. Eine Schenkung kann nur bei ausdrücklicher notarieller Vereinbarung angenommen werden.[675]

C) Vertragspflichten und Haftung bei Nichterfüllung

Einseitig verpflichtender Vertrag

Der Schenkungsvertrag ist einseitig verpflichtend. Vertragspflichten hat demnach nur der Schenker. 200

670 Vgl. Hemmer/Wüst, Familienrecht, Rn. 129 ff.

671 Ausführlich zur Rechtsprechung: Kollhosser, NJW 1994, 2313; vgl. auch Palandt, § 516 BGB, Rn. 10.; vgl. auch Hemmer/Wüst, Bereicherungsrecht, Rn. 58.

672 Lesenswert hierzu OLG Düsseldorf, NJW-RR 1997, 1497 = **juris**byhemmer.

673 H.M. vgl. Palandt, § 516 BGB, Rn. 10 m.w.N. auf die Rechtsprechung; umfassender Überblick auch bei Hemmer/Wüst, Familienrecht, Rn. 227 ff.

674 Vgl. hierzu auch BGH in Life&Law 2002, 808 ff.

675 FamRZ 1986, 676; Palandt, § 516 BGB, Rn. 10.

Problem: „Danaergeschenk"

Dies ist bedeutend für die Schenkung an einen Minderjährigen. Grundsätzlich bedarf der Minderjährige (anders der Geschäftsunfähige) zum Abschluss eines Schenkungsvertrages keines gesetzlichen Vertreters, da die schuldrechtliche Schenkung immer lediglich rechtlich vorteilhaft ist. *200a*

Probleme tauchen aber auf, wenn die Eltern ihrem Kind etwas schenken möchten. Es sind nämlich Fälle denkbar, in denen das dingliche Erfüllungsgeschäft für den Minderjährigen rechtlich nachteilig ist: beispielsweise der Erwerb einer Eigentumswohnung wegen Verpflichtungen, die über die des WEG hinausgehen, oder eines vermieteten Grundstücks wegen §§ 578 I, 566 BGB (sog. *„Danaergeschenke"*, vgl. dazu HEMMER/WÜST, BGB-AT I, Rn. 123).

Was die Erfüllung angeht, muss der Minderjährige sich daher vertreten lassen. Dem Wortlaut nach stünde aber § 181 BGB einer Vertretung durch die Eltern nicht entgegen, da die Übereignung in Erfüllung einer Verbindlichkeit, nämlich des wirksamen Schenkungsvertrages, erfolgen würde.

Die isolierte Betrachtung von Verpflichtungs- und Erfüllungsgeschäft würde daher in diesen Konstellationen dazu führen, dass auch das rechtlich nachteilige Erfüllungsgeschäft ohne Beteiligung eines Ergänzungspflegers (vgl. § 1909 BGB) geschlossen werden könnte – ein Ergebnis, das mit dem Minderjährigenschutz offensichtlich nicht im Einklang steht.

***Früher**: Gesamtbetrachtungslehre*

Die Rechtsprechung des BGH hat früher angenommen, dass in diesen Fällen die rechtliche Vorteilhaftigkeit der Schenkung im Wege einer Gesamtbetrachtung von Verpflichtungs- und Erfüllungsgeschäft beantwortet werden muss.[676]

***Heute**: Teleologische Reduktion des § 181 BGB a.E.*

Nach a.A. verstößt diese Ansicht gegen das Abstraktionsprinzip. Nach dieser Ansicht wird aber dasselbe Ergebnis über eine teleologische Reduktion des § 181 BGB a.E erreicht: In Erfüllung einer Verbindlichkeit i.S.d. § 181 BGB a.E. wäre nur dann ein Insichgeschäft möglich, wenn diese Erfüllung im Ergebnis nicht zu einem Nachteil führt.[677]

Der BGH hat zwischenzeitlich seine Rechtsprechung zur Gesamtbetrachtung aufgegeben und folgt nur der zuletzt genannten Ansicht.[678]

hemmer-Methode: Zwar streitet die Literatur darüber, ob man von einer vollständigen Aufgabe der Gesamtbetrachtungslehre für alle denkbaren Fallkonstellationen sprechen kann, da dem Urteil vom 30.09.2010 die Konstellation zugrunde lag, dass sowohl Verpflichtungs- als auch Verfügungsgeschäft nachteilig waren. Daher kam es nicht auf die Gesamtbetrachtungslehre an. Aus diesem Grund wurden Bedenken geäußert, ob die Gesamtbetrachtungslehre von der Rechtsprechung auch für Fälle aufgegeben wurde, in denen das schuldrechtliche Verpflichtungsgeschäft lediglich rechtlich vorteilhaft und nur das dazugehörige Verfügungsgeschäft nachteilig ist.
Allerdings ist auch zu berücksichtigen, dass der BGH bereits im Jahr 2005 (diesem Fall lag ein rechtlich vorteilhaftes Verpflichtungs- und nachteiliges Verfügungsgeschäft zugrunde) eine teleologische Reduktion des § 1795 I Nr. 1 HS 2 BGB (entsprechende Regelung zu § 181 letzter HS BGB) wegen der Gefahr einer Interessenkollision angenommen hat.[679]
Dies alles spricht dafür, dass vom BGH die Gesamtbetrachtungslehre komplett aufgegeben wurde.[680]

676 Lesenswert zur Gesamtbetrachtungslehre: BayObLG, NJW 1998, 3574 = Life&Law 1999, 5 = **juris**byhemmer; BGH, Life&Law 2005, 203 ff. = NJW 2005, 415 ff. = **juris**byhemmer.

677 Martinek in JuS 1993, Lernbogen, 19 [22 f.]

678 BGH, Life&Law 2011, 139 ff.

679 BGH, NJW 2005, 1430 (1431).

680 So auch Staudinger, § 107 Rn. 31; a.A. allerdings ohne Begründung mit veralteten Zitaten Palandt, § 107 Rn. 6

Pflicht des Schenkers zur Vertragserfüllung

Der Schenker hat zunächst die Pflicht zur Vertragserfüllung. Gegen den Erfüllungsanspruch des Beschenkten kann er allenfalls die Einrede des Notbedarfs nach § 519 BGB geltend machen.

Haftungsprivilegierung, § 521 BGB

Der uneigennützige Schenker soll nicht in gleichem Maße haften wie jeder „normale" Schuldner.

Neben der speziellen Sach- und Rechtsmängelhaftung nach §§ 523, 524 BGB (dazu sogleich) sieht § 521 BGB eine allgemeine Haftungsprivilegierung i.S.d. § 276 I S. 1 Alt. 1 BGB vor: Der Schenker haftet nur für Vorsatz und grobe Fahrlässigkeit.

§ 521 BGB gilt sicherlich für das Leistungsstörungsrecht, sofern das eigentliche Erfüllungsinteresse betroffen ist, also bei Unmöglichkeit und Verzögerung der Leistung.[681] § 522 BGB schließt hier insbesondere nur den Anspruch auf Verzugszinsen aus, nicht aber die Geltendmachung eines sonstigen Verzögerungsschadens i.S.d. §§ 280 I, II, 286 BGB.

Problem: Anwendbarkeit des § 521 BGB bei § 280 I BGB und §§ 823 ff. BGB

Umstritten ist, inwieweit § 521 BGB im Rahmen einer sonstigen Vertragsverletzung (§ 280 I BGB) Anwendung findet. 201

Die wohl h.M.[682] geht davon aus, dass § 521 BGB nur dann greift, wenn die Schutzpflichtverletzung im Zusammenhang mit dem Gegenstand der Schenkung steht.

> **Bsp. 1:** *Der Beschenkte verletzt sich in der Wohnung des Schenkers, weil dieser ihn nicht auf eine schadhafte Treppe hingewiesen hat.*
>
> Normale Haftung des Schenkers aus § 280 I BGB i.V.m. § 276 BGB, da hier nur der allgemeine Bereich des gesetzlichen Schuldverhältnisses betroffen ist, nämlich Pflichten nach § 241 II BGB bzw. § 311 II BGB.
>
> **Bsp. 2:** *H als Hersteller von Kartoffelchips verschenkt die anfallende Kartoffelpülpe an den Landwirt L, der damit seine Bullen füttert. Die Tiere erkranken infolge fehlerhafter Dosierung, ohne dass H auf die Gefahren bei einer übermäßigen Verfütterung hingewiesen hatte.*
>
> Der BGH[683] hat die Verletzung einer Aufklärungspflicht, die zu einer Haftung nach § 280 I BGB führen könnte, bejaht.
>
> Zugunsten des H hat er allerdings § 521 BGB angewendet, da ein hinreichender Zusammenhang mit dem Gegenstand der Schenkung bestehe. Der Schaden sei durch den nach dem Vertrag vorausgesetzten Verbrauch der Pülpe entstanden.
>
> Die Haftungsmilderung des § 521 BGB hat der BGH zudem auf Ansprüche aus unerlaubter Handlung durchschlagen lassen.

hemmer-Methode: Grundsätzlich stehen verschiedene Ansprüche selbstständig nebeneinander und haben, was Verjährung, Einreden und Haftungsprivilegierungen angeht, ihr eigenes Schicksal. Nur in Einzelfällen kommt ein „Durchschlagen" auf andere Ansprüche in Betracht, nämlich dann, wenn eine vertragliche Haftungsprivilegierung ansonsten jeden Sinn verlöre. Das wird insbesondere angenommen für § 548 BGB bei der Frage der Verjährung![684]

Haftung für Rechts- und Sachmängel

Für Rechts- und Sachmängel haftet der Schenker nur unter den Voraussetzungen der §§ 523, 524 BGB, welche die allgemeine Vorschrift des § 521 BGB in ihrem Anwendungsbereich verdrängen. 202

681 Palandt, § 521 BGB, Rn. 4; Medicus, Schuldrecht II, § 86 IV 4.

682 BGHZ 93, 23 („Kartoffelpülpe") = jurisbyhemmer; Palandt, § 521 BGB, Rn. 4.

683 BGHZ 93, 23 mit Anmerkungen von Stoll, JZ 1985, 384; Schubert, JR 1985, 322; Schlechtriem, BB 1985, 1356; Medicus/Petersen, BR, Rn. 209a.

684 Hierzu Medicus/Petersen, BR, Rn. 938; Palandt, § 548 BGB, Rn. 7.

§§ 523, 524 BGB

Wenn dem Schenker die Sache schon gehörte, haftet er nur bei arglistigem Verschweigen des Sach- oder Rechtsmangels, § 523 I bzw. 524 I BGB. Maßgeblicher Zeitpunkt für das Vorliegen des Mangels ist der Vollzug der Schenkung.

Zu ersetzen ist im Rahmen der §§ 523 I, 524 I BGB nur der Vertrauensschaden einschließlich etwaiger Folgeschäden.[685]

Strengere Haftung bei §§ 523 II, 524 II BGB

Sollte der Schenker die Sache vereinbarungsgemäß selbst erst noch erwerben, haftet er gemäß § 523 II BGB bzw. § 524 II BGB, wenn er im Zeitpunkt seines Eigentumserwerbes den Mangel, der bei Vollzug der Schenkung noch vorliegt, kannte oder hätte kennen müssen. Grund dieser Haftung ist, dass er sich zum Erwerb und zur Leistung einer fehlerfreien Sache verpflichtet hat.[686]

Die Rechtsfolgen der §§ 523 II, 524 II BGB sind unterschiedlich: Im Rahmen des § 523 II BGB (Rechtsmängel) kann der Beschenkte grundsätzlich Schadensersatz statt der Leistung verlangen.

Bei § 524 II BGB (Sachmängel) kann er bei „Gattungsschenkungen" Lieferung einer neuen Sache und nur bei Arglist des Schenkers Schadensersatz wegen Nichterfüllung (nach neuer Terminologie: SE statt der Leistung) verlangen.

Teilweise analoge Anwendung des Kaufrechts

Auf die Ansprüche finden Vorschriften des Kaufrechts Anwendung, §§ 523 II S. 2 bzw. 524 II S. 3 BGB.

Dabei ist bei der Sachmängelhaftung insbesondere an § 438 BGB zu denken, der vor allem für den Beginn der Verjährungsfrist (§ 438 II BGB) Unterschiede bringen kann.

Die Verjährung wegen eines Sachmangels beginnt schon mit der Übergabe des Grundstücks bzw. Ablieferung der Sache zu laufen. Für die Dauer der Verjährungsfrist ist § 438 I, III BGB zu berücksichtigen, der aber nur bei grober Fahrlässigkeit des Schenkers von Bedeutung sind.

Denn bei Arglist gilt auch im Rahmen des § 438 BGB ohnehin die Verjährung nach § 195 BGB (vgl. § 438 III BGB).

hemmer-Methode: § 524 II S. 2 BGB regelt nur den Fall eines arglistigen Verschweigens. Die Garantieübernahme für eine Beschaffenheit ist auch im Schenkungsrecht möglich, erfordert aber die Einhaltung der Form nach § 518 I S. 1 BGB. Die Rechtsfolgen bei Fehlen der garantierten Beschaffenheit sind dem Inhalt des Schenkungsvertrages, der durch Auslegung zu ermitteln ist, zu entnehmen. Der Schenker hat deren Fehlen grds. nach § 276 I S. 1 BGB zu vertreten.

D) Rückgabepflicht des Beschenkten

Aufgrund der Uneigennützigkeit des Schenkers gibt es im Schenkungsrecht Vorschriften, die es dem Schenker ermöglichen, die Zuwendung zurückzuerhalten. 203

I. Rückforderung wegen Verarmung, § 528 BGB

§ 528 BGB

§ 528 BGB entspricht der Einrede des Notbedarfs gemäß § 519 BGB, wenn die Schenkung bereits vollzogen wurde. 204

685 Palandt, § 523 BGB, Rn. 2; § 524 BGB, Rn. 6.

686 Larenz, Schuldrecht II 1, § 47 II.

Bsp.: S schenkt A eine kleine Eigentumswohnung am Meer. Ein Jahr später verliert er seinen Arbeitsplatz und kann deshalb keinen Unterhalt mehr für seine Frau und sein Kind bezahlen. Darf er die Eigentumswohnung zurückverlangen?

Der Schenker darf das Geschenk zurückfordern, wenn er seinen Unterhalt nicht mehr bestreiten oder seinen gesetzlichen Unterhaltspflichten nicht nachkommen kann, § 528 I S. 1 BGB. Gegenüber seiner Frau ist S aus § 1360 BGB, gegenüber seinem Kind aus § 1601 BGB unterhaltspflichtig. Die Voraussetzungen des § 528 BGB liegen damit vor. Danach muss A die Eigentumswohnung grundsätzlich herausgeben.

Herausgabepflicht nach Bereicherungsrecht

Die Herausgabe erfolgt nach den §§ 818 ff. BGB. § 528 BGB kann nur eine Rechtsfolgenverweisung beinhalten, da die Schenkung als rechtlicher Grund bestehen bleibt.[687]

Bsp.: Sachverhalt wie oben, aber A hat die Eigentumswohnung verkauft und dafür eine Weltreise gemacht, die er schon immer machen wollte, sich aber nie leisten konnte?

Wenn die geschenkte Sache verkauft wird, muss der Beschenkte bei Vorliegen der Voraussetzungen des § 528 BGB grundsätzlich Wertersatz gemäß § 818 II BGB leisten.

Da jedoch auch § 818 III BGB gilt, kann sich der Beschenkte auf Entreicherung berufen. So liegt der Fall auch hier, denn A hat aufgrund der Luxusaufwendungen keine eigenen Aufwendungen erspart.

hemmer-Methode: Beachten Sie hier, dass natürlich auch die §§ 818 IV, 819 BGB gelten!

Bsp.: Sachverhalt wie oben, aber dieses Mal hat A die Eigentumswohnung seiner Geliebten G geschenkt. Ansprüche des S?

Ein Anspruch des S gegen A entfällt wegen § 818 III BGB. S hat jedoch einen Anspruch auf Herausgabe gegen die Geliebte, da diese das Haus unentgeltlich erhalten hat und der Anspruch des S gegen A infolge der Zuwendung des A an G entfallen ist, § 822 BGB. Dieser ist ebenfalls im Rahmen des § 528 BGB anwendbar.[688]

hemmer-Methode: In der Praxis wird der Anspruch häufig durch den Sozialhilfeträger geltend gemacht, der die Möglichkeit hat, den Rückforderungsanspruch durch schriftliche Anzeige (= Verwaltungsakt!) auf sich überzuleiten, § 93 SGB XII. Die Überleitungsanzeige stellt als einseitige Erklärung quasi ein Mittelding zwischen Abtretung und cessio legis dar.
Wird einem bedürftigen Schenker (§ 528 BGB) Sozialhilfe gewährt und der Rückforderungsanspruch gegen den Beschenkten nach § 93 SGB XII auf den Träger der Sozialhilfe übergeleitet, sind für die Einstandspflicht des verschenkten Vermögens die Einkommens- und Vermögenslage des Schenkers im Zeitpunkt der zur Bewilligung der Hilfe führenden Beantragung von Sozialhilfe maßgeblich, nicht dagegen die Einkommens- und Vermögenslage des Schenkers im Zeitpunkt der letzten mündlichen Verhandlung über den übergeleiteten Anspruch.[689]
Auf § 93 SGB XII würden Sie im Ernstfall hingewiesen werden.

Zwischen mehreren gleichzeitig Beschenkten besteht hinsichtlich des Rückgewähranspruchs nach § 528 I BGB eine gesamtschuldnerartige Beziehung, die bei der Inanspruchnahme eines Beschenkten einen internen Ausgleichsanspruch entsprechend § 426 I BGB auslöst, wobei die jeweils zugewandten Gegenstände nicht gleichartig zu sein brauchen.[690]

687 Beachte hierzu: Palandt, § 528 BGB, Rn. 6, insbesondere BGH, NJW 2001, 1063 = **juris**byhemmer.

688 BGHZ 106, 354 = **juris**byhemmer; Palandt, § 528 BGB, Rn. 6.

689 Vgl. BGH, Life&Law 2004, 21 ff. = NJW 2003, 2449 ff. = **juris**byhemmer.

690 BGH, NJW 1998, 537 = **juris**byhemmer; Palandt, § 528 BGB, Rn. 2.

Für mehrere nicht gleichzeitig Beschenkte gilt § 528 II BGB.

Abwendungsbefugnis des Beschenkten durch Geldrente

Der Beschenkte kann die Herausgabepflicht abwenden, indem er den erforderlichen Betrag für den Unterhalt in Form einer Geldrente leistet, § 528 I S. 2 BGB. Übernimmt er diese Verpflichtung, besteht sie grundsätzlich bis zum Tod des Schenkers, sofern die Unterhaltspflicht des Schenkers nicht schon vorher aus anderen Gründen entfällt.

§ 529 BGB

Der Beschenkte kann die Herausgabe des Weiteren verweigern, wenn 205

- ⇨ der Schenker seine Bedürftigkeit selbst vorsätzlich oder grob fahrlässig herbeigeführt hat (§ 529 I Alt. 1 BGB),
- ⇨ seit der Leistung des geschenkten Gegenstandes zehn Jahre vergangen sind (§ 529 I Alt. 2 BGB), oder
- ⇨ der Beschenkte außerstande ist, das Geschenk herauszugeben, weil er sonst seinen Unterhalt nicht mehr bestreiten oder Unterhaltsverpflichtungen erfüllen könnte (§ 529 II BGB).

hemmer-Methode: Für eine „Leistung" im Sinne des § 529 I Alt. 2 BGB genügt, dass der Beschenkte nach formwirksamem Abschluss des Schenkungsvertrages und Auflassung des Grundstücks einen Antrag auf Eintragung beim Grundbuchamt gestellt hat. Der Beginn der in § 529 I Alt. 2 BGB vorgesehenen 10-Jahresfrist wird auch nicht dadurch gehindert, dass sich der Schenker ein lebenslanges Wohnrecht vorbehält.[691]

Nach h.M. Einrede

Bei § 529 BGB handelt es sich nach h.M. um eine Einrede und nicht um eine Einwendung, sodass es dem Beschenkten überlassen bleibt, ob er sich auf diese Umstände beruft.[692] Die Rückforderung ist weiterhin bei Pflicht- und Anstandsschenkungen ausgeschlossen, § 534 BGB.

hemmer-Methode: Wenn der Schenker dem Wert nach nur einen Teil eines unteilbaren Geschenkes benötigt, richtet sich der Anspruch auf Zahlung eines Geldbetrages in eben dieser Höhe.[693]

II. Widerruf wegen groben Undanks, § 530 BGB

§ 530 BGB

Der Schenker kann die Herausgabe gemäß §§ 812 ff. BGB auch dann verlangen, wenn er die Schenkung wirksam widerrufen hat.[694] 206

hemmer-Methode: Dieser Rückübereignungsanspruch ist als doppelt bedingter Rückübertragungsanspruch (erste Bedingung = grober Undank; zweite Bedingung = Widerruf der Schenkung) vormerkungsfähig i.S.d. § 883 I S. 2 BGB.[695]

Widerrufsgrund erforderlich

Dafür muss zunächst der Widerrufsgrund gemäß § 530 BGB gegeben sein. Dies ist der Fall, wenn der Beschenkte sich durch schwere Verfehlungen gegenüber dem Schenker oder einem nahen Angehörigen desselben groben Undanks schuldig gemacht hat.

Schwere Verfehlung

Schwere Verfehlungen erfordern ein objektiv sittenwidriges Verhalten des Beschenkten, das subjektiv auf einer tadelnswerten Gesinnung beruht, die einen Mangel an Dankbarkeit gegenüber dem Schenker erkennen lässt.

---

691 Vgl. dazu BGH, Life&Law 12/2011, = NJW 2011, 3082 ff. = jurisbyhemmer.

692 Palandt, § 529 BGB, Rn. 1.

693 BGHZ 94, 141, 143 f. = jurisbyhemmer; Palandt, § 528 BGB, Rn. 6.

694 Palandt, § 530 BGB, Rn. 3.

695 Vgl. dazu BGH in Life&Law 2002, 798 ff.

Bsp.: Bedrohung des Lebens, körperliche Misshandlung, Ehebruch, schwere Beleidigungen[696]

Entscheidend ist, ob eine Gesamtwürdigung des Sachverhalts das Verhalten des Beschenkten als grobe Verfehlung erscheinen lässt. Dabei ist auch das Verhalten des Schenkers zu berücksichtigen.

Über die Eigenschaft als naher Angehöriger im Sinne des § 530 BGB entscheidet das tatsächliche Näheverhältnis und nicht allein der Grad der Verwandtschaft.[697]

hemmer-Methode: Das Widerrufsrecht ist in den Fällen des § 530 II BGB vererblich.

E) Besondere Arten der Schenkung

I. Gemischte Schenkung

Gemischte Schenkung = günstiger Kauf

Eine gemischte Schenkung liegt vor, wenn der Beschenkte durch einen Überschuss des Werts der Zuwendungen verglichen mit seinen Gegenleistungen objektiv bereichert wird, die Vertragsparteien sich dieses Überschusses bewusst und subjektiv darüber einig sind, jedenfalls den überschießenden Zuwendungsteil dem Beschenkten unentgeltlich zuzuwenden. 207

Dies setzt nicht voraus, dass der objektive Wert der Zuwendung mindestens das Doppelte der Gegenleistungen beträgt.[698]

Fraglich ist dann, ob eine Schenkung oder ein Kaufvertrag vorliegt.

Schenkung oder Kauf?

Die Beantwortung dieser Frage ist für beide Parteien von erheblicher Bedeutung, da für den Veräußerer eine Schenkung, für den Erwerber ein Kauf vorteilhafter wäre.

Bsp.: F und T einigen sich darüber, dass F seinen antiken Schreibtisch, der 4.000,- € wert ist, an T für 1.000,- € „verkauft". Beide wissen, dass dies für T extrem günstig ist.

Muss der Vertrag notariell beurkundet werden, § 518 I BGB?

Haftet F bei einer Beschädigung lediglich für Vorsatz und grobe Fahrlässigkeit, § 521 BGB?

Kann F den Schreibtisch bei Verarmung zurückfordern, § 528 BGB?

In Literatur und Rechtsprechung werden zur Behandlung einer gemischten Schenkung verschiedene Lösungsansätze vertreten.

e.A.: Einheitstheorie

Nach der Einheitstheorie sind die verschiedenen Vertragstypen in der gemischten Schenkung derart miteinander verschmolzen, dass eine Zerlegung in einen entgeltlichen und in einen unentgeltlichen Teil nicht mehr möglich ist. 208

Folglich finden im Grundsatz alle Rechtsnormen kumulative Anwendung, die für die verschiedenen Vertragstypen gelten. Im Fall kollidierender Normen entscheidet der Vertragszweck darüber, welche Norm Anwendung finden soll.[699]

696 Palandt, § 530 BGB, Rn. 5 f. mit weiteren Beispielen.

697 Palandt, § 530 BGB, Rn. 2.

698 Vgl. BGH, Life&Law 04/2012, 260 ff. = NJW 2012, 605 ff. = jurisbyhemmer.

699 Vgl. MüKo, § 516 BGB, Rn. 27.

e.A.: Trennungstheorie

Nach der Trennungstheorie soll das Geschäft in einen unentgeltlichen und einen entgeltlichen Teil zerlegt werden. Es ist nur insofern nach Schenkungsrecht zu beurteilen, als es von den Parteien als unentgeltlich gewollt war. Im Übrigen sollen die Regeln des Kaufrechts gelten. 209

h.Lit.: gemilderte Trennungstheorie (auch Zweckwürdigungstheorie)

Nach der in der Literatur vorherrschenden gemilderten Trennungstheorie[700] soll es darauf ankommen, was die Parteien gewollt haben. Es sollen die Vorschriften Anwendung finden, die dem Parteiwillen oder dem Zweck der Veräußerung im Einzelfall am besten entsprechen. Diese Theorie wird deshalb auch Zweckwürdigungstheorie genannt. 210

hemmer-Methode: Schließlich wird auch noch die sog. Theorie der Abschlussschenkung vertreten, wonach Gegenstand der Schenkung der Abschluss des günstigen Kaufvertrages ist. Diese Theorie führt dazu, dass Schenkung und Kauf quasi hintereinander geschaltet werden, also zwei Verträge zu unterscheiden sind.
Diese Theorie dürfte aber kaum den Interessen der Parteien entsprechen, die einen (möglichst einheitlichen) Vertrag schließen wollen, und ist zudem wenig praktikabel.

Gemilderte Trennungstheorie liefert interessengerechte Ergebnisse

Im Ergebnis ist der gemilderten Trennungstheorie zu folgen, die weitgehend der Ansicht der Rspr. entspricht, welche, ohne sich dogmatisch festzulegen, ebenfalls unter Berücksichtigung der beiderseitigen Parteiinteressen auf den Zweck der gemischten Schenkung abstellt.[701]

Für die angesprochenen Fragen ergibt sich daher Folgendes:

Ein einheitlicher Vertrag kann z.B. nicht nur teilweise dem Erfordernis der notariellen Beurkundung nach § 518 BGB unterliegen. Hier wird man nach dem Schwerpunkt entscheiden müssen.[702]

Bei §§ 528, 530 BGB Trennung möglich!

Hinsichtlich §§ 528, 530 BGB ist dagegen eine Trennung möglich: Der Schenker darf eben nur den Wert des unentgeltlichen Teils zurückverlangen.

In anderen Fällen kann man dagegen die Rückforderung des geschenkten Gegenstandes gegen Rückerstattung der Gegenleistung zulassen, wenn der unentgeltliche Teil überwiegt.[703] Auch bei der Sach- und Rechtsmängelhaftung und der Haftungsprivilegierung des § 521 BGB kann man mit der Trennungstheorie im Einzelfall zu sinnvollen Ergebnissen kommen.

hemmer-Methode: Neben dem günstigen Kauf bzw. der gemischten Schenkung kann in der Klausur auch einmal ein günstiger Tausch oder eine gemischte Leihe (= günstige Vermietung) vorliegen. Die Abgrenzung erfolgt dann in gleicher Weise nach den oben entwickelten Kriterien. Lernen Sie schon früh, Ihr Wissen auf parallele Probleme anzuwenden.

II. Schenkung unter Auflage

§§ 525 ff. BGB

Abgrenzungsprobleme zu einem gegenseitigen (zweiseitig verpflichtenden) Vertrag ergeben sich ebenfalls bei der Schenkung unter Auflage, §§ 525 ff. BGB. 211

Gegenleistung ist aus dem Geschenk zu erbringen

Eine Schenkung unter Auflage liegt vor, wenn eine Gegenleistung vereinbart ist, diese aber aus dem Geschenk selbst erbracht werden soll.

700 Palandt, § 516 BGB, Rn. 13; Brox, Besonderes Schuldrecht, Rn. 149; Larenz, Schuldrecht II 1, § 62 II c.

701 MüKo, § 516 BGB, Rn. 29 m.w.N.

702 Vgl. dazu Medicus/Petersen, BR, Rn. 381.

703 So BGHZ 107, 156, 159 = jurisbyhemmer.

Bsp.: *Großmutter schenkt ihrem Enkel ein Mietshaus. Aus den Mieteinnahmen soll dieser den Unterhalt der Großmutter auf Lebzeiten bestreiten.*

Schenkungsrecht in vollem Umfang anwendbar

Bei einer Schenkung unter Auflage ist das Schenkungsrecht in vollem Umfang anwendbar.

hemmer-Methode: Ein gegenseitiger Vertrag läge dann vor, wenn die Leistung aus einem anderen Gegenstand erfolgen sollte.

Die §§ 525 ff. BGB enthalten bei der Schenkung unter Auflage aber einige Sonderbestimmungen:

Sondervorschriften: §§ 525 - 527 BGB

Gemäß § 525 I BGB ist der Schenker vorleistungspflichtig. Bei Unterbleiben der Vollziehung der Auflage darf der Schenker gemäß § 527 BGB unter den Voraussetzungen für das Rücktrittsrecht Herausgabe des Geschenkes nach §§ 812 ff. BGB verlangen.

„Bestimmungen über das Rücktrittsrecht" i.S.v. § 527 I BGB sind hierbei grundsätzlich die §§ 323 ff. BGB. Da diese Vorschriften grundsätzlich zunächst eine Fristbestimmung zur Leistung voraussetzen, kann der Schuldner also vor erfolglosem Ablauf der Frist nichts verlangen.

hemmer-Methode: Auf ein Vertretenmüssen des Beschenkten bezüglich des Unterbleibens der Vollziehung der Auflage kommt es nicht an.

Ist die Vollziehung der Auflage allerdings gänzlich unmöglich, so kann der Schenker nach §§ 326 V HS 2, 323 BGB ohne Fristsetzung vom Schenkungsversprechen zurücktreten und Herausgabe der Sache nach §§ 812 ff. BGB verlangen.

hemmer-Methode: Im Rahmen des § 527 I BGB sind die Tatbestandsvoraussetzungen der §§ 323 ff., 326 V BGB zu prüfen („Rechtsgrundverweisung auf das Rücktrittsrecht"), während sich die Rechtsfolgen nach den §§ 818 f. BGB richten („Rechtsfolgenverweisung auf das Bereicherungsrecht"). Es gelten also auch die §§ 818, 819 BGB![704]

III. Bedingte Schenkung und Zweckschenkung

Bed. Schenkung: Schenkung ist durch Gegenleistung bedingt

Eine Schenkung kann auch durch die Erbringung einer Gegenleistung (oder durch ein Unterlassen der anderen Partei) bedingt sein. 212

Ggs. Vertrag, wenn Schenker Forderungsrecht hat

Hier wird man einen gegenseitigen Vertrag annehmen müssen, wenn der „Schenker" nach der Vorstellung der Parteien ein Forderungsrecht hinsichtlich der Gegenleistung erhalten soll.

Soll der Schenker die Gegenleistung nicht fordern können, liegt eine Schenkung i.S.d. § 516 I BGB vor. Er kann aber das Geschenk gemäß § 812 I S. 2 Alt. 1 BGB (condictio ob causam finitam) zurückfordern, wenn die „Gegenleistung" nicht erfolgt.[705]

hemmer-Methode: Es kann aber auch die Schenkung selbst unter eine auflösende Bedingung gestellt werden, sodass sich der Rückforderungsanspruch dann nicht aus dem Bereicherungsrecht, sondern direkt aus dem Vertrag ergibt. Wenn auch das dingliche Geschäft unter diese Bedingung gestellt wird (zu beachten ist aber § 925 II BGB), hat der Schenker sogar einen Rückforderungsanspruch aus § 985 BGB (bzw. § 894 BGB).[706]

704 Vgl. Palandt, § 527 BGB, Rn. 5.

705 Medicus/Petersen, BR, Rn. 376, 690.

706 Medicus/Petersen, BR, Rn. 376.

__Zweckschenkung__: Schenkung ist mit einem Zweck verbunden, ohne dass dieser Bedingung ist

Die Schenkung kann auch mit einem Zweck verbunden werden. In der Regel erfolgt eine Zweckschenkung, wenn die Parteien nicht daran gedacht haben, die Schenkung unter eine Bedingung zu stellen, weil sie den Eintritt des Erfolges nicht bezweifelt haben.[707] 212a

Eine **Zweckschenkung** liegt vor, wenn nach dem Inhalt des Rechtsgeschäfts oder dessen Geschäftsgrundlage ein über die Zuwendung an den Beschenkten hinausgehender Zweck verfolgt wird, aber kein Anspruch auf Vollziehung besteht.

hemmer-Methode: Zu unterscheiden hiervon ist die Schenkung mit unerheblicher Zweckangabe. Der Schenker gibt hier einen Zweck vor, an dessen Eintritt ihm eigentlich nichts liegt. Bsp.: Großmutter gibt ihrem Enkel Geld, damit er sich ein Eis kaufen kann. Ob er sich damit jetzt Eis oder Schokolade kauft oder das Geld in Aktien anlegt, ist ihr i.d.R. egal.

Soll der Schenker die Gegenleistung nicht fordern können, liegt eine Schenkung i.S.d. § 516 I BGB vor. Er kann aber das Geschenk gemäß § 812 I S. 2 Alt. 2 BGB zurückfordern, wenn die „Gegenleistung" nicht erfolgt.[708]

hemmer-Methode: Ein gegenseitiger Vertrag hingegen liegt vor, wenn der „Schenker" nach der Vorstellung der Parteien ein Forderungsrecht hinsichtlich der Gegenleistung erhalten soll.[709]

In der Regel erfolgt eine Zweckschenkung, wenn die Parteien nicht daran gedacht haben, die Schenkung unter eine Bedingung zu stellen, weil sie den Eintritt des Erfolges nicht bezweifelt haben.[710]

hemmer-Methode: Bei einer Bedingung zweifeln die Parteien an der Zweckerreichung, bei der Zweckbestimmung i.S.d. § 812 I S. 2 Alt. 2 BGB vertrauen sie darauf.

F) Schwächen des unentgeltlichen Erwerbs

Geringere Schutzwürdigkeit des Beschenkten

Die §§ 516 ff. BGB bringen deutlich zum Ausdruck, dass der Beschenkte nicht in gleichem Maße als schutzwürdig angesehen wird wie der Vertragspartner eines entgeltlichen Vertrages: Nach § 521 BGB haftet der Schenker nur für Vorsatz und grobe Fahrlässigkeit. Nach §§ 523, 524 BGB gilt eine privilegierte Sach- und Rechtsmängelhaftung, und schließlich kommen Rückforderungsrechte nach §§ 528, 530 BGB in Betracht. Der Gedanke der mangelnden Schutzwürdigkeit des Beschenkten zieht sich dabei wie ein roter Faden durch das BGB.[711] 213

Auswirkungen vor allem im Bereicherungsrecht

Von Bedeutung ist er zunächst im Bereicherungsrecht. Steht ein Erwerb vom Nichtberechtigten in Rede, so spielt es zunächst keine Rolle, ob die Verfügung entgeltlich oder unentgeltlich erfolgt.

Gutgläubiger Erwerb nach §§ 932 ff., 892 ff. BGB ist auch dann möglich, wenn dem Erwerber die Sache von dem Nichtberechtigten geschenkt wird. Der ehemalige Berechtigte verliert auch in dieser Konstellation sein Eigentum.

---

707 Medicus/Petersen, BR, Rn. 377.

708 Es kann aber auch die Schenkung selbst unter eine auflösende Bedingung gestellt werden, sodass sich der Rückforderungsanspruch dann nicht aus Bereicherungsrecht, sondern direkt aus dem Vertrag ergibt. Wenn auch das dingliche Geschäft unter diese Bedingung gestellt wird (zu beachten ist aber § 925 II BGB), hat der Schenker sogar einen Rückforderungsanspruch aus § 985 BGB (bzw. § 894 BGB); vgl. Medicus/Petersen, BR, Rn. 376, 690.

709 Brox, Besonderes Schuldrecht, Rn. 140.

710 Medicus/Petersen, BR, Rn. 377.

711 Vgl. hierzu auch Medicus/Petersen, BR, Rn. 382 ff.

§ 816 I S. 2 BGB

Da der ehemals Berechtigte aber schutzwürdiger erscheint als der Erwerber, der keine Gegenleistung erbracht hat, sieht das BGB einen bereicherungsrechtlichen Ausgleich vor. Der ehemalige Eigentümer, der sich bei einer Schenkung nicht an den Veräußerer halten kann (denn dieser hat regelmäßig nichts erlangt i.S.v. § 816 I S. 1 BGB), kann die Herausgabe des Erlangten von dem Erwerber verlangen, § 816 I S. 2 BGB.[712]

hemmer-Methode: Im BGB gilt der Grundsatz, dass der gutgläubige Erwerb nicht durch das Delikts- oder Bereicherungsrecht aus den Angeln gehoben werden darf. Der ehemalige Berechtigte hat gegenüber dem Erwerber keine Ansprüche aus Eingriffskondiktion. Das verhindert der Grundsatz des Vorrangs der Leistungskondiktion. Auch wenn der Erwerber die mangelnde Berechtigung des Veräußerers in leicht fahrlässiger Weise verkennt, liegt hierin keine Eigentumsverletzung i.S.d. § 823 I BGB, denn ansonsten würde § 932 II BGB umgangen. Nur bei einer unentgeltlichen Verfügung wird das Ergebnis der §§ 932 ff. BGB über § 816 I S. 2 BGB korrigiert („Wie gewonnen, so zerronnen").

§ 822 BGB

Die gleiche Wertung wie bei § 816 I S. 2 BGB liegt dem § 822 BGB zugrunde. Die unentgeltliche Verfügung wird hier aber von einem dinglich Berechtigten vorgenommen, der allerdings einem Kondiktionsanspruch nach den §§ 812 ff. BGB ausgesetzt ist. *214*

***Bsp.:** A verkauft B eine antike Uhr, die dieser C schenkt. A war beim Vertragsschluss mit B von diesem arglistig getäuscht worden.*

Wenn A hier das Verpflichtungs- und Erfüllungsgeschäft anficht (Fehleridentität), wird B rückwirkend (§ 142 I BGB) zum Nichtberechtigten. Gegenüber C erhält er auf diese Weise (nach Genehmigung) den Anspruch aus § 816 I S. 2 BGB.

Ficht er dagegen nur die kaufvertragliche Erklärung an, bleibt B dinglich Berechtigter, der zur Rückübereignung nach § 812 I S. 1 Alt. 1 BGB verpflichtet ist. Kann sich B wegen der Schenkung an C erfolgreich auf § 818 III BGB berufen, ist gegenüber C der Anspruch aus § 822 BGB gegeben.

Der Anspruch gegen C aus § 822 BGB entfällt dagegen, wenn B (und das dürfte hier der Fall sein) wegen §§ 142 II, 819 I, 818 IV, 292 I, 989 BGB verschärft haftet und demzufolge keine Entreicherung nach § 818 III BGB geltend machen kann. In einem solchen Fall greift die Aushilfshaftung des § 822 BGB nicht ein.

§ 988 BGB

Weiterhin ist in diesem Kontext § 988 BGB zu nennen. Der unentgeltliche Besitzer hat die Nutzungen trotz seiner Redlichkeit herauszugeben.

Erb- und familienrechtliche Rückforderungsansprüche

Schließlich finden sich Rückforderungsvorschriften im Familienrecht und Erbrecht, wobei hier zum Teil von Seiten des Zuwendenden noch eine Benachteiligungsabsicht erforderlich ist. *215*

Über §§ 1375 II Nr. 1, 1378 II, 1390 I BGB kann der beim Zugewinn benachteiligte Ehegatte vorgehen, § 2287 BGB sichert die Position der Vertragserben ab im Hinblick auf lebzeitige Schenkungen des Erblassers und § 2329 BGB verwirklicht den Schutz des Pflichtteilsberechtigten.

Beschenkter über § 818 III BGB geschützt

Alle bislang genannten Vorschriften begründen eine Herausgabepflicht des Beschenkten nach Bereicherungsrecht. Dies zeigt, wie der Gesetzgeber auch den Interessen des Beschenkten Rechnung getragen hat. Redlichkeit des Beschenkten vorausgesetzt, kann er sich notfalls immer auf Entreicherung nach § 818 III BGB berufen, so dass er mehr als den Verlust des Geschenkes nicht zu fürchten hat.

---

712 Palandt, § 816 BGB, Rn. 13.

§ 9 BÜRGSCHAFT

A) Inhalt, Begriff und Zustandekommen 216

Durch den *Bürgschaftsvertrag* verpflichtet sich der Bürge gegenüber dem Gläubiger eines Dritten, den das Gesetz „Hauptschuldner" nennt, für die Erfüllung der Verbindlichkeit des Dritten einzustehen, § 765 I BGB.

Vss.: Bürgschaftsvertrag und Forderung

Voraussetzung für eine wirksame Bürgschaft ist der Abschluss eines wirksamen Bürgschaftsvertrages und das Bestehen der zu sichernden Forderung (Akzessorietät).

hemmer-Methode: Bei der Bürgschaft handelt es sich um ein Instrument der Kreditsicherung. Die folgende Darstellung beinhaltet daher nur die wesentlichen Aspekte und dient der Vollständigkeit dieses Skripts. Im Übrigen wird regelmäßig auf die ausführlichere Darstellung in Hemmer/Wüst, Kreditsicherungsrecht verwiesen.

I. Bürgschaftsvertrag

Vertrag zwischen SN und SG

Der Bürgschaftsvertrag wird zwischen dem Bürgen als Sicherungsgeber (SG) und dem Gläubiger eines Dritten als Sicherungsnehmer (SN) geschlossen. Dieser Vertrag stellt eine Sicherungsabrede dar, die zwischen SN und SG eigene Rechte und Pflichten begründet. 217

1. Form

Allein für die Bürgschaftserklärung (!) sieht § 766 BGB die Schriftform vor. Dabei ist die Erteilung der Erklärung in elektronischer Form (vgl. §§ 126 III, 126a BGB) nicht zulässig, § 766 S. 2 BGB. Die Schriftform soll den Bürgen vor Übereilung schützen, nicht den SN, der nur Vorteile daraus zieht. 218

Sondervorschrift: § 350 HGB

Weniger schutzwürdig ist der Kaufmann, wenn er sich verbürgt: Für ihn gilt das Formerfordernis gem. § 350 HGB nicht, soweit die Bürgschaftserklärung für ihn ein Handelsgeschäft ist (§ 343 HGB).[713]

Sonderproblem: Vollmacht zur Eingehung einer Bürgschaft

Umstritten ist, ob die Erteilung einer Vollmacht zur Eingehung einer Bürgschaft ebenso der Schriftform des § 766 BGB bedarf. Der BGH bejaht dies: Der Bürge sei auch bei Erteilung einer solchen Vollmacht gesondert auf die Gefahren hinzuweisen. Die Vollmachtserteilung bedarf insoweit ebenfalls der Schriftform.[714]

hemmer-Methode: Fragen Sie sich immer nach der „ratio" einer Norm. Wer den Zweck verstanden hat, kommt zu nachvollziehbaren Ergebnissen! Der Gesetzgeber hat es leider versäumt, das Schriftformerfordernis für eine Vollmacht zur Eingehung einer Bürgschaft in § 766 BGB zu kodifizieren. So wäre deutlich geworden, dass eine Ausnahme zu § 167 II BGB vorliegt. Eine Regelung wie § 492 IV BGB wäre insoweit wünschenswert gewesen.

Heilung: § 766 S. 3 BGB

Nach § 766 S. 3 BGB wird die Formnichtigkeit einer Bürgschaftserklärung durch Leistung des Bürgen (SG) an den Gläubiger (SN) geheilt. Ausreichend sind auch Erfüllungssurrogate: Leistung an Erfüllungs statt (§§ 364 I, 365 BGB), unwiderrufliche Hinterlegung (§§ 372, 378 BGB), Aufrechnung (§§ 387 ff. BGB).

713 Hierzu auch BGH, Life&Law 1998, 11 ff.

714 BGHZ 132, 119 = **juris**byhemmer, Palandt, § 766 BGB, Rn. 2. Einen ausführlichen Fall zum ähnlich gelagerten Problem einer Blankobürgschaft bzw. einer Ausfüllungsermächtigung finden Sie bei Hemmer/Wüst, Kreditsicherungsrecht, Rn. 19.

2. Erklärungsinhalt

Von der Schriftform müssen alle Essentialia der Bürgschaftserklärung erfasst sein. Mindestinhalt sind demnach: 219

- ⇨ Person des Gläubigers
- ⇨ Person des Hauptschuldners
- ⇨ Person des Bürgen
- ⇨ zu sichernde Forderung
- ⇨ Erklärung des Bürgen, dass er sich für die Forderung verbürge

Ist auch nur eines dieser Elemente der Bürgschaftserklärung nicht schriftlich fixiert, sondern einer (späteren) mündlichen Absprache vorbehalten worden, so ist die gesamte Bürgschaft formnichtig.[715]

Sollte die Bürgschaftserklärung auslegungsbedürftig sein, so ist in diesem Zusammenhang die von der Rechtsprechung entwickelte Andeutungstheorie zu beachten.[716]

3. Eingeschränkte Anfechtbarkeit

Für den Bürgen kann es wichtig sein, seine Bürgschaftserklärung anzufechten. Dabei ist die Möglichkeit einer Anfechtung bei einer Bürgschaftserklärung eingeschränkt. 220

Hat etwa der Schuldner über seine finanziellen Verhältnisse getäuscht und ist der Bürge infolgedessen die Bürgschaft eingegangen, so kann dieser nicht nach § 119 II Alt. 1, bzw. § 123 I BGB anfechten:

§ 119 II Alt. 1 BGB (-): typisches Risiko!

Zwar handelt es sich bei der Zahlungsfähigkeit um eine verkehrswesentliche Eigenschaft einer Person. Im Rahmen von § 119 II Alt. 1 BGB gehört es aber gerade zum typischen Risiko, dass der Schuldner kein Geld hat.[717]

hemmer-Methode: Mit derselben Argumentation kommt auch eine Anwendung von § 313 BGB (Störung der Geschäftsgrundlage) nicht in Betracht. Es ist nicht Geschäftsgrundlage, dass der Hauptschuldner finanziell gesund ist![718]

§ 123 I Alt. 1 BGB (-) ⇨ Schuldner ist Dritter i.S.d. § 123 II S. 1 BGB

Eine Anfechtung wegen arglistiger Täuschung durch den Hauptschuldner kommt - außer bei Kenntnis oder Kennenmüssen des SN von der Täuschung - nicht in Betracht, da dieser Dritter i.S.v. § 123 II S. 1 BGB ist und der Gläubiger (SN) sich dessen Täuschung nicht zurechnen lassen muss.[719]

4. Sittenwidrigkeit des Bürgschaftsvertrages

Lange Zeit umstritten war die Frage, wann ein Bürgschaftsvertrag wegen Sittenwidrigkeit nichtig ist, § 138 BGB. 221

715 Zum Inhalt einer Bürgschaftserklärung, insbesondere zum Bestimmtheitsgrundsatz: Palandt, § 765 BGB, Rn. 6.

716 Vgl. mit Beispielsfall: Hemmer/Wüst, Kreditsicherungsrecht, Rn. 13 ff.

717 Lesen Sie dazu ausführlich, Tyroller, Die Konkurrenzen im Zivilrecht – Teil III, Life&Law 2010, 703, 705.

718 Vgl. Hemmer/Wüst, Kreditsicherungsrecht, Rn. 23 m.w.N.; Hemmer/Wüst, Schuldrecht I, Rn. 631.

719 Zur erfolgreichen Anfechtung einer Bürgschaft vgl. BGH, Life&Law 2002, 88 ff.

hemmer-Methode: Lesen Sie hierzu ausführlich Hemmer/Wüst, BGB-AT II, Rn. 134.; Hemmer/Wüst, Kreditsicherungsrecht, Rn. 24 ff.!

BGH früher: keine Sittenwidrigkeit

Der BGH ging früher davon aus, dass eine Sittenwidrigkeit nicht in Betracht komme. Das finanzielle Risiko, dass der Bürge eingehe, sei die Kehrseite zur Privatautonomie, die auch für einen Bürgen uneingeschränkt gelte.[720]

BVerfG: Inhaltskontrolle kann Nichtigkeit ergeben

Dem ist das BVerfG entgegengetreten. Die Zivilgerichte müssten bei Konkretisierung der Generalklauseln §§ 138, 242 BGB die grundrechtliche Gewährleistung der Privatautonomie in Art. 2 I GG beachten. Daraus ergebe sich die Pflicht zur Inhaltskontrolle von Verträgen, die einen der beiden Vertragspartner ungewöhnlich hoch belasten und das Ergebnis strukturell ungleicher Verhandlungsstärke sind.[721] Im Ergebnis könne ein Bürgschaftsvertrag demnach sehr wohl an § 138 BGB scheitern.

BGH: Sittenwidrigkeit bleibt Ausnahme

Der BGH versuchte, die Vorgaben des BVerfG umzusetzen. Dabei ist die Annahme der Sittenwidrigkeit weiterhin die Ausnahme. Nach einigen Unstimmigkeiten auch zwischen den BGH-Senaten lässt sich nunmehr Folgendes festhalten.

222

„Checkliste" zur Prüfung der Sittenwidrigkeit von Angehörigenbürgschaften

1. **Positive Voraussetzungen**

   a) ***Finanzielle Überforderung***

   (+), wenn Schuldner finanziell nicht in der Lage ist, die laufenden Zinsen aus dem pfändbaren Teil seines Einkommens zu tilgen.

   ⇨ hier ist insbesondere die tatsächliche Leistungsfähigkeit des Schuldners zum Zeitpunkt des Vertragsschlusses maßgeblich[722]

   Die gem. §§ 286 ff. InsO vorgesehene Restschuldbefreiung schließt eine Anwendung des § 138 I BGB auf ruinöse Bürgschaften nicht aus[723]

   b) ***Emotionale Verbundenheit zum Hauptschuldner***

   ⇨ wird vermutet

   c) ***Kenntnis der Bank***

   ⇨ es reicht Kenntnis von den die Sittenwidrigkeit begründenden Tatsachen

2. **Ausnahmsweise Ausschluss der Sittenwidrigkeit**

   ⇨ Interesse der Bank an Schutz vor Vermögensverschiebungen zwischen den Ehegatten oder von den Eltern auf die Kinder kommt allein in Betracht, wenn er durch eindeutige Erklärung Bestandteil des Vertrages wurde; dies gilt nunmehr auch für die Zeit vor 01.01.1999

   ⇨ Geschäftserfahrung und wirtschaftliches Eigeninteresse[724] des Bürgen unter engen Voraussetzungen

720 BGHZ 106, 269, 107, 92; BGH, ZIP 1989, 629: **alle Entscheidungen** = **juris**byhemmer.

721 BVerfG, NJW 1994, 36 ff. = **juris**byhemmer; Hemmer/Wüst, Kreditsicherungsrecht, Rn. 25.

722 BGH, Life&Law 2010, 230 ff. = WM 2010, 32 ff. = **juris**byhemmer.

723 BGH, Life&Law 2009, 732 ff. = NJW 2009, 2671 ff. = **juris**byhemmer.

724 Ein wirtschaftliches Eigeninteresse ist immer dann anzunehmen, wenn der „vermeintliche Bürge" in Wahrheit gar kein solcher ist, sondern vielmehr Mitdarlehensnehmer, vgl. Emmerich in JuS 2004, 159 [160 li.Sp.].

hemmer-Methode: Lesen Sie auch die Entscheidung des BGH in Life&Law 2004, 78 ff. = NJW 2004, 161 ff. nach. Dort hat der BGH die obigen Grundsätze ausgedehnt auf Arbeitnehmerbürgschaften, die sich für Forderungen gegen ihren Arbeitgeber verbürgt haben.
Zwar bestehe in diesen Fällen kein nahes Angehörigenverhältnis; jedoch ist eine freie verantwortliche Entscheidung auch in den Fällen abzulehnen, in denen sich ein Arbeitnehmer in Zeiten hoher Arbeitslosigkeit aus Angst vor Verlust seines Arbeitsplatzes verbürgt hat.
In diesen Fällen bestehe eine tatsächliche Vermutung dafür, dass der Arbeitnehmer-Bürge aus einer Zwangslage heraus gehandelt habe, die mit einer solchen aus emotionaler Verbundenheit absolut vergleich bar ist.
Vgl. dazu auch SEIFERT, Zur Zulässigkeit von Arbeitnehmerbürgschaften, in NJW 2004, 1707 ff.

5. Anwendbarkeit von Verbraucherdarlehensvorschriften

Problematisch ist, ob auf den Bürgschaftsvertrag die Vorschriften über Verbraucherkreditverträge (§§ 491 ff. BGB) Anwendung finden. Hierbei ist vieles umstritten. 223

Verbraucherkredit (-)

Einigkeit herrscht darüber, dass der Bürgschaftsvertrag kein Verbraucherkreditvertrag i.S.d. §§ 491 ff. BGB ist. Der Bürge erhält regelmäßig keinen Kredit oder eine sonstige Finanzierungshilfe für seine Verpflichtung. In Frage käme nur eine analoge Anwendung.

Rspr. (-)

Von der Rspr. wurde eine analoge Anwendbarkeit jedenfalls dann abgelehnt, wenn der durch die Bürgschaft gesicherte Kredit für eine gewerbliche oder selbstständige berufliche Tätigkeit bestimmt ist. § 766 BGB schütze den Bürgen dann ausreichend.[725]

a.A.: (+)

Die Gegenmeinung wollte darauf abstellen, ob es sich bei dem Bürgen um einen Verbraucher handelt. Für den Bürgen könnten die Aufklärungspflichten nach § 492 BGB durchaus von Bedeutung sein. Schließlich umfasse die Bürgenhaftung auch etwaige Verzugszinsen, § 767 I S. 2 BGB.[726]

EuGH (-)

Der EuGH hat in einem Vorabentscheidungsverfahren nach Art. 367 AEUV (früher: Art. 234 EG) eine Anwendbarkeit der Kreditschutzvorschriften (bzw. der zugrunde liegenden EU-Richtlinie) auf die Bürgschaft abgelehnt. Dies gelte auch dann, wenn weder der Bürge noch der Kreditnehmer im Rahmen ihrer Erwerbstätigkeit gehandelt haben.[727] 224

Im Ergebnis ist mit der nunmehr h.M. eine Anwendbarkeit der Verbraucherkreditvorschriften (§§ 491 ff. BGB) auf die Bürgschaft endgültig abzulehnen.[728]

hemmer-Methode: Somit kann festgehalten werden, dass die Verbraucherkreditvorschriften auf einen Schuldbeitritt Anwendung finden können (vgl. oben Rn. 134), jedoch nicht auf eine Bürgschaft.

6. Anwendbarkeit von AGV-Geschäften, § 312b BGB

225

Ähnliche Probleme stellen sich bei der Frage der Anwendbarkeit von §§ 312b BGB (**außerhalb von Geschäftsräumen geschlossene Verträge; kurz: AGV-Verträge**) auf den Bürgschaftsvertrag.

725 BGH, NJW 1998, 1939 = **juris**byhemmer; vgl. auch Life&Law 1998, 370 ff.; Palandt, § 491 BGB, Rn. 12.

726 Sölter, NJW 1998, 2192 m.w.N, Hemmer/Wüst, Kreditsicherungsrecht, Rn. 27.

727 Auf die Vorlage des LG Potsdam: EuGH, NJW 2000, 1323 („Berliner Kindl").

728 Vgl. etwa Becker/Dietrich, NJW 2000, 2798; Tiedtke, NJW 2001, 1015 [1027].

BGH: zunächst uneinheitlich

Die Anwendbarkeit von § 312b BGB setzt grds. ein entgeltliches Geschäft voraus. Unter Hinweis auf den einseitig verpflichtenden Charakter der Bürgschaft wurde deshalb vom BGH die Anwendbarkeit zunächst verneint, später eine analoge Anwendung bejaht.[729]

EuGH: nur eingeschränkt

Der EuGH hat auf der Vorlage des BGH entschieden, dass ein Bürgschaftsvertrag, der von einem Verbraucher geschlossen wird, nicht in den Geltungsbereich der zugrunde liegenden Richtlinie fällt, wenn er die Rückzahlung einer Schuld absichert, die der Schuldner im Rahmen seiner Erwerbstätigkeit eingegangen ist.[730] Außerdem müssen (wegen der Akzessorietät der Bürgschaft) auch für die Bürgschaft die Voraussetzungen des § 312b BGB vorliegen.

So auch zunächst der BGH

Dies bedeutet für die Auslegung der Richtlinie, dass für die Anwendbarkeit auf einen Bürgschaftsvertrag deren Voraussetzungen sowohl für den Hauptschuldner als auch für den Bürgen vorliegen müssen.

Dieser „Argumentation" hatte sich der BGH zunächst angeschlossen und § 312b BGB nur dann für anwendbar erklärt, wenn die Voraussetzungen des § 312b BGB sowohl für die zu sichernde Verbindlichkeit als auch für den Bürgschaftsvertrag vorliegen.[731]

Kritik

Durch das Erfordernis einer zweifachen Verbrauchereigenschaft (Kreditnehmer und Bürge) und Haustürsituation wäre § 312b BGB auf die Bürgschaft de facto nicht anwendbar, da die vom EuGH und BGH geforderte Situation nie im Leben vorkommen wird.

Aus diesem Grund ging die Lehre nach wie vor davon aus, dass es genügt, wenn bei Abschluss des Bürgschaftsvertrages die Voraussetzungen des § 312b BGB vorlagen.[732] Insbesondere ist die Argumentation mit der Akzessorietät der Bürgschaft mehr als absurd, da diese gerade den Bürgen schützen soll. Mit der Argumentation des BGH und des EuGH fällt das Prinzip der Akzessorietät aber dem Bürgen gerade zur Last.

Diese Kritik hat nun dazu geführt, dass der mittlerweile für das Bürgschaftsrecht zuständige XI. Senat in seiner Entscheidung vom 10.01.2006 diese völlig verfehlte und falsche Rechtsprechung aufgegeben hat.[733]

Der Bürgschaftsvertrag begründet ein eigenes Schuldverhältnis und unter den Voraussetzungen der §§ 312b, g BGB ein eigenes Widerrufsrecht des Bürgen.[734]

Die Akzessorietät der Bürgschaft macht die Begründung eines eigenen Widerrufsrechts des Bürgen nicht von der Verbrauchereigenschaft des Hauptschuldners oder einer auf diese bezogene Haustürsituation abhängig.

729 BGH, NJW 1991, 2905 = **juris**byhemmer, bzw. NJW 1993, 1594 = **juris**byhemmer; Palandt, § 312 BGB, Rn. 7 unter b), bzw. Palandt, § 765 BGB, Rn. 4.

730 EuGH, NJW 1998, 1295 = **juris**byhemmer; Hemmer/Wüst, Kreditsicherungsrecht, Rn. 28.

731 BGH, NJW 1998, 2356 = **juris**byhemmer; dazu Life&Law 1998, 630 ff.

732 Vgl. Palandt, § 312 BGB, Rn. 8; Tiedtke, NJW 2001, 1015 [1027]; Reinicke/Tiedtke in ZIP 1998, 893 [894]; Kulke, JR 1999, 485 [491 f.]; Lorenz, NJW 1998, 2937 [2939]; Horn, ZIO 2001, 93 [94]; Medicus, JuS 1999, 833 [836 f.].

733 BGH, Life&Law 2006, 149 [157] = NJW 2006, 845 ff. = **juris**byhemmer; bestätigt durch den BGH, Life&Law 2007, 435 [440 f.] = ZIP 2007, 619 ff. = **juris**byhemmer.

734 Kulke, JR 1999, 485 [492].

Dass ein Bürgschaftsvertrag, der eine im Rahmen der Erwerbstätigkeit des Hauptschuldners begründete Verbindlichkeit sichert, nach Ansicht des EuGH nicht in den Geltungsbereich der Richtlinie 577/85/EWG fällt, obwohl deren Wortlaut dafür nichts hergibt und der vom EuGH angeführte akzessorische Charakter der Bürgschaft und der Zweck des verbürgten Kredits für den von der Haustürgeschäfterichtlinie bezweckten Schutz der Entscheidungsfreiheit des Verbrauchers in einer Haustürsituation bedeutungslos sind, ändert nichts. Nach Art. 8 dieser Richtlinie können die Mitgliedstaaten günstigere Verbraucherschutzbestimmungen erlassen oder beibehalten.

Davon ist hier unter Berücksichtigung der Entstehungsgeschichte des Haustürwiderrufsgesetzes sowie zur Vermeidung unerträglicher Wertungswidersprüche auszugehen.[735] Der Bürge, der in einer Haustürsituation einen gewerblichen Zwecken dienenden Kredit verbürgt, darf nicht schlechter stehen als derjenige, der in einer solchen Situation den Kreditvertrag als Mithaftender unterzeichnet.

hemmer-Methode: Die Anwendbarkeit von § 312b BGB (AGV-Verträge) bzw. §§ 491 ff. BGB (Verbraucherdarlehensverträge) auf Bürgschaft und Schuldbeitritt gehört zu den „Klassikern" des Verbraucherschutzrechts.

II. Die gesicherte Forderung

Die zu sichernde Forderung ist die zweite Grundvoraussetzung für das Entstehen einer Bürgschaftsverpflichtung. Dies ergibt sich aus der strengen Akzessorietät der Bürgschaft. Sie ist von Bestehen und Umfang der Hauptschuld dauernd abhängig, § 767 I S. 1 BGB.[736] 226

1. Abgrenzung zu Schuldbeitritt und Garantie

Die Bürgschaft ist von einem Schuldbeitritt bzw. einer Garantie abzugrenzen. 227

Schuldbeitritt

Der Schuldbeitritt (oder auch Schuldmitübernahme) begründet ein Gesamtschuldverhältnis auf vertraglicher Grundlage, §§ 311 I, 241 I BGB. Der Übernehmer haftet gem. § 427 BGB neben dem weiterhaftenden bisherigen Schuldner als Gesamtschuldner. Eine Veränderung der Verpflichtung des Schuldners wirkt sich für den Beitretenden nur im Rahmen der §§ 421 ff. BGB aus, vgl. § 425 I BGB. 228

Im Zweifel: Bürgschaft!

Bei der Abgrenzung zur Bürgschaft ist zu berücksichtigen, dass die strenge Form der Bürgschaft eine im Gesetz verankerte Wertung darstellt. 229

In Zweifelsfällen – etwa bei mündlichen Abreden von Nichtkaufleuten - ist daher eher eine Bürgschaft als ein Schuldbeitritt anzunehmen.[737]

Garantie

Der Garant haftet noch strenger als der Schuldbeitretende. Er übernimmt das Risiko dafür, dass ein bestimmter Erfolg eintritt, z.B. dass die Darlehenssumme zurückgezahlt wird, egal, ob eine Verpflichtung des Schuldners dazu besteht oder nicht. Die Garantie ist demnach streng nicht-akzessorisch. Einwendungen und Einreden des Schuldners kommen dem Bürgen stets, dem Schuldbeitretenden möglicherweise (vgl. §§ 421 ff. BGB), dem Garanten aber nie zugute. 230

735 Vgl. Reinicke/Tiedtke, DB 1998, 2001 [2002].

736 Palandt, § 765 BGB, Rn. 28, bzw. Einf. v. § 765 BGB, Rn. 1.

737 Vgl. zur Vertiefung Hemmer/Wüst, Kreditsicherungsrecht, Rn. 31.

Für die Annahme einer Garantie bedarf es demnach ganz besonderer Umstände. Insbesondere muss beim Garanten ein entsprechender Verpflichtungs- bzw. Rechtsbindungswille vorliegen.[738]

hemmer-Methode: In einer Klausur sollten Sie die Abgrenzung immer (kurz) vornehmen, außer es liegt offensichtlich eine Bürgschaft vor.

2. Sicherung künftiger Forderungen

Künftige Forderungen zumindest bestimmbar

Die Bürgschaft kann auch eine künftige oder bedingte Verbindlichkeit sichern, § 765 II BGB. 231

Dabei muss die künftige Forderung zumindest bestimmbar sein. Der Bestimmtheitsgrundsatz ist nach h.M. die ungeschriebene Voraussetzung, dass zur Wirksamkeit des Bürgschaftsvertrages die Personen der Hauptschuld und der Schuldgrund zumindest bestimmbar sein müssen.[739]

Kann die Hauptschuld nicht eindeutig ermittelt werden, besteht die Bürgschaft nicht. Die hieran gestellten Anforderungen sind geringer als bei Forderungen, die sicherheitshalber abgetreten werden, weil die Forderung hier nicht den Inhaber wechselt, sondern nur gesichert werden soll. Ausreichend ist hier eine allgemeine Bestimmbarkeit.[740]

Hat sich der Bürge für eine künftige Forderung verbürgt, so ist der Bürgschaftsvertrag vor Entstehung der Hauptverbindlichkeit gegenstandslos.[741]

hemmer-Methode: Zu dem Spezialproblem „Globalbürgschaft/Anlassrechtsprechung des BGH“ und deren Vereinbarkeit mit §§ 305 ff. BGB lesen Sie bitte Hemmer/Wüst, Kreditsicherungsrecht, Rn. 39.[742]

3. Akzessorietät und Umfang der Haftung

Die strenge Akzessorietät der Bürgschaft bedeutet, dass die Bürgschaftsverpflichtung stets vom Bestand der Hauptforderung abhängt. Ändert sich der Umfang der Hauptschuld so ist fraglich, wie sich dies auf die Rechtsstellung des Bürgen auswirkt. 232

Dabei ist zu unterscheiden:

Reduzierung auch zugunsten des Bürgen

⇨ Eine Reduzierung der Hauptverbindlichkeit wirkt sich immer auch zugunsten des Bürgen aus, so durch Erfüllung oder Erlass. Das ergibt sich aus § 767 I S. 1 BGB. 233

Bei Zahlung

⇨ Ebenso wirkt sich ein Erlöschen der Hauptverbindlichkeit aus. Das Erlöschen der Forderung muss nicht als Einrede, etwa über §§ 768, 770 BGB geltend gemacht werden, sondern führt zum Erlöschen der Bürgschaftsforderung (Einwendung!). 234

Eine Zahlung des Bürgen in Unkenntnis des Erlöschens der gesicherten Forderung erfolgt ohne Rechtsgrund, der Bürge hat einen Rückerstattungsanspruch aus §§ 812 ff. BGB.

738 Palandt, Einführung vor § 765 BGB, Rn. 16 und 24.

739 Palandt, § 765 BGB, Rn. 6.

740 Hemmer/Wüst, Kreditsicherungsrecht, Rn. 37 und 120.

741 MüKo, § 765 BGB, Rn. 67.

742 Vgl. auch Tiedtke, NJW 2001, 1015 [1027].

Erweiterung nicht zu Lasten des Bürgen

⇨ Eine Erweiterung der Hauptschuld, die der Hauptschuldner rechtsgeschäftlich vornimmt, erweitert die Haftung des Bürgen nicht, § 767 I S. 3 BGB. 235

Das ist z.B. der Fall, wenn der Schuldner die Darlehensaufnahme nachträglich erhöht oder gegenüber dem Gläubiger ein (deklaratorisches) Schuldanerkenntnis abgibt.[743]

Der Hauptschuldner kann durch rechtsgeschäftliches Handeln die Stellung des Bürgen nicht verschlechtern.

Anders z.B. bei Verzug

⇨ Dagegen haftet der Bürge für Erweiterungen der Hauptverbindlichkeit durch nicht rechtsgeschäftliches Verhalten des Hauptschuldners, so z.B. für Verschulden, Verzug (§ 767 I S. 2 BGB), und Folgen einer gesetzlichen Zufallshaftung. 236

Daher haftet der Bürge auch für einen Schadensersatzanspruch des Gläubigers, wenn dieser gemäß §§ 280 I, III, 281 BGB vorgeht.

Er haftet dagegen nicht für den Rückgewähranspruch, wenn der Gläubiger gemäß §§ 323 I, 346 ff. BGB zurücktritt, weil dann die Hauptschuld erloschen ist.[744]

hemmer-Methode: Es handelt sich um einen Klassiker in Klausuren: Wie weit geht die Haftung des Bürgen? Denken Sie wiederum in den Kategorien „ein Problem mehr". Der Bürge haftet grds. für den Bestand der Hauptverbindlichkeit (Grundfall). Fraglich ist aber häufig: Wie weit haftet der Bürge darüber hinaus (Klausurfall)?

Bzgl. Zinsen Auslegung notw. i.Zw. (+)

⇨ Ob der Bürge auch für die Zinsen der Hauptschuld haftet, richtet sich nur nach dem Bürgschaftsvertrag. 237

Im Wege der Auslegung ist der Umfang der Haftung zu ermitteln. Bei verzinslichen Forderungen ist im Zweifel auch Haftung für rückständige Zinsen anzunehmen.

Ein Argument hierfür ergibt sich aus § 217 BGB: Wenn die Zinsen mit der Hauptforderung verjähren, ist es nahe liegend, sie als so eng mit der Hauptforderung verknüpft zu betrachten, dass sich die Bürgschaft im Zweifel auch auf sie erstreckt.

4. Übertragung von Hauptforderung und Bürgschaft auf Dritte

Bürgschaft folgt Forderung, § 401 BGB

Tritt der Gläubiger die Forderung an einen Dritten ab, so geht das Bürgschaftsrecht ebenfalls auf den Dritten über, § 401 BGB. Die strenge Akzessorietät wirkt also nicht nur bei der Entstehung, sondern auch bei der Übertragung.[745] 238

Kein gutgläubiger Bürgschaftserwerb!

Ist nur der Bürgschaftsvertrag zwischen Bürgen (SG) und Gläubiger (SN) unwirksam, so erwirbt der Dritte durch die Abtretung zwar die Hauptforderung, aber keine Rechte gegen den Bürgen. Es gibt keinen gutgläubigen Erwerb der Rechtsstellung des durch die Bürgschaft Begünstigten.

Das ergibt sich schon daraus, dass es grundsätzlich keinen gutgläubigen Forderungserwerb gibt.[746] Daraus folgt auch für den Fall, dass die gesicherte Forderung nicht besteht, dass der Dritte weder die Forderung noch Rechte aus der Bürgschaft erwirbt.

743 OLG Düsseldorf, MDR 1975, 1019.

744 Palandt, § 767 BGB, Rn. 2.

745 Palandt, § 765 BGB, Rn. 3.

746 Palandt, § 405 BGB, Rn. 1; Hemmer/Wüst, Kreditsicherungsrecht, Rn. 247.

Bürge behält seine Rechte

Aus § 404 BGB ergibt sich weiterhin, dass es keinen gutgläubigen lastenfreien Erwerb der Forderung gibt: Der Bürge kann demnach alle Einwendungen gegen die Bürgschaft auch dem Dritten, dem Abtretungsempfänger, gegenüber geltend machen.

h.M.: Keine Trennung von Hauptschuld und Bürgschaft

Nach h.M. können Hauptforderung und Bürgschaft nach ihrer Entstehung nicht getrennt werden. Es können weder Forderung noch Rechte aus der Bürgschaft einzeln abgetreten bzw. behalten werden.[747] 239

Haben der Bürge und der Gläubiger für den Fall der Abtretung der Forderung den Übergang der Bürgschaft gem. § 401 BGB vertraglich ausgeschlossen, so erlischt in diesem Fall die Bürgschaft (§ 1250 II BGB analog).[748]

B) Einreden

I. Die Regelung des § 768 BGB

§ 768 I BGB

Während eine Einwendung gegenüber der Hauptverbindlichkeit zum Erlöschen der Bürgschaftsschuld gemäß §§ 765, 767 I S. 1 BGB führt, bleibt die Bürgschaft erhalten, wenn der Hauptschuld eine rechtshemmende Einrede entgegensteht. Der Bürge kann die schuldnerbezogenen Einreden gegenüber dem Gläubiger aber gemäß § 768 I S. 1 BGB als bürgenbezogene Einreden geltend machen. 240

Selbstständige Schuld

Der Anspruch gegen den Bürgen ist dagegen eine rechtlich selbstständige und von der Hauptschuld zu unterscheidende Verpflichtung. Auch wenn die Hauptschuld einer kürzeren Frist unterliegt, unterliegt die Bürgenschuld der Regelverjährung des § 195 BGB.

Der Bürge kann aber über § 768 I S. 1 BGB die Einrede erheben, dass die Hauptschuld verjährt sei. Der Bürge kann dann ebenfalls die Leistung verweigern (vgl. § 214 I BGB).[749] Wenn der Bürge aber schon gezahlt hat, kann er das Geleistete nicht mehr nach § 813 BGB zurückfordern (§§ 813 I S. 2, 214 II BGB).

Ausnahmen

Ausnahmen zu § 768 I S. 1 BGB finden sich in § 768 I S. 2 BGB (Haftung bei Erbfall des Hauptschuldners) und § 254 II InsO (Haftung in der Insolvenz des Hauptschuldners). 241

§ 768 II BGB

Gemäß § 768 II BGB wirkt es sich für den Bürgen nicht nachteilig aus, wenn der Hauptschuldner auf eine Einrede verzichtet. Dieser Rechtsgedanke findet analog auch Anwendung auf die Fälle, in denen es der Hauptschuldner z.B. unterlässt, sich auf Verjährung zu berufen.[750] Die Nichtausübung eines Gegenrechts wirkt sich wie ein faktischer Verzicht aus.

II. Die Regelung des § 770 BGB

§ 770 BGB

§ 770 BGB trifft eine Regelung für den Fall, dass der Hauptschuldner das forderungsbegründende Schuldverhältnis anfechten kann (Abs. 1) bzw. dass der Gläubiger gegen eine fällige Forderung des Schuldners aufrechnen kann (Abs. 2). 242

747 Staudinger/Horn, § 764 BGB, Rn. 213; zur Gegenmeinung Reinicke/Tiedtke, Kreditsicherungsrecht, S. 49 f.

748 Staudinger/Horn, § 764 BGB, Rn. 208 - 211, Hemmer/Wüst, Kreditsicherungsrecht, Rn. 248.

749 Vgl. auch Life&Law 1998, 759 ff.

750 Zu diesem Fall Hemmer/Wüst, Kreditsicherungsrecht, Rn. 222.

Sinn und Zweck

Nach § 770 BGB kann die Entscheidung, ob der Vertrag angefochten oder mit der Hauptverbindlichkeit aufgerechnet wird, nur die berechtigte Partei selbst treffen. Damit der Bürge nicht bei Zahlung und späterer Ausübung des Gestaltungsrechts auf die wegen § 818 III BGB „gefährlichen" bereicherungsrechtlichen Rückgewähransprüche angewiesen ist, gibt ihm das Gesetz eine Einrede gegen die Bürgschaftsverpflichtung.

Strittig ist, ob der Bürge auch ein Leistungsverweigerungsrecht hat, wenn nicht der Gläubiger aufrechnen kann (wie in § 770 II BGB normiert), sondern wenn nur der Schuldner dazu befugt ist.

> ***Bsp.:*** *G hat S in Höhe von 500,- € ein Darlehen gewährt. Hierfür hat sich B verbürgt. Als S nicht zahlen kann, lässt G den S von seinem Schlägertrupp zusammenschlagen. Die Heilungskosten belaufen sich auf 750,- €. Als G sich wegen des Darlehens an B wendet, erhebt dieser die Einrede der Aufrechenbarkeit. Mit Recht?* **243**

Die Einrede der Aufrechenbarkeit könnte sich für B aus § 770 II BGB ergeben. Problematisch ist, dass sich hier zwar zwei gleichartige Forderungen gegenüberstehen, G jedoch aufgrund der Regelung des § 393 BGB selbst nicht aufrechnen kann. Das Gesetz geht in § 770 II BGB davon aus, dass der Gläubiger sich durch Aufrechnung befriedigen kann.

Damit passt der Wortlaut des § 770 II BGB hier nicht.

⇨ Fraglich ist aber, ob für den hier vorliegenden Fall, dass zwar der Schuldner der verbürgten Forderung aufrechnen kann, nicht aber der Gläubiger, eine entsprechende Anwendung des § 770 I BGB auf das Gestaltungsrecht Aufrechnung durch den Hauptschuldner in Frage kommt.

⇨ Wie bei § 129 III HGB, wo das gleiche Problem besteht und teilweise ein redaktionelles Versehen des Gesetzgebers behauptet wird, ist die Frage auch hier streitig.

e.A.: § 770 I BGB analog (-)

Eine Meinung verneint die entsprechende Anwendbarkeit des § 770 I BGB auf diesen Fall.[751]

Es fehle die Rechtsähnlichkeit der Tatbestände. Außerdem falle die Gefahr, dass der Hauptschuldner nicht aufrechnet (tut er dies, greift ja schon § 767 BGB ein!), ebenso in das Geschäftsrisiko des Bürgen wie die Tatsache, dass der Hauptschuldner nicht zahlt.

Diese Auffassung verweist auch auf den unterschiedlichen Wortlaut bei § 770 I BGB und § 770 II BGB: Während im Absatz 1 vom Hauptschuldner gesprochen wird, ist in Absatz 2 ausdrücklich und nur der Gläubiger genannt. Das deute darauf hin, dass der Gesetzgeber hier bewusst eine unterschiedliche Regelung treffen wollte.

Nach dieser Meinung kommt der Bürge nur dann zu einer Einrede, wenn der Schuldner der Forderung, für die gebürgt wurde, ein Zurückbehaltungsrecht gemäß § 273 BGB hat. Dieses kann er dann gemäß § 768 I BGB geltend machen.

a.A.: § 770 I BGB analog (+)

Überzeugender erscheint die Gegenmeinung, die § 770 I BGB auch auf diesen Fall anwenden will. Dies trotz der Tatsache, dass sie sich über den - jedenfalls scheinbar klaren - Wortlaut hinwegsetzt.[752]

Aus § 770 I BGB ergibt sich, dass der Bürge nicht zu einer Leistung verpflichtet sein soll, solange noch nicht feststeht, ob die Schuld, für die er sich verbürgt hat, dadurch rückwirkend erlischt, dass der Schuldner ein ihm zustehendes Gestaltungsrecht ausübt.

751 Palandt, § 770 BGB, Rn. 3; MüKo, § 770 BGB, Rn. 9

752 Reinicke/Tiedtke, Kreditsicherung, S. 74; Jauernig/Vollkommer, § 770 BGB, Anm. 3b; Hemmer/Wüst, Kreditsicherungsrecht, Rn. 225; Medicus, JuS 1971, 501.

Das muss für die Aufrechnung genauso gelten. Es kann keinen Unterschied machen, ob dieses rückwirkende Erlöschen durch Anfechtung, Rücktritt oder Aufrechnung geschieht.

Die Interessenlage ist die gleiche, da entscheidend nur sein kann, dass der Bürge nicht zu zahlen braucht, solange die Möglichkeit besteht, dass er die Leistung später nach den Vorschriften über die ungerechtfertigte Bereicherung zurückfordern müsste.

Hier steht Einrede wegen der ratio des § 393 BGB

Auf die Streitfrage, ob § 770 I BGB auf andere Gestaltungsrechte des Hauptschuldners analog angewendet werden kann, kommt es aber im vorliegenden Fall gar nicht entscheidend an.

Die wortlautgetreue Anwendung des **§ 770 II BGB** hätte nämlich hier zur Folge, dass der S geschützt würde, obwohl es gerade er ist, der die vorsätzliche und strafbare Tat begangen hat.

Damit ist letztlich die Wirkung des § 393 BGB, die eigentlich gegen den vorsätzlichen Schädiger gerichtet ist, im Rahmen der Bürgschaft in einen Vorteil für diesen umgewandelt. Das entspricht nicht der „ratio" des § 393 BGB.

Damit kann hier im Wege einer **teleologischen Reduktion des § 393 BGB** der H in **erweiternder Auslegung des § 770 II BGB** einredeweise geltend machen, dass dem P gegen S aus der Beschädigung des Verstärkers eine aufrechenbare Gegenforderung zusteht.

Auf die Analogie des § 770 I BGB kommt es demnach gar nicht an.

Ergebnis: B erhebt die Einrede zu Recht.

hemmer-Methode: Es handelt sich hier um einen Klassiker, den Sie kennen sollten. Letztlich hat sich dabei keine Ansicht völlig durchgesetzt, da gegen die hier vertretene Meinung der Gesetzeswortlaut spricht. Der BGH hat sich zu dieser Problematik noch nicht abschließend geäußert.[753] Wichtig ist also in der Klausur, das Problem zu erkennen und sich mit Begründung einer Meinung anzuschließen. Das Ergebnis ist zweitrangig.

Bei anderen Gestaltungsrechten entsprechend

Zu beachten ist, dass die analoge Anwendung des § 770 I BGB auch bei anderen Gestaltungsrechten umstritten ist, z.B. bei gesetzlichen oder vertraglichen Rücktrittsrechten.[754]

III. Einrede der Vorausklage

Nach § 771 BGB kann der Bürge die Befriedigung des Gläubigers verweigern, solange nicht der Gläubiger eine Zwangsvollstreckung gegen den Hauptschuldner ohne Erfolg versucht hat (Einrede der Vorausklage). 244

Ist die Einrede erhoben, so ist der Anspruch gegen den Bürgen solange gehemmt, bis der Gläubiger die Zwangsvollstreckung ohne Erfolg versucht hat.

Ausnahme: selbstschuldnerisch

Hat sich der Bürge selbstschuldnerisch verbürgt, so ist ihm die Einrede der Vorausklage gem. § 773 I Nr. 1 BGB abgeschnitten.

hemmer-Methode: § 773 BGB beinhaltet weitere Ausnahmen, die Sie einfach im Gesetz nachlesen sollten. Das Verständnis hierzu kommt von allein.[755]

753 Offengelassen von BGHZ 42, 398.

754 Hemmer/Wüst, Kreditsicherungsrecht, Rn. 226.

755 Palandt, § 771 BGB, Rn. 2, und § 773 BGB, Rn. 2.

Für Kfm: § 349 HGB

Dem Kaufmann, für den die eingegangene Bürgschaft ein Handelsgeschäft ist, steht die Einrede der Vorausklage schon von Gesetzes wegen nicht zu, § 349 HGB.

IV. Wirkung von Urteilen

Im Zusammenhang mit den Einreden ist auch die Wirkung von Urteilen zu beleuchten. Hierbei gilt Folgendes: 245

Rechtskräftige Abweisung wirkt zugunsten des Bürgen

⇨ Klagt der Gläubiger gegen den Schuldner und wird er dabei rechtskräftig abgewiesen, dann wirkt dieses Urteil auch zugunsten des Bürgen.

⇨ Es liegt ein Fall der Rechtskrafterstreckung wegen materiellrechtlicher Abhängigkeit vor. Der Bürge kann sich auf das Nichtbestehen der Hauptforderung berufen.[756]

Erfolgreiche Klage für Bürgen keine Wirkung

⇨ Ist hingegen der Gläubiger mit seiner Klage gegen den Schuldner erfolgreich, wirkt dieses Urteil noch lange nicht zu Lasten des Bürgen.

Wird dieser vom Gläubiger aus § 765 BGB verklagt, so kann er dennoch einwenden, die Hauptschuld besteht nicht (mehr) und damit durchdringen. Die materielle Rechtskraft des vorangegangenen Urteils erstreckt sich nicht auf den Bürgen.[757]

Bürgschaftsprozess keine Auswirkung auf Schuldner

⇨ Ein Urteil im Prozess zwischen Gläubiger und Bürge wirkt sich nicht im Verhältnis zum Hauptschuldner aus.

Eine Verurteilung des Bürgen vor dem Hauptschuldner ist möglich, wenn eine selbstschuldnerische Bürgschaft vorliegt, §§ 771, 773 BGB.

hemmer-Methode: Der Gläubiger ist also gut beraten, Schuldner und Bürgen immer gleichzeitig (als einfache Streitgenossen) zu verklagen. Ansonsten kann es sein, dass er den Prozess gegen den Schuldner gewonnen hat, sich der Bürge aber nunmehr erfolgreich auf die Verjährung der Hauptschuld berufen kann (anders im Gesellschaftsrecht i.S.d. § 128 HGB). Die Erklärung ist immer dieselbe: Der Bürge haftet nicht für eine fremde Schuld, sondern die Bürgschaft stellt seine eigene Schuld dar.

C) Rückgriff

Wurde der Bürge in Anspruch genommen und hat sich somit sein Risiko verwirklicht, stellt sich die Frage nach dem Rückgriff gegen den Hauptschuldner. Hierfür hält § 774 BGB eine Regelung bereit. 246

§ 774 BGB stellt eine cessio legis, einen gesetzlichen Forderungsübergang dar. Die Forderung des Gläubigers gegen den Hauptschuldner geht kraft Gesetzes auf den Bürgen über, soweit dieser den Gläubiger befriedigt.

Die Forderung erlischt nicht, weil der Bürge nicht als Dritter nach § 267 I BGB auf die Hauptverbindlichkeit zahlt. Der Bürge zahlt vielmehr auf seine eigene Verbindlichkeit aus dem Bürgschaftsvertrag gem. § 765 BGB.[758]

756 Hemmer/Wüst, ZPO I, Rn. 563 ff.; Hemmer/Wüst, Kreditsicherungsrecht, Rn. 227.

757 Etwas anderes gilt für den Prozessbürgen: §§ 711, 712 I S. 1, 108 ZPO, §§ 232 II, 239 BGB; Hemmer/Wüst, Kreditsicherungsrecht, Rn. 228.

758 Tiedtke, NJW 2001, 1015 [1020].

I. Umfang des Forderungserwerbs gemäß § 774 BGB

Höhe der Zahlung maßgeblich

Der Umfang, in dem der Bürge die gesicherte Forderung erwirbt, richtet sich zunächst nach der Höhe der Zahlung, durch die der Gläubiger befriedigt wird. Nur soweit der Gläubiger befriedigt ist, verliert er die Forderung an den Bürgen. 247

Der Umfang der cessio legis wird entscheidend durch ein weiteres Element bestimmt: das Innenverhältnis zwischen Bürgen und Hauptschuldner. Hier liegt vielfach ein Auftrag, ein entgeltlicher Geschäftsbesorgungsvertrag, eine Schenkung oder ein Gefälligkeitsverhältnis vor.

hemmer-Methode: Für den Regress des Bürgen beim Hauptschuldner ist wegen § 774 I S. 3 BGB das Innenverhältnis maßgeblich. Es ist daher ratsam, vor § 774 I S. 1 BGB einen Anspruch aus (i.d.R.) §§ 662, 670 BGB zu prüfen. Vgl. dazu Rn. 309 f.

Bsp.: *S und B wollen gemeinsam ein Darlehen aufnehmen. Gegenüber der kreditgebenden Bank Gl tritt aber nur S als Darlehensnehmer auf, B verbürgt sich für ihn. Beide verwenden das Darlehen gemeinsam. Als es später fällig wird, zahlt B die ganze Summe aufgrund der Bürgschaftsverpflichtung zurück.* 248

B hat Gl hier zwar vollständig befriedigt, er erwirbt aber trotzdem nicht die gesamte Darlehensforderung, die Gl gegen S zustand. Das ergibt sich aus § 774 I S. 3 BGB, wonach sich das Innenverhältnis auf die Legalzession auswirkt.

Fraglich ist dabei, ob S aus § 774 I S. 3 BGB nur die Einrede zusteht, dass der Bürge die auf ihn übergegangene Forderung nur im Umfang der Verpflichtung aus dem Innenverhältnis geltend machen dürfe oder ob die Forderung nur in Höhe des Anspruches aus dem Innenverhältnisses überhaupt übergeht.[759]

Mehr spricht für die zweite Lösung, da der Übergang einer Forderung, der aber stets eine Einrede entgegensteht, unnötig kompliziert erscheint. S hat vielmehr eine Einwendung, die er im Prozess nicht ausdrücklich erheben muss, sondern die von Amts wegen festgestellt wird. Der Bürge erwirbt die Hauptforderung immer nur im Rahmen des Innenverhältnisses. Die Formulierung des § 774 I S. 3 BGB bedeutet nur, dass S die materielle Beweislast trägt: Lässt sich nicht nachweisen, dass der Bürge, wie im Beispiel, die Hälfte des Darlehens selbst tragen sollte, geht das zu Lasten des S als Hauptschuldner.[760]

hemmer-Methode: Unterscheiden Sie auch bei den Regressansprüchen der Bürgschaft Innen- und Außenverhältnis. Zur Verdeutlichung: Ein Anspruch aus § 670 BGB entspricht dem Rückgriffsanspruch des Gesamtschuldners aus § 426 I BGB, der Anspruch aus § 774 I S. 1 BGB dem aus § 426 II BGB. In beiden Fällen ist das Innenverhältnis auch ausschlaggebend dafür, ob bzw. wie der Anspruch gegen S auf den Ausgleichsberechtigten übergeht.
Hat sich z.B. Bürge B für seine nichteheliche Lebensgefährtin S schenkungsweise[761] verbürgt, und wurde er daraus von Gl in Anspruch genommen, hat er bei der nichtehelichen Lebensgemeinschaft im Innenverhältnis keinen Regressanspruch. Dann kann B aber nach § 774 I S. 3 BGB auch keinen übergegangenen Anspruch des Gl gegen S geltend machen. Ansonsten ist durch Auslegung festzulegen, ob ein derartiges Schenkungsversprechen vorliegt, das ist insbesondere dann der Fall, wenn auf den Rückgriff des § 774 I BGB verzichtet wurde. Ein derartiges Schenkungsversprechen bedarf zwar gem. § 518 I BGB der Form. Der Mangel der Form wird aber durch Bewirkung geheilt, und bewirkt ist die versprochene Leistung durch Begründung der Bürgenschuld gegenüber dem Gläubiger.

759 Palandt, § 774 BGB, Rn. 11.

760 Reinicke/Tiedtke, Kreditsicherung, S. 86 f.

761 Siehe zur Problematik bei Schenkungen unter Ehegatten (unbenannte Zuwendungen): Hemmer/Wüst/Gold, Familienrecht, Rn. 227 ff.

Sinn des § 774 BGB?

Ist nun festgestellt, dass der Bürge nach § 774 BGB nur die Summe erhält, die ihm ohnehin schon aus einem anderen Rechtsverhältnis gegen den Hauptschuldner zusteht, stellt sich die Frage nach dem Sinn der Regelung. 249

Übergang von Sicherheiten, §§ 412, 401 BGB!

Der eigentliche Sinn des Forderungsübergangs liegt darin, dass der zahlende Bürge mit der gesicherten Forderung auch die parallel zur Bürgschaft bestehenden Sicherheiten erwirbt (vgl. §§ 412, 401 BGB).

Der Hauptschuldner ist häufig bereits zahlungsunfähig, wenn der Bürge in Anspruch genommen wird. Zahlungsansprüche nutzen dem Bürgen gegenüber dem Schuldner nichts, wenn er sein Geld wieder sehen will. Die cessio legis ist gesetzlich angeordnet, um dem in Anspruch genommenen Bürgen den Zugriff auf weitere Sicherungsmittel zu eröffnen.

Bei der Zahlung gehen mit der Forderung auch die akzessorischen Sicherheiten auf den Bürgen über: Hypotheken, Pfandrechte oder weitere Bürgschaften.[762]

Anmerkung: Für nicht-akzessorische Sicherheiten kann sich ein schuldrechtlicher Anspruch gegen den Gläubiger auf Übertragung ergeben. So z.B. bei Sicherungsgrundschuld, Sicherungseigentum, zur Sicherung abgetretener Forderungen oder Eigentumsvorbehalt.[763]

II. Schutzwirkung des § 776 BGB

Schutzwirkung des § 776 BGB

In diesen Zusammenhang gehört auch § 776 BGB. Die Vorschrift schützt den Bürgen davor, an den Gläubiger zahlen zu müssen, obwohl dieser den Rückgriff des Bürgen dadurch gefährdet hat, dass er eine parallele Sicherheit aufgegeben hat. 250

Bsp.: Außer B1 hat sich auch noch der Bürge B2 für die Kaufpreisschuld des S gegenüber Gl verbürgt. Als S nicht mehr zahlen kann, entlässt Gl den B2 aus der Bürgschaftsverpflichtung, weil er nur B1 in Anspruch nehmen will. 251

B1 zahlt auch die volle Summe, stellt aber danach fest, dass B2 sich gegenüber seinem Rückgriffsanspruch darauf beruft, der Gl habe ihn aus seiner Bürgenschuld entlassen. B1 will wissen, was er nun tun kann.

B1 könnte gegen Gl einen teilweisen Rückzahlungsanspruch aus § 812 I S. 1 Alt. 1 BGB haben. Dann müsste B1 einen Teil der Zahlung ohne Rechtsgrund geleistet haben. 252

Rechtsgrund der Zahlung war die Bürgschaftsverpflichtung des B1, § 765 I BGB. Es ist auch nicht anzunehmen, dass sich B1 nur für eine Hälfte der Hauptverbindlichkeit, B2 für die andere verbürgt hat (Teilbürgschaft); B1 und B2 sind Mitbürgen, sie haften dem Gl als Gesamtschuldner, § 769 BGB.

Die Verpflichtung des B1 könnte aber gemäß § 776 BGB insoweit teilweise entfallen sein, als Gl den B2 aus seiner Verpflichtung entlassen hat und dadurch der Rückgriffsanspruch des B1 beeinträchtigt wird. Der zahlende Bürge erwirbt zwar noch immer gemäß § 774 I BGB den Anspruch des Gl gegen S, er erwirbt aber die akzessorischen Sicherungen, die der Gl vorher aufgegeben hat, nicht mehr über §§ 412, 401 BGB.

Vor diesem Rechtsverlust schützt ihn § 776 BGB, wonach die Bürgschaftsverpflichtung im Umfang der Rechtsaufgabe durch Gl erlischt. Hier hat Gl eindeutig sein Recht gegen einen Mitbürgen aufgegeben und so vorsätzlich den Rückgriffsanspruch des B1 beeinträchtigt.

762 Zum Übergang der Sicherungsrechte: Palandt, § 774 BGB, Rn. 9.

763 Zur Behandlung von nicht-akzessorischen Rechten: Hemmer/Wüst, Kreditsicherungsrecht, Rn. 331; Palandt, § 774 BGB, Rn. 9.

Kein „Wettlauf der Sicherungsgeber"!

Inwieweit B1 von seiner Bürgschaftsverpflichtung frei geworden ist, richtet sich nach § 774 BGB. 253

Im Rückgriff haften die Bürgen untereinander nur nach § 426 BGB wie Gesamtschuldner (§ 774 II BGB). Das bedeutet, dass auf den zahlenden Mitbürgen gemäß §§ 774 I, 412, 401 BGB nur ein - im Zweifel nach Kopfteilen zu bestimmender - Teil des Anspruchs gegen den anderen Mitbürgen übergeht, den Gl ursprünglich gehabt hat.

Der Sinn dieser Regelung ist, dass der zuerst zahlende Bürge nicht allein deshalb vollen Ausgleich von dem anderen Bürgen verlangen können soll, weil er der Schnellste gewesen ist.

Sound: Ein „Wettlauf der Sicherungsgeber" soll vermieden werden.

SG hätte also zur Hälfte gegen B2 einen Ausgleichsanspruch gehabt, wenn dieser nicht von Gl befreit worden wäre. Damit wird B1 in Höhe der Hälfte seiner Verpflichtung gemäß § 776 BGB frei. Diese Summe hat er Gl nicht mehr aus der Bürgschaft geschuldet, er hat sie ohne Rechtsgrund geleistet. Daher kann SG sie nach den Vorschriften der ungerechtfertigten Bereicherung zurückverlangen.

Def.: „Aufgeben" i.S.v. § 776 BGB

„Aufgeben" i.S.d. § 776 BGB bedeutet nur vorsätzliches aktives Handeln. Ein fahrlässiges Verschlechtern, Vernichten oder Schlechtverwerten reicht nicht aus.[764] 254

Eine Aufgabe liegt auch darin, dass der Gl die Sicherheit nun für eine andere als die durch den (ausgleichsberechtigten) Bürgen gesicherte Forderung verwendet.[765] Auch dann kann nämlich der Bürge die Sicherheit nicht mehr im Wege der Legalzession erwerben, sodass die Anwendung des § 776 BGB geboten ist.

§ 776 BGB findet auf die nicht-akzessorischen Sicherungsrechte analoge Anwendung.[766] Voraussetzung ist, dass der Gl aufgrund des Bürgschaftsvertrages (stillschweigend) verpflichtet gewesen wäre, die Sicherheiten auf den zahlenden Bürgen zu übertragen.[767]

hemmer-Methode: Zu weiteren Rückgriffsproblemen und zu dem examensrelevanten Problem des sog. „Wettlaufs der Sicherungsgeber" lesen Sie bitte HEMMER/WÜST, Kreditsicherungsrecht, Rn. 334 ff. bzw. Rn. 346 ff.

764 Palandt, § 776 BGB, Rn. 3.

765 BGH, WM 1960, 371 f.

766 Für die Sicherungsübereignung BGH, NJW 1966, 200; für die Sicherungszession OLG München, MDR 1957, 356; für das Vorbehaltseigentum BGHZ 46, 56.

767 Staudinger/Horn, § 776 BGB, Rn. 10.

§ 10 PAUSCHALREISEVERTRAG

A) Entwicklung des Pauschalreiserechts

Reisevertragsrecht erst 1979 in das Gesetz eingefügt

Das Reisevertragsrecht wurde 1979 in das Gesetz eingefügt, weil es mit der Zunahme von Pauschalreisen u.ä. immer deutlicher wurde, dass im BGB, zu dessen Entstehungszeitpunkt derartige Reisen noch unbekannt waren, keine interessengerechte Regelung enthalten war, insbesondere das Werkvertragsrecht nicht vollständig passt. 255

Drittes Gesetz zur Änderung reiserechtlicher Vorschriften

Am 25.11.2015 hat das Parlament der Europäischen Union die Richtlinie über Pauschal- und Bausteinreisen (Pauschalreise-RL) verabschiedet.[768] Diese Richtlinie wurde als **„Drittes Gesetz zur Änderung reiserechtlicher Vorschriften“ umgesetzt**.[769] 255a

Am 01.07.2018 in Kraft getreten

Dieses Gesetz ist am 01.07.2018 in Kraft getreten.[770] Für vor dem 01.07.2018 abgeschlossene (Buchungsdatum!) Reiseverträge bleibt es bei der bis zum 30.06.2018 geltenden Rechtslage gem. Art. 229 § 42 EGBGB.

Das Reisevertragsrecht, das bereits mit Wirkung zum 01.01.2018 durch das „Gesetz zur Änderung des Bauvertragsrechts“[771] als redaktionelle Folgeänderung zum Untertitel 4 wurde, wird in den §§ 651a bis 651y BGB n.F. grundlegend geändert. Die BGB-InfoV,[772] in welcher zuletzt nur noch Informations- und Nachweispflichten von Reiseveranstaltern geregelt waren, wird sinnvollerweise komplett aufgehoben und in § 651d BGB n.F. und die Art. 250 bis 253 EGBGB n.F. integriert.

Ziel des Reiserechts ist die Stärkung der Rechte des Reisenden

Das Reisevertragsrecht verfolgt demnach das Ziel, einen gerechten Ausgleich zwischen den Interessen des Reiseveranstalters und des Reisenden zu schaffen. In erster Linie sollen aber die Rechte des Reisenden gestärkt werden, was auch durch den zwingenden Charakter der Vorschriften zum Ausdruck kommt, § 651y BGB. 255b

Hemmer-Methode: Mit § 651u BGB hat der Gesetzgeber eine Spezialregelung für Gastschulaufenthalte geschaffen, die nicht unter den Anwendungsbereich der Pauschalreise-RL fallen. Ein Gastschulaufenthalt erfüllt nicht die Kriterien einer Pauschalreise europäischen Rechts. Jedoch ist es dem Gesetzgeber unbenommen, sie auf nationaler Ebene als solche zu qualifizieren.
Die Regelung, die einige Vorschriften des Pauschalreisevertragsrechts für entsprechend anwendbar erklärt, ist nach der Durcharbeit des Pauschalreisevertragsrechts aus sich heraus verständlich.

B) Anwendbare Vorschriften

§§ 651a bis 651y BGB

Auf den Pauschalreisevertrag, die Reisevermittlung und die Vermittlung verbundener Reiseleistungen sind die §§ 651a bis 651y BGB anwendbar. 256

Reisevertrag ist dem Werkvertrag ähnlich

Durch die Stellung als Untertitel 4 im Titel 9 des 8. Abschnitts ist klargestellt, dass es sich beim Reisevertrag um einen werkvertragsähnlichen Vertragstyp handelt. 256a

768 Richtlinie (EU) 2015/2302 vom 25.11.2015, ABl. 2015, L 326, Seite 1 ff.

769 BGBl. I 2017, Nr. 48, Seite 2394 ff.

770 Lesen Sie dazu auch die ausführliche 20 Seiten lange Kommentierung des reformierten Reiserechts von Tyroller, „Drittes Gesetz zur Änderung reiserechtlicher Vorschriften“, Life&Law 06/2018, 409 ff.

771 Vgl. dazu Tyroller, Life&Law 06/2017, 423 ff.

772 Schönfelder, Ordnungsnummer 22.

Subsidiär anwendbar ist § 646 BGB für die Fälligkeit des Reisepreises

Daraus folgt, dass jedenfalls nur dann auf das Werkvertragsrecht zurückgegriffen werden darf, wenn eine Regelung im Reisevertragsrecht fehlt. Dies ist letztlich nur für die Fälligkeit des Reisepreises möglich. Aus dem subsidiär heranzuziehenden § 646 BGB ergibt sich, dass die Fälligkeit des Reisepreises grundsätzlich erst mit der Beendigung der Reise eintritt.

Allg. Vorschriften anwendbar

Im Übrigen sind selbstverständlich die Vorschriften des allgemeinen Schuldrechts anwendbar. 256b

*Reiserechtliches Mängelrecht (§§ 651i ff. BGB) verdrängt aber §§ 280 ff. BGB (sog. **„Einheitslösung“**)*

Diese sind aber im Hinblick auf Mängel der Reise durch die §§ 651i ff. BGB verdrängt. Wird bei einer Pauschalreise eine nach dem Vertrag geschuldete Leistung aus Gründen, die nicht allein in der Person des Reisenden liegen, ganz oder teilweise nicht erbracht, so handelt es sich grundsätzlich um einen Reisemangel, für den der Reiseveranstalter **allein** nach Maßgabe der §§ 651i ff. BGB haftet (sog. **„Einheitslösung“**; vgl. dazu auch Rn. 263 bis 265).[773]

Das gilt auch dann, wenn bereits die erste Reiseleistung ausfällt und damit die gesamte Reise vereitelt wird. Hierfür spricht nun auch eindeutig die Vorschrift des **§ 651i II S. 3 BGB**.

hemmer-Methode: Anders als im Kauf-, Miet- und Werkvertragsrecht gibt es beim Reisevertrag keinen Tag „X“, bis zu welchem für Mängel nach SchuldR-AT gehaftet wird (im Kauf- und Werkvertragsrecht der Gefahrübergang, im Mietrecht die Überlassung der Mietsache an den Mieter) und ab welchem für Mängel die besonderen Gewährleistungsregeln des SchuldR-BT eingreifen.

C) Zustandekommen und Inhalt des Pauschalreisevertrages

Definition des Pauschalreisevertrags

Ein Pauschalreisevertrag kommt gem. § 651a I S. 1 BGB zustande, wenn sich der Unternehmer (= Reiseveranstalter) gegen Zahlung eines Reisepreises verpflichtet, dem Reisenden eine Pauschalreise zu verschaffen. 257

I. Reiseveranstalter, Leistungsträger und Vermittler

Reiseveranstalter trifft eigene Verantwortung für Reiseleistungen

Durch die Formulierung ***„verschaffen“*** wird verdeutlicht, dass den Reiseveranstalter eine eigene Verantwortung für die – von ihm selbst oder Dritten – zu erbringenden Reiseleistungen trifft. 257a

Reiseveranstalter ist, wer sich selbst verpflichtet, die Reiseleistungen zu erbringen (z.B. TUI, NECKERMANN, KREUTZER, JAHN-REISEN).

hemmer-Methode: Nicht gewerblich tätige Reiseveranstalter, die nur gelegentlich Reisen veranstalten, sind von der Anwendbarkeit des Reiserechts vollständig ausgenommen. Dies stellt § 651a V Nr. 1 BGB klar, wonach die §§ 651a ff. BGB nicht anzuwenden sind, wenn ein Unternehmer Verträge über Reisen nur gelegentlich, nicht zum Zwecke der Gewinnerzielung und nur einem begrenzten Personenkreis anbietet.

Leistungsträger sind Erfüllungsgehilfen i.S.v. § 278 BGB

Dies bedeutet nicht notwendig, dass der Reiseveranstalter selbst Flugzeuge, Hotels und Mietwagen besitzen muss. Er kann zur Erfüllung seiner Pflichten dritte Personen einbeziehen, mit denen er (und nicht der Reisende) Verträge abschließt. Diese dritten Personen nennt das Gesetz Leistungsträger.

773 Vgl. dazu bereits BGH, NJW 1986, 1748 ff. = jurisbyhemmer.

hemmer-Methode: Sie sind stets Erfüllungsgehilfen i.S.v. § 278 S. 1, Alt. 2 BGB, aber nicht notwendigerweise Verrichtungsgehilfen i.S.v. § 831 BGB.[774]

Abgrenzung zur Vermittlung

Die Verschaffung einer Pauschalreise durch einen Reiseveranstalter ist aber von der bloßen **Vermittlung** einer Pauschalreise oder einzelner Reiseleistungen durch z.B. ein Reisebüro abzugrenzen. 257b

§ 651b BGB

Nach § 651b I S. 1 BGB unterfällt die bloße Vermittlung von Einzelleistungen nicht den besonderen reiserechtlichen Regelungen, sondern den allgemeinen Vorschriften.

hemmer-Methode: Die Reisevermittlung, d.h. die Vermittlung von Pauschalreisen, wird in §§ 651v, 651w BGB näher geregelt.
§ 651v I S. 1 BGB definiert den Reisevermittler als Unternehmer, der einem Reisenden einen Pauschalreisevertrag vermittelt.
Die umstrittene Rechtsnatur des Reisevermittlungsvertrages lässt das Gesetz aber nach wie vor offen. Nach h.M. soll es sich um einen Geschäftsbesorgungswerkvertrag handeln (§§ 675 I, 631 BGB). Nach a.A. soll es sich um einen Maklervertrag handeln. Teilweise wird das Vorliegen eines Vertrages sogar gänzlich verneint und als Schuldverhältnis für eine Haftung nach § 280 I BGB lediglich § 311 III S. 2 BGB herangezogen (sog. „Sachwalterhaftung).[775]
Nach § 651v III BGB haftet ein Reisevermittler subsidiär selbst als Reiseveranstalter, wenn er eine Pauschalreise eines Reiseveranstalters vermittelt, der seinen Sitz in einem Staat hat, der weder zur Europäischen Union noch zum Europäischen Wirtschaftsraum gehört. Diese „Quasi-Veranstalter"-Vorschrift ähnelt dem § 4 II ProdHaftG.

Welche Art von Tätigkeit vorliegt, hängt gem. § 651b I S. 2 BGB entscheidend davon ab, wie das Reiseunternehmen aus der Sicht des Reisenden auftritt.

§ 651b I S. 2 Nr. 1 bis 3 BGB als Ausfluss des Verbots widersprüchlichen Verhaltens

§ 651b I S. 2 BGB begrenzt die Möglichkeit der Vermittlung, indem bestimmte Situationen hiervon ausgenommen werden. Die Vorschrift regelt, dass bei einer in den Fällen der Nummern 1 bis 3 unbeachtlichen Berufung auf eine Vermittlung der Unternehmer kein Vermittler ist, sondern nach § 651b I S. 3 BGB als Reiseveranstalter i.S.d. § 651a I S. 1 BGB behandelt wird.

§ 651b I S. 2 BGB soll also verhindern, dass sich der als Reiseveranstalter Auftretende (z.B. durch eine entsprechende Vertragsklausel) den Pflichten und insbesondere der Haftung eines Reiseveranstalters entziehen kann.

§ 651b I S. 2 BGB stellt somit eine Ausprägung des auch bei der Auslegung von Verträgen nach §§ 133, 157, 242 BGB zu beachtenden rechtlichen Grundsatzes dar, dass widersprüchliches Verhalten unzulässig ist (venire contra factum proprium), wenn für den anderen Teil ein Vertrauenstatbestand geschaffen worden ist und er im Hinblick darauf bestimmte Dispositionen getroffen hat.

hemmer-Methode: Es ist daher unschädlich, wenn der Unternehmer erklärt, dass er lediglich Reisen vermittele, wenn im Übrigen nach § 651b I S. 2 Nr. 1 bis 3 BGB der Anschein begründet wird, dass er die Reiseleistungen in eigener Verantwortung erbringt.

774 Palandt, § 651a BGB, Rn. 10; Larenz, II/1, § 53 V. b.

775 Lesen Sie hierzu auch BGH, NJW 2006, 2321 ff.

*Sonderfall: Verbundene Online-Buchungsverfahren, § 651c BGB („**Click-Through-Buchungen**")*

§ 651c I BGB regelt die sog. **„Click-Through-Buchungen"**, bei denen der Reisende über Links von einem Unternehmer zum nächsten weitergeleitet wird. Die Qualifikation der „Click-Through-Buchung" im verbundenen Online-Buchungsverfahren stellt eine Pauschalreise dar. Danach ist ein Unternehmer unter folgenden Voraussetzungen als Reiseveranstalter einer Pauschalreise anzusehen: 257c

Der Unternehmer schließt mit dem Reisenden mittels Online-Buchungsverfahrens einen Vertrag über eine Einzelreiseleistung (z.B. Flug) oder vermittelt diese (**Nr. 1**).

Im zweiten Schritt vermittelt er dem Reisenden für den Zweck derselben Reise einen Vertrag über eine weitere Reiseleistung (z.B. Hotelaufenthalt), indem er den Zugriff auf das Online-Buchungsverfahren eines anderen Unternehmers ermöglicht (etwa über einen Link). Dazu muss er den Namen, die Zahlungsdaten und die E-Mail-Adresse des Reisenden an den anderen Unternehmer übermitteln (**Nr. 2**) und der weitere Vertrag spätestens 24 Stunden nach der Bestätigung des Vertrages über die erste Reiseleistung geschlossen werden (**Nr. 3**).

Erster Unternehmer ist kraft Fiktion Reiseveranstalter

§ 651c II BGB fingiert in diesem Fall den ersten Unternehmer als Reiseveranstalter von Flug und Hotelleistung mit allen reisevertraglichen Pflichten. Diese Fiktion gilt aber nur vorbehaltlich der Ausnahmeregelung des § 651a IV BGB. Außerdem kann die Fiktion als Pauschalreise aufgrund der allgemeinen Vorschrift des § 651a V BGB ausgeschlossen sein, wobei für den Ausschluss der Fiktion die Höhe des Reisepreises einer Tagesreise i.S.d. § 651a V Nr. 2 BGB keine Rolle spielt (vgl. § 651c III BGB).

II. Gesamtheit von mindestens zwei verschiedenen Arten von Reiseleistungen, § 651a II BGB

§ 651a II S. 1 BGB ⇨ Gesamtheit von Reiseleistungen

§ 651a II S. 1 BGB definiert die Pauschalreise als eine **„Gesamtheit von mindestens zwei verschiedenen Arten von Reiseleistungen für den Zweck derselben Reise"**. Damit ist nach wie vor das klassische Paket im Voraus zusammengestellt durch einen Reiseveranstalter **im Katalog oder online** auf seiner Website erfasst. 258

*Bei **Buchung einer Einzelleistung** gilt das Reisevertragsrecht nicht*

Auf Veranstaltungsverträge, die auf die **Bereitstellung einer Einzelleistung** (z.B. Ferienunterkunft) gerichtet sind, können die Vorschriften des Reisevertragsrechts nicht angewendet werden.

Nach bisheriger gefestigter Rechtsprechung des BGH galten die §§ 651a ff. BGB zwar analog, wenn z.B. ein Reiseveranstalter auf der Basis von Prospekten mit zahlreichen Ferienhäusern einen Vertrag über die Bereitstellung einer solchen Ferienunterkunft abschließt.[776]

Von der Normierung dieser Rechtsprechung hat der Gesetzgeber aber - auf Druck der Touristikverbände - abgesehen. Über einen Veranstalter gebuchte Ferienwohnungen und Hotelzimmer unterliegen daher künftig nur dem durch AGB abänderbaren Beherbergungsrecht (typengemischter Vertrag mit Schwerpunkt Mietrecht).

Auch Analogie nicht mehr möglich

Da künftig auch keine Regelungslücke mehr angenommen werden kann, entfällt eine richterliche Analogie.

776 Vgl. BGH, **Life&Law 12/2014, 933 f.** = **juris**byhemmer; BGH, NJW 2013, 308 ff. = **juris**byhemmer; BGHZ 119 (152) = **juris**byhemmer.

hemmer-Methode: Mit dieser schwerwiegenden Absenkung des bisherigen Verbraucherschutzniveaus höhlt das neue Recht ohne Begründung im Gesetzentwurf das Pauschalreiserecht weiter aus, als es die Richtlinie vorgibt, obwohl bei der Anhörung vor dem Rechtsausschuss des Bundestages sich alle geladenen Rechtsexperten dafür ausgesprochen haben, dass Ferienunterkünfte und Hotels aus dem Angebot von Reiseveranstaltern und Agenturen weiterhin unter den Schutz des Pauschalreiserechts fallen sollten.[777]

§ 651a II S. 2 Nr. 1 BGB regelt (nun) das „Dynamic Packaging“

In § 651a II S. 2 Nr. 1 BGB wird die Rechtsprechung des EuGH[778] und des BGH[779] zur dynamischen Bündelung (bzw. „neudeutsch“ „Dynamic Packaging“) gesetzlich normiert. *258a*

Danach liegt in Übereinstimmung mit der bisherigen Rechtsprechung eine Pauschalreise auch dann vor, wenn die Bündelung verschiedener Reiseleistungen (Bausteine) auf Wunsch des Reisenden oder entsprechend seiner Auswahl erst im Zeitpunkt des Vertragsschlusses elektronisch vorgenommen wird.

§ 651a II S. 2 Nr. 2 BGB („Reise-Geschenkbox“)

In § 651a II Nr. 2 BGB ist ein Sonderfall des „Dynamic Packaging“, die sog. „Reise-Geschenkbox“, geregelt. Der Reiseveranstalter kann dem Reisenden hierbei das Recht einräumen, die Auswahl der Reiseleistungen aus seinem Angebot _nach_ Vertragsschluss zu treffen. Nach bisheriger Ansicht des BGH musste diese Bündelung der Reiseleistungen für die Bejahung eines Reisevertrages vor oder gleichzeitig mit dem Vertragsschluss erfolgen. *258b*

§ 651a III S. 1 BGB definiert den Begriff der Reiseleistung

§ 651a III S. 1 BGB definiert in den Nummern 1 bis 4 die einzelnen Reiseleistungen. Hierzu zählen die Personenbeförderung (Nr. 1), die Beherbergung außer zu Wohnzwecken (Nr. 2), die Fahrzeugvermietung von Pkw und Krafträdern (Nr. 3) und jede andere touristische Leistung (Nr. 4), die nicht wesensmäßig Bestandteil der anderen Reiseleistungen der Nr. 1 bis 3 ist, vgl. § 651a III S. 2 BGB. *258c*

> ***Beispiele für „touristische Leistungen“ i.S.d. Nr. 4:*** *Eintrittskarten für Konzerte, Sportveranstaltungen, Ausflüge oder Themenparks, Führungen, Skipässe, die Vermietung von Sportausrüstungen (etwa Skiausrüstungen) oder Wellnessbehandlungen.*

§ 651a IV BGB stellt klar, dass es sich bei der „sonstigen touristischen Leistung i.S.d. § 651a III S. 1 Nr. 4 BGB“ um keine vollwertige Reiseleistung handelt

§ 651a IV BGB enthält zwei Ausnahmeregelungen im Zusammenhang mit den touristischen Leistungen nach § 651a III S. 1 Nr. 4 BGB. Keine Pauschalreise liegt nach § 651a IV Nr. 1 BGB vor, wenn die touristische Leistung keinen erheblichen Anteil am Gesamtwert der Zusammenstellung ausmacht (nach § 651a IV S. 2 BGB: weniger als 25 %) und weder ein wesentliches Merkmal der Zusammenstellung darstellt, noch als solches beworben wird. *258d*

hemmer-Methode: § 651a IV BGB stellt damit klar, dass es sich bei der „sonstigen touristischen Leistung i.S.d. § 651a III S. 1 Nr. 4 BGB“ um keine vollwertige Reiseleistung handelt.

Bei der Pauschalreise werden sehr oft erst am Urlaubsort zusätzliche sonstige touristische Leistungen dazu gebucht (z.B. Ausflüge).

*Zusatzleistung erst vor Ort gebucht ⇨ kein Reisevertrag, wenn diese nur zu **einer** (Haupt)Reiseleistung nach § 651a III S. 1 Nr. 1 bis 3 BGB hinzugebucht wird*

§ 651a IV S. 2 BGB stellt für diesen Fall klar, dass jedenfalls dann keine Pauschalreise vorliegt, wenn nur **einer** (Haupt)Reiseleistung nach § 651a III S. 1 Nr. 1 bis 3 BGB *nachträglich* sonstige touristische Leistungen i.S.d. Nr. 4 hinzugefügt werden. Ob eine Pauschalreise vorliegt, soll für diese Konstellation also schon im Zeitpunkt des Vertragsabschlusses feststehen. *258e*

777 Vgl. dazu Führich, Das neue Pauschalreiserecht, NJW 2017, 2945 (2946).

778 EuGH, RRa 2002, 119 f. = **juris**byhemmer („Club-Tour-Urteil“).

779 BGH, NJW 2015, 1444 ff. = **juris**byhemmer.

Sound: Sonstige touristische Leistungen i.S.d. § 651a III S. 1 Nr. 4 BGB" sind also lediglich Reiseleistungen „zweiter Klasse"!

Liegt hingegen bereits eine Pauschalreise aus zwei (Haupt)Reiseleistungen i.S.d. § 651a III S. 1 Nr. 1 bis 3 BGB vor (z.B. Flug gem. § 651a III S. 1 Nr. 1 BGB und Hotel gem. § 651a III S. 1 Nr. 2 BGB), so stellt sich hinsichtlich der Haftung für zusätzlich vor Ort gebuchte touristische Leistungen i.S.d. § 651a III S. 1 Nr. 4 BGB wiederum die Frage, ob diese **nachträglich in den Reisevertrag einbezogen** worden sind und deshalb zu den vom Reiseveranstalter vertraglich geschuldeten Reiseleistungen gehören, **oder** ob sie von ihm **nur als Fremdleistung vermittelt** worden sind.

Auch hier ist als Abgrenzung wieder die Vorschrift des § 651b I S. 2 BGB heranzuziehen (vgl. Rn. 257a).

III. Informationspflichten und Vertragsinhalt, § 651d BGB

Vorvertragliche Informationspflichten des Reiseveranstalters

Nach § 651d I S. 1 BGB ist der Reiseveranstalter verpflichtet, den Reisenden vorvertraglich nach Maßgabe des Art. 250 §§ 1 bis 3 EGBGB zu informieren. Hierbei geht es neben dem Zeitpunkt und der Art und Weise der vorvertraglichen Unterrichtung und etwaigen Änderungen der erteilten Informationen (§ 1) insbesondere auch darum, dass dem Reisenden das relevante Formblatt nach dem in der Anlage 11 zum EGBGB enthaltenen Muster zur Verfügung zu stellen ist (§ 2), sowie um detaillierte Informationen zu den wesentlichen Eigenschaften der Reiseleistungen (§ 3). 258f

hemmer-Methode: § 651d I S. 2 BGB betrifft Fälle, in denen der Reiseveranstalter die Pauschalreise über einen Reisevermittler vertreibt. Auch der Vermittler ist dann zur vorvertraglichen Unterrichtung des Reisenden verpflichtet (vgl. § 651v I BGB).
§ 651d V BGB trifft eine Sonderregelung für verbundene Online-Buchungsverfahren („Click-Through-Buchungen") nach § 651c BGB (vgl. dazu Rn. 257c).

§ 651d II BGB bestimmt, dass dem Reisenden Mehrkosten (Steuern, Gebühren, sonstige Entgelte) nur dann zur Last fallen, wenn er vor Abgabe seiner Vertragserklärung gem. Art. 250 § 3 Nr. 3 EGBGB informiert worden ist.

Nach § 651 d III S. 1 BGB werden die nach Art. 250 § 3 Nr. 1, 3 – 5 und 7 EGBGB gemachten Angaben Inhalt des Pauschalreisevertrages. Dies kann z.B. i.R.d. des Mangelbegriffs nach § 651i II S. 2 BGB Bedeutung erlangen, da diese Angaben zur vereinbarten Beschaffenheit der Reise gehören (vgl. Rn. 266a). Es steht den Vertragsparteien aber offen, *ausdrücklich* etwas anderes zu vereinbaren.

Nach § 651d III S. 2 BGB ist dem Reisenden eine Abschrift oder Bestätigung des Vertrages nach Maßgabe des Art. 250 § 6 EGBGB zur Verfügung zu stellen. Nach § 651d III S. 3 BGB sind dem Reisenden rechtzeitig vor Reisebeginn die notwendigen Reiseunterlagen gem. Art. 250 § 7 EGBGB zu übermitteln.

IV. Änderungen des Vertragsinhalts

1. Einseitige Vertragsänderung durch den Veranstalter bei unerheblichen Änderungen

Änderungsvorbehalte, § 651f BGB

Der Reiseveranstalter hat gem. § 651f BGB unter gewissen Voraussetzungen das Recht, Vertragsbedingungen einseitig zu ändern, wenn diese Änderung **unerheblich** ist. 258g

Unerhebliche Erhöhung des Reisepreises

Der Reiseveranstalter kann gem. § 651f I S. 1 Nr. 1 BGB den Reisepreis nur erhöhen, wenn er sich diese Möglichkeit vertraglich zur Anpassung an etwaige künftige Entwicklungen vorbehalten hat und der Vertrag einen Hinweis auf die - spiegelbildliche und derzeit nach dem BGB nicht vorgesehene - Verpflichtung des Reiseveranstalters zur Senkung des Reisepreises (vgl. § 651f IV BGB) sowie die Angabe enthält, wie die Änderungen des Reisepreises zu berechnen sind.

hemmer-Methode: Erhebliche Preisänderungen kann der Reiseveranstalter nicht einseitig vornehmen, § 651g I S. 1 BGB (Rn. 260b)!

Hinzutreten muss nach Nr. 2, dass sich die Erhöhung nach Vertragsschluss unmittelbar aus den in den Buchstaben a) bis c) alternativ genannten Gründen ergibt (z.B. höhere Kosten für Treibstoff, Erhöhung der Steuern, Änderung der Wechselkurse).

Nach § 651f I S. 2 und 3 BGB hat der Veranstalter den Reisenden auf einem dauerhaften Datenträger i.S.d. § 126b I S. 2 BGB und nicht später als 20 Tage vor Reisebeginn (maßgeblich ist der Zugang beim Reisenden) klar und verständlich über die Preiserhöhung, deren Gründe und Berechnung zu unterrichten.

Andere einseitige ***unerhebliche*** *Änderungen*

Andere einseitige Änderungen - also solche, die nicht den Reisepreis betreffen (z.B. geänderte Flugzeiten) - sind nach § 651f II S. 1 BGB nur möglich, wenn ein entsprechender Änderungsvorbehalt vertraglich vorgesehen ist und die Änderung unerheblich ist.

hemmer-Methode: Erhebliche Änderungen kann der Reiseveranstalter nicht einseitig vornehmen, § 651g I S. 1 BGB (Rn. 260b)!

Unterrichtungsobliegenheit

Der Reisende ist nach § 651f II S. 2 BGB auf einem dauerhaften Datenträger klar, verständlich und in hervorgehobener Weise **vor** Reisebeginn über die Änderung zu unterrichten. Anderenfalls ist die Änderung nicht wirksam, § 651f II S. 3 BGB.

§§ 308 Nr. 4, 309 Nr. 1 BGB sind unanwendbar

Werden die in § 651f I und II BGB enthaltenen Änderungsvorbehalte durch AGB vereinbart, werden die genannten Klauselverbote der **§§ 308 Nr. 4, 309 Nr. 1 BGB unanwendbar**, vgl. § 651f III BGB. Auf eine Zumutbarkeit der Änderung für den Reisenden i.S.d. § 308 Nr. 4 BGB kommt es damit künftig nicht mehr an. Auch die in § 309 Nr. 1 BGB enthaltene Vier-Monats-Grenze (lesen!) kommt nicht mehr zur Anwendung.

Preissenkungen

Nach § 651f IV BGB kann der Reisende eine Senkung des Reisepreises verlangen, wenn der Vertrag die Möglichkeit einer Erhöhung des Reisepreises zugunsten des Reiseveranstalters vorsieht und eine Änderung der Preise, Abgaben oder Wechselkurse nach Vertragsschluss und vor Reisebeginn zu niedrigeren Kosten für den Reiseveranstalter geführt hat.

Ein gegebenenfalls zu viel gezahlter Betrag ist dem Reisenden nach **§ 651f IV S. 2 BGB** zu erstatten, wobei nach Satz 3 der Reiseveranstalter von dem zu erstattenden Betrag die ihm tatsächlich entstandenen Verwaltungsausgaben abziehen darf.

Auf Verlangen des Reisenden muss der Reiseveranstalter nach Satz 4 nachweisen, in welcher Höhe diese entstanden sind.

2. Erhebliche Vertragsänderungen

Erhebliche Vertragsänderungen, § 651g BGB

Erhebliche Vertragsänderungen kann der Reiseveranstalter gem. § 651g I S. 1 und S. 3 BGB nicht einseitig vornehmen. 258h

Erhebliche Preiserhöhungen (über 8% des Reisepreises)

a) Erhebliche Preiserhöhungen über 8% des Reisepreises (vgl. § 651g I S. 1 BGB) kann der Reiseveranstalter dem Reisenden nach § 651g I S. 2 BGB anbieten und verlangen, dass der Reisende innerhalb einer angemessenen Frist entweder das Angebot zur Änderung annimmt (Nr. 1) oder seinen Rücktritt vom Vertrag erklärt (Nr. 2). Preiserhöhungen kann der Reiseveranstalter nicht später als *20 Tage vor* Reisebeginn und sonstige Änderungen *nicht mehr nach* Reisebeginn unterbreiten (Satz 4).

In seinem Angebot zu einer Preiserhöhung oder sonstigen Vertragsänderung kann der Reiseveranstalter dem Reisenden gem. § 651g II S. 1 und 2 BGB wahlweise auch die Teilnahme an einer anderen Pauschalreise anbieten (sog. „Ersatzreise“) und den Reisenden nach Art. 250 § 10 EGBGB informieren. Der Reisende kann aber die Teilnahme an einer mindestens gleichwertigen anderen Reise nicht verlangen. Es steht dem Reiseveranstalter vielmehr offen, ob er dem Reisenden ein solches Angebot unterbreitet.

Erhebliche sonstige Änderungen

b) Andere erhebliche Vertragsänderungen als Preiserhöhungen liegen vor, wenn wenn der Reiseveranstalter die Pauschalreise aus einem nach Vertragsschluss eingetretenen Umstand nur unter erheblicher Änderung einer der wesentlichen Eigenschaften der Reiseleistungen (Artikel 250 § 3 Nummer 1 EGBGB) oder nur unter Abweichung von besonderen Vorgaben des Reisenden, die Inhalt des Vertrages geworden sind, verschaffen kann.

Es muss sich also um eine Änderung handeln, durch welche sich die Qualität bzw. der Wert der Reiseleistungen verringert (vgl. Satz 3) und damit die Reise letztlich einen Reisemangel i.S.d. § 651i II BGB aufweist.

Die Erheblichkeitsschwelle für eine Kündigung nach § 651l BGB muss für das Vorliegen einer erheblichen Vertragsänderung nach § 651g I S. 3 BGB aber nicht erreicht sein.

§ 651g I S. 2 BGB gilt für derartige Vertragsänderungen entsprechend.

Fiktion der Annahme durch den Reisenden gem. § 651g II S. 3 BGB

c) Nach § 651g II S. 3 BGB gilt das Angebot zur Preiserhöhung oder sonstigen Vertragsänderung nach § 651g I BGB nach Ablauf der vom Reiseveranstalter bestimmten Frist als angenommen.

Im Hinblick auf eine eventuell angebotene Ersatzreise nach § 651g II BGB kommt im Umkehrschluss also nur eine *ausdrückliche* Annahme in Betracht.[780]

Rechtsfolgen bei Rücktritt des Reisenden, § 651g III BGB

d) § 651g III BGB regelt die Rechtsfolgen, wenn der Reisende nach § 651g I S. 2 Nr. 2 BGB vom Vertrag zurücktritt: Der Reiseveranstalter verliert nach § 651h I S. 2 BGB den Anspruch auf den vereinbarten Reisepreis und hat den vollständigen Reisepreis unverzüglich, spätestens jedoch innerhalb von 14 Tagen nach Zugang der Rücktrittserklärung, zurückzuerstatten, § 651h V BGB.

Bei Annahme durch den Reisenden gilt § 651m BGB (Minderung) entsprechend

Nimmt der Reisende das Angebot zur Vertragsänderung oder zur Teilnahme an einer Ersatzreise hingegen an und ist die Pauschalreise im Vergleich zur ursprünglich geschuldeten nicht von mindestens gleichwertiger Beschaffenheit, so gilt nach § 651g III S. 2 BGB die Vorschrift des § 651m BGB über die Minderung entsprechend.

780 **Hinweis:** Da sich § 651g II S. 3 BGB nur auf § 651g I BGB bezieht, wäre es verständlicher gewesen, wenn dieser auch dort platziert worden wäre.

V. Reisender und weitere Reiseteilnehmer

Reisender ist nur, wer Vertrag schließt

Reisender ist grundsätzlich nur, wer den Vertrag mit dem Reisevermittler abschließt. Selbst wenn ein Reisender eine Reise für zwei oder mehr Personen bucht, wird nur er Vertragspartner, wenn er nicht erkennbar als Vertreter der anderen Person(en) auftritt. 259

Für Mitreisenden Vertrag zugunsten Dritter (+)

Nach wohl h.M. handelt es sich dann jedoch um einen echten Vertrag zugunsten Dritter.

Der Dritte kann somit jedenfalls die Rechte geltend machen, die den Vertrag nicht in seinem Bestand betreffen.

> **Bsp.:** *Ehemann M bucht, um seine Frau F zum Hochzeitstag zu überraschen, bei dem Reisebüro R eine vom Reiseveranstalter V angebotene zweiwöchige Pauschalreise nach Kreta: Flug, Übernachtungen, Vollpension, Bustransfers und drei Ausflüge sind im Preis inbegriffen. Steht F ein selbstständiger Anspruch aus § 651a I S.1 BGB zu?*
>
> F hätte einen Anspruch gegen V auf Verschaffung einer Pauschalreise, wenn M als ihr Vertreter aufgetreten wäre. Über § 164 I BGB wäre sie dann unmittelbar selbst berechtigt und verpflichtet.
>
> M hat allerdings weder im Namen der F gehandelt, noch kann dem Sachverhalt eine Vollmachtserteilung entnommen werden. Über beides könnte allerdings § 1357 I BGB hinweghelfen[781], wenn ein Geschäft zur angemessenen Deckung des Lebensbedarfs vorläge.
>
> Hierunter fallen nach allgemeiner Auffassung aber nur solche Geschäfte, vor deren Abschluss eine Verständigung unter den Ehegatten allgemein als nicht notwendig erachtet wird. Das kann bei einer zweiwöchigen Reise, die Dispositionen verschiedenster Art erfordert, aber nicht angenommen werden.
>
> Ein eigener Anspruch der F könnte sich aber aus einem echten Vertrag zugunsten Dritter ergeben, § 328 I BGB.
>
> Ob ein solcher vorliegt, ist eine Frage der Auslegung, § 328 II BGB: Dem Willen des Ehegatten M entspricht es regelmäßig, seiner Frau eine besonders starke Rechtsstellung, mithin einen eigenen Anspruch gegenüber dem Reiseveranstalter zu verschaffen. Dieser Umstand ist auch für den Vertragspartner erkennbar.
>
> F hat daher gegenüber V einen eigenen Erfüllungsanspruch, § 651a I S. 1 BGB i.V.m. § 328 I BGB.

hemmer-Methode: Sollten Sie einen eigenen Anspruch des Nichtauftretenden verneinen, wird regelmäßig aber ein Vertrag mit Schutzwirkung zugunsten Dritter zu bejahen sein, sodass dem Dritten wenigstens im Falle von Schutzpflichtverletzungen eigene vertragliche Ansprüche zustehen.[782] I.d.R. ist dies aber kaum interessengerecht, da es gerade darum geht, dem Dritten den Anspruch auf die Reiseleistungen zu verschaffen.

D) Hauptpflichten beim Reisevertrag

I. Hauptpflicht des Reiseveranstalters

Mangelfreie Verschaffung einer Reise, §§ 651a I S. 1, 651i I BGB

Der Reiseveranstalter ist gem. § 651a I S. 1 BGB dazu verpflichtet, dem Reisenden eine Pauschalreise zu verschaffen. Die vom Veranstalter verschaffte Pauschalreise muss dabei gem. § 651i I BGB frei von Reisemängeln sein. 260

781 Vgl. zu § 1357 BGB, Hemmer/Wüst, Familienrecht, Rn. 95 ff.

782 Palandt, § 328 BGB, Rn. 13.

Organisation geschuldet

Inhaltlich schuldet der Reiseveranstalter Planung, organisierte Durchführung des gesamten vereinbarten Programms und alles, was im Vertrag enthalten war. Er muss außerdem die Leistungsträger sorgfältig aussuchen und überwachen.

II. Hauptpflicht des Reisenden

Entrichtung des Reisepreises

Der Reisende ist gem. § 651a I S. 2 BGB verpflichtet, dem Reiseveranstalter den vereinbarten Reisepreis zu zahlen. Die Vergütung ist grds. gemäß § 646 BGB analog (vgl. dazu bereits Rn. 256a) bei Vollendung, d.h. bei Beendigung der Reise fällig. 261

Vorauszahlungen sind nach § 651t BGB zulässig

§ 651t Nr. 1 BGB sieht vor, dass der Reiseveranstalter **Vorauszahlungen** des Reisenden nur fordern oder annehmen darf, wenn er seiner Pflicht zur Insolvenzsicherung (vgl. § 651r BGB) nachgekommen ist. 261a

Nach § 651r I S. 1 BGB hat der Reiseveranstalter sicherzustellen, dass dem Reisenden der gezahlte Reisepreis erstattet wird, soweit im Fall der Zahlungsunfähigkeit des Reiseveranstalters Reiseleistungen ausfallen oder der Reisende im Hinblick auf erbrachte Reiseleistungen Zahlungsaufforderungen von Leistungserbringern nachkommt, deren Entgeltforderungen der Reiseveranstalter nicht erfüllt hat.

Reisender muss Anspruch gegen Kundengeldabsicherer erhalten ⇨ Nachweis durch Sicherungsschein

Zur Erfüllung seiner Verpflichtungen aus § 651r I BGB hat der Reiseveranstalter dem Reisenden gem. § 651r IV S. 1 BGB einen unmittelbaren Anspruch gegen den Kundengeldabsicherer (entweder eine Versicherung oder ein Kreditinstitut, vgl. § 651r II S. 1 BGB) zu verschaffen und durch eine von diesem oder auf dessen Veranlassung gemäß Artikel 252 EGBGB ausgestellte Bestätigung (Sicherungsschein) nachzuweisen.

Mitteilung der Kontaktdaten und des Namens des Kundengeldabsicherers

Außerdem muss der Veranstalter nach § 651t Nr. 2 BGB dem Reisenden klar, verständlich und in hervorgehobener Weise den Namen und die Kontaktdaten des Kundengeldabsicherers zur Verfügung gestellt haben. 261b

hemmer-Methode: Nach Art. 250 §§ 2, 4 EGBGB i.V.m. Formblättern (Anlagen 11 bis 13 zu § 250 §§ 2, 4 EGBGB) ist der Reiseveranstalter verpflichtet, den Namen und die Kontaktdaten des Kundengeldabsicherers <u>auch in</u> den <u>vorvertraglichen</u> Informationen mitzuteilen.

Für die Vorfälligkeitszahlung kommt es aber nicht auf die Übergabe des Sicherungsscheins an. Art. 252 I S. 1 EGBGB ordnet zwar an, dass der Reiseveranstalter den Sicherungsschein dem Reisenden in Textform zu übermitteln hat. Für die Vorfälligkeitszahlung kommt es aber nur darauf an, dass ein wirksamer Insolvenzschutz besteht (Nr. 1) und der Reisende durch Mitteilung des Namens und der Kontaktdaten des Absicherers in die Lage versetzt wird, das Bestehen des Insolvenzschutzes nachprüfen zu können (Nr. 2).

hemmer-Methode: Hat der Reiseveranstalter seine Niederlassung in einem anderen Mitgliedstaat der EU oder in einem sonstigen Vertragsstaat des Abkommens über den Europäischen Wirtschaftsraum (EWR), so gilt für die Kundengeldabsicherung die Sondervorschrift des § 651s BGB.
Da davon auszugehen ist, dass die Pauschalreiserichtlinie durch Beschluss des gemeinsamen EWR-Ausschusses auch für die Vertragsstaaten des Abkommens über den Europäischen Wirtschaftsraum (EWR) gelten wird, regelt § 651s BGB schon jetzt im Vorgriff, dass Reiseveranstalter aus einem anderen EWR-Staat ihrer Verpflichtung zur Insolvenzsicherung auch dann genügen, wenn sie dem Reisenden gemäß den Vorschriften, die ihr Niederlassungsstaat zur Umsetzung der Richtlinie erlassen hat, Sicherheit leisten.

Lesen Sie sich die Vorschrift des § 651s BGB einfach einmal durch. Sollte diese Vorschrift Gegenstand einer Klausur des internationalen Privatrechts sein, so wird von Ihnen hierzu sicher kein Detailwissen verlangt werden.

E) Rechte der Parteien bei Nichterfüllung der Hauptpflichten

I. Verhältnis der §§ 651i ff. BGB zu den allgem. Vorschriften

Abschließende Regelung

Die §§ 651i ff. BGB enthalten eine in sich geschlossene, abschließende Regelung für Mängelrechte im Rahmen des Reisevertragsrechts. Ein Rückgriff auf das Mängelrecht des Werkvertragsrechts scheidet daher aus. 262

1. Verhältnis zu §§ 119 ff. BGB

Das Verhältnis der Anfechtungsregeln zu §§ 651i ff. BGB ist gleich dem Verhältnis der Anfechtungsregeln zum Mängelrecht bei den anderen Verträgen. 263

§ 119 I BGB und § 123 BGB daneben (+)
§ 119 II BGB (-)

Zu § 119 I BGB und § 123 BGB ergibt sich kein Konkurrenzverhältnis, und § 119 II BGB muss ausgeschlossen sein, da das Mängelrecht sonst umgangen werden könnte.

Im Rahmen des Reisevertragsrechts ist dies v.a. im Hinblick auf die Abhilfemöglichkeit des Reiseveranstalters (§§ 651i III Nr. 1 bis 4, 651k BGB) und die Verjährung (§ 651j BGB) von Bedeutung.

2. Verhältnis zu § 323 bzw. § 280 und §§ 280 I, III, 281 BGB bei behebbaren Reisemängeln

§ 323 BGB bzw. §§ 281, 280 I BGB werden von §§ 651i ff. BGB verdrängt

§ 323 BGB bzw. § 280 I und §§ 280 I, III, 281 BGB werden von den Sonderregelungen der §§ 651i ff. BGB verdrängt. 264

*Reiserechtliches Mängelrecht (§§ 651i ff. BGB) verdrängt aber §§ 280 ff. (sog. **„Einheitslösung“**)*

Wird bei einer Pauschalreise eine nach dem Vertrag geschuldete Leistung aus Gründen, die nicht allein in der Person des Reisenden liegen, ganz oder teilweise nicht erbracht, so handelt es sich grundsätzlich um einen Reisemangel, für den der Reiseveranstalter **allein** nach Maßgabe der §§ 651i ff. BGB haftet (sog. **„Einheitslösung“**; vgl. dazu bereits Rn. 256b).[783]

Verzugsrecht wird durch Mängelrecht verdrängt, § 651i II S. 3 BGB

Hierfür spricht auch eindeutig die Vorschrift des § 651i II S. 3 BGB, wonach ein Reisemangel auch dann vorliegt, wenn der Reiseveranstalter Reiseleistungen nicht oder mit unangemessener Verspätung verschafft. Damit wird auch das Verzugsrecht vom reisevertraglichen Mängelrecht verdrängt.

3. Verhältnis zum Unmöglichkeitsrecht bei unbehebbaren Reisemängeln

Auch Unmöglichkeitsrecht ist ab Vertragsschluss verdrängt

Im Fall der Unmöglichkeit der Erbringung einer Reiseleistung gelten aufgrund der sog. **„Einheitslösung“** (vgl. Rn. 263) die §§ 651i ff. BGB als abschließende Sonderregelung. Das gesamte Unmöglichkeitsrecht wird daher ab Vertragsschluss durch die Sonderregelungen der §§ 651i ff. BGB verdrängt.

783 Vgl. dazu bereits BGH, NJW 1986, 1748 ff. = jurisbyhemmer.

Das gilt auch dann, wenn bereits die erste Reiseleistung ausfällt und damit die gesamte Reise vereitelt wird.

hemmer-Methode: Anders als im Kauf-, Miet- und Werkvertragsrecht gibt es beim Reisevertrag keinen Tag „X“, bis zu welchem für Mängel nach SchuldR-AT gehaftet wird (im Kauf- und Werkvertragsrecht der Gefahrübergang, im Mietrecht die Überlassung der Mietsache an den Mieter) und ab welchem für Mängel die besonderen Gewährleistungsregeln des SchuldR-BT eingreifen.
Das reisevertragliche Mängelrecht kommt daher als abschließende Sonderreglung bereits ab Vertragsschluss zur Anwendung!

II. Rechte des Reisenden bei Reisemängeln

§§ 651i ff. BGB

Gemäß § 651i I BGB hat der Reiseveranstalter dem Reisenden die Reise frei von Reisemängeln zu verschaffen. 266

Wenn er dies nicht tut, stehen dem Besteller die Rechte aus §§ 651i III i.V.m. §§ 651k bis 651n BGB zu.

§ 651i III BGB gibt in Nr. 1 bis 7 in Anlehnung an §§ 437, 634 BGB einen Überblick der einzelnen Rechte des Reisenden bei Vorliegen eines Reisemangels.

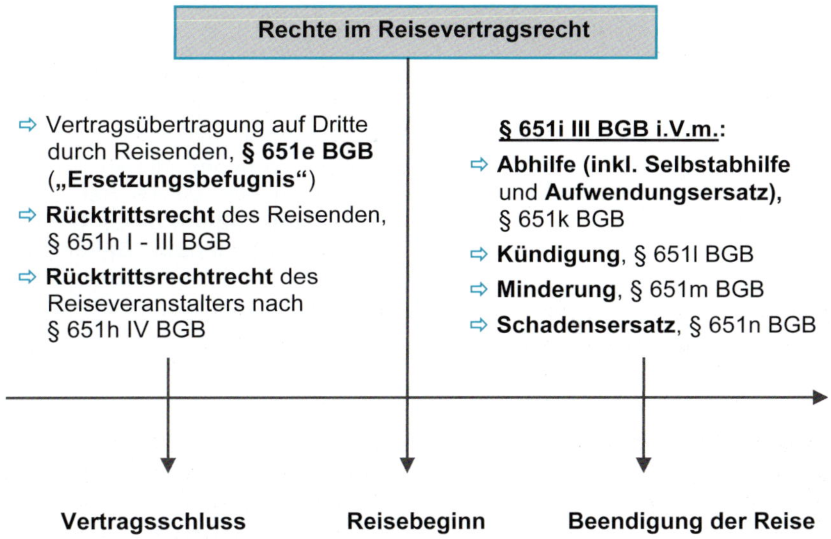

1. Vorliegen eines Reisemangels, § 651i II BGB

Mangel

§ 651i I BGB bestimmt in Anlehnung an §§ 433 I S. 2, 633 I BGB, dass der Reiseveranstalter dem Reisenden die Pauschalreise frei von Reisemängeln zu verschaffen hat. 266a

§ 651i II BGB definiert den Reisemangel.

§ 651i II S. 1 BGB

Die Pauschalreise ist nach § 651i II S. 1 BGB frei von Reisemängeln, wenn sie die vereinbarte Beschaffenheit hat. 266b

Zu beachten ist, dass zur vereinbarten Beschaffenheit neben individuellen Vereinbarungen insbesondere auch an Webseiten, Kataloge oder Prospekte des Reiseveranstalters zu denken ist, durch deren Leistungsbeschreibungen der Reiseveranstalter vorvertragliche Informationen erteilen kann, die nach Maßgabe des § 651d III S. 1 BGB Vertragsinhalt werden und die vertraglichen Pflichten bestimmen (vgl. dazu auch Rn. 258f).

§ 651i II S. 2 BGB

Soweit die Beschaffenheit nicht vereinbart ist, ist die Pauschalreise nach § 651i II S. 2 BGB frei von Reisemängeln, wenn sie sich für den nach dem Vertrag vorausgesetzten Nutzen eignet (Nr. 1), ansonsten wenn sie sich für den gewöhnlichen Nutzen eignet und eine Beschaffenheit aufweist, die bei Pauschalreisen der gleichen Art üblich ist und die der Reisende nach der Art der Pauschalreise erwarten kann (Nr. 2). 266c

hemmer-Methode: Vergleichen Sie § 651i II BGB mit dem Kauf- und dem Werkvertragsrecht! Die Vorschrift enstpricht weitgehend § 434 I bzw. § 633 II BGB.
Erklärtes Ziel des Gesetzgebers war es, mit Wirkung zum 01.07.2018 ein Gewährleistungssystem nach dem Vorbild der §§ 434, 437 BGB bzw. der §§ 633, 634 BGB zu schaffen, welches lediglich den Besonderheiten des Pauschalreiserechts Rechnung trägt.

Der Reiseveranstalter schuldet dem Reisenden aufgrund seiner Obhuts- und Fürsorgepflichten Abwehrmaßnahmen gegen solche mit den Reiseleistungen verbundenen Gefahren, mit denen der Reisende nicht zu rechnen braucht und die er deshalb nicht willentlich in Kauf nimmt. Daher fallen unter den Mangelbegriff jedenfalls auch Beeinträchtigungen infolge von Sicherheitsdefiziten im Verantwortungsbereich des Reiseveranstalters, d.h. infolge einer Verletzung einer Verkehrssicherungspflicht, für deren Einhaltung er einzustehen hat.[784]

Die Verletzung einer Verkehrssicherungspflicht begründet demnach einen Reisemangel![785]

hemmer-Methode: Problematisch ist der Fall, wenn unvermeidbare, außergewöhnliche Umstände i.S.d. § 651h III S. 2 BGB oder andere Gründe vorliegen, die aber nicht zu einem Reisemangel führen.
In diesem Fall hat der Reiseveranstalter dem Reisenden nach § 651q I BGB unverzüglich durch Bereitstellung geeigneter Informationen über Gesundheitsdienste, Behörden vor Ort und konsularische Unterstützung (Nr. 1), Unterstützung bei der Herstellung von Fernkommunikationsverbindungen (Nr. 2; vgl. dazu § 312c II BGB) und Unterstützung bei der Suche nach anderen Reisemöglichkeiten (Nr. 3) Beistand zu gewähren (vgl. dazu auch Rn. 276).

Keine Mängel: Unannehmlichkeiten des Massentourismus und ortsübliche Gegebenheiten

Keine Reisemängel i.S.d. § 651i II S. 2 Nr. 2 BGB sind bloße, im Zeitalter des Massentourismus grds. hinzunehmende Unannehmlichkeiten wie z.B. feste Sitzplätze beim Abendessen oder enge Sitzreihen im Flugzeug.

Auch ortsübliche Gegebenheiten (wie z.B. schwüle Hitze in Mexiko) sind kein Reisemangel.

Der Doppelbettfall des AG Mönchengladbach („Klassiker")

***Beispiel:**[786] Der Kläger buchte für sich und seine Lebensgefährtin eine Urlaubsreise nach Menorca mit Unterbringung in einem Doppelzimmer mit Doppelbett. Nach der Ankunft stellte er fest, dass es in dem ihm zugewiesenen Zimmer kein Doppelbett gibt, sondern zwei separate Einzelbetten, die nicht miteinander verbunden waren. Bereits in der ersten Nacht habe er feststellen müssen, dass er hierdurch in seinen Beischlafgewohnheiten empfindlich beeinträchtigt worden sei. Ein friedliches und harmonisches Einschlaf- und Beischlaferlebnis sei während der gesamten vierzehntägigen Urlaubszeit nicht zustande gekommen, weil die Einzelbetten, die zudem noch auf rutschigen Fliesen gestanden hätten, bei jeder kleinsten Bewegung mittig auseinandergegangen seien. Ein harmonischer Intimverkehr sei deshalb nahezu völlig verhindert worden.*

Der Kläger möchte 20 % des Reisepreises erstattet haben.

784 OLG Düsseldorf, RRa 2003, 14 = **juris**byhemmer.

785 Vgl. BGH, Life&Law 12/2007, 804 ff. = NJW 2007, 2549 ff. = **juris**byhemmer.

786 AG Mönchengladbach, Life&Law 2007, 146 = NJW 1995, 884 f. = **juris**byhemmer.

Welche besonderen Beischlafgewohnheiten fest verbundene Doppelbetten voraussetzen, bedarf keiner Aufklärung. Es kommt nämlich nicht auf spezielle Gewohnheiten des Klägers an, sondern darauf, ob die Betten für einen durchschnittlichen Reisenden ungeeignet sind. Dies ist nicht der Fall.

Dem Gericht sind mehrere allgemein bekannte und übliche Variationen der Ausführung des Beischlafs bekannt, die auf einem einzelnen Bett ausgeübt werden können, und zwar durchaus zur Zufriedenheit aller Beteiligten. Es ist also ganz und gar nicht so, dass der Kläger seinen Urlaub ganz ohne das von ihm besonders angestrebte Intimleben hätte verbringen müssen.

Aber selbst wenn man dem Kläger seine bestimmten Beischlafpraktiken zugesteht, die ein fest verbundenes Doppelbett voraussetzen, liegt kein Reisemangel vor, denn der Mangel wäre mit wenigen Handgriffen selbst zu beseitigen gewesen. Wenn ein Mangel nämlich leicht abgestellt werden kann, dann ist dies auch dem Reisenden selbst zuzumuten mit der Folge, dass sich der Reisepreis nicht mindert und dass auch Schadensersatzansprüche nicht bestehen.

Der Kläger hat ein Foto der Betten vorgelegt. Auf diesem Foto ist zu erkennen, dass die Matratzen auf einem stabilen Rahmen liegen, der offensichtlich aus Metall ist.

Es hätte nur weniger Handgriffe bedurft und wäre in wenigen Minuten zu erledigen gewesen, die beiden Metallrahmen durch eine feste Schnur miteinander zu verbinden. Es mag nun sein, dass der Kläger etwas derartiges nicht dabei hatte. Eine Schnur ist aber für wenig Geld schnell zu besorgen.

Bis zur Beschaffung dieser Schnur hätte sich der Kläger beispielsweise seines Hosengürtels bedienen können, denn dieser wurde in seiner ursprünglichen Funktion in dem Augenblick sicher nicht benötigt.

§ 651i II S. 3 BGB ⇨ Nichtleistung bzw. Zu-spät-Leistung sind Mängel

Nach § 651i II S. 3 BGB liegt ein Reisemangel auch dann vor, wenn der Reiseveranstalter Reiseleistungen nicht oder mit unangemessener Verspätung verschafft. **266d**

hemmer-Methode: Diese Vorschrift ist gesetzlicher Beleg für die sog. Einheitslösung, vgl. dazu Rn. 256b und Rn. 264 bis 265!

2. Recht des Reisenden auf Abhilfe, Selbstabhilfe und Aufwendungsersatz gemäß § 651i III Nr. 1 bis 4 i.V.m. § 651k BGB

Abhilfe nach § 651k I BGB

Nach § 651k I S. 1 BGB muss der Reiseveranstalter auf Verlangen des Reisenden den Mangel beseitigen, außer wenn die Abhilfe unmöglich ist (§ 651k I S. 2 Nr. 1 BGB) oder unter Berücksichtigung des Ausmaßes des Reisemangels und des Werts der betroffenen Reiseleistung mit unverhältnismäßigen Kosten verbunden ist (§ 651k I S. 2 Nr. 2 BGB). **267**

Bei berechtigter Verweigerung hat Reisender einen Anspruch auf Ersatzleistung, § 651k III BGB

Kann der Reiseveranstalter die Beseitigung des Reisemangels nach § 651k I S. 2 BGB verweigern und betrifft der Reisemangel einen erheblichen Teil der Reiseleistungen, so hat der Reiseveranstalter gem. § 651k III S. 1 BGB Abhilfe durch angemessene Ersatzleistungen anzubieten.

hemmer-Methode: Es handelt sich - ähnlich wie bei dem Nacherfüllungsanspruch im Kauf- und Werkvertragsrecht - um den modifizierten Erfüllungsanspruch des Reisenden. Da der Reiseveranstalter die Beseitigung des Mangels nur unter den in § 651k I S. 2 Nr. 1 BGB genannten engen Voraussetzungen verweigern kann, besteht letztlich im Interesse des Reisenden ein Vorrang der Abhilfe in Form der Mängelbeseitigung. Für eine Abhilfe durch gleichwertige Ersatzleistungen (quasi die „Nachlieferung") sind somit die Möglichkeiten des Reiseveranstalters begrenzt.

Minderung bei mangelhafter Ersatzleistung, § 651k III S. 2 BGB

Haben die Ersatzleistungen zur Folge, dass die Pauschalreise im Vergleich zur ursprünglich geschuldeten nicht von mindestens gleichwertiger Beschaffenheit ist, hat der Reiseveranstalter dem Reisenden gemäß § 651k III S. 2 BGB eine angemessene - an § 651m I S. 2 BGB (Minderung) orientierte - Herabsetzung des Reisepreises zu gewähren.

hemmer-Methode: Dabei handelt es sich um die im Kauf- und Werkvertragsrecht nicht geregelte und daher auch umstrittene sog. „Ausbesserung". Der BGH bejaht im Kaufrecht den Ausbesserungsanspruch des Käufers und lässt daneben auch die Minderung zu.[787] Eine echte Relevanz für die Praxis hat der Ausbesserungsanspruch nun im Zusammenhang mit dem VW-Dieselskandal erlangt.[788]

Bei fehlender Vergleichbarkeit hat Reisender Ablehnungsrecht mit den Rechtsfolgen einer Kündigung, § 651k III S. 3 und S. 4 BGB

Sind Ersatzleistungen nicht mit den vertraglichen Leistungen vergleichbar oder ist die angebotene Herabsetzung des Reisepreises nicht angemessen, kann der Reisende nach § 651k III S. 3 BGB die Ersatzleistungen berechtigterweise ablehnen.[789] In diesem Fall oder wenn der Reiseveranstalter außerstande ist, Ersatzleistungen anzubieten, sind nach § 651k III S. 4 BGB die Vorschriften über die Kündigung des Pauschalreisevertrages (§ 651l II, III BGB) anzuwenden, wobei es auf eine ausdrückliche Erklärung der Kündigung durch den Reisenden nicht ankommt.

Selbstabhilferecht und Anspruch auf Aufwendungsersatz, § 651k II BGB

§ 651k II S. 1 BGB regelt das Selbstabhilferecht des Reisenden und den Anspruch auf Ersatz der erforderlichen Aufwendungen. **267a**

Eine grds. erforderliche vorherige Fristsetzung ist entbehrlich, wenn die Abhilfe vom Veranstalter verweigert wird oder wenn sofortige Abhilfe notwendig ist, § 651k II S. 2 BGB.

Aufwendungsersatzanspruch beinhaltet Recht auf Abhilfe und Recht auf Selbstabhilfe

Der Anspruch auf Aufwendungsersatz (§ 651k II S. 1 BGB) setzt ein Recht auf Selbstabhilfe voraus. Das Recht auf Selbstabhilfe setzt wiederum das Recht auf Abhilfe voraus.

Hat der Reisende also einen Aufwendungsersatzanspruch, beinhaltet dies, dass er ein Recht auf Abhilfe und Selbstabhilfe hatte.

Vor.: Aufwendungsersatzanspruch

Voraussetzungen des Anspruches auf Aufwendungsersatz: **267b**

- ⇨ Vorliegen eines Reisevertrages, § 651a BGB
- ⇨ Vorliegen eines Reisemangels, § 651i II BGB
- ⇨ Erfolglose Fristsetzung durch Reisenden bzw. Entbehrlichkeit
- ⇨ Erforderlichkeit der Aufwendungen, § 651k II S. 2 BGB
- ⇨ keine Verjährung gemäß § 651j BGB

Zur Verdeutlichung folgender Fall:

R und V schließen einen Reisevertrag, der Flug, eine Woche Halbpension und einen Mietwagen der Klasse A beinhaltet.

Als R am vereinbarten Reiseziel angelangt ist und bei der Autovermietung A einen Mietwagen der Klasse A haben möchte, übergibt man ihm einen Wagen, dessen Fenster nicht verschließbar sind, weil die Automatik defekt ist. Einen anderen Wagen hat die Autovermietung nicht mehr zur Verfügung.

787 BGH, NJW 2013, 1365 ff. = **juris**byhemmer; ausführlich hierzu auch Horn, „Der kaufrechtliche Ausbesserungsanspruch", NJW 2017, 289 ff.

788 Vgl. hierzu ausführlich d´Alquen, „VW-Abgasskandal", **Life&Law 01/2018, 60 [63 f.]**.

789 Vgl. hierzu BGH, Life&Law 06/2018, 379 ff. = **juris**byhemmer.

Nachdem R den Reiseleiter angerufen hat und dieser ihm rät, doch mit offenen Fenstern zu fahren, geht R zur Autovermietung B und mietet dort einen Wagen der Klasse A. Die Preise der Autovermietung B liegen deutlich über denen von A.

Kann R Ersatz der an B gezahlten Miete von V verlangen?

R könnte gemäß § 651k II S. 1 BGB einen Anspruch auf Ersatz der Mietwagenkosten haben.

Reisevertrag

a) Zwischen R und V müsste ein Reisevertrag zustande gekommen sein. Indem V sich gegen Zahlung eines Gesamtpreises verpflichtet hat, Flug, Hotel und Mietwagen zu organisieren und bereitzustellen, hat er sich zu der Erbringung einer Gesamtheit von Reiseleistungen (§ 651a II, III BGB) und damit zur Verschaffung einer Pauschalreise i.S.d. § 651a I S. 1 BGB verpflichtet. Ein Reisevertrag im Sinne von § 651a BGB liegt vor.

Reisemangel

b) Die Reise müsste mangelhaft i.S.d. § 651i II BGB sein.

Da bzgl. des Mietwagens außer „Klasse A“ keine konkrete Beschaffenheit vereinbart wurde (§ 651i II S. 1 BGB), wäre die Reise nur dann mangelhaft, wenn sie sich für den nach dem Vertrag vorausgesetzten Nutzen eignet (§ 651i II S. 1 Nr. 1 BGB) oder die Reise keine Beschaffenheit aufweist, die bei Pauschalreisen der gleichen Art üblich ist und die der Reisende nach der Art der Pauschalreise erwarten kann (§ 651i II S. 2, Nr. 2 BGB).

Mangel einer Einzelleistung muss Reise als solche beeinträchtigen

V schuldete unter anderem die Bereitstellung eines Mietwagens der Klasse A. Sind die Fenster eines Autos nicht verschließbar, ist die Gebrauchsfähigkeit des Wagens so gering, dass eine Einzelleistung des Vertrages gestört ist. Diese Störung beeinträchtigt die Reise auch als solche in ihrem vertraglich vorausgesetzten Nutzen, da R mit einem nicht voll einsatzfähigen Mietwagen nicht die Beweglichkeit hat, die ihm auf der Reise offensichtlich wichtig war. Die Reise ist daher gem. § 651i II S. 2, Nr. 1 BGB insgesamt mangelhaft.

hemmer-Methode: Anknüpfungspunkt für den Mangel ist die „Reise“. Eine mangelhafte einzelne Reiseleistung muss daher auch die Reise als solche in ihrem Nutzen beeinträchtigen und darf nicht lediglich eine Unannehmlichkeit darstellen.
<u>Beispiel</u>: Verlegt der Veranstalter einer Flugreise den Rückflug vertragswidrig in die frühen Morgenstunden des vereinbarten Rückreisetags und weigert sich ausdrücklich oder stillschweigend, dem Reisemangel abzuhelfen, kann der Reisende grundsätzlich die Erstattung der Kosten eines anderweitigen Rückflugs verlangen, mit dem er seine vertragsgemäße Rückreise sicherstellt.[790]

Recht auf Abhilfe (+)

Gemäß § 651k I S. 1 BGB hatte R demnach das Recht, vom Reiseveranstalter Abhilfe zu verlangen.

c) Fraglich ist, ob er auch das Recht zur Selbstabhilfe und einen Anspruch auf Aufwendungsersatz gemäß § 651k II S. 1 BGB hat.

Fristsetzung

R müsste V eine angemessene Frist zur Abhilfe gesetzt haben, und diese Frist müsste fruchtlos verstrichen sein. Im vorliegenden Fall hat R keine Frist gesetzt. Die Fristsetzung könnte jedoch gemäß § 651k II S. 2 BGB ausnahmsweise entbehrlich gewesen sein.

Recht auf Selbstabhilfe (+)

Vorliegend hat V durch seine Aussage, R solle „eben mit offenen Fenstern fahren“, zum Ausdruck gebracht, dass er an einer Abhilfe nicht interessiert ist, dieselbe also verweigert. Eine Fristsetzung war demnach gem. § 651k II S. 2 Alt. 1 BGB entbehrlich. R hatte damit das Recht zur Selbstabhilfe.

790 Vgl. hierzu auch BGH, Life&Law 08/2012, 561 ff. = NJW 2012, 2107 ff. = jurisbyhemmer.

Aufwendungen erforderlich (+)

d) Die Aufwendungen des R müssten weiterhin erforderlich gewesen sein. Erforderlich sind grundsätzlich die Aufwendungen für eine gleichwertige Ersatzleistung. Da R hier einen gleichwertigen Mietwagen gemietet hat, sind die Mietkosten für die Abhilfe erforderlich gewesen. Unbeachtlich sind dabei die Preisunterschiede zwischen den Anbietern. Anzeichen dafür, dass R treuwidrig absichtlich einen besonders teuren Anbieter gewählt hat, sind nicht ersichtlich.

hemmer-Methode: Erforderlich können Aufwendungen für eine höherwertige Leistung sein, wenn eine gleichwertige Leistung nicht zur Verfügung steht. Ob eine gleichwertige Leistung zur Verfügung steht, ist auch danach zu beurteilen, was dem Reisenden zumutbar ist. Er muss beispielsweise nicht kilometerweit ein gleichwertiges Hotel suchen, wenn in dem vereinbarten Ort kein solches mehr existiert.

Anspruch auf Aufwendungsersatz (+)

Ergebnis: R kann die Mietwagenkosten von V ersetzt verlangen. Dieser Anspruch verjährt gemäß § 651j S. 1 BGB in zwei Jahren, beginnend mit dem Tag, am dem die Pauschalreise dem Vertrag nach enden sollte.

hemmer-Methode: Gemäß § 651y S. 1 BGB kann die Verjährungsfrist nicht verkürzt werden!

<u>Sonderfall</u>: *Unvermeidbare und außergewöhnliche Umstände i.S.d. § 651h III S. 2 BGB*

§ 651k IV, V BGB regeln Besonderheiten beim Vorliegen unvermeidbarer, außergewöhnlicher Umstände i.S.d. § 651h III S. 2 BGB (ehemals „höhere Gewalt“). **268**

Umstände sind gem. § 651h III S. 2 BGB unvermeidbar und außergewöhnlich, wenn sie nicht der Kontrolle der Partei unterliegen, die sich hierauf beruft, und sich ihre Folgen auch dann nicht hätten vermeiden lassen, wenn alle zumutbaren Vorkehrungen getroffen worden wären.

Änderungen zum 01.07.2018 bei „höherer Gewalt“ im Vergleich zur Rechtslage bis 30.06.2018

hemmer-Methode: Der Begriff der „unvermeidbaren außergewöhnlichen Umstände“ tritt dabei an die Stelle des bis zum 30.06.2018 in § 651j BGB a.F. geregelten Begriffs der „höheren Gewalt“.
Die bislang in § 651j I, II BGB enthaltenen Rechtsfolgen gibt es ab dem 01.07.2018 weitgehend nicht mehr bzw. sie wurden erheblich geändert!
§ 651h IV S. 1 BGB regelt die Möglichkeit des Reiseveranstalters, vor Reisebeginn vom Vertrag zurückzutreten, wenn sich weniger Personen als die im Vertrag angegebene Mindestteilnehmerzahl für die Pauschalreise angemeldet haben und der Rücktritt innerhalb der im Vertrag bestimmten Frist, spätestens jedoch in den in § 651h IV S. 1 Nr. 1a bis c BGB genannten Fristen erklärt wird.
Außerdem kann der Reiseveranstalter vor Reisebeginn gem. § 651h IV S. 1 Nr. 2 BGB wegen unvermeidbarer, außergewöhnlicher Umstände unverzüglich nach Kenntniserlangung hiervon zurücktreten.
<u>Wichtig</u>: Das bis 30.06.2018 dem Reiseveranstalter nach *§ 651j BGB* auch noch nach Reisebeginn zustehende Kündigungsrecht bei höherer Gewalt entfällt damit! Eine Kündigung „nach Reiseantritt“ steht gem. *§ 651l BGB* dem Reisenden nur dann zu, wenn die unvermeidbaren außergewöhnlichen Umstände zu einem Reisemangel führen!
Führen diese Umstände nicht zum Vorliegen eines Reisemangels, so hat der Reiseveranstalter dem Reisenden nach § 651q I BGB unverzüglich durch Bereitstellung geeigneter Informationen über Gesundheitsdienste, Behörden vor Ort und konsularische Unterstützung (Nr. 1), Unterstützung bei der Herstellung von Fernkommunikationsverbindungen (Nr. 2; vgl. dazu § 312c II BGB) und Unterstützung bei der Suche nach anderen Reisemöglichkeiten (Nr. 3) Beistand zu gewähren (vgl. dazu auch Rn. 276).

§ 651k IV BGB ⇨ Veranstalter trägt Kosten für dreitägige Beherbergung

Ist die Beförderung des Reisenden an den Ort der Abreise oder an einen anderen Ort, auf den sich die Parteien geeinigt haben (Rückbeförderung), vom Vertrag umfasst und aufgrund unvermeidbarer, außergewöhnlicher Umstände nicht möglich, hat der Reiseveranstalter nach § 651k IV BGB die Kosten für eine notwendige Beherbergung des Reisenden für einen höchstens drei Nächte umfassenden Zeitraum zu tragen, und zwar möglichst in einer Unterkunft, die der im Vertrag vereinbarten gleichwertig ist.

Keine Begrenzung auf 3 Tage in den in § 651k V BGB bestimmten Fällen

Der Reiseveranstalter kann sich nach **§ 651k V BGB** auf die Begrenzung des Zeitraums auf höchstens drei Nächte gemäß § 651k IV BGB nicht berufen, wenn:

⇨ der Leistungserbringer nach unmittelbar anwendbaren Regelungen der Europäischen Union (vgl. dazu Rn. 275) dem Reisenden die Beherbergung für einen längeren Zeitraum anzubieten oder die Kosten hierfür zu tragen hat bzw.

⇨ der Reisende zu einem der folgenden Personenkreise (Personen mit eingeschränkter Mobilität, Schwangere, unbegleitete Minderjährige, besondere medizinische Betreuung benötigende Personen) gehört und der Reiseveranstalter mindestens 48 Stunden vor Reisebeginn von den besonderen Bedürfnissen des Reisenden in Kenntnis gesetzt wurde.

3. Minderung, § 651 III Nr. 6 i.V.m. § 651m BGB

Der Reisepreis mindert sich unter folgenden Voraussetzungen: 269

Voraussetzungen der Minderung

Voraussetzungen der Minderung:

⇨ Vorliegen eines Reisevertrages, § 651a BGB

⇨ Vorliegen eines Reisemangels, § 651i II BGB

⇨ ***Sonderfälle kraft Verweisung:*** *§ 651g III S. 3 BGB bzw. § 651k III S. 2 BGB*

⇨ kein schuldhaftes Unterlassen der unverzüglichen Anzeige gem. § 651o I, II Nr. 1 BGB

⇨ keine Verjährung gemäß § 651j BGB

Minderung kraft Gesetzes

Ist die Reise im Sinne des § 651i II BGB mangelhaft, so mindert sich gem. § 651m I S. 1 BGB **für die Dauer des Reisemangels** der Reisepreis **automatisch kraft Gesetzes**. 270

Auf ein Verschulden des Reiseveranstalters kommt es dabei nicht an. Nach Ansicht des BGH trägt der Reiseveranstalter das Risiko, den vereinbarten Reisepreis nicht zu erhalten, auch dann, wenn der Reiseerfolg durch Umstände vereitelt wird, die weder ihm noch dem Reisenden zugerechnet werden können.

> ***Bsp.:*** *Die Verletzung des Reisenden bei einem Verkehrsunfall während des Transfers vom Flughafen zum Hotel begründet einen Reisemangel, auch wenn den Reiseveranstalter kein Verschulden an dem Unfall trifft. Wird der Reisende hierdurch so schwer verletzt, dass er keine weiteren Reiseleistungen in Anspruch nehmen kann, verliert der Reiseveranstalter regelmäßig den gesamten Anspruch auf den Reisepreis.*[791]

Der Reisepreis mindert sich in dem Verhältnis, in welchem zur Zeit des Vertragsschlusses der Wert der Pauschalreise in mangelfreiem Zustand zu dem wirklichen Wert gestanden haben würde, § 651m I S. 2 BGB. 270a

Die Minderung ist dabei im Wege einer Gesamtwürdigung zu ermitteln und nicht durch Addition der anhand anderer Fälle gefundenen Minderungsquoten aus tabellarischen Aufstellungen.[792]

791 BGH, Life&Law 04/2017, 247 f. = **juris**byhemmer.

792 Hinweis für Interessierte und Praktiker: Im „Fall der Fälle“ helfen Ihnen die Frankfurter Tabelle zur Reisepreisminderung (NJW 1985, 113 ff.) oder die ADAC-Tabelle zur Reisepreisminderung (NJW 2005, 2506 ff.) weiter.

In die Berechnung sind auch diejenigen Leistungsteile mit einzubeziehen, die mit dem mangelhaften Leistungsteil in engem Zusammenhang stehen.[793]

Nach Ansicht des BGH kann ein Ereignis, das zu einem Mangel führt, bei besonderer Schwere eine Minderung rechtfertigen, die nicht auf den anteiligen Reisepreis für die Dauer des Ereignisses beschränkt ist.

Ob ein Schwerstmangel eine Reise völlig entwerten kann und damit der Zweck der Reise verfehlt ist, ist eine reine Wertungsfrage.

> **Bsp.:** *Der BGH hat danach bei einem „Beinahe-Absturz" auf dem Rückflug und den dabei erlittenen Todesängsten den Erholungswert der Reise völlig entfallen lassen und eine vollständige Rückzahlung des Reisepreises gem. § 651m I S. 2, II S. 1 BGB bejaht.*[794]
>
> *Nach a.A. ist in diesen Fällen nur ein vom Verschulden abhängiger Anspruch auf Schadensersatz gegeben.*

Anspruchsgrundlage für die Rückzahlung ist § 651m II BGB

Obwohl sich der Reisepreis wie im Mietrecht kraft Gesetzes mindert, ist Anspruchsgrundlage für die Rückforderung des bereits gezahlten Geldes nicht wie im Mietrecht § 812 BGB, sondern § 651m II S. 1 BGB, wobei für Nutzungen die §§ 346 I, 347 I BGB gelten (Satz 2). **270b**

Anzeige des Reisenden ist Obliegenheit, § 651o BGB

Der Reisende hat die Obliegenheit, den Mangel anzuzeigen, § 651o I BGB.

Anzeige an Reiseveranstalter nötig

Der Reisende muss den Mangel dem Reiseveranstalter oder einem Vertreter vor Ort (Reiseleiter) anzeigen, damit dieser den Mangel prüfen und ggf. beheben kann.

Gem. § 651v IV S. 1 BGB kann diese Anzeige auch gegenüber dem Reisevermittler, d.h. dem Reisebüro erfolgen!

hemmer-Methode: Eine Beschwerde beim jeweiligen Leistungsträger genügt aber auf gar keinen Fall.

Anzeige auch dann erforderlich, wenn Reiseveranstalter den Mangel bereits kennt

Nach Ansicht des BGH ist die Anzeige eines Reisemangels durch den Reisenden nicht schon deshalb entbehrlich, weil dem Reiseveranstalter der Mangel bereits bekannt ist.[795]

Die Rechtsprechung des BGH zu § 536c BGB, wonach der Mieter nicht verpflichtet ist, dem Vermieter einen Mangel der Mietsache anzuzeigen, wenn dieser bereits Kenntnis von dem Mangel hat,[796] ist auf die hier in Rede stehende Konstellation nicht übertragbar. Der Gesetzgeber hat dem Mieter diese Verpflichtung auferlegt, weil der Vermieter während der Dauer der Mietzeit vom Besitz der Mietsache ausgeschlossen und daher regelmäßig nur der Mieter in der Lage ist, etwaige Mängel zu entdecken. Die Anzeigepflicht nach § 536c BGB ist damit Ausfluss der allgemeinen Pflicht des Mieters zur Obhut der Mietsache. Sie verfolgt den Zweck, die Mietsache vor Schäden zu bewahren und dient damit nicht nur dem Erhalt des Minderungsrechts des Mieters. Die Zielrichtung von § 651o II Nr. 1BGB ist eine andere. Der Reiseveranstalter hat typischerweise durch die für ihn an Ort und Stelle tätige Reiseleitung die gleichen Möglichkeiten wie der Reisende, etwaige Mängel zu bemerken. Der Zweck der Mangelanzeige liegt aus den bereits genannten Gründen in erster Linie darin, dem Reiseveranstalter die Prüfung zu ermöglichen, ob er den Mangel beheben oder auf andere Weise Abhilfe schaffen kann.

793 Vgl. OLG Celle in NJW 2004, 2985 ff. = **juris**byhemmer.

794 BGH, Life&Law 2008, 791 ff. = NJW 2008, 2775 f. = **juris**byhemmer.

795 BGH, Life&Law 12/2016, 838 ff. = **juris**byhemmer.

796 BGH, NJW-RR 2002, 515 f. = **juris**byhemmer.

hemmer-Methode: Eine andere Ansicht ist hier sehr gut vertretbar!

Minderung (-) bei schuldhaftem Unterlassen der Anzeige

Die Minderung tritt gemäß § 651o II Nr. 1 BGB nur dann nicht ein, wenn der Reisende die Anzeige schuldhaft unterlässt und deshalb der Reiseveranstalter nicht Abhilfe schaffen konnte.

Verschulden ist dabei zu verneinen, wenn und solange keine Möglichkeit zur Anzeige besteht oder der Veranstalter/Reiseleiter den Mangel nicht hätte beseitigen können. Bei unbehebbaren Reisemängeln stellt eine unterbliebene Mängelanzeige somit kein Verschulden dar.

Kein Verschulden bei fehlender Unterrichtung nach Art. 250 § 6 II Nr. 5 EGBGB

Hat der Reiseveranstalter den Reisenden entgegen Art. 250 § 6 II Nr. 5 EGBGB nicht ordnungsgemäß auf seine Obliegenheit hingewiesen, ihm einen Reisemangel anzuzeigen, so wird vermutet, dass der Reisende die Mangelanzeige nicht schuldhaft versäumt hat.[797]

hemmer-Methode: Bei der Verletzung einer Obliegenheit verliert man einen Anspruch bzw. ein Recht. Die Mangelanzeige ist hier also keine Anspruchsvoraussetzung, sondern dient der Erhaltung des Anspruchs.

4. Kündigungsrecht, § 651i III Nr. 5 i.V.m. § 651l BGB

Im Reisevertragsrecht gibt es ein Rücktrittsrecht nach § 651h BGB nur **vor** Reisebeginn. 271

Nach Reisebeginn wird der Reisevertrag wie ein Dauerschuldverhältnis behandelt, sodass dem Reisenden im Falle des Vorliegens eines Mangels ein Kündigungsrecht nach §§ 651i III Nr. 5, 651l BGB eingeräumt wird.

Voraussetzungen

Voraussetzungen des Kündigungsrechts: 272

- ⇨ Vorliegen eines Reisevertrages, § 651a BGB
- ⇨ Vorliegen eines Reisemangels, § 651i II BGB
- ⇨ erhebliche Beeinträchtigung der Pauschalreise durch den Reisemangel, § 651l I S. 1 BGB
- ⇨ angemessene Fristsetzung durch den Reisenden und fruchtloser Ablauf derselben, § 651l I S. 2 HS 1 BGB bzw. Entbehrlichkeit der Fristsetzung nach §§ 651l I S. 2 HS 2, 651k II S. 2 BGB

Beeinträchtigung

Die erhebliche Beeinträchtigung der Pauschalreise muss auf dem vorliegenden Mangel beruhen. Dies ist u.a. nach dem Zweck der Reise zu beurteilen.

Auf ein Verschulden des Reiseveranstalters kommt es nicht an. Auch wenn der Mangel auf unvermeidbare, außergewöhnliche Umstände zurückzuführen ist (vgl. § 651h III BGB), besteht das Kündigungsrecht nach § 651l I BGB.

Erhebliche Beeinträchtigung

Die Beeinträchtigung der Reise ist jedenfalls erheblich, wenn der Gesamtwert der Reise beeinträchtigt ist und eine Minderung von wenigstens 50 % gerechtfertigt wäre. Die Erheblichkeit ist in diesem Fall indiziert, kann aber auch bei geringerer Quote bestehen.[798]

797 BGH, Life&Law 08/2017, 528 ff. = NJW-RR 2017, 756 ff. = **juris**byhemmer (die Entscheidung des BGH erging noch zu der bis zum 30.06.2018 geltenden Vorschrift des § 6 II Nr. 7 BGB-InfoV).

798 Vgl. BGH, Life Law 06/2018, 379 (384) = **juris**byhemmer.

Fristsetzung grds. nötig

Nach § 651l I S. 2 BGB kann der Reisende erst kündigen, wenn der Reiseveranstalter eine ihm vom Reisenden bestimmte angemessene Frist hat verstreichen lassen, ohne Abhilfe zu leisten.

Nach § 651l I S. 2 HS 2 BGB i.V.m. § 651k II S. 2 BGB bedarf es der Bestimmung einer Frist nicht, wenn die Abhilfe vom Reiseveranstalter verweigert wird oder wenn sofortige Abhilfe notwendig ist.[799]

Rechtsfolge: § 651l II BGB

Die Rechtsfolgen der Kündigung sind in § 651l II, III BGB geregelt. Nach erfolgter Kündigung besteht gem. § 651l II S. 1 BGB hinsichtlich der erbrachten und zur Beendigung der Pauschalreise noch zu erbringenden Reiseleistungen der Anspruch des Reiseveranstalters auf den vereinbarten Reisepreis fort.

Unter „Reiseleistungen" ist hier alles zu verstehen, was dem Reisenden zugutekommt. Leistungen zwischen dem Reiseveranstalter und einem Leistungsträger reichen deshalb nicht aus. Aus diesem Grund fallen etwaige Stornokosten nicht unter die Entschädigungspflicht des Reisenden.

Der Reisende kann aber ggf. nach § 651l II S. 1 HS 2 BGB i.V.m. § 651i III Nr. 6 und 7 BGB eine Minderung sowie Schadensersatz oder Ersatz vergeblicher Aufwendungen geltend machen.

Hinsichtlich der nicht mehr zu erbringenden Reiseleistungen entfällt gem. § 651 II S. 2 BGB der Anspruch des Reiseveranstalters auf den vereinbarten Reisepreis. Dem Reisenden steht insoweit ein **vertraglicher** Rückforderungsanspruch zu.

Verpflichtung zur Rückbeförderung des Reisenden; Mehrkosten trägt Reiseveranstalter, § 651l III BGB

§ 651l III S. 1 BGB bestimmt, dass der Reiseveranstalter verpflichtet ist, die infolge der Aufhebung des Vertrages notwendigen Maßnahmen zu treffen, wobei die Mehrkosten für die Rückbeförderung dem Reiseveranstalter zur Last fallen.

Da nach § 651l III S. 2 BGB lediglich die Mehrkosten für die Rückbeförderung dem Reiseveranstalter allein zur Last fallen, können sonstige Mehrkosten vom Reiseveranstalter nur im Falle eines Verschuldens unter dem Gesichtspunkt des Schadensersatzes verlangt werden, §§ 651i III Nr. 7, 651n BGB.

5. Schadensersatz, §§ 651i III Nr. 7, 651n BGB

Voraussetzungen

<u>Voraussetzungen des Schadensersatzanspruches:</u> 273

- ⇨ Vorliegen eines Reisevertrages, § 651a BGB
- ⇨ Vorliegen eines Reisemangels, § 651i II BGB
- ⇨ Anzeige oder Abhilfeverlangen, § 651o I, II Nr. 2 BGB
- ⇨ keine Exkulpation des Reiseveranstalters nach § 651n I Nr. 1 bis 3 BGB
- ⇨ keine Verjährung gemäß § 651j BGB

Anspruch auf Schadensersatz, §§ 651i III, 651n I BGB

§ 651n BGB ergänzt die Gewährleistungsrechte des Reisenden um einen Anspruch auf Schadensersatz wegen vermuteten Verschuldens, wobei in § 651n I Nr. 1 bis 3 BGB eine spezielle Exkulpation geregelt ist.

799 Nach OLG Köln, NJW-RR 2005, 703 f. = jurisbyhemmer, ist die Fristsetzung entbehrlich, wenn die Reaktion des Veranstalters auf die Mitteilung des Mangels ergibt, dass von ihm eine umgehende Zurverfügungstellung eines geeigneten anderen Ferienhauses nicht zu erwarten ist und dem Reisenden ein längeres Zuwarten nicht zuzumuten ist.

Der Veranstalter haftet nicht auf Schadensersatz, wenn der Reisemangel vom Reisenden selbst verschuldet ist (§ 651n I Nr. 1 BGB).

Eine Haftung besteht auch dann nicht, wenn der Reisemangel von einem Dritten verschuldet ist, der weder Leistungserbringer ist noch in anderer Weise an der Erbringung der von dem Pauschalreisevertrag umfassten Reiseleistungen beteiligt ist, und der Reisemangel für den Reiseveranstalter nicht vorhersehbar oder nicht vermeidbar war (§ 651n I Nr. 2 BGB).

Die Haftung ist zudem ausgeschlossen, wenn der Reisemangel durch unvermeidbare, außergewöhnliche Umstände i.S.d. § 651h III S. 2 BGB verursacht wurde (§ 651n I Nr. 3 BGB). Der Reiseveranstalter haftet daher auch dann auf Schadensersatz, wenn er zwar beweisen kann, dass er nicht fahrlässig gehandelt hat, ihm aber der Nachweis unvermeidbarer, außergewöhnlicher Umstände nicht gelingt. Für diesen Fall greift dann maximal die Möglichkeit, eine Haftungsbegrenzung gem. § 651p I BGB zu vereinbaren.

§ 651n BGB verdrängt Ansprüche aus §§ 280 ff. BGB

§ 651n BGB verdrängt die Ansprüche aus §§ 280 ff. BGB bereits ab Vertragsschluss (sog. **„Einheitslösung“**; vgl. dazu Rn. 256b und Rn. 264 bis 265!). *273a*

Statt Schadensersatz besteht auch Anspruch auf Ersatz vergeblicher Aufwendungen, §§ 651i III Nr. 7, 284 BGB

§ 651i III Nr. 7 BGB stellt klar, dass statt des Anspruches auf Schadensersatz auch Ersatz vergeblicher Aufwendungen nach § 284 BGB verlangt werden kann. Gem. § 651j BGB wird auch der Anspruch aus § 284 BGB der kurzen reiserechtlichen Verjährung unterstellt – wie auch im kauf- und werkvertraglichen Mängelrecht.

Die Fälle, in denen der Reisende nach § 284 BGB vorgeht, dürften jedoch ohne große praktische Relevanz bleiben, da unabhängig von dieser Norm bereits ein Selbstvornahmerecht inklusive Aufwendungsersatz besteht, welches noch dazu unter geringere Voraussetzungen gestellt wird (verschuldensunabhängig!), § 651i III Nr. 2 BGB i.V.m. § 651k II BGB.

hemmer-Methode: Relevanz könnte die Norm also allenfalls für solche Aufwendungen bekommen, die im Vorfeld der Reise im Vertrauen auf die Mangelfreiheit getätigt wurden, wie etwa Anreisekosten, wenn die Anreise selbst keine Reiseleistung darstellt.

Angemessene Entschädigung wegen nutzlos aufgewendeter Urlaubszeit, § 651n II BGB

Wird die Pauschalreise vereitelt oder erheblich beeinträchtigt, so kann der Reisende nach § 651n II BGB auch wegen nutzlos aufgewendeter Urlaubszeit eine angemessene Entschädigung in Geld verlangen. *273b*

BGH und die h.L. sehen den vertanen Urlaub als immateriellen Schaden an: So hat der BGH auch einem Schüler eine Entschädigung wegen verdorbenen Urlaubs zugesprochen.[800]

Arbeitet ein erwerbstätiger Kunde während der Urlaubszeit weiter oder führt er eine ihm nicht vom Reiseveranstalter angebotene Ersatzreise durch, so steht dies seinem Entschädigungsanspruch nicht entgegen.[801] Für die Höhe der Entschädigung wegen nutzlos aufgewendeter Urlaubszeit darf das Arbeitseinkommen nicht zum Maßstab genommen werden, wohl aber der Reisepreis.[802]

800 BGHZ 85, 168 ff. = **juris**byhemmer.

801 Vgl. BGH, Life&Law 2005, 296 ff. = NJW 2005, 1047 ff. = **juris**byhemmer.

802 Mit dieser Entscheidung des BGH (Life&Law 2005, 296 ff. = NJW 2005, 1047 ff.) hat der BGH seine bisherige Rechtsprechung aufgegeben.

Auch Kinder ab fünf Jahren haben Anspruch auf Schadensersatz wegen entgangener Urlaubsfreude. In diesem Alter ist Urlaub bereits etwas Besonderes, wohingegen Kleinkinder im Alter von zwei bis drei Jahren ihn noch nicht bewusst wahrnehmen.[803]

§ 651n III BGB ⇨ unverzügliche Leistungspflicht

§ 651n III BGB bestimmt, dass der Reiseveranstalter unverzüglich (§ 121 I S. 1 BGB) zu leisten hat, wenn er zum Schadensersatz verpflichtet ist.

Anzeigeobliegenheit, § 651o BGB

Bei schuldhafter Versäumung der Mängelanzeige verliert der Reisende nicht nur das Recht, nach § 651n BGB Schadensersatz, sondern auch anstelle hiervon Aufwendungsersatz nach § 284 BGB zu verlangen, wenn der Reiseveranstalter infolge einer schuldhaften Unterlassung der Anzeige nicht Abhilfe schaffen konnte, § 651o II Nr. 2 BGB.

Zum Verständnis folgender Fall:

R hat mit V einen Reisevertrag abgeschlossen. Inhalt der Reise ist eine Ruderwanderfahrt mit fünfzehn Personen auf dem Neckar, wobei V für den Transport zum Ausgangspunkt, die Rückreise mit der Bahn, die Boote, die Verpflegung und die Unterkünfte zu sorgen hat. 274

Als die angereiste Gruppe am vereinbarten Tag starten möchte, stellt sich heraus, dass der Bootsvermieter L nur Boote für zehn Personen zur Verfügung hat, weil er am Vortag ein Boot an fünf andere Personen vermietet hat, ohne nachzusehen, ob das Boot am nächsten Tag gebraucht wird.

R muss mit vier anderen Teilnehmern drei Tage warten, bis L wieder ein Boot zur Verfügung hat. Einer der anderen Teilnehmer hatte den Reiseveranstalter angerufen und sich beschwert.

Kann R von V Schadensersatz verlangen?

1. R könnte einen Anspruch auf **Schadensersatz gemäß §§ 651i III Nr. 7, 651n I BGB haben.**

Reisevertrag

a) R hat mit V einen Reisevertrag geschlossen, § 651a BGB.

Reisemangel

b) Die Reise ist mit einem Mangel behaftet, da das Vorhandensein einer ausreichenden Anzahl von Booten vereinbart war, § 651i II S. 1 BGB.

Anzeigepflicht erforderlich?

c) Wie sich aus § 651o II Nr. 2 BGB ergibt, wäre der Anspruch des R auf Schadensersatz ausgeschlossen, wenn V infolge einer schuldhaften Unterlassung der Anzeige nach § 651o I BGB nicht Abhilfe schaffen konnte.

hemmer-Methode: Dies gilt natürlich nur bei der Geltendmachung von Mangelschäden. Bei Mangelfolgeschäden ist dagegen die Anzeige entbehrlich, da bei Mangelfolgeschäden eine Abhilfe ohnehin nicht möglich ist.

Anzeige rechtsgeschäftsähnliche Handlung, daher Stellvertretung möglich

Vorliegend ist eine Anzeige durch einen anderen Teilnehmer erfolgt. Die Anzeige ist eine rechtsgeschäftsähnliche Handlung, sodass Vertretung gemäß §§ 164 ff. BGB analog möglich ist. Hier ergibt sich aus den Umständen, dass die Anzeige für alle zurückbleibenden Teilnehmer gelten soll, § 164 I S. 2 BGB. Eine Anzeige ist demnach erfolgt.

Vertretenmüssen des V

d) Die Ersatzpflicht wäre ausgeschlossen, wenn sich V gem. § 651n I Nr. 1 bis 3 BGB exkulpieren könnte. Da der Bootsvermieter L schuldhaft das schon gebuchte Boot weggegeben hat, muss sich V dieses Verschulden gemäß § 278 S. 1 Alt. 2 BGB zurechnen lassen, vgl. auch § 651n I Nr. 2 BGB im Umkehrschluss. V hat den Reisemangel daher zu vertreten.

803 LG Frankfurt a.M., Life&Law 2011, 610 f. = RRa 2011, 63 f. = jurisbyhemmer.

Umfang des Anspruchs ⇨ Ersatz aller Mangel- und -folgeschäden

§ 651n I BGB ersetzt alle Mangel- und Mangelfolgeschäden. Der Begriff des „Schadensersatzes" ist wie bei § 536a I BGB als Oberbegriff zu verstehen, der auch den Schadensersatz statt der Leistung umfasst. Eine Differenzierung zwischen Schadensersatz neben und statt der Leistung ist (wie bei § 536a BGB) damit für die Wahl der Anspruchsgrundlage entbehrlich.

hemmer-Methode: Für die Frage, ob für die Geltendmachung des Anspruches auf Schadensersatz zuvor eine Mängelanzeige nach § 651o BGB erfolgen muss, ist die Unterscheidung zwischen Mangelschaden und Mangelfolgeschaden aber doch wieder relevant (s.o.)

Streitig ist, ob der Reisende auch alleine wegen der Minderwertigkeit der Reise infolge eines Mangels Schadensersatz nach § 651n I BGB verlangen kann. Dagegen wird vorgebracht, dass der Reisepreis schon kraft Gesetzes gemindert sei, ein Schaden also gar nicht entstehen könne.

Auch bloße Minderwertigkeit ersetzbar

Die h.M. bejaht in Fällen wie dem vorliegenden trotzdem auch den Schadensersatzanspruch: Bei einem Nebeneinander von Schadensersatzansprüchen und anderen Ansprüchen sei auch in anderen Rechtsbereichen anerkannt, dass der Schaden solange nicht entfällt, als die Rückzahlung noch nicht tatsächlich erfolgt ist. Dies folgt auch aus der Formulierung „unbeschadet" in § 651n I BGB.

hemmer-Methode: Der Streit ist rein akademischer Natur: R hat hier unproblematisch den verschuldensunabhängigen Anspruch gemäß § 651m II, I BGB auf anteilige Rückzahlung des evtl. schon vorgezahlten Reisepreises.

Vertaner Urlaub als immaterieller Schaden, § 651n II BGB

2. R könnte weiterhin gemäß **§§ 651i III Nr. 7, 651n II BGB** eine **angemessene Entschädigung in Geld wegen nutzlos aufgewendeter Urlaubszeit** verlangen, wenn die Pauschalreise vereitelt oder erheblich beeinträchtigt wurde.

Da die Reise des R durch das fehlende Boot teilweise vereitelt wurde, kann er eine angemessene Entschädigung für nutzlos aufgewendete Urlaubszeit verlangen.[804]

50 %ige Minderung für erhebliche Beeinträchtigung i.S.d. § 651n II BGB nicht erforderlich (BGH)

Eine bestimmte Minderungsquote, etwa von 50 %, ist für die Annahme einer erheblichen Beeinträchtigung der Reise weder notwendig noch ausreichend. Eine hohe Minderungsquote ist jedoch ein Indiz für eine erhebliche Beeinträchtigung.[805]

Nach der h.M. kann R also eine angemessene Entschädigung in Geld verlangen, und zwar unabhängig davon, ob er berufstätig ist oder nicht.

III. Deliktische Schadensersatzpflicht wegen Verletzung von Verkehrssicherungspflichten, § 823 I BGB

§ 823 I BGB

Neben einer Inanspruchnahme aus § 651n BGB ist in der Klausur immer auch an eine Haftung des Reiseveranstalters aus § 823 I BGB zu denken. 274a

Eine solche Haftung wird in Klausuren häufig übersehen, weil der Reiseveranstalter ja bei der Reise nicht vor Ort ist und daher vordergründig für etwaige Verletzungen der Reisenden deliktisch nicht verantwortlich zu sein scheint.

---

804 Kann der Reiseveranstalter infolge einer Überbuchung den Kunden nicht an dem gebuchten Urlaubsort unterbringen und tritt der Kunde deshalb die Reise nicht an, so steht dem Kunden wegen Vereitelung der Reise ein Entschädigungsanspruch nach § 651n II BGB zu. Wenn der Kunde dann ein Ersatzangebot des Reiseveranstalters ablehnt, das, gemessen an den subjektiven Urlaubswünschen des Kunden, der gebuchten Reise nicht gleichwertig ist, kann der Veranstalter dem Entschädigungsanspruch des Kunden nicht den Einwand der unzulässigen Rechtsausübung (§ 242 BGB) entgegenhalten, vgl. BGH, Life&2005, 296 ff. = NJW 2005, 1047 ff. = jurisbyhemmer.

805 BGH, Life&Law 12/2013, 933 ff. = NJW 2013, 1674 f. und 3170 ff. = jurisbyhemmer.

Außerdem kann der Reiseveranstalter vor Reisebeginn gem. § 651h IV S. 1 Nr. 2 BGB wegen unvermeidbarer, außergewöhnlicher Umstände unverzüglich nach Kenntniserlangung hiervon zurücktreten.

§ 651h V BGB regelt, dass in allen Fällen, in denen der Reiseveranstalter infolge eines Rücktritts zur Rückerstattung des Reisepreises verpflichtet ist, dieser den Reisepreis unverzüglich (vgl. die Legaldefinition in § 121 I S. 1 BGB) zurückzuerstatten hat.

hemmer-Methode: Die Vorschrift regelt – vergleichbar mit z.B. § 357 I BGB – unabhängig von der Frage, ob der Reiseveranstalter schuldlos zögert, eine Höchstfrist für die Rückerstattung von 14 Tagen nach Zugang der Rücktrittserklärung.

§ 11 MAKLERVERTRAG[820]

Die Schuldrechtsmodernisierung hat eine Neueinteilung des Maklerrechts mit sich gebracht.

In drei Untertiteln finden sich nunmehr allgemeine Vorschriften (§§ 652 - 655 BGB), Vorschriften zum Darlehensvermittlungsvertrag zwischen einem Verbraucher und einem Unternehmer (§§ 655a - 655e BGB) und eine Vorschrift zur Ehevermittlung (§ 656 BGB). Eine inhaltliche Änderung ging damit jedoch nicht einher.

A) Inhalt und Begriff

Pflicht des Auftraggebers zur Vergütung

Durch einen Maklervertrag verpflichtet sich eine Partei (Auftraggeber) der anderen Partei (Makler) eine vereinbarte Vergütung zu bezahlen, wenn sie infolge eines Nachweises oder einer Vermittlung des Maklers einen Vertrag schließt, § 652 I S. 1 BGB. 283

Keinerlei Verpflichtung des Maklers

Der Makler wird durch den Vertrag nicht verpflichtet. Der Maklervertrag ist ein einseitig verpflichtender Vertrag.

hemmer-Methode: Der Makler kann sich durch Vertrag auch zum Tätigwerden verpflichten. Der Vertrag ähnelt dann jedoch mehr einem Werk- oder Dienstvertrag in Form der Geschäftsbesorgung und ist unter ergänzender Heranziehung dieser Vorschriften zu behandeln.

Für den Maklervertrag gelten die allgemeinen Vorschriften.

Grds. formfrei

Der Maklervertrag ist grundsätzlich formfrei.

Dies gilt auch für die Abwicklung von Grundstücksgeschäften, da durch Abschluss eines Maklervertrages für den Auftraggeber gegenüber dem Vertragspartner zunächst keine unmittelbare vertragliche Verpflichtung entsteht. 284

Ausnahme bei Erwerbszwang oder unangemessenem Erwerbsdruck

Von diesem Grundsatz ist allerdings immer dann eine Ausnahme zu machen, d.h. die Formvorschrift des § 311b I S. 1 BGB anzuwenden, wenn sich der Auftraggeber unwiderruflich verpflichtet, ein Grundstück zu veräußern oder zu erwerben.

Um der ratio des § 311b I S. 1 BGB gerecht zu werden, steht es der unwiderruflichen Verpflichtung gleich, wenn der Auftraggeber verspricht, bei späterem Rücktritt von der Kauf- oder Verkaufsabsicht eine (Straf-)Pauschale an den Makler zu zahlen[821], wenn dadurch ein unangemessener Druck im Hinblick auf den Abschluss des Grundstücksgeschäfts ausgeübt wird.

hemmer-Methode: Nach Auffassung des BGH tritt Heilung gemäß § 311b I S. 2 BGB allerdings schon dann ein, wenn ein formgültiger Vertrag mit dem Dritten zustande gekommen ist und nicht erst bei Eintragung ins Grundbuch.[822]

Im Handelsrecht ist noch die Figur des Handelsmaklers zu beachten. 285

Handelsmakler, § 93 HGB

Gemäß § 93 HGB ist Handelsmakler, wer gewerbsmäßig für andere Personen die Vermittlung von Verträgen über Gegenstände des Handelsverkehrs[823] übernimmt, ohne dazu ständig betraut zu sein.

820 Vgl. auch Weishaupt, *„Der Maklervertrag im Zivilrecht“*, in JuS 2003, 1166 ff.; einen allgemeinen Überblick über den Maklervertrag in Jura 2002, 649 ff.

821 Palandt, § 652 BGB, Rn. 6.

822 BGH, NJW 1987, 1628 = **juris**byhemmer.

823 Vgl. dazu Larenz, II/1, § 54.

Der Hauptunterschied zwischen diesen beiden Maklertypen ist neben dem unterschiedlichen Geschäftsgegenstand, dass der Handelsmakler ein reiner Vermittlungsmakler ist (während der Zivilmakler auch als Nachweismakler auftreten kann) und dass der Handelsmakler nach dem gesetzlichen Regelbild einen Courtageanspruch gegen beide Parteien hat, weshalb ihn auch gegenüber beiden Treuepflichten treffen (für den Zivilmakler folgt hingegen aus § 654 BGB, dass er regelmäßig nur für eine Partei tätig wird). Für den Handelsmakler gelten die §§ 652 ff. BGB nur subsidiär.

B) Voraussetzungen des Anspruches auf Maklerlohn

Der Makler kann gemäß § 652 BGB die Zahlung des Maklerlohns (Provision) unter folgenden Voraussetzungen verlangen: *286*

Voraussetzungen für Maklerlohn

- ⇨ Zustandekommen eines gültigen Maklervertrages
- ⇨ Erbringen der Maklerleistung
- ⇨ rechtsgültiges Zustandekommen eines Vertrages mit einem Dritten
- ⇨ Kausalzusammenhang zwischen Maklerleistung und Vertragsschluss

I. Zustandekommen eines Maklervertrages

Konkludenter Vertragsschluss grds. möglich

Der Maklervertrag kommt (wie jeder andere Vertrag auch) durch die Abgabe zweier miteinander korrespondierender Willenserklärungen zustande. Aus den abgegebenen Erklärungen muss hervorgehen, dass der Kunde dem Makler für den Fall der Vermittlung eines Vertrages bzw. für den Nachweis einer Möglichkeit zum Vertragsschluss eine Provision zahlen will. Diese Erklärungen können auch konkludent abgegeben werden. *287*

Ob diese Voraussetzungen erfüllt sind, ist insbesondere dann problematisch, wenn sich der Kunde auf eine Zeitungsannonce des Maklers meldet, aus der nicht eindeutig hervorgeht, dass von den sich meldenden Interessenten für den Fall des Vertragsschlusses eine Provision verlangt wird. Dies ist insbesondere dann der Fall, wenn aus der Anzeige nicht deutlich wird, dass ein Makler handelt oder wenn der Eindruck vermittelt wird, dass allein der Auftraggeber des Maklers die Provision schuldet.[824]

Abschluss des Maklervertrages Vorauss. für späteren Provisionsanspruch

Ist nach Maßgabe der eben aufgestellten Anforderungen kein Maklervertrag zustande gekommen, so kann der Makler später auch dann keine Provision verlangen, wenn seine Leistung für den nachfolgenden Vertragsschluss kausal war.

Für einen vertraglichen Anspruch fehlt es an der notwendigen Einigung. In der bloßen Entgegennahme von Informationen kann kein Abschluss eines Vertrages gesehen werden, insbesondere wenn der Makler nicht deutlich macht, einen Vertrag schließen zu wollen.

Ein Anspruch aus Leistungskondiktion scheidet aus, weil sich das Verhalten für den Interessenten – und auf dessen Sicht kommt es bei der Bestimmung der Leistungsbeziehungen an[825] – nicht als Leistung an ihn darstellt.

824 Zum wirksamen Abschluss eines Maklervertrages ausführlich Palandt, § 652 BGB, Rn. 3 - 5.

825 Vgl. hierzu Hemmer/Wüst, Bereicherungsrecht, Rn. 148 ff.

Eine Nichtleistungskondiktion läuft leer, weil keine rechtswidrige Ausnutzung der erlangten Informationen gegeben ist. Auch kann letztlich nicht auf § 242 BGB zur Begründung eines Anspruchs zurückgegriffen werden, da es dem Makler obliegt, frühzeitig auf sein Provisionsverlangen hinzuweisen.[826]

Bsp.: Meldet sich ein Interessent beim Makler und schickt dieser ihm sofort Angebote ohne dass ein Maklervertrag geschlossen wurde, dann geht der Makler leer aus.

Stillschweigende Vereinbarung über Vergütung

Ist demgegenüber ein Maklervertrag zustande gekommen, gilt gemäß § 653 I BGB der Maklerlohn als stillschweigend vereinbart, wenn ein Tätigwerden des Maklers den Umständen nach nur gegen eine Vergütung zu erwarten war. Für die Höhe gilt dann der dem § 612 II BGB gleichlautende § 653 II BGB.

II. Erbringen der Maklerleistung

Maklerleistung

Der Makler ist Nachweis- oder Vermittlungsmakler. Die Maklerleistung muss daher in einem Nachweis oder in der Vermittlung bestehen. 288

Nachweis

Ein Nachweis besteht darin, dass der Makler dem Auftraggeber eine bisher unbekannte Möglichkeit eines Vertragsschlusses nachweist.[827]

Vermittlung

Vermittlung ist die bewusste, finale Herbeiführung der Abschlussbereitschaft des Vertragspartners.[828]

Andere Tätigkeiten können sinnvoll und notwendig sein, sind jedoch im Hinblick auf den Provisionsanspruch bedeutungslos.

III. Rechtsgültiges Zustandekommen eines Vertrages mit einem Dritten

Schuldrechtlicher Vertrag mit Drittem

Der Provisionsanspruch entsteht lediglich, wenn ein Vertrag mit einem Dritten zustande kommt. Ob das dingliche Erfüllungsgeschäft zustande kommt, ist für den Provisionsanspruch grundsätzlich ohne Bedeutung. 289

Wesentlich ist dabei, dass der Makler kein Recht zum Selbsteintritt besitzt und dass zwischen dem Makler und dem Dritten keine Identität besteht.

Keine Identität besteht, wenn Makler und Dritter personenverschieden sind.

Problem: auf einer Seite tritt eine Gesellschaft auf

Probleme können sich dabei jedoch ergeben, wenn der Vertrag mit einer Gesellschaft zustande kommen soll. Ist der Makler an dieser Gesellschaft beteiligt, wird i.d.R. keine Personenverschiedenheit vorliegen, wobei nicht auf die formelle gesellschaftsrechtliche Stellung abzustellen ist, sondern auf eine wirtschaftliche Betrachtungsweise. 290

Bsp.: Der Dritte ist eine Gesellschaft, und der Makler ist an dieser mit 40 % beteiligt; der Makler kann die Tätigkeit der Verkaufsfirma wesentlich steuern oder beeinflussen.[829]

826 Vgl. hierzu BGH, NJW 1986, 177, 178 f. = jurisbyhemmer; OLG Düsseldorf, NJW-RR 1997, 368.

827 BGH, NJW 1987, 1628 = jurisbyhemmer; Palandt, § 652 BGB, Rn. 11.

828 BGH, NJW 1976, 1844.

829 Vgl. weitere Beispiele Palandt, § 652 BGB, Rn. 16 ff.

Ein ähnliches Problem stellt sich auf der Seite des Auftraggebers, wenn dieser bei Vermittlung einer Gelegenheit durch den Makler nicht selbst den Vertrag abschließt, sondern beispielsweise seine Firma, Ehefrau oder sonst eine eng mit ihm in Verbindung stehende Person.

Bsp.: Der Ehemann M schließt einen Maklervertrag, aufgrund dessen der Makler ihm eine Mietwohnung nachweist. Daraufhin schließt die Ehefrau des M mit dem Vermieter selbstständig einen Mietvertrag ab. Das Ehepaar bezieht die Wohnung.

Mit dieser dem Auftraggeber nahestehenden Person hat der Makler i.d.R. keinen Vertrag und verliert somit grundsätzlich seinen Provisionsanspruch, obwohl der Vertrag offensichtlich durch seine Vermittlung zustande kam.

Die wirtschaftliche Identität des beabsichtigten Vertrages mit dem tatsächlich abgeschlossenen kann beim Erwerb des nachgewiesenen Objekts durch einen Dritten bejaht werden, wenn zwischen dem Maklerkunden und dem Dritten enge persönliche oder wirtschaftliche Beziehungen bestehen.

Dafür ist nicht erforderlich, dass der Maklerkunde bewusst nur vorgeschoben wurde.[830]

Ergebnis: Da der Makler schutzwürdig ist, erhält er seinen Provisionsanspruch, da es nicht nur auf die rein juristische Personenverschiedenheit ankommt, sondern auf die Umstände des Einzelfalls.

hemmer-Methode: Hier dürfen Sie nicht schematisch denken. Jedenfalls bei nahen Familienangehörigen u.ä. können Sie den Makleranspruch bejahen, auch wenn rein schematisch betrachtet verschiedene Personen den Maklervertrag und den Vertrag mit dem Dritten abgeschlossen haben.

Rechtsgültiges Zustandekommen

Der Vertrag mit dem Dritten muss weiterhin rechtsgültig zustande gekommen sein. Der Vertrag darf nicht unwirksam oder nichtig sein. 291

Maklerlohn (-) bei Anfechtung

Der Provisionsanspruch entfällt auch, wenn der Vertrag später angefochten wird.

Maklerlohn (+) bei Aufhebung, gesetzlichem Rücktritt oder Minderung

Anders ist es, wenn der Vertrag später einvernehmlich aufgehoben, ein gesetzliches Rücktrittsrecht geltend gemacht wird oder eine Minderung durchgeführt wird. In diesen Fällen bleibt der Provisionsanspruch bestehen. Der Grund dafür ist, dass die Rückgängigmachung bzw. Minderung in diesen Fällen nicht wegen der Unvollkommenheit des Vertragsschlusses mit dem Dritten erfolgt, sondern aufgrund anderer Umstände.[831]

Sound: Das Risiko der Vertragsdurchführung hat der Makler nicht zu tragen.

Anders aber, wenn neben dem Rücktritt die Anfechtung möglich gewesen wäre

Eine Besonderheit tritt jedoch auf, wenn der Vertragspartner auch zur Anfechtung berechtigt war. Das Bestehen eines Provisionsanspruchs von der Entscheidung des Käufers abhängig zu machen (Nein bei Anfechtung bzw. Ja bei Rücktritt), wäre aber willkürlich.

Um diese willkürlichen Ergebnisse zu vermeiden soll nach überzeugender Rechtsprechung des BGH[832] der Anspruch entfallen, wenn der Käufer die theoretische Wahl zwischen den Mängelrechten und der Anfechtung hat.

830 BGH, NJW-RR 2004, 851 f. = jurisbyhemmer.

831 Palandt, § 652 BGB, Rn. 28 ff.

832 Life&Law 2001, 227 ff. = NJW 2001, 966 = jurisbyhemmer.

Aus der Sicht des Maklers ist die Wahl des Rücktritts rein zufällig. Es ist demnach eine hypothetische Betrachtung vorzunehmen: Hätte der Verkäufer auch anfechten können?

hemmer-Methode: Beachten Sie aber, dass für diese „Gleichstellung" das Anfechtungsrecht im Augenblick der Geltendmachung des Rücktritts auch tatsächlich noch hätte ausgeübt werden können.
Wenn daher in einem Sachverhalt ausdrücklich nur der Rücktritt erklärt wurde, so müssten Sie inzident die Anfechtungsmöglichkeit komplett durchprüfen.

Maklerlohn (+) bei Geltendmachung von „großem" Schadensersatz statt der ganzen Leistung

Der Provisionsanspruch des Maklers bleibt aber unberührt, wenn sein Kunde wegen des von ihm nachgewiesenen oder vermittelten Kaufvertrages den Verkäufer auf den „großen Schadensersatz" im Sinne der §§ 437 Nr. 3, 281 I S. 3 BGB in Anspruch nimmt.[833]

Es wäre nämlich treuwidrig, wenn der Käufer gegenüber dem Verkäufer die Vorteile des positiven Interesses geltend machen könnte, gleichzeitig aber die Provision nicht zahlen müsste, welche bei ordnungsgemäßer Erfüllung anfallen würde. Denn der Anspruch auf Schadensersatz statt der Leistung ist darauf gerichtet, so gestellt zu werden, wie man bei ordnungsgemäßer Erfüllung stehen würde.

Auslegungsfrage bei Ausübung eines vertraglichen Rücktrittsrechts

Bei Ausübung eines vertraglichen Rücktrittsrechts ist das Bestehenbleiben oder der Wegfall des Vergütungsanspruchs Auslegungsfrage. Entscheidend ist i.d.R., ob nach Beweggrund, Zweck und Inhalt der Rücktrittsklausel der Hauptvertrag im Sinne einer anfänglichen Unvollkommenheit in der Schwebe bleiben soll, sodass das Rücktrittsrecht einer aufschiebenden Bedingung (§ 652 I S. 2 BGB) gleichsteht, oder ob er sofort voll wirksam werden soll.[834]

hemmer-Methode: Merken Sie sich daher: Der Makler trägt das Risiko für das Zustandekommen des Vertrages, nicht aber für dessen ordnungsgemäße Durchführung. Im Fall eines Rücktritts vom Kaufvertrag kann der Käufer aber Ersatz der Maklergebühren verlangen. Die Ersatzfähigkeit der sog. Vertragskosten ist bei einem grundsätzlichen Anspruch auf Schadensersatz möglich, d.h. nur unter der zusätzlichen Voraussetzung des Vertretenmüssens, § 284 BGB bzw. § 280 I BGB.
Beachten Sie bitte auch, dass sich diese Problematik bei jedem vom Makler vermittelten oder nachgewiesenen Vertrag stellen kann und nicht nur beim Kaufvertrag.

IV. Kausalzusammenhang zwischen Maklerleistung und Vertrag

Kausalität zw. Maklerleistung und Vertrag

Der Vertrag muss infolge der Maklerleistung zustande gekommen sein: 292

Die Maklerleistung muss kausal zu dem Vertragsabschluss geführt haben. Dies bedeutet, dass die Maklerleistung nicht hinweggedacht werden kann, ohne dass der Vertragsschluss entfällt.

Hat der Makler die Gelegenheit zum Vertragsabschluss nachgewiesen und ist der Vertragsschluss seiner Nachweistätigkeit in angemessenem Zeitabstand nachgefolgt, ergibt sich daraus der Schluss auf den Ursachenzusammenhang.

Ein Zeitraum von mehr als einem Jahr zwischen dem Nachweis und dem Vertragsschluss ist nicht mehr geeignet, den Schluss auf den Ursachenzusammenhang zu rechtfertigen, selbst wenn er sich auf einen Vertragsabschluss bezieht, den der Kunde nicht sogleich, sondern erst nach ein bis zwei Jahren vornehmen will. Den Makler trifft dann die volle Beweislast für den Ursachenzusammenhang.[835]

833 BGH, Life&Law 2009, 812 ff. = ZGS 2009, 391 ff. = **juris**byhemmer.

834 Vgl. hierzu BGH, NJW-RR 1998, 1205 (ausführlich behandelt in Life&Law 1999, 136) = **juris**byhemmer.

835 BGH, NJW 2006, 3062 f. = **juris**byhemmer.

hemmer-Methode: Eine Vertragsklausel, in der bestimmt wird, dass die Vergütung unabhängig von dem Vertragsschluss zu zahlen ist, ist nach BGH unwirksam, da sie dem Leitbild des Maklervertrages widerspreche.[836] Konsequenterweise muss dann auch das Versprechen einer erfolgsunabhängigen „Aufwandsentschädigung" unwirksam sein.[837]

C) Pflichtverletzungen des Maklers

Makler hat Nebenpflichten, insbes. Treuepflichten aus § 242 BGB

Wenn der Makler auch keine primären Leistungspflichten hat, so hat er doch wie jeder Vertragspartner gewisse Nebenpflichten, insbesondere Treuepflichten, §§ 241 II, 242 BGB. Er muss demgemäß die Interessen des Auftraggebers wahren, soweit ihm das zumutbar ist. Er hat alles zu unterlassen, was die Interessen seines Vertragspartners gefährden könnte. 293

Bei Verletzung §§ 280 I, 241 II BGB

Bei Verletzung dieser Pflichten haftet der Makler nach § 280 I BGB.

Die genauen Pflichten des Maklers richten sich danach, wie das Verhältnis zum Auftraggeber ist und welchen Inhalt der Maklervertrag hat.

> **Bsp.:** *Aus den Umständen kann sich ergeben, dass der Makler seinem Auftraggeber Aufklärung und Beratung schuldet. In jedem Fall darf er aber keine falschen Vorstellungen wecken.*[838]

Insbesondere § 654 BGB

Eine besondere Ausprägung dieser Treuepflicht ist § 654 BGB. Danach darf der Makler nicht auf beiden Seiten tätig werden, wenn der Vertrag dies verbietet.

hemmer-Methode: Umgekehrt folgt daraus, dass er grundsätzlich auf beiden Seiten tätig werden darf und auch von beiden Seiten Provision verlangen kann.[839]

D) Darlehensvermittlungsvertrag, §§ 655a - e BGB

§§ 655a - e BGB

Der Darlehensvermittlungsvertrag ist in den §§ 655a - 655e BGB geregelt. 293a

Inhalt

Inhalt des Darlehensvermittlungsvertrages ist die entgeltliche Vermittlung von Verbraucherdarlehen[840] (bzw. der Nachweis einer Gelegenheit zum Abschluss eines solchen) zwischen einem Unternehmer (§ 14 BGB) und einem Verbraucher (§ 13 BGB).[841]

Form, § 655b BGB

Der Darlehensvermittlungsvertrag bedarf der schriftlichen Form, § 655b I S. 1 BGB.[842] Dieser muss die Vergütung des Darlehensvermittlers in einem Prozentsatz des Darlehens enthalten, § 655b I S. 2 HS 1 BGB. Hat der Darlehensvermittler mit dem Unternehmer, von dem der Verbraucher später das Verbraucherdarlehen erhält, ebenfalls eine Provisionsvereinbarung, so muss auch diese angegeben werden (nicht zwingend in Prozent!), § 655b I S. 2 HS 2 BGB. 293b

836 BGHZ 60, 385, 390 = jurisbyhemmer; BGHZ 61, 17, 23.

837 So LG Frankfurt, NJW 1984, 2419.

838 Zu weiteren Beispielen Palandt, § 654 BGB, Rn. 3.

839 Palandt, § 654 BGB, Rn. 4.

840 Eine ausführliche Darstellung zum Verbraucherdarlehen finden Sie unter Rn. 123 bzw. 130 ff.

841 Palandt, § 655a BGB, Rn. 5 f.

842 Bezüglich der Schriftform gilt grundsätzlich der § 126 BGB: Es genügt elektronische Form (§ 126a BGB), aber auch not. Form (§ 128 BGB). Nicht ausreichend ist jedoch Textform (§ 126b BGB). Dazu Palandt, § 655b BGB, Rn. 2.

Schließlich darf der Darlehensvermittlungsvertrag nicht mit dem Antrag auf Hingabe des Darlehens verbunden werden. Darlehensvermittlungsvertrag und Verbraucherdarlehensvertrag müssen mithin urkundlich getrennt bleiben, § 655b I S. 3 BGB. Damit wird auch nach außen hin deutlich, dass die beiden Verträge rechtlich getrennt sind.

Nichtigkeit, § 655b II BGB

Werden diese Bestimmungen nicht eingehalten, so ordnet § 655b II BGB die Nichtigkeit des Vertrages an.

Textform für Vertragsinhalt

Gemäß § 655b I S. 4 BGB hat der Darlehensvermittler dem Verbraucher den Vertragsinhalt in Textform (§ 126b BGB) mitzuteilen. Dies soll die Information des Verbrauchers sicherstellen (und entspricht damit § 492 III BGB). Dabei handelt es sich lediglich um eine vertragliche Nebenpflicht. Ein Verstoß führt hier nicht zur Nichtigkeit.

Vergütung

Ein Vergütungsanspruch für den Darlehensvermittler entsteht gemäß § 655c S. 1 BGB nur, wenn infolge der Vermittlung oder des Nachweises das Darlehen an den Verbraucher geleistet wird und ein Widerruf des Verbrauchers nach § 355 BGB nicht mehr möglich ist. *293c*

hemmer-Methode: Lassen Sie sich nicht verwirren. Wenn der Darlehensvermittler ein Verbraucherdarlehen (§§ 491 ff. BGB) vermittelt hat, so steht dem Verbraucher für dieses ein Widerrufsrecht gemäß § 495 BGB zu. Bezüglich des Darlehensvermittlungsvertrages selbst besteht kein Widerrufsrecht!

Nur Erfolgsvergütung

Dem Maklerrecht entsprechend besteht ein Vergütungsanspruch nur bei erfolgreichem Vertragsabschluss. Dies legt § 655d S. 1 BGB ausdrücklich fest. Es kann jedoch vereinbart werden, dass erforderliche Auslagen (erfolgsunabhängig) erstattet werden, § 655d S. 2 BGB. *293d*

Im Übrigen sind die Vorschriften der §§ 655a ff. BGB nicht zum Nachteil des Verbrauchers abzuändern oder zu umgehen, § 655e I BGB.

Da auch die Vorschriften über das Verbraucherdarlehen für Existenzgründer Anwendung finden (vgl. § 513 BGB), gilt Entsprechendes für einen Darlehensvermittlungsvertrag zwischen einem Unternehmer und Existenzgründer, § 655e II BGB.

E) Ehemaklervertrag, § 656 BGB

Der Ehemaklervertrag ist eine besondere Form des Maklervertrages und ist grundsätzlich entsprechend dem Maklervertrag zu behandeln. *294*

Begründet keine Verbindlichkeit, ⇨ Makler hat keinen Provisionsanspruch

Gemäß § 656 BGB wird jedoch durch das Versprechen eines Lohnes bei Vermittlung (oder Nachweis der Gelegenheit zur Eingehung) einer Ehe keine Verbindlichkeit begründet: Der Makler kann auch dann keine Provision verlangen, wenn er eine Ehe vermittelt oder einen Nachweis der Gelegenheit zur Eingehung einer solchen erbracht hat.

Analog für Partnervermittlung

Der auf Vermittlung einer Ehe gerichtete Vertrag ist in der heutigen Praxis eher selten, er wurde von der „Partnervermittlung“ abgelöst. Da der Partnervermittlungsvertrag jedoch gesetzlich nicht geregelt ist, stellt sich die Frage, ob insoweit § 656 BGB analog anzuwenden ist. Dies wird von der h.M. bejaht.[843]

843 BGHZ 112, 122, [124 ff.] = jurisbyhemmer; siehe hierzu auch Erman/Werner, § 656 BGB, Rn. 12; Palandt, § 656 BGB, Rn. 6 ff. mit jeweils weiteren Nachweisen zum Meinungsstand.

Analog auch für Vermittlung von Freizeitkontakten

Fraglich ist, wie die Vermittlung von Freizeitkontakten zu bewerten ist. Unter „Freizeitkontakt" könne sowohl im engen Sinne eine konkret bestimmte und darauf begrenzte gemeinsame Freizeitaktivität als auch allgemein das gemeinsame Verbringen von Freizeit überhaupt in einer höchstpersönlichen Beziehung verstanden werden.

Während im zuerst genannten Fall als Ziel eine dauerhafte Lebenspartnerschaft überhaupt keine Rolle spiele und sich, wie bei Begegnungen überhaupt, eine Partnerschaft nur zufällig ergeben könnte, beinhalte das Vermitteln von Freizeitkontakt im allgemeinen Sinne die Suche eines Partners für das gemeinsame Verbringen von Freizeit überhaupt, und zwar in einer höchstpersönlichen, tendenziell dauerhaft angelegten Beziehung, mithin die Suche eines Lebenspartners.

Letzterenfalls handelt es sich ungeachtet der vertraglichen Bezeichnung der Leistung um eine Partnerschaftsvermittlung. Welcher Art Freizeitkontakt hier vermittelt werden sollte, werde damit maßgeblich von den bei Vertragsschluss zutage getretenen Vorstellungen der Parteien bestimmt.

Ein Partnervermittlungsvertrag lag nach Ansicht des BGH in einem Fall vor, in dem nach dem Vertragstext lediglich „Freizeitkontakte" vermittelt werden, aber einem männlichen Kunden lediglich weibliche Kontakte vermittelt wurden.[844]

Ob die Vorschrift des § 656 BGB - einschließlich ihrer Ausweitung auf Eheanbahnungsverträge und (analog) auf Partnerschaftsvermittlungsdienstverträge - (noch) zum Schutze der Intimsphäre der Beteiligten unverzichtbar und insoweit in jeder Hinsicht „stringent" und interessengerecht ist, spielt keine entscheidende Rolle. Darüber zu befinden, ist Sache des Gesetzgebers, der in seine Überlegungen auch mit einzubeziehen hätte, dass der Vorschrift heute auch die Aufgabe zugeschrieben wird, die Kunden von Ehevermittlern - bzw. von Eheanbahnern und Partnerschaftsvermittlern, die diese praktisch verdrängt haben - vor den Folgen eines übereilten Vertragsschlusses zu schützen.[845]

Ebenso wenig lässt sich für den hier in Rede stehenden Fragenkreis etwas aus dem ProstG[846] herleiten. Daraus, dass dieses Gesetz einen klagbaren Anspruch auf ein vorher vereinbartes Entgelt für sexuelle Handlungen vorsieht, was gegebenenfalls den in Anspruch genommenen „Freier" in peinliche Situationen vor Gericht bringen könnte, lässt sich nicht ohne Weiteres schließen, dass auch das Diskretionsbedürfnis des Kunden von Ehe- und Partnerschaftsvermittlern und -anbahnern, dem § 656 BGB nach dem heutigen Verständnis dient, nicht mehr schützenswert ist.

hemmer-Methode: Es bleibt also dabei: § 656 BGB ist analog auf die Vermittlung von Partnerschaften und „allgemeinen" Freizeitkontakten anzuwenden.

Eine andere Frage ist, ob ein geleisteter Provisionsanspruch gemäß § 812 I S. 1 BGB zurückverlangt werden kann: 295

Bsp.: *J hat dem Makler M 500,- € als Vorschuss für die Vermittlung einer Ehe gegeben. Durch die Vermittlung des M lernt sie den Jurastudenten S kennen, den sie sofort heiratet. S meint, J könne die 500,- € zurückverlangen, weil durch den Ehemaklervertrag keine Verbindlichkeiten begründet worden seien, J also ohne Rechtsgrund geleistet habe. Hat er Recht?*

844 Vgl. BGH, Life&Law 2004, 374 ff.

845 Vgl. MüKo, § 656 BGB, Rn. 3.

846 Gesetz zur Regelung der Rechtsverhältnisse der Prostituierten vom 20. Dezember 2001 (BGBl. I S. 3983); zur praktischen Wirksamkeit dieser Regelung vgl. Palandt, Anhang zu § 138 BGB, Rn. 1.

Aber Naturalobligation: keine Rückforderung geleisteter Zahlungen möglich

Der Ehemaklervertrag begründet zwar keinen Zahlungsanspruch. Gemäß § 656 I S. 2 BGB können jedoch bereits geleistete Zahlungen nicht zurückverlangt werden. Der Ehemaklervertrag ist eine „Naturalobligation" bzw. „unvollkommene Verbindlichkeit" und damit Rechtsgrund i.S.d. § 812 BGB.

hemmer-Methode: Die Rückforderung ist aber nicht in allen Fällen ausgeschlossen. Das ergibt sich e contrario aus § 656 I S. 2 BGB, der sich nur auf das Nichtbestehen einer Verbindlichkeit bezieht. Eine Rückforderung kann daher gemäß § 812 I S. 2 Alt. 2 BGB verlangt werden, wenn der Makler überhaupt nicht tätig wird. Des Weiteren kommt bei sehr schweren Verstößen des Maklers ein Rücktritt aus §§ 324, 241 II BGB und somit ein Anspruch auf Rückzahlung in Betracht.

Auch den Ehemakler trifft keine Verpflichtung zum Tätigwerden. Wird er jedoch tätig, ist er verpflichtet, im Interesse des Auftraggebers tätig zu werden und diesen vor Schaden zu bewahren. Verstößt er gegen diese Pflicht, kommt eine Haftung wegen Pflichtverletzung aus §§ 280 I, 241 II BGB in Betracht. 296

Bsp.: *Ehemakler E vermittelt der schönen, aber einsamen F einen Ehepartner, obwohl er weiß, dass dieser ein Heiratsschwindler ist. Kann die geprellte F einen Schadensersatzanspruch aus §§ 280 I, 241 II BGB geltend machen?*

Ein Schadensersatzanspruch könnte sich aus einer Pflichtverletzung des Ehemaklervertrages ergeben. E hat schuldhaft seine Vertragspflichten verletzt. Fraglich ist jedoch, ob aus einer Naturalobligation Schadensersatzansprüche entstehen können. Nach Ansicht des BGH verhindert § 656 BGB lediglich Ansprüche auf Erfüllung und Schadensersatz statt der Leistung, nicht jedoch wegen Schlechterfüllung. Auch eine Naturalobligation ist damit Schuldverhältnis i.S.d. § 280 I BGB. F kann somit den ihr entstandenen Schaden geltend machen.

hemmer-Methode: Wird der Ehevermittlungsvertrag über ein Verbraucherdarlehen nach §§ 491 ff. BGB finanziert, so liegt i.d.R. ein verbundenes Geschäft i.S.d. §§ 358 f. BGB vor. Aus dem Sinn und Zweck des § 359 BGB folgt, dass der Darlehensnehmer in diesem Fall aufgrund von § 656 I bzw. II BGB auch die Rückzahlung des Darlehens als bloße Naturalobligation verweigern kann (Stichwort: Einwendungsdurchgriff).[847]

847 Vgl. hierzu die Nachweise bei Palandt, § 656 BGB, Rn. 4.

hemmer-Methode: Beachten Sie bitte, dass ein Preisausschreiben gem. § 661 I BGB nur wirksam ist, wenn eine Frist für die Bewerbung bestimmt ist („Einsendeschluss ist der ...“).
Die Fristbestimmung hat dann aber auch i.d.R. die Unwiderruflichkeit der Auslobung zur Folge, § 658 II HS 2 BGB.

Bei solchen Preisausschreiben wird die Bewertung der eingereichten Arbeiten zum entscheidenden Problem: Welche Arbeiten entsprechen überhaupt der gestellten Aufgabe und welche unter ihnen ist die Beste?

Entscheidung durch Preisrichter

Preisrichter entscheiden, ob die Leistung eines Bewerbers der Auslobung entspricht und welcher der Bewerber den Preis erhalten soll (§ 661 II S. 1 BGB). Ist kein Preisrichter bestimmt, entscheidet der Auslobende selbst. Unter mehreren gleich guten Bewerbern soll nach § 661 III BGB der Preis geteilt oder bei Unteilbarkeit verlost werden.

Die Entscheidung ist für die Beteiligten gemäß § 661 II S. 2 BGB bindend und nicht gerichtlich auf ihre sachliche Richtigkeit überprüfbar. Grobe Verfahrensfehler können jedoch zur Unverbindlichkeit führen.

Auch kann überprüft werden, ob das Preisgericht einen Bewerber zu Unrecht von der Teilnahme ausgeschlossen hat. Möglich ist, in unerträglichen Härtefällen über § 826 BGB eine gewisse sachliche Überprüfung durchzuführen.

Heute sind Preisausschreiben auch zu einem oft verwendeten Mittel der Werbung geworden. Dabei geht es dem Veranstalter nur selten um die eingesendeten Werke.
Häufiger sollen die Bewerber bloß veranlasst werden, sich mit dem Angebot des Auslobenden zu beschäftigen, so wenn im Katalog eines Versandhauses die dort absichtlich untergebrachten „Druckfehler“ gesucht und daraus Wörter gebildet werden sollen.
Solche „Preisausschreiben“ sind wenigstens dann als Spiel oder Wette unverbindlich, wenn die Lösung ohne nennenswerten Aufwand gefunden werden kann und für die Preisverleihung von vornherein auf eine Losentscheidung abgezielt wird.
Bei Warenpreisen handelt es sich im letzteren Fall um genehmigungspflichtige Ausspielungen i.S.d. § 763 BGB.[851]

C) Gewinnzusagen, § 661a BGB[852]

Gewinnzusage

Gewinnzusagen, mittels derer Unternehmen Kunden vor allem zur Bestellung von Waren verleiten wollen, boomen nach wie vor, auch wenn die Unternehmen auf Grund der Vorschrift des § 661a BGB seit dem 29.06.2000[853] vorsichtiger geworden sind.

Probleme in der Praxis bereiten vor allem die Fälle, in denen Unternehmen Gewinne versprechen, die sich dann später als „Briefkastenfirmen“ mit Sitz im Ausland entpuppen.

Rechtsnatur des Anspruches ist strittig

Der durch § 661a BGB begründete Anspruch des Verbrauchers gegen den Unternehmer auf Leistung des Preises wird allgemein als zivilrechtlicher Anspruch aufgefasst; streitig ist allein dessen Einordnung innerhalb des Zivilrechts.

Nach e.A. handelt es sich um einen vertraglichen, rechtsgeschäftlichen oder geschäftsähnlichen Anspruch.[854]

851 Vgl. dazu Palandt, § 661 BGB, Rn. 1 a.E.

852 Vgl. auch Meller-Hannich, Bestandsaufnahme und Bewertung der Ansprüche aus Gewinnzusagen, in NJW 2006, 2516 f.

853 Vgl. Art. 229 § 2 EGBGB.

854 Vgl. Feuchtmeyer, NJW 2002, 3598 [3599].

Nach a.A. handelt es sich um einen deliktischen, deliktsähnlichen oder wettbewerbsrechtlichen Anspruch.[855]

Der internationale Gerichtsstand am Wohnsitz des Verbrauchers ist in jedem Fall einschlägig

Für die auf eine Gewinnzusage im Sinne des § 661a BGB gestützte Klage gegen eine (natürliche oder juristische) Person, die in dem Hoheitsgebiet eines Vertragsstaates ansässig ist, besteht damit auf jeden Fall am Wohnsitz des klagenden Verbrauchers:

- ⇨ entweder die internationale Zuständigkeit für Verbrauchersachen (**Art. 17 ff. EuGVVO**)
- ⇨ oder der unerlaubten Handlung (**Art. 7 Nr. 2 EuGVVO**).[856]

§ 661a BGB ist verfassungsgemäß

Die Vorschrift des § 661a BGB ist nach Ansicht des BGH verfassungsrechtlich nicht zu beanstanden. Insbesondere ist die Vorschrift mit den Grundrechten (Art. 2 I, 12, 103 I, II GG) vereinbar.

§ 661a BGB verstößt nicht gegen den im Rechtsstaatsprinzip begründeten Grundsatz, dass jede Strafe - nicht nur die Strafe für kriminelles Unrecht, sondern auch die strafähnliche Sanktion für sonstiges Unrecht - Schuld voraussetzt.

§ 661a BGB ordnet keine Strafe an, sondern wirkt einer verbreiteten und wettbewerbsrechtlich unzulässigen Praxis entgegen. Es erschien deshalb erforderlich, diese Vorschriften durch zivilrechtliche Ansprüche zu unterlegen; der Unternehmer sollte beim Wort genommen werden, um den Missbrauch abzustellen.

Die Vorschrift gibt dem Verbraucher nicht einen Schadensersatzanspruch, sondern einen Erfüllungsanspruch auf den Preis. Dieser Anspruch ist der Art und der Höhe nach durch die (vermeintliche) Gewinnzusage des Unternehmers bestimmt.

Damit besteht - wie bei anderen zivilrechtlichen Ansprüchen - von Verfassungs wegen kein Grund für die Anwendung des Schuldprinzips.

hemmer-Methode: Lesen Sie hierzu Life&Law 2004, 235 ff. = NJW 2003, 3620 ff.

Beispielsfall

Bspe.:[857] *A erhielt vom C-Versand einen Katalog mit einem Begleitschreiben, wonach er bei einer vom C-Versand veranstalteten „ZIEHUNG" „Gewinner" in der „Gewinn-Kategorie 60.000,- €" sei. A wurde in einem auf seinen Namen ausgestellten „Teilnahme-Zertifikat" angeboten, am 21. September abgeholt zu werden, um den Gewinn mit dem C-Versand zu feiern.*

Entsprechend der in dem Schreiben gegebenen Anleitung sandte er am 4. September die „Unverbindliche Warenanforderung zum Test" und das „Teilnahme-Zertifikat" an den CVersand an eine Postfachadresse in den Niederlanden.

Der C-Versand zahlte den versprochenen Gewinn nicht. Dem A wurden die bestellten Waren von dem C- Versand Warenauslieferungslager in M übersandt. Gemäß einem beigefügten Überweisungsträger sollte der Rechnungsbetrag auf ein Konto der B „wg. C-Versand" gezahlt werden.

Für den C-Versand besteht in den Niederlanden lediglich das vorgenannte Postfach; die Firma ist im dortigen Handelsregister nicht eingetragen. B führt laut Gewerberegister der Stadt M eine Firmenbezeichnung mit dem Zusatz C-Versand. Im Handelsregister ist aber bei der Firma der B dieser Zusatz nicht eingetragen. Die Eintragung des Zusatzes im Gewerberegister beruht, wie B im Prozess richtigerweise einwendet, auf einem Fehler der Behörde.

855 Vgl. Leible in NJW 2003, 407, [408]; Staudinger in JZ 2003, 852 [856].

856 Lesen Sie hierzu BGH, Life&Law 2003, 241 ff.

857 Vgl. BGH, Life&Law 2005, 6 ff. = NJW 2004, 3555 ff. = **juris**byhemmer.

A nimmt B auf Zahlung des versprochenen Gewinns in Höhe von 60.000,-€ nebst Zinsen in Anspruch. Der C-Versand sei kein selbstständiges und von der B verschiedenes Rechtssubjekt. Hinter dieser Bezeichnung verberge sich vielmehr B. Für die Haftung nach § 661a BGB komme es im Übrigen nur darauf an, von wem der Verbraucher die mit dem Gewinnversprechen beworbenen Waren erhalten habe und an wen der Kaufpreis zu zahlen sei. Hier sei die Lieferung aus M gekommen, wo B ihren Sitz gehabt habe; B sei auch Empfängerin der Zahlung gewesen.

B wendet ein, sie habe die Gewinnmitteilung gar nicht selber verfasst und auch nicht veranlasst. Eine Identität zwischen dem C-Versand und ihr selbst gehe aus den von A angeführten Fakten nicht hervor.

Hat A einen Anspruch gegen B auf Zahlung des versprochenen Gewinns?

A könnte gegen B einen Anspruch auf Zahlung des versprochenen Gewinns gemäß § 661a BGB haben.

Gewinnmitteilung

1. Voraussetzung dafür ist zunächst das Vorliegen einer Gewinnmitteilung, die dem Verbraucher zugegangen sein muss.

Eine Gewinnmitteilung ist eine geschäftsähnliche Handlung und beinhaltet die Ankündigung der unentgeltlichen Leistung eines Preises (Gewinn) durch den Absender an den Mitteilungsempfänger. Es kann sich dabei um jede Art von Leistung handeln.

Die Ankündigung muss so präzise ein, dass die in Aussicht gestellte Leistung aus der Sicht des Empfängers bestimmt werden kann. Weiterhin ist erforderlich, dass der Eindruck eines Gewinns erweckt wird, d.h. der Empfänger muss bei objektiver Betrachtung die Mitteilung aufgrund ihres Inhalts dahin verstehen, er werde den Preis erhalten.

A wurde auf dem „Teilnahme-Zertifikat" persönlich bezeichnet und als Gewinner benannt.

Die Zusendung an den Verbraucher setzt eine verkörperte Erklärung voraus, da nur diese versandt werden können. Dabei muss die Mitteilung aber persönlich an den Empfänger gerichtet sein. Dies ist hier der Fall, da A ein persönlich an ihn adressiertes Schreiben erhielt. Diese Gewinnmitteilung ist A auch zugegangen.

Damit liegt eine dem A zugegangene Gewinnmitteilung vor.

Empfänger = Verbraucher

2. Der Empfänger der Gewinnmitteilung muss Verbraucher sein. Darunter versteht man eine natürliche Person, die nicht im Rahmen ihrer gewerblichen oder selbstständigen beruflichen Tätigkeit handelt (§ 13 BGB). Das trifft auf A zu.

Absender = Unternehmer

3. Weiterhin erforderlich ist, dass der Absender der Mitteilung Unternehmer ist.

Unternehmer ist eine natürliche oder juristische Person oder rechtsfähige Personengesellschaft, die gewerblich oder selbstständig beruflich tätig ist und die mit der Absendung der Mitteilung in Ausübung dieser Tätigkeit handelt (§ 14 BGB). In Betracht kommt hier hauptsächlich eine Vertriebstätigkeit, d.h. die Befassung mit dem Absatz von Waren oder Leistungen.

Problem: Wer ist „Sender"?

4. Problematisch ist hier bereits, ob B überhaupt Absender der Gewinnmitteilung war.

Wer „Sender" einer Gewinnmitteilung ist, beurteilt sich zunächst - ebenso wie die Frage, ob eine bestimmte Zusendung eine Gewinnzusage oder vergleichbare Mitteilung im Sinne des § 661a BGB ist - aus der objektivierten Empfängersicht.[858]

858 Vgl. BGH, NJW 2004, 1652 [1653] = **juris**byhemmer.

„Sender“ ist derjenige Unternehmer, den ein durchschnittlicher Verbraucher in der Lage des Empfängers einer Gewinnzusage als Versprechenden ansieht.

Zu überlegen ist, ob darüber hinaus auch andere Personen als Absender in Betracht kommen. So könnte man sagen, dass jedenfalls auch derjenige, der sich mittels einer nach Außen in Erscheinung tretenden, tatsächlich aber nicht existierenden Person tarnt und diese als Versprechende vorschiebt, für deren Gewinnversprechen nach § 661a BGB einstehen muss. Denn er sei in Wahrheit derjenige, der die Gewinnzusage abgegeben habe und sich nach dem Willen des Gesetzgebers daran festhalten lassen müsse.

Fraglich ist weiterhin, ob man darüber hinaus jeden als „Sender“ im Sinne des § 661a BGB ansehen sollte, der sich an der Übermittlung der Gewinnzusage oder dem damit regelmäßig verknüpften Versandhandelsgeschäft beteiligt und die Vorteile aus dem durch die Gewinnzusage geförderten Warenverkehr gezogen hat.

Problematisch ist vor allem, ob die letztgenannte Ansicht noch mit Sinn, Zweck und Wortlaut des § 661a BGB zu vereinbaren ist.

Mit der Einführung des § 661a BGB wollte der Gesetzgeber einer verbreiteten und wettbewerbsrechtlich unzulässigen Praxis entgegenwirken, dass Unternehmer Verbrauchern Mitteilungen über angebliche Gewinne übersenden, um sie zur Bestellung von Waren zu veranlassen, die Gewinne auf Nachfrage aber nicht aushändigen.

Nach Auffassung des Gesetzgebers hatten die Vorschriften des Gesetzes gegen den unlauteren Wettbewerb die unzulässigen Gewinnspiele nicht zurückgedrängt. Es erschien deshalb erforderlich, diese Vorschriften durch zivilrechtliche - dem Vertrags- oder dem Deliktsrecht zuzuordnende - Ansprüche zu unterlegen; der Unternehmer sollte beim Wort genommen werden, um den Missbrauch abzustellen.[859]

Mithin standen vor allem die Fälle der Vertragsanbahnung im Mittelpunkt der gesetzgeberischen Überlegungen. Im Wortlaut des § 661a BGB kommt das aber nicht zum Ausdruck. Die Vorschrift knüpft die Haftung wegen Gewinnzusage nicht an die Anbahnung oder den Abschluss eines Versandhandels- oder anderen Geschäfts an. § 661a BGB gilt ebenso bei „isolierten“ Gewinnmitteilungen.

Kommt es aber für die Inanspruchnahme wegen Gewinnzusage nicht auf die Vertragsanbahnung oder auf einen Vertragsabschluss an, kann andererseits darauf auch nicht zur Bestimmung des „Senders“ abgestellt werden; erst recht nicht kann dafür maßgeblich sein, wer gegebenenfalls bestellte Artikel liefert oder an wen der Kaufpreis zu zahlen ist.

Ein Unternehmer ist ferner nicht schon dann „Sender“ einer - aus objektiver Empfängersicht nicht von ihm stammenden - Gewinnmitteilung, wenn er ein Interesse an dem Geschäft hat, das durch die Mitteilung gefördert werden soll. Für eine solche Auslegung bietet § 661a BGB schon seinem Wortlaut nach keinen Anhaltspunkt.

Im Einklang mit allgemeinen Rechtsgrundsätzen (Handeln unter fremdem Namen) können als „Sender“ einer Gewinnzusage nach § 661a BGB auch solche Unternehmer in Anspruch genommen werden, die Verbrauchern unter nicht existierenden oder falschen Namen, Firmen, Geschäftsbezeichnungen oder Anschriften Gewinnmitteilungen zukommen lassen. Denn sie sind die wahren „Sender“ der Gewinnzusage und müssen für ihr „lautes Wort“ durch die Leistung des Preises einstehen. § 661a BGB zielt gerade auf die Bekämpfung solcher Praktiken.

Zu untersuchen ist, ob B unter Berücksichtigung der oben ausgeführten Kriterien als „Sender“ der Gewinnmitteilung zu qualifizieren ist.

859 Vgl. BGHZ 153, 82 [90 f.] = **juris**byhemmer; BGH, NJW 2003, 3620 f., jeweils m.w.N. = **juris**byhemmer.

Dazu sind die dem A übersandten Unterlagen aus Sicht eines durchschnittlichen Verbrauchers zu betrachten. In dem Schreiben trat nur der C- Versand als Veranstalter der „ZIEHUNG“ in Erscheinung; B war nirgends erwähnt.

Ihr Name fiel erst später, nach Zugang der Gewinnzusage, nämlich bei der Angabe des Zahlungsempfängers auf dem Überweisungsträger („wg. C-Versand“), den A zwecks Ausgleichs der vom C-Versand in Rechnung gestellten Warenlieferungen erhielt.

Dafür dass der C-Versand rechtlich nicht existiert und B selbst unter dieser Bezeichnung die Gewinnzusage verfasst und gesendet hat, bestehen laut Sachverhalt keine Anhaltspunkte.

Die Eintragung der B im Gewerberegister mit dem Zusatz C-Versand ist auf einen Fehler der Behörde zurückzuführen. Nach den Angaben im Sachverhalt bestehen außerdem keine Hinweise dafür, dass der C-Versand von der Beklagten beherrscht und zur Versendung von Gewinnzusagen benutzt worden wäre.

Aus all diesen Gründen kann B nicht als „Sender“ der dem K zugegangenen Gewinnzusage angesehen werden.

Ergebnis: Der A hat keinen Anspruch auf Zahlung des versprochenen Gewinns aus § 661a BGB gegen B.

hemmer-Methode: „Sender“ einer Gewinnmitteilung im Sinne des § 661a BGB ist nach überzeugender Rechtsprechung des BGH also derjenige Unternehmer, den ein durchschnittlicher Verbraucher in der Lage des Empfängers einer Gewinnzusage als Versprechenden ansieht.
Ebenfalls überzeugend ist es, dass nach Ansicht des BGH als „Sender“ einer Gewinnmitteilung nach § 661a BGB auch solche Unternehmer in Anspruch genommen werden können, die Verbrauchern unter nicht existierenden oder falschen Namen, Firmen, Geschäftsbezeichnungen oder Anschriften Gewinnmitteilungen zukommen lassen.

§ 13 AUFTRAG

A) Inhalt, Begriff und Zustandekommen

Durch einen Auftrag verpflichtet sich der Beauftragte, für den Auftraggeber ein ihm übertragenes Geschäft unentgeltlich zu besorgen, § 662 BGB. *299*

Besorgung eines Geschäftes

Die Besorgung eines Geschäftes i.S.v. § 662 BGB ist jedes rechtsgeschäftliche, rechtsgeschäftsähnliche oder auch tatsächliche Tätigwerden des Beauftragten für den Auftraggeber.[860]

Im fremden Interesse

Die Geschäftsbesorgung muss demnach im fremden Interesse erfolgen. Dass der Beauftragte zusätzlich eigene Interessen mitverfolgt, steht der Annahme einer Geschäftsbesorgung nicht unbedingt entgegen. Wesentlich ist, dass sich der Beauftragte verpflichtet hat, fremde Interessen zu verfolgen.

Unentgeltliche Verpflichtung des Beauftragten

Ein Auftrag ist nur gegeben, wenn sich der Beauftragte *unentgeltlich* verpflichtet. Bei Entgeltlichkeit kann ein Dienst-, Werk- oder Maklervertrag vorliegen. *300*

hemmer-Methode: Unter einem Auftrag versteht man im allgemeinen Sprachgebrauch mehr als im Rahmen der §§ 662 ff. BGB: „Einen Auftrag geben", „Überweisungsauftrag", Bestellungen i.R.v. Kauf- oder Werkverträgen, auch die Anweisung wird als Auftrag bezeichnet.
Lassen Sie sich dadurch nicht irritieren. In den seltensten Fällen wird ein Auftrag i.S.d. § 662 BGB vorliegen.
Auch dürfen Sie den Auftrag nicht mit der Vollmacht verwechseln. Der Auftrag betrifft das Innenverhältnis zwischen Auftraggeber und Beauftragtem und legt fest, welche Geschäfte der Beauftragte besorgen muss bzw. darf. Die Vollmacht, die u.U. dazukommt, betrifft das Außenverhältnis und die Frage, ob der Beauftragte außerdem Vertretungsmacht hat.[861]

Der Auftrag ist ein Vertrag. Er ist ein einseitig verpflichtendes Rechtsgeschäft, welches durch Angebot und Annahme zustande kommt. Es gelten die allgemeinen Regeln. *301*

Beispiel

Bsp.: *Offenbart ein Arzt, der zufällig am Unglücksort anwesend ist und einem Unfallopfer Erste Hilfe leistet, seinen Beruf, lässt dies allein noch nicht den Rückschluss auf den Abschluss eines Behandlungsvertrages mit dem Unfallopfer oder anwesenden Angehörigen zu.*[862]

Die Rechtsfolgen bestimmen sich in diesem Fall nach den Vorschriften des Auftragsrechts.

In Notfällen gilt § 680 BGB analog!

Dem Arzt kommt in dieser Situation das Haftungsprivileg des § 680 BGB zugute. Insoweit wird der Erste Hilfe leistende Arzt wie jeder andere Nothelfer behandelt.

Die im Arzthaftungsrecht entwickelten Grundsätze zur Beweislastumkehr bei groben Behandlungs- oder Diagnosefehlern finden auf Erste Hilfe Leistungen in Notfällen keine Anwendung.

§ 663 BGB, Pflicht zur Ablehnungsanzeige

Zu erwähnen ist hier § 663 BGB. Dieser begründet die Pflicht zu einer Ablehnungsanzeige, wenn sich der Beauftragte öffentlich oder einem Einzelnen gegenüber erboten hat.

---

860 Brox, Besonderes Schuldrecht, Rn. 291.

861 Vgl. dazu das Recht der Stellvertretung, Hemmer/Wüst, BGB-AT I, Rn. 182 ff.; Palandt, § 662 BGB, Rn. 7.

862 Lesen Sie hierzu **OLG München, Life&Law 2006, 579 ff. = NJW 2006, 1883 ff.** = **juris**byhemmer (Pflichtlektüre!); zur Vertiefung vgl. auch Roth, *„Der Arzt als Samariter und das Haftungsrecht"*, in NJW 2006, 2814 ff.

Schweigen bedeutet dagegen keine Annahme

§ 663 BGB besagt dagegen nicht, dass der Vertrag bei Schweigen des Beauftragten zustande kommt. Schweigen bedeutet auch hier keine Zustimmung.[863]

§ 663 BGB

§ 663 BGB ist eine Konkretisierung von §§ 311 II, 241 II, 280 I BGB (c.i.c.).[864] Bei Verletzung der Anzeigepflicht haftet der Beauftragte auf Ersatz des Vertrauensschadens, d.h. auf Ersatz des Schadens, den der Auftraggeber dadurch erleidet, dass er im Vertrauen auf die Annahme keine Maßnahmen getroffen hat, das Geschäft anderweitig zu erledigen.[865]

Auftrag grds. formfrei

Der Auftrag kann formbedürftig sein, z.B. gemäß § 311b I BGB, wenn sich der Auftraggeber dadurch zum Kauf oder Verkauf eines Grundstücks verpflichtet.

Problem: Abgrenzung zu Gefälligkeitsverhältnis

Ein häufig auftretendes Problem ist die Abgrenzung des Auftrages vom Gefälligkeitsverhältnis, bei welchem die Parteien keinerlei Verpflichtungen eingehen.[866] 302

Bedeutsam ist diese Abgrenzung v.a. im Hinblick auf die Rechtsfolgen bei Schlechtleistung. Der Beauftragte haftet beispielsweise schon, wenn er den Auftrag aufgrund leichter Fahrlässigkeit schlecht ausgeführt hat. Bei einem Gefälligkeitsverhältnis kommt i.d.R. nur eine Deliktshaftung in Frage und auch hier geht der „Auftraggeber“ häufig leer aus, wenn es sich (und das ist für den Auftrag typisch) um primäre Vermögensschäden handelt.[867]

Die Abgrenzung erfolgt anhand des Rechtsbindungswillens der Parteien.[868] Es kommt also darauf an, ob der Auftraggeber nach der Verkehrsauffassung und den Umständen davon ausgehen durfte, dass die Zusage als rechtlich bindend abgegeben wurde. Maßgebend sind Art, Grund und Zweck der Gefälligkeit, wirtschaftliche Interessenlage, generelles Verhältnis der Parteien, Bedeutung der übernommenen Angelegenheit etc. (eben der sog. „bunte Strauß von Indizien“).

B) Pflichten des Beauftragten

I. Hauptpflichten

Ausführung des Geschäftes

Der Beauftragte hat die Hauptpflicht, das übernommene Geschäft auszuführen, § 662 BGB.[869] 303

Keine Befugnis zum Abweichen von Weisungen

Der genaue Inhalt ergibt sich dabei aus dem jeweiligen Vertrag selbst. Gemäß § 665 BGB muss er sich grds. an die Weisungen des Auftraggebers halten und darf davon nur abweichen, wenn er nach den Umständen annehmen darf, dass eine Abweichung gebilligt werde. Möchte er abweichen, hat er selbst bei Annahme der Billigung die Abweichung anzuzeigen und die Entschließung des Auftraggebers abzuwarten, wenn nicht Gefahr im Verzug ist.

Im Zweifel durch Beauftragten persönlich durchzuführen

Der Beauftragte hat das Geschäft im Zweifel persönlich durchzuführen, § 664 I S. 1 BGB. Er darf sich dabei grundsätzlich nur Erfüllungsgehilfen bedienen, für die er gemäß § 278 BGB haftet, § 664 I S. 3 BGB. 304

863 Vgl. dazu Hemmer/Wüst, BGB-AT I, Rn. 141 ff.

864 Palandt, § 663 BGB. Rn. 1.

865 Palandt, § 663 BGB, Rn. 1.

866 Zur Abgrenzung Auftrag - Gefälligkeitsverhältnis Palandt, § 662 BGB, Rn. 4.

867 Primäre Vermögensschäden sind nur nach §§ 823 II, 826 BGB ersatzfähig, nicht aber nach § 823 I BGB.

868 Dazu ausführlich Hemmer/Wüst, BGB-AT I, Rn. 72 ff.

869 Weitere Beispiele von Vertragspflichten in Palandt, § 662 BGB, Rn. 9.

Substitution

Ist ihm die Übertragung dagegen gestattet (sog. Substitution[870]), haftet er nur für eigenes Verschulden bei der Übertragung, d.h. bei Auswahl und Einweisung des Substituten, § 664 I S. 2 BGB.[871]

Im Gegenzug dazu darf auch der Auftraggeber seinen Anspruch auf Ausführung des Auftrages im Zweifel nicht einem anderen übertragen, § 664 II BGB.

hemmer-Methode: § 664 BGB ist Ausdruck dafür, dass dem Auftrag nach Vorstellung des Gesetzgebers meist ein besonderes und persönliches Vertrauensverhältnis zugrunde liegt. Die Parteien haben sich gegenseitig als Vertragspartner ausgesucht und im Gegensatz zu anderen Verträgen ist es beim Auftrag die Regel, dass sie den Vertrag gerade nur mit dieser Person abschließen wollten.

II. Nebenpflichten

Schutzpflichten aus § 241 II BGB

Zunächst unterliegt der Beauftragte der allgemeinen Rücksichtnahmepflicht aus § 241 II BGB. 305

Bzgl. der Ausführung des Auftrages unterliegt der Beauftragte einer besonderen Sorgfaltspflicht und aufgrund des persönlichen Vertrauensverhältnisses beim Auftrag einer besonderen Treuepflicht.

Nebenpflichten aus § 666 BGB

Gemäß § 666 BGB hat der Beauftragte weiterhin die Pflicht, den Auftraggeber zu benachrichtigen, Auskunft zu geben und Rechenschaft abzulegen.

III. Herausgabepflicht, § 667 BGB

Herausgabepflicht aus § 667 BGB

Gemäß § 667 BGB muss der Beauftragte alles herausgeben, was er zur Ausführung des Auftrages erhalten und durch die Geschäftsführung erlangt hat. 306

C) Rechte des Auftraggebers bei Nicht- oder Schlechterfüllung der Pflichten

Haftung

Bei Verletzung seiner Pflichten haftet der Beauftragte nach den allgemeinen Regeln, d.h. wegen Unmöglichkeit (§§ 280 I, III, 283 BGB), Verzug (§§ 280 I, II, 286 BGB) und wegen Pflichtverletzung (§ 280 I BGB). 307

Beachte § 664 I BGB

Im Rahmen einer Verschuldensprüfung ist dabei an § 664 I BGB zu denken.

Für § 667 BGB gelten §§ 280 I, III, 283 BGB

Bei Unmöglichkeit der Herausgabe im Rahmen von § 667 BGB gelten die §§ 280 I, III, 283 BGB bzw. § 285 BGB.

D) Pflichten des Auftraggebers

Keine Hauptpflichten

Der Auftraggeber hat keine Hauptpflichten. Er hat insbesondere nicht die Pflicht, die Geschäftsbesorgung ausführen zu lassen.[872] 308

870 Palandt, § 664 BGB, Rn. 2; Larenz, II/1, § 56 II.

871 Palandt, § 664 BGB, Rn. 5 f.

872 Brox, Besonderes Schuldrecht, Rn. 299.; Palandt, § 662 BGB, Rn. 10.

I. Pflicht zum Aufwendungsersatz

§ 670 BGB: Pflicht zum Aufwendungsersatz

Der Auftraggeber ist gemäß § 670 BGB zum Ersatz aller Aufwendungen verpflichtet, die der Beauftragte getätigt hat und den Umständen nach für erforderlich halten durfte. 309

hemmer-Methode: Diesbezüglich besteht gemäß § 669 BGB auch ein Anspruch auf entsprechenden Vorschuss.

Aufwendungen

Aufwendungen sind alle Vermögensopfer, die der Beauftragte freiwillig oder auf Weisung des Auftraggebers zur Ausführung des Auftrages macht, oder solche Vermögensopfer, die sich als notwendige Folge der Ausführung ergeben.

> ***Bsp.:*** *Steuern, Kosten eines Rechtsstreits*[873]

Erforderlichkeit

Der Auftraggeber hat die Aufwendungen zu ersetzen, die der Beauftragte für erforderlich halten durfte. Entscheidend ist hier ein objektiver Maßstab mit subjektivem Einschlag, da der Beauftragte sich selbstverständlich an den Interessen des Auftraggebers orientieren muss.

Die subjektive Formulierung des § 670 BGB macht vor allen Dingen deutlich, dass es nicht darauf ankommt, ob die Aufwendungen einen dem Auftrag entsprechenden Erfolg zeitigen. Waren die Aufwendungen nach der Einschätzung des Beauftragten „ex ante“ erforderlich, schuldet der Auftraggeber auch dann Ersatz, wenn sie erfolglos geblieben sind.

Problem: unfreiwillige Vermögenseinbußen

Problematisch ist die Frage, ob der Beauftragte auch Vermögensopfer ersetzt verlangen kann, die er unfreiwillig erlitten hat. 310

> ***Bsp.:*** *A wird von R zusammengeschlagen. A bittet den daneben stehenden B, ihm zu helfen. B tut dies und wird dabei selbst verletzt. Die Heilungskosten will er von A ersetzt verlangen. Hat er einen Anspruch?*
>
> B könnte gegen A einen Anspruch auf Ersatz der Heilungskosten gemäß § 670 BGB haben.
>
> 1. Durch seine Bitte, ihm zu helfen, hat A gegenüber B ein Angebot auf Abschluss eines Auftragsvertrages abgegeben, da er ihn bat, für ihn ein Geschäft in Form eines tatsächlichen Handelns zu besorgen. Durch sein Einschreiten hat B den Antrag konkludent angenommen. Rechtsbindungswille ist vorliegend zu bejahen, da für beide Seiten erhebliche Interessen auf dem Spiel standen.
>
> 2. B müsste zum Zwecke der Ausführung des Auftrages Aufwendungen getätigt haben.
>
> Aufwendungen sind freiwillige Vermögensopfer. Solche hat B nicht erbracht, er ist vielmehr ungewollt geschlagen worden.
>
> *Nach allg. Ansicht nach § 670 BGB zu ersetzen (+)*
>
> Nach allgemeiner Ansicht muss der Auftraggeber jedoch auch Schäden ersetzen, die im Rahmen der Ausführung des Auftrages typischerweise entstehen konnten. Umstritten sind lediglich Rechtsgrundlage und dogmatische Begründung.[874]
>
> *e.A.: stillschweigender Garantievertrag*
>
> Nach früherer Ansicht wurde die Ersatzpflicht des Auftraggebers über einen stillschweigend geschlossenen Garantievertrag begründet. Dagegen spricht jedoch in erster Linie, dass ein dahingehender Parteiwille i.d.R. nicht vorliegen wird. Auch wäre Anspruchsgrundlage dann nicht mehr § 670 BGB, sondern der Garantievertrag.

---

873 Palandt, § 670 BGB, Rn. 2.

874 Vgl. zum Ganzen Palandt, § 670 BGB, Rn. 9 ff.

h.M. und BGH: wenn auch Schaden nicht freiwillig, so ist Risikoübernahme freiwillig

Nach heute h.M.[875] ist § 670 BGB analog anzuwenden, soweit es sich um Schäden handelt, die typischerweise mit dem Risiko des Auftrags zusammenhängen (typisches Risiko). Angeknüpft wird daran, dass der Beauftragte zwar den Schaden nicht freiwillig herbeigeführt hat, aber freiwillig das Risiko übernommen hat, dass ihm ein solcher Schaden entsteht.

a.A.: Risikozurechnung

Zum gleichen Ergebnis kommt eine andere Ansicht,[876] die die Haftung des Auftraggebers über die Risikozurechnung erreicht. Der Auftraggeber hat danach das spezifische Schadensrisiko zu tragen. Dies entspricht den Grundsätzen des innerbetrieblichen Schadensausgleichs und der in § 110 HGB verankerten Haftung.

Im vorliegenden Fall hat sich B dem Risiko, dass er auch geschlagen wird, freiwillig ausgesetzt. Der durch die Ausführung entstandene Schaden ist auch für einen solchen Auftrag typisch. Bei dem Eingreifen in eine Schlägerei können typischerweise Verletzungen entstehen. B hat demnach einen Anspruch gemäß § 670 BGB analog.

II. Nebenpflichten

Nebenpflichten aus § 241 II BGB

Im Übrigen hat der Auftraggeber die allgemeinen Sorgfaltspflichten, insbesondere die, den Beauftragten bei der Durchführung des Auftrages vor Schäden zu bewahren, § 241 II BGB. 311

E) Rechte des Beauftragten bei Nicht- oder Schlechterfüllung der Pflichten

Bei Verletzung Haftung nach den allgemeinen Vorschriften

Auch der Auftraggeber haftet nach den allgemeinen Vorschriften für die Erfüllung seiner Pflichten (Unmöglichkeit, Verzug, § 280 I BGB). 312

F) Beendigung des Auftrages

i.d.R. Beendigung durch Erfüllung

Im Normalfall wird der Auftrag durch Erfüllung beendet. Im Übrigen kommt eine Beendigung durch Aufhebungsvertrag, Zeitablauf oder Bedingungseintritt in Betracht. 313

i.Ü. durch Widerruf des Auftraggebers oder Kündigung des Beauftragten, § 671 BGB

Weiterhin kann der Auftrag vom Auftraggeber widerrufen oder vom Beauftragten gekündigt werden, § 671 BGB. Beides ist jederzeit möglich, da es dem Auftraggeber möglich sein muss, seine Interessen jederzeit wieder selbst in die Hand zu nehmen, und es dem unentgeltlich handelnden Beauftragten offen stehen muss, ob er seine Arbeitskraft lieber anderweitig einsetzen will.

Beachte § 671 II BGB

Einschränkungen ergeben sich für den Beauftragten gemäß § 671 II BGB. Zur Unzeit darf er nur wegen eines wichtigen Grundes kündigen, andernfalls hat er Schadensersatz zu leisten. Die Kündigung ist demnach in jedem Falle wirksam.

Die in Frage kommenden wichtigen Gründe entsprechen denen des § 626 BGB, vgl. auch § 314 BGB.

Beendigung durch Tod des Auftraggebers im Zweifel (-)

Bei Tod oder Geschäftsunfähigkeit des Auftraggebers erlischt der Auftrag im Zweifel nicht, § 672 BGB. Im Einzelfall muss dies durch Vertragsauslegung ermittelt werden.

875 Palandt, § 670 BGB, Rn. 11.

876 So Larenz, II/1, § 56 III; vgl. Palandt, § 670 BGB, Rn. 12.

hemmer-Methode: Beachten Sie auch § 168 BGB. Das Erlöschen einer Vollmacht richtet sich nach dem zugrunde liegenden Rechtsverhältnis, das in vielen Fällen ein Auftrag i.S.d. §§ 662 ff. BGB ist. Auch die Vollmacht erlischt daher nach dem Tode des Vollmachtgebers nicht (transmortale Vollmacht), sofern sie nicht von den Erben rechtzeitig widerrufen wird. Bis zu diesem Zeitpunkt ist aufgrund der Vollmacht auch ein Handeln gegen den Willen der Erben möglich.[877]

Beendigung durch Tod des Beauftragten im Zweifel (+)

Beim Tod des Beauftragten erlischt der Auftrag dagegen im Zweifel, § 673 BGB. Dies beruht auf dem besonderen Vertrauen des Auftraggebers zum Beauftragten. Bei Eintritt der Geschäftsunfähigkeit des Beauftragten gilt § 673 BGB nicht. Der Auftrag wird jedoch i.d.R. wegen Unmöglichkeit erlöschen, wenn rechtsgeschäftliches Handeln geschuldet wird. Bei tatsächlichem Handeln muss die Rechtsfolge durch Auslegung ermittelt werden. *314*

Beachte § 674 BGB

Im Falle des Erlöschens des Auftrags ohne Erklärung eines Widerrufs ist für den Beauftragten die Schutzvorschrift des § 674 BGB zu beachten, die das Fortbestehen des Auftrags fingiert. Bzgl. einer parallel erteilten Vollmacht gelten die §§ 168, 169 BGB.

G) Geschäftsbesorgungsvertrag, § 675 BGB

Der Geschäftsbesorgungsvertrag ist ein Dienst- oder Werkvertrag, der eine Geschäftsbesorgung zum Inhalt hat, § 675 BGB. *315*

hemmer-Methode: Zum Zustandekommen eines Auskunftsvertrages i.S.d. § 675 II BGB lesen Sie HEMMER/WÜST, BGB-AT I, Rn. 81 ff. sowie zuletzt BGH, NJW-RR 2005, 1120 ff.

Der Geschäftsbesorgungsvertrag ist demnach ein entgeltlicher und gegenseitiger Vertrag. Für die Vergütung gelten die §§ 612 bzw. 632 BGB, wenn nichts vereinbart wurde.

Geschäftsbesorgung ist selbstständige Wahrnehmung fremder Vermögensinteressen

Was eine Geschäftsbesorgung i.S.d. § 675 BGB ist, hat der Gesetzgeber nicht geregelt. Da es nach dem Wortlaut des § 675 BGB jedoch auch Werk- und Dienstverträge geben muss, die keine Geschäftsbesorgung zum Inhalt haben, kann der Begriff der Geschäftsbesorgung nicht gleich dem in § 662 BGB sein, da hier jede Tätigkeit im Interesse eines anderen gemeint ist.[878] *316*

Geschäftsbesorgung i.S.v. § 675 BGB ist deshalb enger zu verstehen. Nach der h.M. ist es jede selbstständige Tätigkeit wirtschaftlichen Charakters, die innerhalb einer fremden wirtschaftlichen Interessensphäre vorgenommen wird.[879]

hemmer-Methode: Bei gewerblicher Geschäftsbesorgung von Kaufverträgen gelten die Regelungen der §§ 383 ff. HGB (sog. „Kommission").

Wirtschaftlicher Art ist dabei alles, was sich auf das Vermögen des Geschäftsherrn bezieht. *317*

Geschäftsbesorgung i.S.d. § 675 BGB meint also die selbstständige Wahrnehmung fremder Vermögensinteressen.[880]

Bsp.: *Anlageberatung, Bankvertrag*[881]

877 Lesen Sie dazu den legendären Bonifatiusfall und die Aufarbeitung bei Hemmer/Wüst, BGH Classics Zivilrecht, Fall 99, bzw. Martinek, JuS 1994, 473 ff., 564 ff.

878 Larenz, II/1, § 56 V.

879 BGH, DB 1959, 168.

880 Larenz, II/1, § 56 V.; Palandt, § 675 BGB, Rn. 2.

881 Zu weiteren Beispielen vgl. Palandt, § 675 BGB, Rn. 9 ff.

Es gilt in erster Linie Auftragsrecht

Gemäß § 675 BGB gelten beim Geschäftsbesorgungsvertrag in erster Linie die Auftragsregeln. Im Übrigen gelten die Vorschriften des Dienst- oder Werkvertragsrechts.

i.Ü. Werk- oder Dienstvertragsrecht

Liegt ein Dienstvertrag vor, gilt § 613 BGB. Bei einem Werkvertrag wird das persönliche Vertrauensverhältnis nicht gegeben sein, so dass eine Übertragung möglich ist.

Liegt im Einzelfall dennoch eine extrem persönliche Bindung vor, kann § 664 I S. 1, II BGB u.U. analog angewendet werden.[882]

§ 670 BGB gilt nicht, wenn die Aufwendungen nach dem Parteiwillen schon durch die Vergütung abgegolten sein sollen.

H) Zahlungsdienste

Auf einen Geschäftsbesorgungsvertrag, der die Erbringung von Zahlungsdiensten zum Gegenstand hat, sind gem. § 675c I BGB die §§ 663, 665 bis 670 und 672 bis 674 BGB entsprechend anzuwenden, soweit in den §§ 675 c ff. BGB nichts Abweichendes bestimmt ist. *317a*

hemmer-Methode: Am 13.01.2018 ist das Gesetz zur Umsetzung der Zweiten Zahlungsdiensterichtlinie in Kraft getreten. Zu den wichtigsten Änderungen lesen Sie Tyroller, Life&Law 01/2018, 46 ff.

I. Zahlungsdienstevertrag, § 675f BGB

Def. Zahlungsdienstevertrag

§ 675f BGB regelt den Zahlungsdienstevertrag. Zu unterscheiden sind der Einzelzahlungsvertrag (§ 675f I BGB) und der Zahlungsdiensterahmenvertrag (§ 675f II BGB). *317b*

Einzelzahlungsvertrag, § 675f I BGB

Durch einen Einzelzahlungsvertrag i.S.d. § 675f I BGB wird der Zahlungsdienstleister (i.d.R. eine Bank oder ein Kreditinstitut) verpflichtet, für die Person, die einen Zahlungsdienst als Zahler, Zahlungsempfänger oder in beiden Eigenschaften in Anspruch nimmt (Zahlungsdienstnutzer), einen Zahlungsvorgang auszuführen. *317c*

Zahlungsdiensterahmenvertrag, § 675f II BGB

Durch einen Zahlungsdiensterahmenvertrag i.S.d. § 675f II BGB wird der Zahlungsdienstleister verpflichtet, für den Zahlungsdienstnutzer einzelne und aufeinander folgende Zahlungsvorgänge auszuführen sowie gegebenenfalls für den Zahlungsdienstnutzer ein auf dessen Namen oder die Namen mehrerer Zahlungsdienstnutzer lautendes Zahlungskonto zu führen. Ein Zahlungsdiensterahmenvertrag kann auch Bestandteil eines sonstigen Vertrages sein oder mit einem anderen Vertrag zusammenhängen. *317d*

Unter einem Zahlungsvorgang ist jede Bereitstellung, Übermittlung oder Abhebung eines Geldbetrags, unabhängig von der zugrunde liegenden Rechtsbeziehung zwischen Zahler und Zahlungsempfänger, zu verstehen.

hemmer-Methode: Bei Eröffnung eines Girokontos schließt der Bankkunde mit seiner Bank einen Zahlungsdiensterahmenvertrag gemäß § 675f II BGB. Bei Erteilung eines einzelnen Überweisungsauftrags oder ähnlicher Einzelgeschäfte schließt der Bankkunde mit seiner Bank einen Einzelzahlungsvertrag gemäß § 675f I BGB.

882 Brox, Besonderes Schuldrecht, Rn. 309.

Durch diesen verpflichtet sich die Bank gegenüber ihrem Kunden (Leistung!), einen Zahlungsvorgang i.S.d. § 675f IV BGB durchzuführen, also etwa eine Überweisung, wie sie hier zu diskutieren ist.
Beide Verträge sind, wie schon die Stellung im Gesetz zeigt, entgeltliche Geschäftsbesorgungsverträge.

Ausführungsfrist für Zahlungsvorgänge, § 675s BGB

Der Zahlungsdienstleister des Zahlers muss gem. § 675s BGB sicherstellen, dass der Zahlungsbetrag spätestens am Ende des auf den Zugangszeitpunkt des Zahlungsauftrags folgenden Geschäftstags beim Zahlungsdienstleister des Zahlungsempfängers eingeht.

Verschuldensunabhängige Haftung

Erfüllt der Zahlungsdienstleister diese Pflicht nicht, so haftet er nach Maßgabe der §§ 675y, z BGB.

hemmer-Methode: Von einer genaueren Darstellung wird hier aufgrund der wohl geringen Examensrelevanz abgesehen. Lesen Sie sich die Vorschriften durch, damit Sie im Falle eines Falles nicht völlig neues Gebiet betreten.

Girovertrag

II. Haftung des Zahlungsdienstleisters für nicht autorisierten Zahlungsvorgang, § 675u BGB

Wenn der Einzelzahlungsvertrag gemäß § 675f I BGB wirksam ist, hat die Bank einen Aufwendungsersatzanspruch nach §§ 670, 669, 675c BGB, so dass das Konto belastet werden kann. 317e

Bei fehlender Autorisierung (§ 675j BGB) ⇨ § 675u S. 2 und S. 3 BGB

Ist der Zahlungsvorgang hingegen nicht im Sinne des § 675j BGB autorisiert, so ist die Belastungsbuchung unverzüglich rückgängig zu machen und durch Wiedergutschrift zurück zu übertragen (vgl. § 675u S. 2 und S. 3 BGB).

Die buchmäßige Belastung eines Girokontos ohne dahingehende Veranlassung des Kunden stellt außerdem eine objektive rechtswidrige Verletzung der Pflicht zur ordnungsgemäßen Kontoführung dar. Die Haftung auf Schadensersatz wird aber von der Konkurrenzregel des § 675z BGB verdrängt, soweit es um solche Schäden gilt, die in den §§ 675u, 675y BGB geregelt sind.

hemmer-Methode: Als Folgeschäden, also Schadensersatz neben der Leistung i.S.d. § 280 I BGB, wären z.B. auch eventuelle Belastungen mit Regressansprüchen Dritter liquidationsfähig, z.B. Schäden, die bei (scheinbar) überzogenem Konto wegen einer deswegen ausgebliebenen Scheckeinlösung eintreten; diese Schäden werden von § 675z BGB nicht verdrängt.

§ 14 VERWAHRUNGSVERTRAG

A) Inhalt, Begriff und Zustandekommen

Ein Verwahrungsvertrag kommt zustande, wenn eine Partei (Verwahrer) sich verpflichtet, für die andere Partei (Hinterleger) eine von ihr übergebene, bewegliche Sache aufzubewahren, § 688 BGB. 318

Vertragsinteresse nicht beim unmittelbaren Besitzer

Beim Miet- oder Leihvertrag liegt das Interesse an der Sache jeweils bei demjenigen, der sie erhält, also mietet oder leiht. Beim Verwahrungsvertrag ist dies umgekehrt: Es steht das Interesse des Vertragspartners im Vordergrund, der die Sache abgibt. Er gibt sie ab, um ihre sichere Aufbewahrung zu gewährleisten. Dementsprechend hat der Verwahrer auch kein Recht, die Sache zu benutzen.[883]

hemmer-Methode: Diese Unterscheidung macht sich auch bei der Regelung der Ansprüche auf Aufwendungsersatz bemerkbar: Der Entleiher kann die Sache benutzen, muss aber dafür die normalen Erhaltungskosten tragen, § 601 I BGB. Darüber hinausgehende Aufwendungen kann er eventuell nach GoA ersetzt verlangen, § 601 II BGB.
Der Verwahrer, dem bzgl. der Sache kein Nutzungsrecht zusteht, kann dagegen Ersatz aller Aufwendungen verlangen, § 693 BGB.

Nur bei bewegl. Sachen möglich

Die Verwahrung ist nur bei beweglichen Sachen möglich. 319

Verwahrer bietet Raum und übernimmt Obhut

Inhalt des Vertrages ist das Gewähren von Raum und die Übernahme der Obhut. Wenn nur Raum zur Verfügung gestellt wird, liegt u.U. eine Miete vor. Auch bloßes Dulden des Ein- oder Unterstellens ist keine Verwahrung. Hier wird i.d.R. ein Gefälligkeitsverhältnis vorliegen.[884]

hemmer-Methode: Auch beim unentgeltlichen Verwahrungsvertrag ist die Abgrenzung zum bloßen Gefälligkeitsverhältnis schwierig. Nehmen Sie an dieser Stelle eine am Einzelfall orientierte umfassende Interessenabwägung vor.

Entgeltlich oder unentgeltlich möglich

Die Verwahrung kann entgeltlich oder unentgeltlich erfolgen. Ob eine entgeltliche oder unentgeltliche Verwahrung vorliegt, entscheidet in erster Linie die Parteiabsprache. Nach § 689 BGB gilt die Entgeltlichkeit dann als stillschweigend vereinbart, wenn nach den Umständen eine Vergütung zu erwarten ist. 320

§ 689 BGB entscheidet jedoch nicht über die Höhe der Vergütung. Hier gelten die §§ 612 II und 632 II BGB entsprechend.[885]

Bei entgeltl. Verwahrung gegenseitiger Vertrag (+)

Bei einer entgeltlichen Verwahrung liegt ein gegenseitiger Vertrag vor, da Verwahrung und Vergütung im Gegenseitigkeitsverhältnis stehen. Die unentgeltliche Verwahrung ist dagegen ein unvollkommen zweiseitiger Vertrag, da Pflichten auf beiden Seiten vorhanden sind, diese aber nicht im Gegenseitigkeitsverhältnis stehen.[886]

883 Palandt, vor § 688 BGB, Rn. 2.

884 Palandt, vor § 688 BGB, Rn. 2.

885 Brox, Besonderes Schuldrecht, Rn. 315; Palandt, § 689 BGB, Rn. 1.

886 Palandt, § 688 BGB, Rn. 1.

B) Pflichten des Verwahrers

I. Hauptpflicht

Pflicht zur Aufbewahrung

Die Hauptleistungspflicht des Verwahrers ist die Aufbewahrung. Je nach Art der Sache muss er diese u.U. überwachen, pflegen etc.[887] 321

hemmer-Methode: Wenn die Aufbewahrungspflicht sich lediglich als Nebenpflicht aus einem anderen Vertragsverhältnis ergibt, liegt kein Verwahrungsvertrag vor (Bsp.: Die zu reparierende Sache befindet sich beim Werkunternehmer).

Er muss die Sache so verwahren, dass keine Schäden an ihr entstehen und sie nicht abhanden kommt.[888]

Im Zweifel persönlich

Der Verwahrer hat die Sache im Zweifel persönlich aufzubewahren, § 691 BGB. Er darf sich eines Gehilfen bedienen, dessen Verschulden er gemäß § 278 BGB zu vertreten hat. Wenn der Verwahrer die Sache bei einem Dritten hinterlegen darf, haftet er für dessen Verschulden nicht. Zu vertreten hat er lediglich sein eigenes Verschulden bei der Übertragung, also bei Auswahl und Einführung. 322

hemmer-Methode: § 691 BGB entspricht § 664 I BGB im Auftragsrecht. Auch hier kommt wieder das vom Gesetzgeber vorausgesetzte besondere Vertrauen des Hinterlegers in die Person des Verwahrers zum Ausdruck.

Kein Recht zur Abweichung hins. Art und Weise der Aufbewahrung

Der Verwahrer muss die Sache so aufbewahren, wie es die Parteien vereinbart haben, § 692 BGB. Er darf eine Änderung vornehmen, wenn er mit der Billigung des Hinterlegers rechnen kann, muss die Änderung jedoch anzeigen und den Entschluss des Hinterlegers abwarten, sofern nicht Gefahr im Verzug ist.

II. Nebenpflichten

Nebenpflichten aus § 242 BGB

Neben den allgemeinen Nebenpflichten aus Treu und Glauben hat der Verwahrer die Pflicht, Geld zu verzinsen, soweit dieses Gegenstand der Verwahrung ist, § 698 BGB. 323

C) Rechte des Hinterlegers

I. Bei Pflichtverletzungen des Verwahrers

Haftung nach allg. Vorschriften

Bei Verletzung seiner Pflichten haftet der Verwahrer nach den allgemeinen Vorschriften, d.h. aus Unmöglichkeit, Verzug und sonstiger Pflichtverletzung, §§ 280 ff. BGB. 324

Beachte §§ 690, 691 BGB

Hinsichtlich des Haftungsmaßstabes ist hier auf § 690 BGB und § 691 BGB zu achten.

Haftung nur für eigenübliche Sorgfalt

Gemäß § 690 BGB haftet der unentgeltliche Verwahrer nur für diejenige Sorgfalt, die er in eigenen Angelegenheiten anzuwenden pflegt, sog. diligentia quam in suis. Die Haftung für grobe Fahrlässigkeit bleibt unberührt, § 277 BGB.

---

887 Zu den Pflichten des Verwahrers: Palandt, § 688 BGB, Rn. 4 - 6.

888 Brox, Besonderes Schuldrecht, Rn. 316.

II. Rückforderungsrecht

§ 695 BGB: Pflicht zur jederzeitigen Rückgabe

Gemäß § 695 S. 1 BGB kann der Hinterleger die Sache jederzeit herausverlangen. Dies gilt sogar dann, wenn eine bestimmte Aufbewahrungszeit vereinbart war.[889] Mit der Rückforderung beginnt die Verjährung des Anspruchs auf Rückgabe, § 695 S. 2 BGB.[890] 325

Aus §§ 242, 241 II BGB kann sich u.U. ergeben, dass vom Hinterleger eine angemessene Rückgabefrist gesetzt werden muss.[891]

§ 697 BGB: Hinterleger muss Sache abholen

Der Hinterleger muss sich die Sache grundsätzlich abholen, § 697 BGB.

D) Pflichten des Hinterlegers

I. Hauptpflicht

Pflicht zur Zahlung des Entgelts

Sofern ein entgeltlicher Verwahrungsvertrag vorliegt, ist der Hinterleger zur Zahlung des Entgelts verpflichtet. Diese Pflicht steht im Gegenseitigkeitsverhältnis zu der Aufbewahrungspflicht des Verwahrers. 326

Fälligkeit bei Beendigung

Die Vergütung ist gemäß § 699 I S. 1 BGB bei Beendigung der Verwahrung fällig.

II. Sonstige Pflichten

§ 693 BGB: Pflicht zum Aufwendungsersatz

Der Hinterleger muss dem Verwahrer gemäß § 693 BGB alle Aufwendungen ersetzen, die er (subjektiv!) für erforderlich halten durfte. 327

Dies gilt nur insoweit, als die Aufwendungen nicht schon nach dem Inhalt des Verwahrungsvertrages zu den Pflichten des Verwahrers gehören.[892]

Dem Verwahrer steht durch den Anspruch auf Aufwendungsersatz ein Zurückbehaltungsrecht i.S.v. § 273 BGB zu.[893]

§ 696 BGB: Pflicht zur jederzeitigen Rücknahme

Wenn die Verwahrung zeitlich nicht begrenzt ist, muss der Hinterleger die Sache jederzeit zurücknehmen, § 696 S. 1 BGB. Im Übrigen hat er diese Pflicht nur bei Vorliegen eines wichtigen Grundes, § 696 S. 2 BGB.

Für § 696 BGB gilt auch § 697 BGB: Der Hinterleger muss die Sache also abholen.

§ 694 BGB: Anzeigepflicht

Aus § 694 BGB folgt eine Anzeigepflicht des Hinterlegers, wenn von der Sache Gefahren drohen.

Nebenpflichten aus § 242 BGB

Der Hinterleger hat im Übrigen die allgemeinen Nebenpflichten aus Treu und Glauben, § 242 BGB.

---

889 Brox, Besonderes Schuldrecht, Rn. 318.

890 In Einklang mit dem neuen Verjährungsrecht beginnt die Verjährungsfrist nicht mit Hinterlegung der Sache, sondern mit dem Rückgabeverlangen, dazu Palandt, § 695 BGB, Rn. 1.

891 Palandt, § 695 BGB, Rn. 1.

892 Palandt, § 693 BGB, Rn. 1.

893 Palandt, § 693 BGB, Rn. 1.

E) Rechte des Verwahrers bei Pflichtverletzungen des Hinterlegers

Haftung nach allg. Vorschriften

Bei Verletzung seiner Pflichten haftet der Hinterleger nach den allgemeinen Vorschriften, § 280 I BGB. 328

Bei Verstoß gegen die Anzeigepflicht kommt eine Haftung aus der lex specialis des § 694 BGB in Betracht.

hemmer-Methode: Als einen besonderen Vertrag zwischen Verwahrung und Darlehen regelt das BGB in § 700 BGB das Hinterlegungsdarlehen (unregelmäßige Verwahrung). Hier werden vertretbare Sachen in der Weise in Verwahrung gegeben, dass der Verwahrer Eigentümer der hinterlegten Sache wird und sich verpflichtet, Sachen von gleicher Art, Güte und Menge zurückzuerstatten. Mit dem Darlehen hat diese Verwahrungsart gemeinsam, dass der Überlassende sein Eigentum aufgibt und Gleichartiges zurückverlangen kann. Sie dient jedoch nicht dem Interesse des Empfängers, sondern des Hinterlegers.
Es gelten die Darlehensvorschriften, abgesehen von Ort und Zeit der Rückgabe. Hierfür gilt im Zweifel Verwahrungsrecht, insbesondere also das Recht jederzeitiger Rückforderung.
Wichtigster Fall des unregelmäßigen Verwahrungsvertrages ist das Sparbuch.[894]

§ 15 BEHERBERGUNGSVERTRAG

§ 701 BGB: Pflicht des Wirtes zum Schadensersatz

Gemäß § 701 BGB muss derjenige, der gewerbsmäßig Fremde zur Beherbergung aufnimmt, Schadensersatz leisten, wenn von Gästen eingebrachte Sachen verloren gehen, zerstört oder beschädigt werden. 329

hemmer-Methode: Unter Beherbergung ist aber nicht der sog. Bewirtungsvertrag bzw. Gastaufnahmevertrag gemeint.[895] Klauseln wie „Für Garderobe wird nicht gehaftet“ scheitern also nicht an § 702a BGB.

Dabei ist § 701 BGB als Erfolgshaftung ausgestaltet, d.h. die Haftung tritt unabhängig davon ein, ob den Gastwirt oder seine Leute ein Verschulden trifft. Weiterhin hat nach § 701 I BGB der Gast den Anspruch auch dann, wenn er nicht Eigentümer der eingebrachten Sache ist. Es handelt sich insofern um einen gesetzlich geregelten Fall der Drittschadensliquidation.

hemmer-Methode: Beachten Sie auch § 704 BGB, der dem Gastwirt ein dem Vermieterpfandrecht ähnliches Pfandrecht einräumt.

894 BGHZ 84, 371, 373 = **juris**byhemmer; Palandt, § 700 BGB, Rn. 1.

895 Vgl. dazu BGH, NJW 1980, 1096 ff. = **juris**byhemmer.

§ 16 VERGLEICH

Rechtsnatur

Der Vergleich ist ein gegenseitiger schuldrechtlicher Vertrag, der nach den allgemeinen Vorschriften zustande kommt. Es gelten die §§ 104 ff. BGB und die allgemeinen Formvorschriften. 330

> **Bsp.:** *Der Vergleich ist gemäß § 311b I BGB formbedürftig, wenn er sich auf ein Grundstücksgeschäft bezieht.*

A) Voraussetzungen

Der Vergleich beseitigt eine Ungewissheit über ein Rechtsverhältnis zwischen den Parteien, indem beide Parteien nachgeben, § 779 BGB. 331

Voraussetzungen

Voraussetzungen des Vergleichs:

⇨ Bestehen von Streit oder Ungewissheit über ein Rechtsverhältnis

⇨ Gegenseitiges Nachgeben

⇨ Kein Verstoß gegen zwingende gesetzliche Vorschriften oder Rechtssätze

Streit oder Ungewissheit

Streit oder Ungewissheit kann aus tatsächlichen oder rechtlichen Gründen gegeben sein. Die Parteien können sich also über tatsächliche Voraussetzungen und Gegebenheiten oder über Rechtsfragen streiten. Wesentlich ist, dass die Ungewissheit/der Streit subjektiv zwischen den Parteien vorliegt. Unerheblich ist, dass der betreffende Streitpunkt nachprüfbar oder durch einen Dritten zu beantworten wäre. 332

Ungewissheit liegt gemäß § 779 II BGB auch vor, wenn die Verwirklichung des Anspruchs unsicher ist, z.B. wenn wegen schlechter oder schwankender Vermögensverhältnisse nicht sicher ist, ob eine Schuld beglichen wird.

Hinsichtlich eines Rechtsverhältnisses

Der Streit oder die Unsicherheit müssen sich auf ein Rechtsverhältnis beziehen. Der Begriff ist weit zu verstehen. Es ist jede rechtlich erhebliche Beziehung zwischen Personen oder auch zwischen einer Person und einer Sache gemeint.

In Betracht kommen also Schuldverhältnisse, dingliche Rechte, Gestaltungsrechte, familien- und erbrechtliche Beziehungen etc.[896]

Gegenseitiges Nachgeben

Die Parteien müssen gegenseitig nachgeben, d.h. sie müssen sich irgendwelche Zugeständnisse gleich welcher Art machen. Auch hier ist wieder die subjektive Sicht der Parteien entscheidend, es reichen demnach vermeintliche Zugeständnisse aus. Dies gilt auch für nur geringfügige Zugeständnisse und solche, die sich nicht auf den Streit als solchen beziehen.[897] 333

Ausreichend ist nicht, wenn nur eine Partei nachgibt. Jeder muss nachgeben, weil es auch der andere tut. Gibt nur eine Partei nach, kann ein Anerkenntnis oder ein Verzicht vorliegen.[898]

---

896 Vgl. MüKo, § 779 BGB, Rn. 1a ff.

897 Palandt, § 779 BGB, Rn. 9.

898 Palandt, § 779 BGB, Rn. 10.

Keine entgegenstehenden Vorschriften

Dem Vergleich dürfen keine zwingenden Vorschriften oder Rechtssätze entgegenstehen. Dies bedeutet, dass kein Vergleich möglich ist, wenn er durch eine Vorschrift verboten ist oder wenn die Parteien diese Sache gar nicht regeln können, weil sie keine Dispositionsbefugnis über das jeweilige Recht haben.

> **Bsp.:** *Statusverhältnisse wie Ehe, Abstammung, etc.;*[899] *Vergleich über den Nachlass eines noch lebenden Dritten, § 311b IV, V BGB.*

B) Rechtsfolgen des Vergleichs

Streitpunkte im Vergleich sind abschließend geregelt

Der Vergleich ordnet die streitigen Rechtsbeziehungen neu und schließt aus, dass die Parteien auf die im Vergleich geregelten Streitpunkte zurückgreifen.[900] 334

Eine andere Frage ist, ob der Vergleich anstelle oder neben das Rechtsverhältnis treten soll, ob also die Parteien noch aus dem alten Schuldverhältnis vorgehen können oder nicht. Die Antwort ist durch Auslegung zu ermitteln. 335

Vergleich tritt i.d.R. neben das Schuldverhältnis

Zumeist wird von den Parteien gewollt sein, dass der Vergleich neben das alte Schuldverhältnis tritt. Ein anderer Wille (bei Novation oder Schuldumsetzung[901]) muss dagegen deutlich hervortreten.[902]

Vorgehen aus Schuldverhältnis möglich, soweit Punkte, die im Vergleich nicht geregelt

Bleibt das alte Schuldverhältnis neben dem Vergleich bestehen, können die Parteien noch daraus vorgehen, soweit es sich nicht gerade um die Fragen handelt, die im Vergleich geregelt werden sollten.

> **Bsp.:** *A und B einigen sich nach einem Streit darüber, welchen Kaufpreis sie vereinbart hatten, auf 5.000,- €. Wenn der Verkäufer nachher beweisen kann, dass 6.000,- € vereinbart waren, kann er diese auch aus § 433 II BGB nicht mehr verlangen, da die Höhe des Kaufpreises gerade Gegenstand des Vergleichs war. Der Käufer kann dagegen alle Gewährleistungsrechte etc. geltend machen. Bei einer Minderung etwa muss dann ebenfalls von 5.000,- € ausgegangen werden.*

C) Unwirksamkeit gemäß § 779 BGB

Gesetzlich geregelter Fall der Störung der Geschäftsgrundlage

Gemäß § 779 BGB ist ein Vergleich unwirksam, wenn der als unstreitig feststehend zugrunde gelegte Sachverhalt nicht der Wirklichkeit entspricht der Streit oder die Ungewissheit bei Kenntnis dieser Lage gar nicht entstanden wäre. § 779 I BGB besagt demnach, dass ein beiderseitiger Motivirrtum zur Unwirksamkeit des Vergleichs führt und ist damit ein gesetzlich geregelter Fall der Störung der Geschäftsgrundlage (vgl. zur Störung der Geschäftsgrundlage § 313 BGB).[903] 336

Wesentlich ist, dass sich der im Vergleich als unstreitig angesehene Sachverhalt als anders herausstellt.

hemmer-Methode: Wenn sich der Sachverhalt ändert, der durch den Vergleich gerade klargestellt werden sollte, ist dies selbstverständlich unerheblich.

899 Palandt, § 779 BGB, Rn. 6.

900 Brox, Besonderes Schuldrecht, Rn. 345.

901 Brox, Besonderes Schuldrecht, Rn. 345.

902 Palandt, § 779 BGB, Rn. 11.

903 Hemmer/Wüst, Schuldrecht I, S. 185 ff.

Keine Unwirksamkeit, wenn sich Ungewissheit oder Streit aufklärt

Bsp.: *A und B gehen davon aus, dass sie als Söhne Erben des X sind. Nach dessen Tod finden sie ein Testament, in dem festgehalten ist, dass B Alleinerbe sein soll. A meint, das habe nichts zu bedeuten, ihm stehe als Sohn die Hälfte des Erbes zu. B dagegen meint, A solle nichts bekommen. Sie einigen sich, dass A ein Drittel der Erbschaft bekommt.*

Variante 1: Später findet B heraus, dass A lediglich der Pflichtteil zugestanden hätte.

Variante 2: Später stellt sich heraus, dass A gar kein Kind des X ist.

In Variante 1 kann B nichts mehr machen. Der Vergleich ist wirksam. Durch ihn sollte gerade die den Parteien rechtlich unklare Situation beseitigt werden.

In Variante 2 ist der Vergleich dagegen unwirksam. A und B haben bei ihren Gesprächen vorausgesetzt, dass sie beide Söhne des X sind. Hätten sie gewusst, dass nur B Sohn des X ist, wäre ein Streit über den Inhalt des Testaments gar nicht entstanden.

Aus § 779 I BGB ergibt sich also auch, dass es unwesentlich ist, wenn sich eine Partei über einen streitigen oder ungewissen Umstand geirrt hat. In diesem Fall scheidet auch eine Anfechtung des Vergleichs wegen Irrtums aus.[904]

hemmer-Methode: Im Übrigen bleibt die Anfechtung möglich.[905] Eine Anfechtung gemäß § 123 BGB ist darüber hinaus sogar möglich, wenn sich die Täuschung auf den Punkt bezieht, der im Vergleich geregelt wurde: Arglist soll nicht noch belohnt werden![906]

D) Prozessvergleich

In jedem Prozessstadium möglich

Ein Prozessvergleich kann in jedem Stadium eines anhängigen Rechtsstreits vor einem Gericht zwischen den Parteien oder von diesen mit einem Dritten abgeschlossen werden. 337

Fall des § 779 BGB

Der Prozessvergleich hat eine „Doppelnatur“. Er stellt seiner Form nach eine Prozesshandlung dar. Seinem Inhalt nach ist der Prozessvergleich aber auch ein materiell-rechtlicher Vergleich im Sinne des § 779 BGB.[907]

Dem entsprechen auch seine Wirkungen: Zum einen beendet er den Prozess ohne Urteil und ist Vollstreckungstitel (§ 794 I Nr. 1 ZPO). Zum anderen ist er ein materiell-rechtlicher Vertrag, so dass er z.B. nach §§ 134, 138 BGB nichtig oder nach §§ 119 ff. BGB anfechtbar sein kann.

hemmer-Methode: Beachten Sie zu den damit verbundenen Problemen und den strengen Voraussetzungen des Prozessvergleichs Hemmer/Wüst, ZPO I, Rn. 300 ff.

Beachte: § 127a BGB

Die gerichtliche Protokollierung ersetzt nach § 127a BGB jede vorgegebene Schriftform, also auch eine eventuell erforderliche notarielle Beurkundung.

904 Brox, Besonderes Schuldrecht, Rn. 347; Palandt, § 779 BGB, Rn. 26.

905 Palandt, § 779 BGB, Rn. 26 ff.

906 Brox, Besonderes Schuldrecht, Rn. 347.

907 Palandt, § 779 BGB, Rn. 29.

§ 17 SCHULDVERSPRECHEN UND SCHULDANERKENNTNIS[908]

= abstraktes Schuldanerkenntnis

A) Inhalt, Begriff und Zustandekommen

Einseitig verpflichtende Verträge

Schuldversprechen und Schuldanerkenntnis sind einseitig verpflichtende Verträge mit dem Inhalt, dass der Schuldner unabhängig von dem Bestehen eines Schuldgrundes eine Leistung verspricht bzw. eine bestehende Schuld anerkennt. 338

hemmer-Methode: Schuldversprechen und Schuldanerkenntnis unterscheiden sich lediglich durch ihren Wortlaut „ich verspreche..." oder „ich erkenne an, dass..." Einen rechtlichen Unterschied gibt es nicht, sodass sie im Folgenden gleich behandelt werden können. Beachten Sie auch, dass §§ 780, 781 BGB nur Formvorschriften darstellen und eigentlich § 311 I BGB mitzitiert werden muss.

Schriftform nicht für Vertrag, sondern nur für Erklärung des Schuldversprechenden bzw. –anerkennenden!

§§ 780, 781 BGB bestimmen, dass Schuldversprechen und Schuldanerkenntnis schriftlich abgegeben werden müssen. Die Erklärung des Schuldners bedarf also (mindestens) der einfachen Schriftform. Die elektronische Form (§§ 126 III, 126a BGB) ist dabei ausgeschlossen, § 780 S. 2 BGB bzw. § 781 S. 2 BGB. Wenn das Schuldversprechen beispielsweise schenkweise erteilt wird, bedarf es der notariellen Beurkundung, § 518 I S. 2 BGB. 339

Das Schriftformerfordernis besteht gemäß § 782 BGB nicht, wenn das Versprechen oder das Anerkenntnis im Wege eines Vergleichs oder aufgrund einer Abrechnung erteilt wird und gemäß § 350 HGB auch dann nicht, wenn der Erklärende Kaufmann ist und es sich um ein Handelsgeschäft handelt.

hemmer-Methode: Interessant ist die Entscheidung des OLG Schleswig in NJW 2005, 225 ff., wonach ein abstraktes Schuldanerkenntnis gem. § 138 I BGB nichtig ist, wenn es einem Kunden eines Bordells über einen Betrag abverlangt wird, der einen fünfstelligen (damals noch) DM-Betrag übersteigt.[909]

B) Abgrenzung zum deklaratorischen Schuldversprechen

§§ 780, 781 BGB begründen Verpflichtung unabhängig von einem Schuldgrund

Gemäß §§ 780, 781 BGB verpflichtet sich die eine Partei gegenüber der anderen Partei zu einer Leistung **unabhängig** (abstrakt) von einem Schuldgrund. 340

§§ 780, 781 BGB regeln also das abstrakte, konstitutive Schuldversprechen. Aufgrund eines solchen hat der Gläubiger einen Anspruch aus §§ 780, 781 BGB unabhängig davon, ob eine gleiche Schuld schon aufgrund anderer Umstände (bspw. aufgrund eines Darlehens) besteht.[910]

Deklaratorisches Schuldversprechen bestätigt alten Schuldgrund

Der Gegensatz dazu ist das sog. deklaratorische Schuldversprechen. Durch dieses wird ein bestehender Schuldgrund lediglich bestätigt. Es wird kein neuer Schuldgrund geschaffen, sondern es soll lediglich die Möglichkeit der Erhebung von Einreden ausgeschlossen werden.[911]

Bsp.: *A hat B ein Darlehen gegeben.*

908 Einen allgemeinen Überblick über das Schuldanerkenntnis finden Sie in Jura 2002, 505 ff.

909 Das Urteil ist zusammengefasst in Life&Law 12/2007, in der Rubrik Life&Law kompakt, Recht skurril.

910 Palandt, § 781 BGB, Rn. 2.

911 Palandt, § 781 BGB, Rn. 3.

Wenn B ein abstraktes konstitutives Schuldversprechen abgibt, erhält A eine zweite Anspruchsgrundlage: Er kann Zahlung der betreffenden Summe sowohl aus § 488 BGB als auch aus §§ 780, 781 BGB verlangen.

Wenn B dagegen nur ein deklaratorisches Schuldversprechen abgibt, bleibt alleinige Anspruchsgrundlage § 488 BGB. A hat lediglich den Vorteil, dass B keine Einreden mehr geltend machen kann. B kann also nicht mehr vortragen, das Darlehen nie empfangen zu haben.

Abgrenzung durch Auslegung §§ 133, 157 BGB

Ob ein abstraktes oder ein deklaratorisches Schuldversprechen vorliegt, richtet sich nach dem Parteiwillen. Die Abgrenzung ist im Einzelfall sehr schwierig.[912] Dabei ist in erster Linie auf den von den Parteien beabsichtigten Zweck abzustellen. 341

Ein Indiz für ein deklaratorisches Schuldversprechen ist es, wenn der Schuldgrund in dem Versprechen genannt ist.

Bsp.: *„Ich erkenne an, aufgrund eines Darlehens 500,- € zu schulden."*

Dekl. Anerkenntnis schließt alle Einwendungen und Einreden aus, auch die anspruchsbegründenden

Durch das deklaratorische Anerkenntnis sollen alle Einwendungen und Einreden ausgeschlossen werden, die der Schuldner kannte oder mit denen er zumindest rechnen musste. Für einen Verzicht auch auf künftige Einwendungen muss die Erklärung ausdrückliche Anhaltspunkte enthalten. Indem auch auf die Geltendmachung rechtshindernder Einwendungen verzichtet wird, kann dem deklaratorischen Schuldanerkenntnis auf diese Weise im Einzelfall sogar konstitutive Wirkung zukommen.

Bsp.: *Hat ein am Unfall beteiligter Fahrer vor Ort ein Schuldbekenntnis zu voller Haftung abgegeben, so trifft trotz Unaufklärbarkeit des Unfallgeschehens den anderen Unfallbeteiligten keine Mithaftung.*[913]

hemmer-Methode: Aufgrund seiner Beweiswirkung kann das deklaratorische Anerkenntnis nicht kondiziert werden. Es kann aber aufgrund seiner Ausschlusswirkung hinsichtlich der ausgeschlossenen Einreden und Einwendungen erhebliche rechtliche Folgen nach sich ziehen. Ein Schutz des Anerkennenden kann in dieser Situation einerseits durch eine Ausweitung des Schriftformerfordernisses oder durch eine einschränkende Auslegung des Inhalts erreicht werden.[914]

C) Abgrenzung zum Merkmal der bloßen Beweiserleichterung

§§ 780, 781 BGB (-), wenn kein Rechtsbindungswille

Da Schuldanerkenntnis und -versprechen Verträge sind, müssen die Parteien und insbesondere der Schuldner mit Rechtsbindungswillen gehandelt haben.[915] 342

Daran fehlt es dagegen oft bei schnell abgegebenen Erklärungen, wie z.B. Schulderklärungen am Unfallort.

Bsp.: *„Ich bin zu schnell gefahren", „Das war meine Schuld, die Ampel war rot".*

Bei mangelndem Rechtbindungswillen ist bloßes Tatsachenanerkenntnis gegeben

Soweit die Erklärung mit Rechtsbindungswillen abgegeben wird, liegt ein Schuldanerkenntnis vor. I.d.R. (aber nicht zwingend) wird man den Rechtsbindungswillen jedoch verneinen müssen, weil keine Schuld, sondern lediglich eine Tatsache anerkannt werden soll, so dass kein Schuld-, sondern ein reines Tatsachenanerkenntnis vorliegt.

Bloße Beweiserleichterung

Ein solches Tatsachenanerkenntnis wirkt sich lediglich als Beweiserleichterung aus. Die anerkannten Tatsachen brauchen vom Gegner nicht mehr bewiesen zu werden. Vielmehr ist es Sache des Anerkennenden, sie gegebenenfalls zu widerlegen, wenn er von der Erklärung loskommen will.

912 Vgl. hierzu BGH, NJW 1980, 1158, 1158 f. = **juris**byhemmer.

913 Vgl. hierzu LG Ansbach, NJW-RR 2018, 211 ff.

914 Vgl. Medicus/Petersen, BR, Rn. 772 - 775a.

915 Palandt, § 781 BGB, Rn. 6.

D) Rechtsgrund des Schuldanerkenntnisses

Das konstitutive Schuldanerkenntnis gemäß §§ 780, 781 BGB bedarf zu seiner Entstehung keines Rechtsgrundes. Es ist in seiner Entstehung abstrakt vom zugrunde liegenden Kausalverhältnis. 343

§§ 780, 781 BGB kondizierbar

Es ist jedoch kondizierbar, wenn kein Rechtsgrund vorhanden ist. Bei einem Leistungsverlangen des Gläubigers hat der Schuldner außerdem die Einrede aus § 821 BGB.

hemmer-Methode: Wenn in einem abstrakten (konstitutiven) Schuldversprechen oder –anerkenntnis die Möglichkeit ausgeschlossen wird, geltend zu machen, der ihm zugrunde liegende Anspruch bestehe nicht, liegt darin eine Abweichung von Regeln des Rechts der ungerechtfertigten Bereicherung (§§ 812 I, 821 BGB). Ein derartiger Ausschluss stellt sich als unangemessene Benachteiligung dar und ist deshalb unzulässig (§ 307 I BGB). Das abstrakte Schuldversprechen selbst ist aber wirksam, insbesondere stellt es keine Abweichung vom Gesetz gemäß § 307 III BGB dar.

Zur Verdeutlichung folgender Fall:

A hat B ein nach § 138 I BGB nichtiges Darlehen gewährt. Um sich die Rückzahlung zu sichern, lässt er sich außerdem folgenden Schuldschein unterschreiben: „Ich schulde A 15.000,- €.“

Kann A von B Zahlung aufgrund des Schuldscheins verlangen?

I. A hat einen Anspruch gemäß §§ 780, 781 BGB (i.V.m. §§ 311 I, 241 I BGB), wenn B ein konstitutives Schuldanerkenntnis abgegeben hat.

Die Parteien müssten den Willen gehabt haben, einen neuen selbstständigen Schuldgrund zu schaffen. Es dürfte nicht lediglich ein deklaratorisches Schuldanerkenntnis vorliegen.

Bei der Beantwortung dieser Frage ist in erster Linie auf den Zweck des Schreibens abzustellen.

§§ 780, 781 BGB (+)

Vorliegend wollte A Sicherheit für seine Forderungen. Er wollte nicht lediglich die Summe klarstellen. Dies musste B auch so erkennen. Weiterhin spricht für ein konstitutives Schuldanerkenntnis, dass die Parteien den Schuldgrund nicht nochmals aufgeführt haben. B hat ein Schuldanerkenntnis i.S.v. §§ 780, 781 BGB abgegeben.

Schriftform (+)

Die Schriftform der §§ 780, 781 BGB ist gewahrt. A hat demnach einen Anspruch aus §§ 780, 781 BGB.

II. Fraglich ist jedoch, ob B diesem Anspruch die Bereicherungseinrede gemäß § 821 BGB entgegenhalten kann. Dies wäre der Fall, wenn er das Schuldversprechen ohne Rechtsgrund geleistet hätte und es deshalb gemäß § 812 I S. 1 Alt. 1 BGB zurückfordern könnte. Als Leistung i.S.d. § 812 BGB gilt auch ein Schuldanerkenntnis, § 812 II BGB.

Rechtsgrund (-), da Darlehensvertrag nichtig

Der Darlehensvertrag scheidet als Rechtsgrund aus, da er nach § 138 I BGB nichtig ist. Insofern ist das Schuldanerkenntnis in seiner Abstraktheit zwar wirksam, aber eben doch kondizierbar.

B kann daher der Inanspruchnahme aus §§ 780, 781 BGB die Einrede aus § 821 BGB entgegenhalten.

hemmer-Methode: Beachten Sie, dass ein Schuldanerkenntnis grundsätzlich auch für eine Naturalobligation gewährt werden kann, vgl. §§ 656 II, 762 BGB. Im Ergebnis dürfen hierdurch aber die Wertungen, die den unvollkommenen Verbindlichkeiten zugrunde liegen, nicht umgangen werden, sodass ein solches Schuldanerkenntnis selbst eine nicht durchsetzbare Naturalobligation darstellt. Die Problematik der Kondizierbarkeit des Schuldanerkenntnisses stellt sich dann nicht.

§ 18 ANWEISUNG

Inhalt

Gemäß § 783 BGB liegt eine Anweisung vor, wenn jemand (Anweisender) einem Dritten (Anweisungsempfänger) eine Urkunde aushändigt, in der er einen anderen (den Angewiesenen) anweist, Geld, Wertpapiere oder andere vertretbare Sachen an den Dritten zu leisten. Wichtigste Form der Anweisung i.S.d. § 783 BGB ist der Scheck. 344

Bsp.: A gibt Z einen Scheck, durch den die Bank B zur Zahlung verpflichtet wird. A ist Anweisender, Z Anweisungsempfänger und B die Angewiesene.

hemmer-Methode: Ein anderes typisches Beispiel ist der Wechsel. Der Anweisende heißt hier Aussteller, der Angewiesene, der den Wechsel annehmen muss, Bezogener oder Akzeptant, und der Anweisungsempfänger ist der Wechselnehmer (oder Remittent genannt).

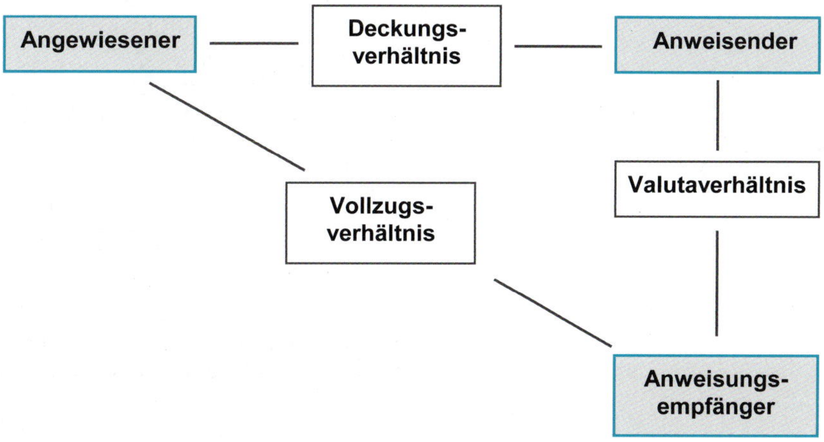

Anweisung ist doppelte Ermächtigung

Zwischen den Beteiligten bestehen folgende Rechtsverhältnisse: zwischen Anweisendem und Anweisungsempfänger das Valutaverhältnis und zwischen Anweisendem und Angewiesenem das Deckungsverhältnis.

Die Anweisung ist gemäß § 783 BGB eine doppelte Ermächtigung. Sie ermächtigt den Angewiesenen (die Bank), für Rechnung des Anweisenden zu leisten, und ermächtigt den Anweisungsempfänger (Z), die Leistung im eigenen Namen geltend zu machen. 345

Keine Pflicht des Angewiesenen

Fordern kann er die Leistung jedoch erst, wenn der Angewiesene die Anweisung förmlich annimmt, § 784 BGB.

Die Anweisung begründet keine Verpflichtung des Angewiesenen.

Kein Forderungsrecht durch Anweisung

Durch die Anweisung erlangt der Empfänger noch kein Forderungsrecht gegen den Angewiesenen (§ 784 I BGB). Ist dies gewollt, muss ein Vertrag zugunsten Dritter gewählt werden. Denn auch nach der Annahme der Anweisung besteht hierzu ein wesentlicher Unterschied: 346

Während beim Vertrag zugunsten Dritter nach § 334 BGB alle Einwendungen auch gegen den Begünstigten zulässig sind, stehen dem Angewiesenen bei der Anweisung Einwendungen nur gegen den Anweisungsempfänger zu, § 784 I BGB.

Abstrakt, aber kondizierbar

Die Anweisung ist, bezogen auf das zugrunde liegende Rechtsverhältnis, abstrakt, d.h. sie ist in ihrer rechtlichen Gültigkeit davon unabhängig. Wie das Schuldversprechen nach §§ 780, 781 BGB ist sie jedoch bei Mängeln oder Wegfall der causa kondizierbar.

Die Abstraktheit zeigt sich auch im Bereich der Einwendungen. Die Leistungspflicht aus der Anweisung wird in ihrer Gültigkeit von den Einwendungen aus dem Grundverhältnis nicht berührt, § 784 I HS 2 BGB.

Einwendungen können sich nur auf die Gültigkeit, die Beschränkung der Annahmeerklärung oder auf den Inhalt der Anweisung beziehen.

Anweisung lediglich Leistung erfüllungshalber

Die Anweisung selbst stellt noch keine Zahlung dar. Der Empfänger nimmt die Anweisung nie an Erfüllung Statt, sondern lediglich erfüllungshalber an. Das bedeutet, dass der Aussteller erst dann befreit wird, wenn der Angewiesene tatsächlich leistet, § 788 BGB.

hemmer-Methode: Beachten Sie, dass eine Anweisung i.S.d. § 783 BGB nur im Falle des Schecks, nicht jedoch bei einer Banküberweisung vorliegt. Obwohl auch hier oft von „Anweisungsfällen" gesprochen wird, liegt der Banküberweisung ein Zahlungsdienstevertrag i.S.d. § 675f BGB und keine Anweisung i.S.d. § 783 BGB zugrunde.

WIEDERHOLUNGSFRAGEN

Randnummer

Die Miete

1. Erläutern Sie den Zweck des § 550 BGB! ... *4 f.*
2. Was ist die Rechtsfolge der Nichteinhaltung der Schriftform nach § 550 BGB? ... *4 f.*
3. Welche Anforderungen sind an die Schriftform des § 550 BGB zu stellen? ... *4 f.*
4. Ist eine nachträgliche mündliche Abrede wirksam, wenn im Mietvertrag hierfür ausdrücklich die Schriftform vorgesehen war? ... *7*
5. Was ist unter „Gebrauchsüberlassung" i.S.d. § 535 BGB zu verstehen? ... *10*
6. Welche Rechte kommen für den Mieter in Betracht, wenn der Vermieter seine Pflicht zur Überlassung und Belassung der mangelfreien Mietsache nicht erfüllt? ... *16*
7. Kann der Mietvertrag angefochten werden? ... *20*
8. Welche Rechtsfolgen hat die Anfechtung im Mietrecht? ... *20*
9. Ab wann ist der Anwendungsbereich der §§ 536 und 536a BGB eröffnet? ... *21*
10. Kann das Zurückbehaltungsrecht nach § 320 BGB neben den mietrechtlichen Gewährleistungsansprüchen geltend gemacht werden? ... *22*
11. In welchen Fällen sind die §§ 326 bzw. 280 I, III, 283 BGB auch nach Überlassung neben den §§ 536 und 536a BGB anwendbar? ... *23*
12. In welchen Fällen kann bei fehlender Gebrauchstauglichkeit der Mietsache ein Rücktrittsrecht aus § 323 BGB geltend gemacht werden? ... *24*
13. Unter welchen Voraussetzungen ist ein Anspruch aus c.i.c. gem. der §§ 280 I und 311 II BGB im Mietrecht möglich? ... *25*
14. Erläutern Sie § 536 I BGB! ... *25*
15. Welche Rechtsfolgen sind bei einem Mangel der Mietsache denkbar? ... *26 ff.*
16. Welche Folgen hat es, wenn der Mieter es unterlässt, dem Vermieter Mängel anzuzeigen? ... *34*
17. Inwiefern ist i.R.d. § 536a I BGB zwischen den drei Varianten zu unterscheiden? ... *38 ff.*
18. Welche Schäden umfasst der Anspruch aus § 536a BGB? ... *41*

19. Unter welchen Voraussetzungen ist eine Fristsetzung bzw. Abmahnung i.R.d. § 543 III BGB entbehrlich? ... *44*

20. Welche Rechte hat der Vermieter gegen den Mieter, wenn dieser nach Auszug die ihm übertragenen Schönheitsreparaturen nicht ausgeführt hat? ... *48 ff.*

21. Auf welche Ansprüche erstreckt sich die Verjährungsregel des § 548 BGB? ... *62 f.*

22. Innerhalb welcher Frist verjähren Ansprüche auf die Miete? ... *64*

23. Welche besitzrechtlichen Folgen knüpfen an das Mietverhältnis an? ... *66*

24. Wie kann sich der Mieter gegen den vom Verkäufer an den Käufer abgetretenen Herausgabeanspruch aus § 546 BGB wehren, wenn die vermietete bewegliche Sache veräußert wurde? ... *67 f.*

25. Welche Folgen treten ein, wenn ein vermietetes Grundstück oder ein Raum bzw. Wohnraum veräußert wird? ... *69*

26. Erklären Sie mit wenigen Worten den Wesensgehalt von § 566 II BGB! ... *69*

27. Welche Ansprüche hat der Vermieter gegen den Mieter, wenn dessen Untermieter die Mietsache beschädigt? ... *71*

28. Kann der Vermieter von dem Mieter, der die Mietsache unberechtigt untervermietet, die Miete herausverlangen? ... *72*

29. Ist der Wohnraummieter berechtigt, die Nutzung der Mietsache auch Dritten zu gestatten? ... *73*

30. Unter welchen Voraussetzungen kann ein Dritter einen vertraglichen Schadensersatzanspruch gegen den Vermieter haben? ... *74*

31. Wie wirkt sich der Tod des Mieters auf das Mietverhältnis aus? ... *75a*

32. Nennen Sie die Voraussetzungen für das Entstehen eines Vermieterpfandrechts! ... *77*

33. Das Pfandrecht des Vermieters erlischt gem. § 562a S. 1 BGB mit der Entfernung der Sachen von dem Grundstück, außer wenn diese ohne Wissen oder unter Widerspruch des Vermieters erfolgt. Was ist unter „entfernen“ i.S.d. § 562a BGB zu verstehen? ... *85*

34. Das Vermieterpfandrecht erlischt in Ausnahme zu § 562a S. 1 BGB gem. § 562a S. 2 BGB dennoch, wenn der Vermieter die Entfernung dulden muss. Unter welchen Voraussetzungen muss der Vermieter die Entfernung der Sachen, an denen er ein Pfandrecht hat, dulden? ... *85*

35. Welche Rechte kann der Vermieter aus seinem Vermieterpfandrecht ableiten? ... *88*

36. Die außerordentliche Kündigung kann nur mit ausreichendem Grund erfolgen. Die Kündigungsgründe bestimmt das Gesetz. Es unterscheidet dabei zwischen fristloser und befristeter Kündigung. Nennen Sie die Regelungen in den allgemeinen Vorschriften der §§ 535 ff. BGB, in denen die Mietparteien ein Recht zur außerordentlichen befristeten Kündigung haben! ... *97*

37. Unter welchen Voraussetzungen besteht ein Anspruch des Mieters auf vorzeitige Vertragsbeendigung? ... *101*

38. Welche Besonderheiten gelten bei der dreiseitigen Vertragsübernahme hinsichtlich der Anfechtung der Zustimmung des Vermieters zum Mieterwechsel, sofern der Neumieter den Vermieter i.S.d. § 123 BGB arglistig getäuscht hat? ... *101*

39. Was ist ein Zeitmietvertrag i.S.d. § 575 BGB? ... *103*

40. Was müssen die Mietvertragsparteien beim Zeitmietvertrag beachten? ... *103*

Die Pacht

Die Leihe

Das Darlehen

Das Leasing

Das Factoring

Der Dienstvertrag

Die Schenkung

Die Bürgschaft

107. Kann die Bürgschaft übertragen werden? ... *238*

108. Kann der Bürge die dem Hauptschuldner zustehenden Einreden geltend machen? ... *240*

109. Kann der Bürge dem Gläubiger der Hauptschuld eine Aufrechnungseinrede mit einer Forderung des Schuldners gegen den Gläubiger aus einer vorsätzlich begangenen unerlaubten Handlung entgegenhalten? ... *243*

110. Was ist die Einrede der Vorausklage? ... *244*

111. Haben Urteile zwischen Gläubiger und Schuldner Auswirkungen für den Bürgen? ... *245*

112. Wie erfolgt der Rückgriff des Bürgen gegen den Hauptschuldner? ... *246*

113. Beinhaltet der gesetzliche Forderungsübergang des § 774 BGB immer die gesamte Hauptschuld? ... *248*

114. Gem. § 774 II BGB haften Mitbürgen einander nur nach § 426 BGB. Welchen Zweck verfolgt § 774 II BGB? ... *253*

115. Gibt der Gläubiger gem. § 776 BGB eine mit der Forderung verbundene Sicherheit gegen einen Mitbürgen auf, so wird der Bürge insoweit frei, als er aus dem aufgegebenen Recht nach § 774 BGB hätte Ersatz verlangen können. Welchen Zweck verfolgt § 776 BGB? ... *250*

Der Reisevertrag

116. Wie kommt ein Reisevertrag gem. § 651a BGB zustande? ... *257 und 258*

117. Unter welchen Voraussetzungen liegt bei einer „Click-Trough-Buchung“ (§ 651c BGB) ein Reisevertrag vor ... *257c*

118. Was versteht man unter „Dynamic Packaging“ i.S.d. § 651a II S. 2, Nr. 1 und Nr. 2? ... *258a, b*

119. Welche Rechtsposition nehmen die Personen ein, für die die Reise mitgebucht wurde? ... *259*

120. In welchem Verhältnis stehen die §§ 651i ff. BGB zum allgemeinen Leistungsstörungsrecht? *256b, 264, 265*

121. In welchem Verhältnis stehen die §§ 651i ff. BGB zu den Anfechtungsregeln? ... *263*

122. Erklären Sie den Begriff des Reisemangels! ... *266b, c*

123. Welche Rechte hat der Reisende bei Vorliegen eines Reisemangels ab Reisebeginn? ... *266*

124. Nennen Sie die Voraussetzungen des Anspruchs auf Aufwendungsersatz gem. § 651k II S. 1 BGB! ... *267a*

125. Welche Besonderheiten regelt § 651k IV, V BGB für die Abhilfe beim Vorliegen beim Vorliegen unvermeidbarer, außergewöhnlicher Umstände i.S.d. § 651h III S. 2 BGB ... *268*

126. Nennen Sie die Voraussetzungen der Minderung gem. § 651m BGB! ... *269*

127. Welche Folge hat das Minderungsrecht im Reisevertragsrecht? ... *270*

128. Nennen Sie die Voraussetzungen des Kündigungsrechts gem. § 651l BGB! ... *272*

129. Nennen Sie die Voraussetzungen des Schadensersatzes gem. § 651n BGB! ... *273*

130. Gilt § 651n I BGB auch für den Ersatz von Mangelfolgeschäden? ... *273a*

131. Wann kann eine angemessene Entschädigung in Geld wegen nutzlos aufgewendeter Urlaubszeit gem. § 651n II BGB verlangt werden? 273b

132. Welche Rechte stehen einem Reisenden unmittelbar gegenüber der eine Reiseleistung ausführenden Fluggesellschaft zu? Wie ist das Verhältnis zu den Mängelrechten? 275, 275a

133. Kann der Reisende verlangen, dass ein Dritter an seiner Stelle die Reise antritt? 279

134. Unter welchen Voraussetzungen kann der Reiseveranstalter vor Reisebeginn nach § 651h IV BGB zurücktreten 282

Der Maklervertrag

135. Was versteht man unter einem Maklervertrag? 283

136. Unter welchen Voraussetzungen hat der Makler Anspruch auf Maklerlohn? 286

137. Entfällt der Provisionsanspruch, wenn der Vertrag des Auftraggebers mit dem Dritten später angefochten wird? 291

138. Was versteht man unter einem Darlehensvermittlungsvertrag i.S.d. § 655a BGB? 293a

139. Was versteht man unter einem Ehemaklervertrag? 294

140. Können wegen § 656 I S. 1 BGB i.R.d. Ehemaklervertrags bereits geleistete Zahlungen gem. § 812 I S. 1 Alt. 1 BGB zurückverlangt werden? 295

141. Welche Auswirkungen hat es, wenn ein Ehemaklervertrag über einen Verbraucherkredit finanziert wurde? 296

Die Auslobung

142. Was ist unter einer Auslobung zu verstehen? 297

Der Auftrag

143. Was versteht man unter einem Auftrag i.S.d. § 662 BGB? 299

144. Wie ist der Auftrag vom Gefälligkeitsverhältnis abzugrenzen? 302

145. Grenzen Sie Aufwendungen und Schäden voneinander ab! 310

146. Kann der Auftragnehmer vom Auftraggeber auch Ersatz des ihm in Ausübung des Auftrags entstandenen Schadens verlangen? 310

147. Was ist unter einer Geschäftsbesorgung i.S.d. § 675 BGB zu verstehen? ..... 315 ff.

148. Erläutern Sie den Begriff der Geschäftsbesorgung! ..... 315 ff.

149. Welche Verträge sind typischerweise Geschäftsbesorgungsverträge i.S.d. § 675 I BGB? ..... 315 ff.

Der Verwahrungsvertrag

150. Was versteht man unter einem Verwahrungsvertrag i.S.d. § 688 BGB? 318

151. Wie unterscheidet sich die Verwahrung von Miete und Leihe? 318

152. Was versteht man unter der unregelmäßigen Verwahrung? *328*

Der Vergleich

153. Der Vergleich i.S.d. § 779 I BGB beseitigt eine Ungewissheit über ein Rechtsverhältnis zwischen den Parteien. Nennen Sie die Voraussetzungen für einen Vergleich! *331*

154. Welche primäre Rechtsfolge hat der Vergleich? .... *334 f.*

155. Welche Besonderheit weist der Prozessvergleich auf? *337*

Das Schuldversprechen und das Schuldanerkenntnis

156. Was versteht man unter einem Schuldversprechen und einem Schuldanerkenntnis gem. den §§ 781, 782 BGB? *338*

157. Grenzen Sie das konstitutive Schuldanerkenntnis vom deklaratorischen Schuldanerkenntnis ab! .... *340 ff.*

158. Grenzen Sie das konstitutive Schuldanerkenntnis und das deklaratorische Schuldanerkenntnis von der bloßen Beweiserleichterung ab! *342*

159. Das konstitutive Schuldanerkenntnis gem. den §§ 780 und 781 BGB bedarf zu seiner Entstehung keines Rechtsgrundes. Es ist in seiner Entstehung abstrakt vom zugrunde liegenden Kausalverhältnis. Ist ein Schuldversprechen, das ohne Rechtsgrund geleistet wurde, gem. § 812 I S. 1 Alt. 1 BGB kondizierbar? *343*

Die Anweisung

160. Was ist unter einer Anweisung zu verstehen? *344*

161. Erlangt der Empfänger im Falle der Anweisung ein eigenes Forderungsrecht? *346*

Die Zahlen verweisen auf die Randnummern des Skripts